자본이라는
수수께끼

자본이라는

수수께끼

자본주의 세계경제의 위기들

| 데이비드 하비 지음 |

이강국 옮김

창비

일러두기

1. 외국의 인명·지명은 현지 발음에 충실하게 우리말로 표기하고 괄호에 원어를 병기했다.
2. 원서의 이탤릭체 강조는 고딕체로 표시했다.
3. 독자의 이해를 돕기 위해 옮긴이가 본문의 괄호로 주를 달아놓은 경우 '——옮긴이'라고 표시했다.
4. 본문 내 영문약어 및 영문용어의 표기는 다음과 같은 원칙을 따랐다.
   - 익숙한 영문약어는 처음 등장할 때 우리말과 괄호 안 영문약자로 표기한 후 그뒤에는 영문약자로만 쓴다. 예) 국제통화기금(IMF)→IMF
   - 그밖의 약어는 처음 등장할 때 우리말 표기와 괄호 안 영문으로 적은 후 그뒤에는 우리말로만 쓴다. 예) 영국학사원(British Academy)→영국학사원
5. 본문 내 주요 용어는 옮긴이의 번역을 따랐으나 몇몇 용어의 경우 『데이비드 하비의 맑스 '자본' 강의』(강신준 옮김, 창비 2011)의 예를 반영했다.
6. 저자가 언급하는 맑스·엥겔스의 저술은 아래 한국어판들의 해당 부분을 원문 그대로 옮겼고, 경우에 따라서는 독자의 이해를 돕기 위해 옮긴이의 번역으로 대체했다.
   『공산주의 선언』, 김태호 옮김, 박종철출판사 1998.
   『자본』 I-1, 강신준 옮김, 도서출판 길 2010.

서문

이 책은 자본의 흐름에 관한 것이다.

자본은 우리가 자본주의 사회라 부르는 모든 정치체 내부에서 흐르고 퍼져나가고 때로는 방울지며 떨어지고 때로는 홍수를 이루면서 일상의 모든 구석구석에까지 흘러드는 혈액이다. 자본의 흐름 덕택에 우리는 자본주의하에서 집, 자동차, 휴대전화, 셔츠, 신발 그리고 그밖의 일상생활에 필요한 모든 상품과 일용할 양식을 얻을 수 있다. 이 흐름을 통해 부가 창출되며, 이로부터 우리 삶을 지탱해주고 즐겁게 하고 교육하고 활력을 주고 쾌적하게 해주는 수많은 써비스들이 제공된다. 국가는 이러한 자본의 흐름에 세금을 부과함으로써 자신의 권력, 군사력 그리고 시민의 적절한 생활수준을 보장하는 능력을 강화한다. 이 흐름이 방해받거나 느려지거나 혹은 상황이 더 나빠져서 중단된다면, 우리는 더이상 익숙한 방식대로 일상을 지속할 수 없게 되는 자본주의의 위기에 직면한다.

자본의 흐름을, 그 구불구불한 경로와 그 행동의 낯선 논리를 이해하는 것은 우리가 살아가는 조건들을 이해하는 데 핵심적이다. 자본주의 초기에 모든 정치경제학자들은 이러한 흐름을 이해하기 위해 노력했고, 그로부터 자본주의가 어떻게 작동하는가에 대한 비판적 인식이 등장하기 시작했다. 그러나 근래에 우리는 이러한 비판적 이해를 위한 노력으로부터 너무 동떨어져왔다. 대신 복잡한 수학모델을 개발하고 끊임없이 데이터를 분석하고 스프레드시트를 검토하고 세부사항을 조사하다보니, 자본 흐름의 체계적 특징에 관한 개념은 그 수많은 논문, 보고서, 예측에 파묻혀버리게 된다.

2008년 11월 런던정경대학(London School of Economics and Political Science)에서 여왕 엘리자베스 2세가 경제학자들에게 현재의 위기가 다가오는 것을 예측하지 못한 이유가 무엇인지 물었을 때(분명 누구나 하고 싶었던 질문이지만, 그 봉건군주만이 그렇게 단순하게 질문을 던지고서도 뭔가 대답을 기대할 수 있었다), 그들은 바로 대답할 수 없었다. 영국학사원(British Academy)의 후원하에 주요 정책결정자들과 공동으로 6개월간 연구·협의하고 심사숙고한 끝에 여왕에게 보낸 단체서한에서, 그들은 이른바 '체계적 위험'(system risk)을 무슨 이유에서인지 인식하지 못했고, 다른 모든 사람들과 마찬가지로 '부정의 정치'(politics of denial)에 빠져 있었다고 고백했을 뿐이었다. 과연 그들이 부정한 것은 무엇이었을까?

나와 성씨가 같은(나처럼 이스트 켄트 출신 'Man of Kent'인) 17세기 초의 인물 윌리엄 하비(William Harvey)는 일반적으로 인간의 몸 안에서 피가 어떻게 순환하는지 정확하고 체계적으로 밝혀낸 첫번째 인물로 평가된다. 의학자들은 그의 연구에 기초하여 심장마비나 다른 질병들이 비록 인간을 죽음에 이르게 하지는 않을지라도 생명력을 어떻게 심각하게 손상시키는지를 규명해나갔다. 혈액의 흐름이 멈추면 인체는 죽음에 이르게 된다. 물론 현재 우리의 의학적 이해는 윌리엄 하비가 상상할 수 있었던 것보다 훨씬 더 정교해졌다. 그럼에도 불구하고, 우리의 지식은 여전히 그가 최초로 이루어낸 확고한 발견에 기초한다.

국가의 심장에서 발생한 심각한 경련에 대처하기 위해, 우리의 경제학자, 기업가 그리고 정치적 정책결정자 들은 자본 흐름의 체계적 특성에 대한 어떠한 개념도 결여한 채, 고대의 관행을 되살리거나 탈근대적 개념을 적용했다. 한편으로 소위 '구조조정' 프로그램과 (신용카드 수수료를 갑자기 2배로 인상하는 식의) 다양한 계략을 통해, 국제기구와 신용거래 장사꾼들은 거머리처럼 세계의 모든 이들로부터──그들이 아무리 가난하더라도──빨아낼 수 있는 최대한의 피를 계속 빨아대고 있다. 반면, 중앙은행 총재들은 이러한 긴급수혈이 실제로는 훨씬 더 근본적인 진단과 개입을 필요로 하는 질병을 치료할 수 있을 것이라고 기대하면서 그들의 경제에 과잉유동성을 쏟아부으며 전세계 국가에 바람을 불어넣고 있다.

이 책에서 나는 자본의 흐름이라는 것이 도대체 무엇인지에 관하여 본래 우리가 알고 있던 바를 다시금 깨우치기 위해 노력할 것이다. 현재 우리 모두가 직면한 그 흐름의 파열과 붕괴에 대해 더 잘 이해할 수 있다면, 우리가 무엇을 해야 할 것인지 알게 될 것이다.

2009년 10월 뉴욕
데이비드 하비

차
례

제 1 장

파열

2006년 미국에서 뭔가 심상치 않은 일이 발생하기 시작했다. 클리블랜드와 디트로이트 같은 구도시 저소득층 지역의 주택차압률이 급등했다. 그러나 정부당국과 언론은 이에 주목하지 않았다. 주로 흑인, 이민자(히스패닉) 또는 편모가정 등의 저소득층이 그 대상이었기 때문이다. 특히 흑인들은 실제로 1990년대 후반부터 주택금융에서 어려움을 겪어왔다. 주택차압위기가 본격적으로 발생하기 전인 1998년에서 2006년 사이, 흑인들은 주택 구입을 위한 소위 써브프라임(subprime) 대출과 관련하여 710억~930억달러 사이의 자산가치를 잃은 것으로 추정되었다. 그러나 아무런 조치도 뒤따르지 않았다. 레이건정부 시절 에이즈(HIV/AIDS)가 급증하여 대유행했던 때처럼, 다시 한번, 최일선의 피해자들에 대한 집단적 무관심과 편견 탓에 사람들은 명백한 경고에 귀를 기울이지 못했다. 궁극적으로, 이로부터 발생한 사회의 인적·재정적 피해는 막대했다.

2007년 중반, 그때까지 호황을 누렸고 주로 공화당을 지지했던 미국 남부(특히 플로리다)와 서부(캘리포니아, 애리조나, 네바다) 도시 그리고 교외의 백인 중산층에 대한 차압이 증가한 후에야, 정부는 이 문제에 주목하기 시작했고 주류 언론도 이를 보도하기 시작했다. 그리고 ('베드타운' 혹은 도시 교외지역에서 흔히 시행되는) 새 콘도미니엄과 주택지구 개발이 영향을 받기 시작했다. 2007년 말이 되자 거의 200만명이 집을 잃었고 400만명 이상이 차압의 위험에 처했다. 주택가치가 미국 전역에서 급락했고 수많은 가구들이 주택가치보다 더 높은 모기지대출(mortage, 주택담보대출) 부채를 지니게 되었다. 이는 주택가치를 더욱 하락시키는 차압의 악순환으로 이어졌다.

클리블랜드에서는 '금융 카트리나'(financial Katrina)가 도시를 강타한 것처럼 보였다. 주로 흑인 거주지인 가난한 지역의 풍경은 버려진 주택과 판잣집으로 가득 차게 되었다. 캘리포니아의 스톡턴(Stockton) 같은 마을은 거리가 텅 비고 거의 모든 집이 버려졌으며, 플로리다와 라스베가스의 콘도미니엄들도 비어버렸다. 주택을 차압당한 이들은 거주할 곳을 찾아 떠나야만 했다. 결국 캘리포니아와 플로리다에서는 텐트촌이 등장했다. 다른 곳에서는 주택을 차압당한 가족들이 친구나 친척에게 신세를 지거나 비좁은 모텔방에서 생활하는 처지가 되었다.

사태 초기에는 배후에서 이러한 모기지대출 재난에 자금을 댔던 이들이 이상하게도 별로 영향을 받지 않은 것처럼 보였다. 2008년 1월 월스트리트의 보너스 총액은 2007년의 금액보다 조금 적은 320억달러에 달했다. 이들이 세계의 금융씨스템을 붕괴시킨 것을 고려하면 이는 엄청난 보상이었다. 사회 계급피라미드의 최하층이 잃은 금액이 최상층 금융업 종사자들이 얻은 엄청난 이득과 거의 같았다.

그러나 2008년 가을을 앞두고 이른바 '써브프라임 모기지 위기' (subprime mortgage crisis)는 상업은행으로의 지위 변경, 강제합병 혹은 파산 등을 통한, 모든 주요한 월스트리트 투자은행들의 몰락으로 이어졌다. 2008년 9월 15일 투자은행 리먼브라더스가 파산한 그날은 결정적 순간이었다. 세계 신용시장은 위축되었고 전세계의 대출도 축소되었다. 연방준비제도(Federal Reserve)의 덕망있는 전 의장 폴 볼커(Paul Volcker, 그는 다른 지혜로운 논자들과 함께 그 5년 전에 이미 미국정부가 은행씨스템의 운영방식을 개혁하지 않는다면 금융재앙이 닥칠 것이라 예견했다)가 지적했듯이, 사태가 "이토록 급속하게 그리고 전세계에서 동시에" 악화된 적은 없었다. 그때까지는 상대적으로 영향을 받지 않던 다른 국가들(영국은 예외였는데, 그 나라에서는 주택시장의 유사한 문제들이 이미 나타나서 정부가 주요 대출기관이었던 노던록Northern Rock을 국유화해야만 했다)도 주로 미국의 금융씨스템 붕괴로 발생한 수렁에 급속히 빠져들었다. 문제의 핵심은 당시 은행이 보유하거나 혹은 미처 낌새를 알아차리지 못한 전세계 투자자들에게 매각된, 엄청난 양의 '유독성'(toxic) 모기지 기반 증권이었다. 모든 이가 부동산가격이 영원히 상승할 것처럼 행동했던 것이다.

케이스-실러 주택가격 종합지수(composite index) 연간변화율(1988~2009)

20대 대도시 종합지수

10대 대도시 종합지수

미국의 주택 보유(1970~2009)

미국의 모기지 차압률(1985~2007)

대출액에 대한 퍼센트 비중

자료: 모기지은행연합(Mortgage Bankers Association)

  2008년 가을, 거의 파괴적이라 할 만한 혼란이 은행에서부터 모
기지대출 부채의 주요 보유자들에게까지 이미 퍼져나갔다. 미국정
부의 인가를 받은 모기지기관인 패니메이(Fannie Mae, 연방저당권협
회)와 프레디맥(Freddie Mac, 연방주택금융저당회사)은 국유화되어야
만 했다. 이 기관의 주주들은 크나큰 손실을 봤지만, 중국인민은행
(Chinese Central Bank)을 비롯한 채권 보유자들은 보호를 받았다. 연
금기금(pension fund), 유럽의 소규모 지방은행 그리고 노르웨이에
서 플로리다에 이르는 지역정부 등, '높은 신용등급을 받은' 증권화
된 모기지 풀(pool, 수많은 모기지대출을 한데 모은 풀. 미국의 금융기관들은 이
에 기초하여 새로운 금융상품들을 판매했다―옮긴이)에 유혹되어 투자했던

전세계의 의심 없는 투자자들은 이제 그들의 자산이 아무 가치 없는 종잇조각이 되었음을 알게 되었고, 이로써 자신의 부채를 갚거나 노동자들의 임금을 지불할 수 없게 되었다. 설상가상으로, 미국과 국제은행들의 위험한 내기를 보장했던 AIG 같은 대규모 보험회사들도 막대한 보험금 청구에 직면하여 구제를 받아야만 했다. 특히 은행의 주가가 곤두박질치자 주식시장은 붕괴했다. 연금기금은 큰 손실을 입었고 지역정부의 예산은 축소되었으며 금융씨스템 전체로 공황이 퍼져나갔다.

이제 정부의 대규모 구제금융만이 금융씨스템의 신뢰를 회복할 수 있다는 것이 더욱 뚜렷해졌다. 연방준비제도는 금리를 거의 제로 수준까지 인하했다. 리먼브라더스의 파산 직후, 골드먼삭스(Goldman Sachs)의 전 CEO였던 재무부장관과 골드먼삭스의 현 CEO를 비롯한 재무부 관료와 은행가 몇몇이 회의장을 나섰다. 그들 손에는 금융시장을 덮친 아마겟돈 같은 위기에 대응하여 은행씨스템을 구제하기 위해 7000억달러의 구제금융을 요구하는 3면짜리 문서가 들려 있었다. 이는 월스트리트가 미국 정부와 국민에 대항하여 금융쿠데타를 일으키는 것과 같았다. 몇주 후, 여러 경고와 많은 수사 속에서, 의회와 조지 부시(George W. Bush) 대통령은 이에 굴복했고 '대마불사'(too big to fail)라 생각된 모든 대형 금융기관들에게 어떤 통제장치도 없이 돈이 홍수처럼 풀려나갔다.

그러나 신용시장은 여전히 경색되어 있었다. (국제통화기금IMF이 자주 보고했듯이) '과잉유동성으로 넘쳐나는' 것처럼 보이던 세계는 갑자기 현금 부족에 시달리게 되었고, 이전에 비해 과잉 주택,

과잉 사무실과 쇼핑센터, 과잉 생산설비 그리고 그보다 더한 과잉 노동이 넘쳐나게 되었다.

2008년 말이 되자 미국경제의 모든 부문이 심각한 어려움에 빠졌다. 소비자 신뢰는 낮아졌고 주택건설은 중지되었으며, 유효수요는 크게 줄고 소매판매고는 크게 하락했으며 실업률은 급등했고 제조업 공장들은 폐쇄되었다. 제너럴모터스(General Motors)처럼 미국산업을 대표하는 많은 전통적 회사들이 거의 파산지경에 이르렀고 디트로이트의 자동차회사들에 대한 임시 구제금융이 추진되었다. 영국경제도 똑같이 심각한 어려움에 빠졌고, 각국마다 차이가 있지만 유럽연합(EU)도 영향을 받았다. 최근 EU에 가입한 몇몇 동유럽 국가뿐 아니라 에스빠냐와 아일랜드를 포함한 대부분 국가들이 큰 타격을 입었다. 자국 은행들이 이러한 금융시장에 투기를 했던 아이슬란드는 완전히 파산하고 말았다.

2009년 초에는, 동아시아와 동남아시아에 놀라운 경제성장을 가져다주었던 수출주도형 산업화 모델이 급속도로 위축되었다(한국, 중국, 일본, 타이완 등 많은 국가들의 수출이 단 2개월 만에 20퍼센트나 하락했다). 몇개월 만에 세계의 국제무역이 3분의 1이나 줄어, 독일과 브라질처럼 수출지배적인 국가들의 어려움을 가중시켰다. 2008년 여름까지 호황을 구가하던 원자재 생산국들도 가격 급락에 직면했으며, 걸프만 국가뿐 아니라 러시아와 베네수엘라 같은 산유국도 큰 어려움을 겪었다. 실업률이 급속도로 상승하기 시작했다. 중국에서는 약 2000만명이 갑자기 실업자가 되었고 이로 인한 소요가 보도되기 시작했다. 미국에서는 실업자가 (다시 한번 흑인과 히스패닉을 중심으로) 몇개월 만에 500만명 넘게 증가했다. 에스빠냐의 실업률은 17퍼센트를 넘었다.

2009년 봄 IMF는 전세계 자산가치의 약 50조달러(한해 동안 전세계의 상품과 써비스의 산출가치와 거의 맞먹는 금액)가 파괴되었다고 추정했다. 미국의 연방준비제도는 2008년 한해에만 미국 가구의 자산손실액이 11조달러에 이른다고 추정했다. 세계은행(World Bank)도 1945년 이래 처음으로 전세계 경제가 마이너스 성장을 겪을 것이라 예측했다.

이번 위기는 분명히 모든 위기 중에서 최악의 것이었다. 그러나 이번 위기는 또한 지난 1970년대와 1980년대 초의 대규모 자본주의 위기 이래 더욱 빈번해지고 심각해진 금융위기들의 패턴의 정점으로 파악되어야만 한다. 1997~98년 동아시아와 동남아시아를 강타했고, 1998년 러시아(1998년 부채의 디폴트(default, 공사채나 은행융자 등에 대해 원리금을 지불할 수 없는 상황으로 채무불이행을 뜻한다—옮긴이)를 선언했다)와 2001년 아르헨띠나로 파급된 금융위기(정치적 불안, 공장 및 고속도로 점거와 지역협동조합 형성 등으로 이어진 총체적인 경제 붕괴)는 지역적 재앙이었다. 2001년 가을 미국에서 발생한, 파생상품이라 부르는 금융상품들을 거래했던 월드콤(WorldCom)과 엔론(Enron) 같은 유명 회사들의 파산은 1998년 롱텀캐피털매니지먼트(LTCM, 두명의 노벨 경제학상 수상자가 경영에 참여했다)의 대규모 파산과 유사한 것이었다. 1990년 이후 마술처럼 등장한, 규제받지 않는 시장의 점두거래(over-the-counter financial trading, 거래소를 통하지 않고 장외에서 이루어지는 금융상품 거래—옮긴이)로 이루어지는

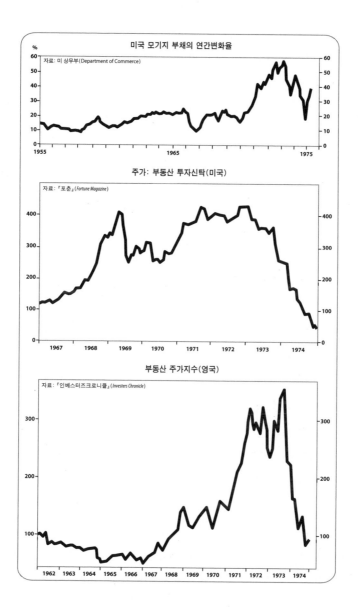

미국 모기지 부채의 연간변화율

자료: 미 상무부(Department of Commerce)

주가: 부동산 투자신탁(미국)

자료: 『포춘』(Fortune Magazine)

부동산 주가지수(영국)

자료: 『인베스터즈크로니클』(Investers Chronicle)

'그림자금융씨스템'(shadow banking system)으로 알려진 제도에는 문제가 있다는 징후들이 이미 많이 존재했다.

1945년에서 1973년 사이에 금융위기가 거의 발생하지 않았던 반면, 1973년 이후에는 전세계적으로 수백차례의 금융위기가 발생했다. 그중 몇몇 위기는 부동산이나 도시개발과 관련이 있었다. 2차대전 이후 자본주의의 첫번째 전세계적 규모의 위기는 1973년 봄에 시작되었다. 이는 아랍 국가들의 석유 금수조치가 유가를 급등시키기 6개월 전의 일이었다. 이 위기도 몇몇 은행과 지역정부뿐 아니라 국가의 재정에 심대한 타격을 미친 전세계 부동산시장 붕괴에서부터 시작되었다(뉴욕시 당국은 1975년 거의 파산했고 결국 구제금융을 받았다). 1980년대 일본의 호황은 주식시장과 부동산시장의 붕괴로 끝나고 말았다(이는 지금도 계속되고 있다). 부동산시장의 버블 붕괴로 발생한 북유럽의 경제위기 와중에 스웨덴의 은행씨스템은 1992년에 국유화되어야 했고, 이는 노르웨이와 핀란드에도 타격을 주었다. 1997~98년 동아시아와 동남아시아의 경제위기를 일으킨 요인 중 하나도 한국·홍콩·인도네시아·타이·필리핀 등에서 이루어진, 외국인의 투기적 자본유입이 부추긴 과도한 도시개발이었다. 그리고 상업용 부동산시장의 붕괴로 발생했고 이후 장기화된 미국의 1984~92년 저축대부조합의 위기는 1400개가 넘는 저축대부조합과 1860여개의 은행들을 파산시켰고 미국 납세자들에게는 약 2000억달러의 손해를 입혔다(상황이 너무 심각해 당시 연방예금보험공사FDIC 의장 윌리엄 아이작스William Isaacs는 1987년 미국은행협회ABA에 은행들이 경영방식을 수정하지 않으면 국유화하겠다고 위

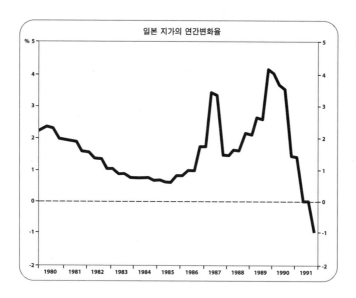

일본 지가의 연간변화율

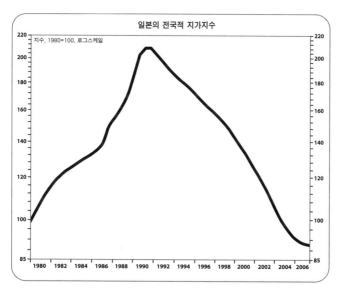

일본의 전국적 지가지수

지수, 1980=100, 로그스케일

협하기도 했다). 부동산시장 문제와 관련된 위기는, 가끔씩 주식시장과 은행 부문을 직접적으로 뒤흔드는 단기적이고 격렬한 위기에 비해 더 오래 지속되는 경향이 있다. 앞으로 살펴보겠지만, 이는 건축환경(built environment, 건물·도로·도시 등 인간이 건설한 물질과 환경을 포괄하는 개념. 문맥에 따라 도시의 시가지를 뜻하기도 한다—옮긴이)에 대한 투자가 보통 신용에 기초하고 위험도가 높으며 그 회수에 오랜 시간이 걸리기 때문이다. 결국 과잉투자로 판명나면(최근 두바이의 경우처럼) 금융적 혼란은 그것이 조성되는 데 오랜 시간이 걸린 만큼 해소되는 데에도 오랜 시간이 걸린다.

따라서 그 규모와 범위를 제외하면, 2008~9년의 붕괴는 전례 없는 일이 아니다. 도시개발과 부동산시장이라는 위기의 뿌리도 결코 예외적인 것이 아니다. 결국 현재의 위기와 지난 위기들 사이에는 주의깊은 재구성을 필요로 하는 어떤 내적 연관이 존재한다.

그렇다면, 2008~9년의 혼란은 어떻게 해석할 것인가? 예를 들어, 이번 위기가 자본주의 발전의 지배적인 경제모델로서 자유시장 신자유주의의 종말을 의미하는가? 대답은 신자유주의라는 단어가 무엇을 뜻하는가에 달려 있다. 나의 견해에 따르면, 신자유주의란 1970년대의 위기 당시에 등장했던 계급 프로젝트를 말한다. 개인의 자유, 해방, 개인 책임 그리고 사유화, 자유시장, 자유무역 등의 미덕에 관한 무수한 수사로 포장된 신자유주의는, 자본가계급의 권력을 회복하고 강화하기 위해 고안된 가혹한 정책들을 정당화했다. 신자유주의의 길을 선택한 모든 국가에서 나타난 믿을 수 없을 정도의 부와 권력의 집중을 고려하면, 이 프로젝트는 성공적이었다. 그리고 그것이 끝장났다는 증거는 존재하지 않는다.

예를 들어, 1980년대 이후 등장한 기본적인 실용적 원칙 중 하나는 무슨 수를 써서라도 국가권력이 금융기관을 보호해야 한다는 것이었다. 신자유주의 이론이 제시했던 국가 비개입주의하에서도 받아들여진 이 원칙은, 1970년대 중반 뉴욕시의 재정위기로부터 등장했다. 그리고 이 원칙은 멕시코를 뒤흔든 1982년 부채위기 때 국제적으로 확산되었다. 그 정책은 대략 다음과 같다. 이윤은 사유화하고 위험은 사회화하라. 은행을 구제하고 국민들에게 부담을 지워라(예를 들어 멕시코에서는 1982년 구제금융 이후 4년 동안 국민의 생활수준이 약 4분의 1 하락했다). 그 결과는 체계적인 '도덕적 해이'(moral hazard)라 불리는 것이었다. 높은 위험을 감수하는 행위가 야기한 부정적 결과에 대해 책임질 필요가 없는 은행들은 방만하게 행동한다. 현재의 은행 구제금융도 똑같은 레퍼토리이며, 단지 이번에는 미국에서 더 큰 규모의 구제가 이루어지고 있을 뿐이다.

신자유주의가 1970년대 위기에 대한 대응으로서 등장했던 것처럼, 현재의 선택 경로는 자본주의가 어떻게 진화할 것인지를 결정할 것이다. 현재의 정책은 자본가계급의 권력을 한층 더 강화하고 집중시켜 위기를 탈출하고자 한다. 미국에는 겨우 네다섯개의 주요 은행만이 살아남아 있지만, 월스트리트의 많은 금융기관들은 여전히 번영한다. 예를 들어 인수합병을 전문적으로 하는 라자드(Lazard)는 엄청난 수익을 내고 있고, (재무부 정책에 대한 영향력 때문에 많은 이들이 이제 농담으로 '거번먼트삭스Government Sachs'라고 부르는) 골드먼삭스는 잘나가고 있다. 분명히 몇몇 부자들은 손실을 볼

테지만, 앤드루 멜런(Andrew Mellon, 미국의 은행가이자 1921~22년 재무부장관)의 유명한 말처럼, "위기시에는 자산이 정당한 주인(멜런 그 자신)을 찾아간다". 그것을 멈추는 대안적 정치운동이 일어나지 않는 한 이번에도 마찬가지일 것이다.

금융위기는 자본주의의 비합리성을 합리화하는 역할을 수행한다. 위기는 보통 재구성(reconfiguration), 새로운 발전모델, 새로운 투자영역, 그리고 새로운 계급권력의 형태를 만들어낸다. 이 모두가 정치적으로 잘되지 않을 수도 있다. 그러나 지금까지 미국의 정치계급은 금융의 실용주의에 복속되어 문제의 근원을 건드리지 못했다. 오바마 대통령의 경제자문들은 해묵은 인물들이다. 국가경제위원회(National Economic Council) 의장 래리 써머스(Larry Summers)는 금융규제 완화의 열기가 정점에 달했던 클린턴정부의 재무부장관이었다. 오바마정부의 재무부장관 팀 가이트너(Tim Geitner)는 뉴욕 연방준비제도 의장이었고 월스트리트와 긴밀한 관계를 맺고 있다. '월스트리트당'(the Party of Wall Street)이라 부를 만한 세력은 공화당뿐 아니라 민주당에도 강력한 영향력을 미친다(뉴욕의 영향력 있는 민주당 상원의원 찰스 슈머Charles Schumer는 자신의 선거운동뿐 아니라 민주당 전체를 위해 몇년 동안 월스트리트에서 수백만달러의 정치자금을 모금했다).

클린턴정부 시기에 금융자본을 위해 노력했던 이들이 다시 정책을 주도한다. 그렇다고 해서 그들이 금융아키텍처(financial architecture)를 새로이 설계하지 않을 것이라는 뜻은 아니다. 왜냐하면 이는 필수적이기 때문이다. 하지만 그들의 금융개혁은 누구를 위한 것인가? 그들은 은행을 국유화하고 그것을 국민에게 복무하는 기관으로 만들 것인가? 심지어 『파이낸셜타임즈』까지 가세한 여러 영향력 있는 주장들이 현재 제시하는 것처럼 은행들이 순순히, 규제받는 공익산업이 될 것인가? 그럴 것 같지는 않다. 그렇다면 현재의 권력자들은 단지 대중을 희생하여 문제를 해결하고, 현재의 위기를 불러온 계급적 이해에 은행들을 다시 돌려줄 것인가? 폭발적인 정치적 저항이 변화를 이끌어내지 않는다면, 우리의 미래는 거의 분명히 그렇게 될 것이다. 이미 월스트리트 주변에서는 리먼과 메릴린치의 자리를 대신할 준비가 된 소위 '부띠끄 투자은행'(boutique investment bank, 소규모 투자전문은행—옮긴이)들이 급속히 발전하고 있다. 한편, 살아남은 대규모 은행들은 위기 전에 그들이 지불했던 엄청난 보너스를 다시 지급하기 위해 자금을 숨겨두고 있다.

* * *

우리가 다른 방식으로 이 위기에서 탈출할 수 있을지는 주로 계급권력의 균형에 달려 있다. 그것은 다수의 대중이 나서서 '이제 그만! 씨스템을 바꾸자'라고 얼마나 크게 외치느냐에 달려 있다. 일반인들은(그가 배관공이라 하더라도) 이렇게 주장할 이유가 충분하다. 예를 들어, 1970년대 이래 미국에서는 자본가계급의 이해관계에 의해 부가 엄청나게 축적되었지만 가계소득은 정체되었다. 미국역사상 최초로, 노동자들이 생산성 향상으로 인한 이득을 공유하는 데 실패했다. 우리는 30년 동안 임금억압을 겪었다. 왜 그리고 어떻게

미국의 임금과 급료(GDP 대비)

자료: 경제분석국(Bureau of Economic Analysis)

영국의 실질 평균소득

자료: 통계부(Office of National Statistics)

중국의 노동소득과 가계소비(GDP에서 차지하는 비중, 1980~2005)

가계소비

노동소득

자료: 통계부(Office of National Statistics)

이런 일이 일어났을까?

1960년대에 지속적인 자본축적과 자본가계급의 권력강화의 주요한 장애물 중 하나는 바로 노동이었다. 당시 유럽과 미국 모두 노동력이 부족했다. 노동자들은 잘 조직되었고 적당히 높은 임금을 받았으며 정치적 영향력이 있었다. 하지만 자본은 더 값싸고 더욱 고분고분한 노동력이 공급되기를 원했다. 이를 달성하는 데는 여러 수단이 존재했다. 하나는 이민을 촉진하는 것이었다. 국적에 따른 쿼터를 폐지한 이민국적법(Immigration and Nationality Act)이 1965년 통과되면서 미국자본은 전세계 잉여인구에 접근할 수 있게 되었다(이전에는 주로 유럽인이나 백인들만 가능했다). 1960년대 후반, 프랑스정부는 북아프리카 노동자의 유입을 허용했다. 독일은 터키인들을, 스웨덴은 유고슬라비아인들을 들여왔으며 영국은 과거 대영제국 식민지 거주자들의 이민을 촉진했다.

다른 방법은 자동차제조업의 자동화 같은 노동절약적(labour-saving) 기술을 추구하는 것이었는데 이는 실업을 유발했다. 이 중 일부는 실현되었지만, 생산성 합의(productivity agreement)를 주장하는 노동자들의 심각한 저항에 직면했다. 높은 노동비용이 높은 가격을 통해 (결국 지속적인 인플레이션을 유발하면서) 소비자에게 전가될 수 있었기 때문에 회사의 독점력 강화도 신기술의 채택 압력을 누그러뜨렸다. 디트로이트의 '빅3' 자동차회사들이 이 경우다. 그들의 독점력은 결국 1980년대 일본과 독일 업체들이 미국의 자동차시장에 진출하자 붕괴하고 말았다. 1970년대 들어서 경쟁의 강화가 주요한 정책목표가 되었고, 이는 노동절약적 기술의 채택을 강제했다. 그러나 이는 매우 늦은 일이었다.

이 모든 것이 실패하자 로널드 레이건(Ronald Reagan), 마거릿 새처(Margaret Thatcher), 그리고 아우구스또 삐노체뜨(Augusto Pinochet) 장군 같은 이들이 등장했다. 신자유주의 교리로 무장한 이들은 조직된 노동을 분쇄하기 위해 국가권력을 사용할 준비가 되어 있었다. 삐노체뜨 그리고 브라질·아르헨띠나의 장군들은 군사력으로 이를 수행했고, 레이건과 새처는 모두 노동과의 강력한 대결을 조장했다. 이는 레이건의 항공관제사 탄압이나 새처의 광부노조와 인쇄노조 탄압의 경우처럼 직접적으로 혹은 실업의 유발을 통해 간접적으로 나타났다. 새처의 수석경제자문이었던 앨런 버드(Alan Budd)는 훗날 "경제와 공공지출을 압박하여 인플레이션을 막기 위한 1980년대의 정책들은 실은 노동자들을 공격하고", 이를 통해 노동권력을 약화시켜 이후에 자본가들이 쉽게 이윤을 벌 수 있도록 해줄 '산업예비군'을 만들어내기 위한 것이었다고 인정했다. 그 결과는 임금상승의 둔화였다. 이와 함께 가난한 이들을 범죄자로 만들어 투옥하는 정책이 시행되어, 2000년에 이르자 미국의 재소자 수가 200만명이 넘게 되었다.

자본은 또한 잉여노동이 존재하는 곳으로 갈 수도 있었다. 바베이도스에서 방글라데시까지, 시우다드후아레스(Ciudad Juárez)에서 둥관(東筦)까지, 그리고 남반구의 모든 농촌 여성들이 노동력으로 통합되었다. 그 결과는 프롤레타리아트의 여성화, 자급자족하는 '전통적' 농촌씨스템의 붕괴, 그리고 전세계적인 빈곤의 여성화였다. 여성의 국제밀매가 급등해 연간 200만명 이상이 가내노예와 성매매 여성으로 전락했다. 이들은 도시의 슬럼, 빈민가 그리고 게토에 몰려들어 하루에 2달러도 안 되는 돈을 벌기 위해 노력한다.

잉여자본이 넘쳐나던 미국 소재 기업들은 사실 1960년대 중반부터 해외생산을 시작했지만 이러한 움직임은 10년 후에야 매우 활발해졌다. 그후에는 노동과 원자재가 저렴한 전세계로부터 생산된 부품이 미국으로 이동되어, 시장과 가까운 곳에서 최종판매를 위해 조립되었다. 1980년대에는 이렇게 생산된 '세계 자동차' '세계 텔레비전' 등이 표준상품이 되었다. 이제 자본은 전세계의 저비용노동을 공급받을 수 있게 되었다. 무엇보다도, 소련의 극적인 공산주의 붕괴와 중국의 점진적인 공산주의 붕괴는 전세계 임금노동인구에 약

20억명을 더했다.

운송씨스템이 근본적으로 재정비되면서 이동비용이 줄자 '전세계적 생산'(going global)은 더욱 촉진되었다. 그중 중요한 혁신인 컨테이너화 덕분에 브라질에서 생산된 부품들을 디트로이트에서 조립하여 자동차를 생산할 수 있게 되었다. 새로운 통신씨스템은 전세계적 공간에 걸친 상품 생산라인을 긴밀하게 조직할 수 있었다(빠리 패션의 짝퉁제품이 홍콩의 착취공장에서 생산되어 거의 즉시 맨해튼으로 보내질 수 있었다). 관세와 쿼터 같은 무역에 대한 인위적 장벽이 축소되었다. 무엇보다도, 자본이 가장 수익성 높게 사용될 수 있는 어떤 지역으로든 유동적 화폐자본이 쉽게 이동할 수 있도록 새로운 세계적 금융아키텍처가 만들어졌다. 1970년대 후반부터 시작된 금융의 규제완화는 1986년 이후 가속화되었고, 1990년대에는 멈출 수 없게 되었다.

노동의 이용가능성은 이제 자본에게 문제가 되지 않으며, 이는 지난 25년간 그랬다. 그러나 노동의 약화는 저임금을 의미하고 노동자가 가난해지면 시장은 위축된다. 임금억압이 지속되면 결국 자본주의 기업의 증가하는 산출에 대한 수요가 줄어든다는 문제가 발생한다. 자본축적의 한 장애물인 노동문제는 극복되지만 시장의 부족이라는 다른 장애물이 생겨나는 것이다. 그렇다면, 그들은 이 두번째 장애를 어떻게 우회할 수 있었을까?

＊　＊　＊

　노동자가 버는 소득과 지출할 수 있는 금액 사이의 차이는 신용
카드 산업의 등장과 부채의 증가로 메워졌다. 1980년 미국의 가구는
평균적으로 4만달러(불변가격)의 빚을 지고 있었는데 2009년 현재
그 금액은 모기지대출 부채를 포함하여 약 13만달러다. 가계부채가
급등하면서 금융기관들은 소득이 늘지 않는 노동자들의 부채를 떠
받쳐주고 또 더욱 늘려주어야 했다. 대출은 우선 안정적으로 고용된
사람들을 대상으로 했지만, 1990년대 후반에는 이들에 대한 시장이
고갈되어 더 많은 사람들을 필요로 했다. 좀더 소득이 낮은 이들에
게까지 확장되어야만 했던 것이다. 모든 이들의 신용조건을 완화하
기 위해 패니메이와 프레디맥 같은 금융기관들에 정치적 압력이 가
해졌다. 신용이 넘치는 상황에서 금융기관들은 고정소득이 없는 이
들의 부채에 자금을 공급하기 시작했다. 만약 그렇지 않았다면 부채
로 자금을 조달한 부동산 개발업자들이 지은 그 모든 새 주택과 콘
도를 누가 구입했겠는가? 주택과 관련된 수요문제는 구매자뿐 아
니라 개발자에 대한 부채-자금조달을 통해 일시적으로 해결되었
다. 금융기관들이 주택의 수요와 공급 모두를 한꺼번에 통제했던 것
이다!

　자동차와 잔디깎이에서부터 토이저러스와 월마트에서 구입한 크
리스마스 선물까지, 모든 상품에 대한 모든 형태의 소비자 신용도
이와 똑같았다. 이 모든 부채는 분명히 위험했지만, 놀라운 금융혁
신인 증권화(securitisation)가 이를 해결할 수 있었다. 사람들은 증권

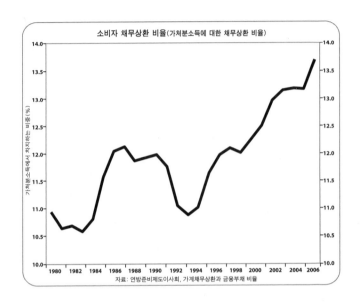

소비자 채무상환 비율(가처분소득에 대한 채무상환 비율)

자료: 연방준비제도이사회, 가계채무상환과 금융부채 비율

미국의 부채 버블

335%, 2006년

304%, 2004년

287%, 1933년 루즈벨트가 미국 달러를 40% 평가절하

269%, 2000년 주식시장이 정점

176%, 1929년 주식시장이 정점

자료: 「배런즈」(Barron's) 2006년 2월 21일자

34

화가 위험을 분산한다고 주장했고, 심지어 위험을 아예 없애버렸다는 환상까지 만들어냈다. 가공의 금융자본이 이 과정을 통제했고 관련된 모든 이들이 돈을 많이 벌고 있는 것처럼 보였으므로 아무도 이를 멈추고 싶어하지 않았다. 미국에서는 월스트리트로부터 정치헌금이 물밀듯 들어왔다. 클린턴이 정권을 잡았을 때 던진 유명한 수사의문문이 무엇이었는지 기억하는가? "경제정책의 성공과 나의 재선이 정말 연방준비제도와 몇몇 채권거래인 놈들에게 달려 있다는 거야?" 클린턴은 재빨리 이를 간파했던 것이다.

수요문제를 해결하는 다른 방법도 존재하는데, 이는 자본 수출과 세계시장의 개척이다. 자본주의 자체만큼 오래된 이 해결책은 1970년대 이후 적극적으로 추진되었다. 당시 미국은 걸프만 국가들로부터 오일달러가 흘러넘쳤는데 수익성 있는 투자처는 고갈된 상황이었다. 새로운 투자기회를 필사적으로 찾던 뉴욕의 투자은행들은 멕시코, 브라질, 칠레 그리고 폴란드 같은 개도국에까지 대규모로 대출을 해주었다. 이는 씨티은행 회장 월터 리스턴(Walter Wriston)이 말했듯, 국가들은 사라지지 않기 때문이다 ─ 문제가 생겨도 이들은 언제나 찾아낼 수 있다.

곧이어 정말로 문제가 발생했다. 1980년대 들어서 개도국들의 부채위기가 발생한 것이다. 1979년 이후 금리가 급격히 인상되자 남미와 아프리카를 중심으로 40개 이상의 국가들이 부채를 갚는 데 어려움을 겪었다. 1982년 멕시코가 파산 위험에 처했다. 미국은 신속히 IMF를 전세계적 규율집행기관으로 소생시켰다(1981년 레이건정부는 엄격한 신자유주의 원칙에 따라 IMF의 자금제공을 줄이려고 했다). 그 역할은 은행들이 그들의 자금을 되찾고 국민들이 빚을 다 갚게끔 강제하는 것이었다. 그후 은행빚을 갚을 수 있게끔 긴축을 강제하는 IMF '구조조정 프로그램'이 전세계에 퍼져나갔다. 그리하여 국제적 은행들의 대출관행에 '도덕적 해이'가 만연하게 되었다. 이러한 관행은 잠시나마 매우 성공적이었다. 멕시코의 구제금융 20주년을 맞아 모건스탠리의 수석경제학자는 그것이 "전세계적으로 투자자의 신뢰가 강화된 시대를 열었고, 미국의 경제호황과 함께 1990년대 후반 시장의 성장을 촉진하는 데 도움이 되었다"고 환호했다. 은행을 구제하고 대중에게 댓가를 강요하는 것은 은행가들에게는 기적 같은 일이었다.

그러나 이 모든 것들이 진정으로 효과적이려면, 세계적으로 통합된 금융시장 씨스템이 건설될 필요가 있었다. 1970년대 후반부터 점차 미국 내 은행산업의 지리적 제한이 철폐되었다. 그때까지 투자은행—이들은 예금을 받는 기관과 법적으로 분리되어 있었다—을 제외한 모든 은행들은 하나의 주 내에서만 영업을 할 수 있었고, 저축대부회사들은 예금은행과 분리되어 모기지대출 사업을 해왔다. 그러나 국가뿐 아니라 세계적 금융시장의 통합이 필수적이라 여겨지기 시작했으며, 이는 결국 1986년 전세계 주식과 금융거래 시장의 통합으로 이어졌다. 당시 '빅뱅'(Big Bang)으로 불렸던 영국의 금융개혁은 런던과 뉴욕 그리고 이후 곧바로 세계의 모든 주요한(그리고 지역적인) 금융시장을 하나의 거래씨스템으로 통합했다. 그후 은행들은 국경을 넘어 자유롭게 영업할 수 있었다(2000년 현재 대부분의 멕시코 은행들은 외국인 소유이며 홍콩상하이은행HSBC은 스스로를 '사람들의 현지 세계은행'the people's local global bank이라 부르며 전세계에서 영업하고 있다). 이것이 국제적 자본 흐름에 장벽이 없다는 것을 의미하는 것은 아니었다. 하지만 세계적 자본 흐름에 대한 기술적이고 물류적인 장벽은 확실히 크게 감소했다. 이제 유동적 화폐자본은 수익률이 가장 높은 곳을 찾아 더욱 쉽게 세계를 돌아다닐 수 있게 되었다. 1933년 글래스-스티걸 법(the Glass-Stegal Act) 이후 확립되었던 투자은행과 예금은행 사이의 구분은 1999년 폐지됐으며, 이는 은행씨스템을 금융권력이라는 하나의 거대한 네트워크로 통합했다.

금융씨스템이 세계화됨에 따라 금융쎈터들—주로 런던과 뉴욕—간의 경쟁은 필연적으로 문제를 낳기 시작했다. 골드먼삭스, 도이체방크, UBS, RBS 그리고 HSBC 같은 국제적 은행의 지점들은 경쟁을 내부화했다. 만약 런던의 규제체제가 미국보다 덜 엄격하다면, 런던 씨티(the City of London, 런던의 금융지구—옮긴이)의 지점들이 사업을 담당했다. 돈벌이가 되는 사업들이 규제체제가 느슨한 곳으로 이동함에 따라, 규제완화에 대한 정치적 압력이 늘어갔다. 뉴욕시 시장 마이클 블룸버그(Michael Bloomberg)가 의뢰한 2005년 보고서는, 미국의 과도한 규제가 뉴욕의 미래 금융산업을 위협한다고 결론지었다. '월스트리트당'과 함께 월스트리트의 모든 이들은 이 결론을 떠들썩하게 퍼뜨렸다.

＊　＊　＊

1980년 이후 임금억압의 정치가 성공하자 부자들은 더욱더 부자
가 되었다. 흔히 부자들이 새로운 사업에 투자할(물론 먼저 헤픈 소
비를 마음껏 누리고자 하는 그들의 경쟁적 욕망을 충족한 후에) 것
이기 때문에 이는 경제에 도움이 된다는 이야기를 듣는다. 음, 그렇
다. 그들은 분명 투자한다. 그러나 그들이 꼭 생산에 직접 투자하는
것은 아니다. 대부분은 자산가치에 투자하는 것을 선호한다. 예를
들어 그들은 주식시장에 돈을 투자하고 이에 따라 주가가 상승하면,
투자하는 회사가 실제로 얼마나 경영을 잘하고 있는지에 상관없이
더 많은 돈을 주식시장에 투자한다(1990년대 후반에 다우지수가 3
만 5000까지 갈 것이라고 예상했던 것을 기억하는가). 명백하게 폰
지사기(Ponzi scheme, 고수익을 미끼로 투자자들을 끌어모은 뒤 신규로 들어오
는 투자자의 원금으로 이전 투자자에게 수익을 지급하는 식의 금융사기 수법. 1920
년대 보스턴에서 금융사기를 벌인 찰스 폰지Charles Ponzi의 이름에서 유래했다—
옮긴이)를 친 버니 메이도프(Bernie Madoff) 같은 이들이 없어도 주식
시장은 폰지사기 같은 특징을 지닌다. 부자들은 주식, 부동산, 자원,
석유 그리고 다른 상품선물(先物)뿐 아니라 미술품시장까지 온갖 종
류의 자산가치에 투자한다. 그들은 또한 미술관과 모든 종류의 문화
활동에 대한 후원을 통해 문화적 자본에 투자한다(이를 통해 그들
은 도시의 경제개발을 위해 소위 '문화산업'을 호감가는 전략으로
만들어낸다). 리먼브라더스가 파산했을 때, 뉴욕의 현대미술관은
후원금의 3분의 1을 잃었다.

미국의 주식과 주택이 GDP에서 차지하는 비중

주택

주식

경기후퇴

자료: 연방준비위원회, 미 상무부

미국 기업이윤 원천의 변화(1950~2004)

금융

제조업

자료: 브리지워터어소시에이츠(Ray Dalio, Bridgewater Associates)

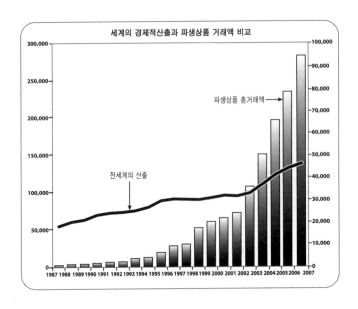

세계의 경제적산출과 파생상품 거래액 비교

파생상품 총거래액→

전세계의 산출

그림자금융씨스템으로 알려진 제도가 주도하여 낯설고도 새로운 시장들이 등장했는데, 이는 신용스와프와 통화파생상품 같은 것들에 대한 투자를 가능하게 했다. 선물시장은 공해배출권 거래에서 기후까지 모든 것을 대상으로 했다. 이 시장들의 규모는 1990년 거의 제로에서 2005년에는 약 250조달러(당시 전세계의 총산출은 45조달러에 불과했다)가 되었고 2008년에는 아마도 600조달러에 이를 것이다. 투자자들은 이제 자산가치의 파생상품과 궁극적으로는 자산가치의 파생상품에 대한 보험계약의 파생상품에까지 투자할 수 있게 되었다. 이러한 상황에서 헤지펀드가 성행했고 이에 투자한 이들은 엄청난 이윤을 거둬들였다. 헤지펀드를 경영하는 이들은 거대한 부를 모았다(이들 중 몇몇은 2007년과 2008년, 두해 동안 매해 10억 달러 이상의 소득을 벌었고 최상위 경영자들의 수익은 30억달러에 이르렀다).

자산가치에 투자하는 경향은 광범위하게 퍼져나갔다. 여러 보고에 따르면 1980년대 이후 많은 대규모 비금융기업들이 상품의 제조보다 금융사업에서 더 많은 돈을 벌게 되었다. 특히 자동차산업에서 그랬다. 자동차회사들은 이제 기술자들이 아니라 회계사들에 의해 경영되었으며, 소비자 대출을 담당하는 금융부서의 수익성이 매우 높았다. 제네럴모터스 인수회사(General Motors Acceptance Company)는 자동차 구입자금을 대출해주는 수익성 높은 회사일 뿐 아니라 부동산 모기지의 최대의 민간 보유자들 중 하나가 되었다. 그러나 더욱 중요하게도, 이들은 전세계에서 자동차부품을 생산하기 때문에 기업의 내부거래를 통해, 세율이 가장 낮은 곳에서 이윤을 올렸다고 보고하고 환율변동 자체를 더 높은 금융 수익을 얻는 수단으로 활용하며, 세계 여러 곳의 가격과 이윤의 보고서를 조작할 수 있었다. 그러나 이 기업들은 또한 스스로를 보호하기 위해 예상치 못한 환율변동으로 인한 잠재적 손실에 헤지(hedge, 선물·옵션 등의 금융파생상품을 사용하여 미래 금융시장의 불확실한 변동으로 인한 자산손실의 위험에 대비하는 행위—옮긴이)해야만 했다.

1973년, 기존의 1960년대 고정환율제도가 붕괴하자 각 통화 사이의 환율은 더욱 불안정해졌다. 1970년대에 시카고에서 새로운 통화선물시장이 만들어졌지만, 이는 엄격한 원칙에 따라 조직되었다. 1980년대 말이 되자, 변동성을 상쇄하기 위해 (통화선물에 대해 양

방향 베팅을 하는) 헤징 관행이 더욱 일반화되었다. 규제제도와 거래원칙을 적용받지 않는 '점두거래' 시장이 등장했다. 이는 민간부문이 추진한 것으로 1990년대에 새로운 금융상품들—신용부도스와프, 통화선물, 금리선물, 그리고 다른 모든 것들—이 봇물 터지듯 쏟아지도록 만들었다. 이것은 전혀 규제받지 않는 그림자금융씨스템을 구성했고, 많은 기업이 열성적으로 이에 참여했다. 만약 이러한 그림자씨스템이 뉴욕에서 운영될 수 있다면, 런던, 프랑크푸르트, 취리히 그리고 싱가포르에서는 어떨까? 그리고 그 활동이 은행에 국한될 필요가 있을까? 엔론은 원래 에너지를 생산하고 공급하는 회사였지만 갈수록 에너지 선물거래에만 집중했다. 2002년 엔론이 파산했을 때 이 회사는 단지 고위험시장에서 타격을 받은 하나의 선물거래기업인 것처럼 보였다.

실제로 당시 금융시장에 어떤 일이 발생했는지 매우 불투명하므로, 하나의 사례를 들어보자. 스물아홉살의 앤디 크리거(Andy Krieger)는 투자은행 쌀로몬브라더스(Salomon Brothers)에서 통화선물을 거래해 약간의 성공을 거둔 뒤, '빅뱅'이 막 도입된 1986년 뱅커스트러스트(Bankers Trust)에 입사했다. 그는 수익이 나도록 통화옵션의 가격을 설정하는 기발한 수학적 방법을 발견했다. 그는 또한 미래의 어떤 시기에 특정한 통화를 대규모로 매입하는 옵션을 제시해 시장을 조작했는데, 이는 다른 트레이더들이 가능한 한 빨리 그 통화를 매입하도록 꼬드겼다. 그후 크리거는 자신의 옵션을 청산하기 전에 그가 보유하고 있는 통화를 높은 가격에 매각했다. 물론 그는 옵션의 증거금(deposit)을 잃었지만, 통화를 매각하여 큰 이윤을 남길 수 있었다. 이는 거래가 점두거래(즉, 시카고 통화선물거래소 제도의 외부에서 사적으로 계약되는 거래)였기 때문에 가능한 일이었다. 1987년 크리거는 대규모 베팅을——한번은 전체 뉴질랜드산 키위의 가치에 대한 베팅(이로 인해 뉴질랜드정부는 깜짝 놀랐다)을——시도해 2억 5000만달러의 수익을 올렸는데, 금융위기가 발생한 이 해에 뱅커스트러스트의 다른 모든 부서들은 손실을 보았다. 따라서 그가 혼자서 뱅커스트러스트의 흑자를 유지하게 만든 것처럼 보였다. 그는 당시로는 엄청난 규모였던 5퍼센트의 보너스를 약속받았고, 퇴직할 때에는 '규정에 따라' 300만달러를 받았다. 한편, 뱅커스트러스트는 그의 수치를 제대로 검토하지 않고 주가를 유지하기 위해 확신에 찬 재무제표를 보고했다. 그러나 크리거의 수치는 8000만달러나 잘못된 것으로 드러났고, 크리거는 잘못을 인정하지 않고 사라져버렸다. 그 은행은 사실 이윤을 내지 못했다고 인정하는 대신 문제를 숨기기 위해 온갖 '창조적' 회계방식을 시도했지만, 결국 문제를 시인하고 말았다.

이 이야기가 시사하는 바를 생각해보자. 첫째, 규제받지 않는 점두거래는 모든 종류의 금융혁신과 수상하긴 하지만 막대한 돈을 벌어주는 관행을 가능케 한다. 둘째, 은행들은 그것(특히 그 수학)을 이해하지 못하지만, 이러한 사업이 은행의 핵심사업에 비해 수익성이 매우 높고 따라서 주가를 높여주기 때문에 이를 지원한다. 셋째, 창조적 분식회계(creative accounting)가 관련되어 있다. 넷째, 불안정한 시장에서 회계를 위한 자산의 가치평가는 매우 불확실하다. 마지막으로 이는 그 자신에게 엄청난 돈을 벌어준 기술을 지닌, 한 젊은 트레이더로부터 시작되었다. 프랭크 파트노이(Frank Partnoy)는 이 모든 것을 설명한 『전염성 탐욕』(*Infectious Greed*, 2003)에서 이렇게 썼다.

불과 몇년 만에 규제당국은 금융회사들에 대한 통제력을, 금융회사들은 기업 경영진에 대한 통제력을, 기업 경영진은 피고용자들에 대한 통제력을 잃어버렸다. 속박에서 벗어난 기업들은 대중의 눈길이 미치지 않는 곳에서 엄청난 모험을 감행했다. 간단히 말해 통제되는 금융시장이라는 말은 허구가 되어버렸다. (이주명·이명재 옮김, 『전염성 탐욕』, 필맥출판사 2004, 14면)

자산가치가 상승하자 그 효과는 전체 경제로 파급되었다. 주식은 그 하나의 경로였고 부동산은 다른 경로였다. 맨해튼에 주택을 사는 것이나 아니면 생활하는 것 자체도 빚을 크게 지지 않으면 거의 불가능한 일이 되었다. 소득이 증가하지 않았던 노동계급을 포함한 모두가 이 자산가치 인플레이션에 감염되었다. 만약 엄청난 부자들이 그럴 수 있다면, 노동자들이라고 왜 쉽게 빚을 내어 집을 산 뒤 의료비를 내고 아이들을 대학에 보내거나 카리브해 크루즈를 즐기기 위해 그 집을 잔액이 증가하는 ATM 기계처럼 사용하지 않겠는가?
그러나 자산가치의 인플레이션은 영원히 지속될 수 없다. 미국의 정책결정자들이 그들의 형편없는 자본주의를 세계의 다른 곳에 수출하기 위해 최선을 다하고 있지만, 이제는 미국인들이 자산가치 하락의 고통을 경험할 차례다.

* * *

  자본주의하에서는 표상(representation)과 실제(reality) 간의 관계에 언제나 문제가 있어왔다. 부채는 상품과 써비스의 미래가치에 관한 것이다. 부채는 언제나 미래에 대한 어림짐작의 할인을 수반하며, 그러한 추정은 금리에 의해 결정된다. 1970년대 이후 나타난 부채 증가는 내가 '자본잉여 흡수문제'(capital surplus absorption problem)라 부르는 자본주의의 핵심적 근본문제와 관련이 있다. 자본가들은 언제나 이윤의 형태로 잉여를 생산해낸다. 그리고 나서 그들은 확장된 잉여의 일부를 재자본화(recapitalise)하고 재투자하기 위해 경쟁해야 한다. 이를 위해 그들은 새로운 수익성 있는 투자기회를 찾아야 한다.

  저명한 영국의 경제학자 앵거스 매디슨(Angus Maddison)은 평생에 걸쳐 자본축적의 역사에 관한 데이터를 분석했다. 그는 1820년 자본주의 세계경제의 상품과 써비스의 총산출을 6940억달러(1990년 불변달러 기준)로 계산한다. 그에 따르면, 이 금액은 1913년 2.7조달러로 증가했고, 1950년에는 5.3조달러, 1973년에는 16조달러, 그리고 2003년에는 약 41조달러가 되었다. 세계은행의 2009년 「세계개발보고서」(World Bank Development Report)에 따르면 그 가치는 (명목달러로) 약 56.2조달러로 계산되고, 이 중 미국이 거의 13.9조달러를 차지한다. 자본주의의 역사 전체를 통해, 현실의 지속적인 성장률(actual compound rate of growth, 'compound'는 본래 회계에서 '복리'를 뜻하는 단어인데, 이 글에서는 예를 들어 3퍼센트의 경제성장이 지속된다는 것을 의미

	1950	1973	1990	2003	2030	1990–2003	2003–30

1990년의 구매력평가(달러 기준)

평균 연간변화율

	1950	1973	1990	2003	2030	1990–2003	2003–30
서유럽	1,396	4,097	6,033	7,857	12,556	2.05	1.75
미국	1,456	3,537	5,803	8,431	16,662	2.91	2.56
다른 선진국들	180	522	862	1,277	2,414	3.07	2.39
일본	161	1,243	2,321	2,699	3,488	1.17	0.95
선진국	3,193	9,399	15,019	20,264	35,120	2.33	2.06
동유럽	185	551	663	786	1,269	1.33	1.79
러시아	315	872	1,151	914	2,017	-1.76	2.98
구소련 다른 국가들	199	641	837	638	1,222	-2.17	2.43
남미	416	1,389	2,240	3,132	6,074	2.61	2.48
중국	245	739	2,124	6,188	22,983	8.56	4.98
인도	222	495	1,098	2,267	10,074	5.73	5.68
다른 아시아 국가들	363	1,387	3,099	5,401	14,884	4.36	3.83
아프리카	203	550	905	1,322	2,937	2.96	3.00
기타	2,148	6,624	12,117	20,648	61,460	4.19	4.12
세계	5,341	16,022	27,136	40,913	96,580	3.21	3.23

한다―옮긴이)은 연간 약 2.25퍼센트로 계산된다(이는 1930년대에는 마이너스였으며 1945~73년 기간은 거의 5퍼센트로 매우 높았다). 현재 경제학자 간의, 그리고 금융언론 내의 합의된 주장에 따르면 대부분의 자본가가 적절한 이윤을 올리는 '건전한' 자본주의 경제는 그 성장률이 연간 3퍼센트다. 성장률이 이보다 낮으면 경제침체로 간주된다. 성장률이 1퍼센트보다 낮으면 불황과 위기라는 단어가 나온다(이는 많은 자본가들이 이윤을 얻지 못하는 상황이다).

영국 총리 고든 브라운(Gordon Brown)은 2009년 늦가을, 검증되지 않은 낙관론에 기초해 세계경제 규모가 앞으로 20년이 지나면 두 배 이상이 될 것이라 주장했다. 오바마 대통령도 2011년이 되면 우리는 3퍼센트의 '정상적' 성장궤도에 복귀할 것이라 기대한다(그러나 2011년 미국의 경제성장률은 겨우 1.7퍼센트였다—옮긴이). 만약 그렇다면 2030년에는 세계경제 규모가 100조달러를 넘을 것이다. 그때는 3조 달러의 추가 투자를 위해 수익성 있는 투자기회가 나타나야 한다. 이는 매우 어려운 일이다.

이런 식으로 생각해보자. 자본주의가 영국 맨체스터·버밍엄 등의 지역으로부터 반경 50마일 이내의 활동으로 구성된 1750년에는, 3퍼센트의 지속적인 비율로 이루어지는 영원해 보이는 자본축적이 큰 문제가 아니었다. 그러나 이제 북미, 오세아니아, 유럽뿐 아니라 인도, 중동, 남미 그리고 아프리카의 상당 부분과 또한 동아시아와 동남아시아에서 일어나는 모든 경제활동의 끊임없는 지속적 성장에 대해 생각해보라. 자본주의를 지속적으로 성장하도록 하는 것은 쉽지 않은 일이다. 그럼에도 불구하고 3퍼센트의 성장은 왜 3퍼센트의 재투자를 전제로 할까? 그것은 설명되어야만 하는 수수께끼다(기대하시라!).

특히 1973~82년의 위기 이후 상품과 써비스 생산에서 점점 더 커지는 자본잉여를 어떻게 흡수할 것인가 하는 근본적인 문제가 심각해져왔다. 지난 몇년간 IMF는 흔히 "세계에 과잉유동성이 넘쳐나고 있다"라고 보고했다. 이는 과거에 비해 기하급수적으로 늘어난 자금이 수익 낼 곳을 찾아 돌아다니고 있다는 뜻이다. 1970년대의 위기 당시, 석유가격이 상승하면서 걸프만 국가들은 오일달러를 막대하게 거둬들였다. 이 달러들은 당시 개도국에 이를 대출해준 뉴욕의 투자은행들을 통해 세계경제로 재환류되었고, 이는 1980년대 세계

부채위기의 배경이 되었다.

1980년대에 잠시 이윤마진이 회복세였다가 다시 하락한 탓에, (중국의 급속한 부상에도 불구하고) 점점 더 적은 액수의 과잉자본이 생산에 흡수되었다. 과잉자본의 투자처를 찾기 위한 필사적 노력의 일환으로 대규모의 민영화가 전세계를 휩쓸었다. 공기업은 본래 비효율적이고 방만하므로 그 성과를 높이는 유일한 방법은 민간부문에 매각하는 것이라는 교리가 그 배경이 되었다. 그러나 이러한 교리는 근거가 없다. 몇몇 공기업이 비효율적인 것은 사실이지만, 다수가 그런 것은 아니다. 프랑스 철도로 여행해보고, 이를 불행히도 민영화된 미국이나 영국의 씨스템과 비교해보라. 뿐만 아니라 미국의 민영화된 의료보험 씨스템은 정말로 비효율적이고 방만하다(국가가 운영하는 부분인 메디케어Medicare〔주로 65세 이상의 노인층 혹은 장애인 등을 위한 미국의 의료보장제도―옮긴이〕는 훨씬 더 낮은 간접비용overhead cost이 든다). 이런 사실은 중요치 않다. 사람들은 다음과 같은 주문을 외웠다. 국가가 운영하는 산업은 다른 갈 곳 없는 민간자본에 개방되어야만 하고, 수도·전기·통신·교통―공공주택과 공교육, 공공의료보험은 말할 것도 없고―등 모두가 사기업과 시장경제의 축복에 개방되어야만 한다. 물론 몇몇 경우 효율성이 향상되기도 했지만, 다른 경우는 그렇지 않았다. 하지만 분명한 것은 이 공적 자산을 인수한 기업가들은 쉽게 억만장자가 되었다는 것이다. 『포브스』지가 세계에서 3번째 부자로 추정한 멕시코의 까를로스 슬림 엘루(Carlos Slim Helú)는 1990년대 초반 멕시코 통신산업의 민영화를 통해 엄청난 부를 끌어모았다. 빈곤으로 가득한 국가의 이런 민영화 열풍 덕택에 몇몇 멕시코인은『포브스』의 세계부호 리스트에 어렵지 않게 자신의 이름을 올려놓을 수 있었다. 러시아에서 시행된 시장이라는 충격요법은 단지 7개의 과두집단이 몇년 사이에 전체 경제의 거의 절반을 통제하도록 만들었다(뿌찐은 그후 이들과 싸워왔다).

1980년대에 들어서 더 많은 과잉자본이 생산에, 특히 중국의 생산에 투입되자, 생산자들 사이의 경쟁이 격화되면서 (소비자에 대한 상품가격이 계속 하락하는 미국 월마트 현상에서 보이듯) 가격을 낮추라는 압력이 거세지기 시작했다. 저임금노동이 풍부했음에도 불구하고 1990년경 이후 이윤은 하락하기 시작했다. 저임금과 저이윤이 동시에 나타나는 것은 독특한 일이었다. 그 결과 점점 더 많은 화폐가 자산가치에 대한 투기에 몰려들었다. 바로 그곳이 이윤이 창출되는 곳이었기 때문이다. 일본에서 제로금리로 자금을 빌려 엔-스털링(yen-sterling) 환율의 유해한 변화 가능성을 헤지하면서 7퍼센트의 수익을 내며 런던에 투자할 수 있는데, 누가 수익성이 낮은 생산에 투자하겠는가? 어찌 되었건, 악명높은 닷컴버블의 형성과 함께, 부채가 폭발적으로 늘고 새로운 파생상품시장이 발전하면서 엄청난 액수의 과잉자본을 흡수한 것이 바로 이 시기였다. 이 모든 기회 앞에서 누가 군이 생산에 투자하려 하겠는가? 이것이 바로 진정으로 자본주의 위기의 금융화(financialisation) 경향이 시작된 시점이었다.

3퍼센트의 성장을 영원히 지속하는 것은 심각한 제한에 직면한다. 환경적 제한, 시장의 제한, 수익성 제한, 공간적 제한(자본축적에 의해 완전히 식민화되지 않은 지역은, 비록 천연자원은 철저히 약탈당했지만 아프리카의 대다수 지역과 접근이 어려운 아시아와 남미의 내륙지역들뿐이다) 등이 존재한다.

1973년 이후 전개된 금융화는 필요에 의한 산물이었다. 그것은 잉여흡수문제를 해결하는 방법을 제시해주었다. 그러나 과잉화폐, 즉 과잉유동성은 어디서 나왔을까? 1990년대가 되자 해답이 명확해졌는데, 그것은 바로 레버리지(leverage, 본래 '지렛대'라는 뜻이며, 금융산업에서 타인의 자본 혹은 부채를 지렛대로 삼아 자기자본의 투자수익률을 증대시키는 것을 의미한다. 흔히 자기자본에 대한 부채 혹은 타인자본의 비중을 나타내는 용어로 쓰인다―옮긴이)의 증가였다. 보통 은행들은 예금자들이 절대로 동시에 예금을 모두 인출하지는 않을 것이라는 이론적 전제하에서 예금가치의 약 3배를 대출해준다. 모두가 예금을 인출하려 하는 뱅크런(bankrun)이 실제로 발생하면, 그 은행은 모두에게 예금을 지급해줄 현금이 충분하지 않으므로 틀림없이 창구를 닫아야만 한다. 1990년대 이후 은행들은 흔히 서로에게 대출해줌으로써 이 부채-예금 비율을 높였다. 은행부문은 경제의 다른 어떤 부문보다 부채를 더 많이 지게 되었다. 2005년, 레버리지 비율은 30 대 1까지 높아졌다(이 수치는 투자은행들의 레버리지 비율이며, 상업은행의 비율과는 구별된다―옮긴이). 세계가 과잉유동성으로 넘쳐나는 것처럼 보였던 것이 당연하다. 은행씨스템 내에서 만들어진 과다한 가공자본이 잉여를 흡수하고 있었던 것이다! 그것은 마치 은행공동체가 자본주의라는 펜트하우스에 틀어박혀 지하실의 노동자들은 무엇을 하고 있는지 전혀 생각하지 않고, 자기들끼리 거래하고 레버리지를 높여 막대한 양의 화폐를 만들어낸 것과 같았다.

몇몇 은행이 문제에 빠지자, 은행들 간의 신뢰는 약화되었고 레버리지에 기초한 가상의 유동성은 사라져버렸다. 디레버리징(de-leveraging, 부채 축소를 통해 금융기관이 레버리지를 낮추는 행위—옮긴이)이 시작되었고, 은행자본의 엄청난 손실과 감가(devaluation)가 발생했다. 지하실의 노동자들은 이제 펜트하우스의 거주자들이 지난 20년 동안 무엇을 하고 있었는지를 분명히 알게 되었다.

정부의 정책은 문제를 완화한 것이 아니라 더욱 악화했다. 은행에 대한 구제금융을 '전국민적 구제'(national bailout)라고 부르는 것은 온당치 않다. 이는 그저 은행과 자본가계급의 부채와 위법을, 오직 그들만의 문제를 납세자들이 구제해주는 것이다. 정부의 화폐가 은행에 지급되었지만 미국에서 2009년 현재까지는 주택을 차압당한 주택소유자들이나 국민 전체에게 이 화폐가 돌아가지 않았다. 은행들은 이 자금을 다른 이에게 대출해주는 것이 아니라 그들의 레버리지를 줄이고 다른 은행을 매입하기 위해 사용하고 있다. 그들은 권력을 강화하기에 바쁜 것이다. 이러한 불공평한 처리는, 금융기관에 맞서는 지하실 거주자들의 대중적·정치적 분노를 불러일으켰다. 우파와 여러 언론들이 주택소유자들을 향해 자신이 감당할 수 있는 것보다 더 많은 부채를 졌다며 그 무책임과 무능을 비판했음에도 대중의 분노는 사그러들지 않았다. 그제야 자본가계급의 미래 지배력에 심각한 정당성 위기가 발생하는 것을 막기 위한 미지근한 정책들이 제시되었다. 일단 은행들이 대출을 재개하면 우리는 신용이 이끌어가는 경제로 다시 돌아갈 수 있을까? 만약 그렇지 않다면 왜일까?

* * *

지난 30년간 생산의 지리(geography, 이 책에서 이 단어는 '지리'로 통일
하여 번역한다. 단, 대부분의 경우 이를 '지형도'라는 의미로 이해해도 무방하다—
옮긴이)와 정치경제적 권력의 위치가 극적으로 재편되었다. 2차대전
이 끝났을 때, 많은 이들은 자본가 사이의 경쟁과 국가의 보호주의
가 전쟁에까지 이른 각국의 갈등에서 주된 역할을 했다는 점을 잘
이해했다. 평화와 번영을 달성하고 유지하기 위해서는 국제적 정치
교섭과 국제무역을 위한 더욱 개방적이고 안전한 체제, 즉 원칙적으
로 모든 이가 이득을 얻을 수 있는 체제가 설립되어야만 했다. 당시
자본주의 주도세력이던 미국은 주요 동맹국들과 함께 세계질서를
위한 새로운 체제를 만들어내기 위해 그 지배적인 지위를 이용했다.
미국은 탈식민화와 이전 제국들(영국, 프랑스, 네덜란드 등)의 해체
를 추구했고, 국제연합과 국제무역의 규칙을 규정한 1944년의 브레
튼우즈(Bretton Woods) 합의를 이끌어냈다. 냉전이 시작되자 미국은
비공산주의 진영을 택한 모든 국가에 보호를 제공('판매')하는 데
자신의 군사력을 사용했다.

간단히 말해 미국은 비공산주의 세계 내에서 헤게모니 권력의 지
위를 떠맡았다. 그것은 자본잉여를 흡수하기 위한, 또한 세계의 가
능한 한 많은 부분의 개방을 유지하기 위한 세계적 동맹을 이끌었
다. 미국은 보편적 선을 위해 행동하는 것처럼 보였지만 실제로는
그 자신의 목표를 추구했다. 2차대전 이후 유럽과 일본의 자본주의

경제 회복을 위해 미국이 제공했던 지원이 이러한 전략의 예다. 미국은 강제와 동의를 함께 이용해 세계를 지배했다.

1944년 브레튼우즈회의 당시 영국 대표이자 유명한 경제학자 존 메이너드 케인즈(John Maynard Keynes)는 어떤 한 나라가 통제할 수 없는 세계적 통화단위의 도입을 주장했다. 미국은 달러와 금 사이의 고정환율에 의해 지지되는 미국 달러가 그 역할을 해야 한다고 주장하며 이 계획을 거부했다. 미국의 안은, 국제무역을 촉진하기 위해 다른 모든 통화의 환율을 달러에 고정시키는 것이었다. 6개월 후의 환율이 알려져 있었고, 가끔 발생하는 파괴적 평가절하도 물론 금지되었기 때문에, 어떤 통화선물시장도 필요하지 않았다. 이 씨스템에서 금융위기 — 1958년과 1966년의 심각한 불황을 가져온 것 같은 과잉생산위기와는 달리 — 는 드문 일이었다. 금융자본의 권력은 비록 중요했지만 제한되었으며 어느정도 투명했다.

미국이 이기주의적으로 달러를 찍어내는 것을 자제하는 한, 이 씨스템은 적절하게 작동했다. 그러나 1960년대 베트남전쟁과 (당시에 '총과 버터' 전략으로 불린) '위대한 사회'(Great Society)라는 반(反)빈곤 프로그램 탓에 1968년경 이후 달러는 위기에 빠졌다. 미국 기업들이 그들의 과잉자본을 해외로 옮기기 시작한 것도 바로 이 시기였다. 미국의 통제를 받지 않는 과잉달러가 유럽의 은행씨스템으로 쌓이고 있었다. 달러와 금 사이의 고정환율에 대한 믿음도 약화되기 시작했다. 하지만 과연 무엇이 그것을 대체할 것인가?

중립적 세계통화에 관한 케인즈의 아이디어는 1969년 IMF에 의해 5개의 주요 통화가치에 기초한 '특별인출권'(special drawing right)

이라는 형태로 다시 살아났다. 그러나 이는 미국의 헤게모니를 위협하는 것이었다. 1968년에서 1973년 사이의 복잡한 국제적 합의 속에서 도출된, 미국이 제시한 좀더 나은 해결책은 달러와 금의 고정환율제를 포기하는 것이었다. 이제 세계의 모든 주요 통화들은 달러에 대해 변동하게 되었다. 이로 인해 국제무역씨스템에 유연성과 변동성이 도입되었지만 세계의 준비통화(reserve currency)는 여전히 미국의 통제하에 놓여 있었다.

그 결과는 미국의 헤게모니에 대한 하나의 도전을 다른 것으로 대체하는 것이었다. 만약 달러가 강하게 유지되려면, 미국경제의 생산적인 면은 경쟁국들보다 우위는 아니더라도 적어도 그만큼 강해야 한다. 1980년대가 되자 일본과 서독의 경제가 생산성과 효율성 면에서 미국보다 앞섰고 숨겨진 또다른 경쟁의 위협들이 존재한다는 것이 분명해졌다. 그렇다고 미국이 보호주의로 회귀할 수는 없었다. 미국은 과잉자본 흡수의 수단으로 더욱 자유로운 국제무역 추진을 주도해야만 했다. 간단히 말해 미국도 경쟁을 해야만 했다. 이전에는 국민국가 체제 안에서 독점적 경로를 따라 발전했던 자본주의가 훨씬 더 국제적으로 경쟁이 치열해져갔다(일본과 독일의 자동차 회사들이 미국의 자동차시장에 갑자기 진출했던 것을 생각해보라). 금융자본은 미국 국내에서 그리고 국제적으로도 이윤율이 가장 높은 곳으로 과잉자본을 배분하기 위해 앞다투어 움직여야만 했다.

대부분 산업들의 입장에서 그곳은 결국 미국이 아니었고, 미국에서도 특히 동북부와 중서부의 전통적인 생산중심지들이 아니라 서부와 남부였다. 그 결과로 전세계에서 무자비하고 치열한 생산의 재조직화와 재배치가 나타났다. 피츠버그, 셰필드, 그리고 에센의 철강산업에서 뭄바이의 직물산업에까지 모든 곳에서 오래된 생산중심지의 탈산업화가 나타났다. 이와 동시에 산업화가 세계경제 내의 완전히 새로운 공간에서 놀랍게 진전되었다. 이는 특히 특정한 자원이나 조직적인 이점을 가진 곳으로, 한국, 타이완, 방글라데시 그리고 멕시코의 마낄라도라(maquiladora, 세금을 면제받는 수출지향 조립공장) 같은 특별생산지구 혹은 중국의 주장(珠江)삼각주(중국 주장강 하구의 꽝저우, 홍콩, 마카오를 연결하는 삼각지대 중심의 지역─옮긴이)에 만들어진 수출지구 등이었다. 대부분 노동절약적인, 고도의 경쟁적 기술혁신을 수반한 생산능력의 세계적인 변화는 전세계의 노동규율을 강화하는 데 기여했다.

미국은 생산의 영역에서 이전의 지배력을 잃었지만(중요성을 잃은 것은 아니다), 여전히 거대한 금융권력을 거머쥐고 있었다. 미국은 기술과 금융혁신의 우위에 기초한, 혹은 지적 재산권으로부터 나오는 지대의 추출에 갈수록 더욱 의존했다. 이는 금융이 과도한 규제에 의해 부담을 받으면 안 된다는 것을 의미했다.

2008~9년 미국 금융부문의 붕괴는 미국의 헤게모니를 위태롭게 했다. 미국이 독자적으로 부채에 기초한 회복계획에 착수할 능력은, 1990년대 이후 축적된 엄청난 부채와 국내의 완고한 보수주의적 반대로 인해 정치적으로 제한되어 있다. 지난 수년간 미국은 하루에 약 20억달러를 해외로부터 차입해왔고, 대출자들─중국과 다른 동아시아 국가들의 중앙은행 그리고 걸프만 국가들의 중앙은행─은 미국경제가 대마불사라는 이유로 대출을 계속해주었으며, 따라서

미국의 경제정책에 대한 대출자들의 영향력도 뚜렷해지고 있다. 한편 세계의 준비통화로서 달러의 지위는 위협받고 있다. 중국은 케인즈의 독창적 제안을 되살려, 민주화된 IMF(중국은 여기서 중요한 발언권을 지닌다)가 관리하는 특별인출권 형태의 세계통화를 만들어내야 한다고 주장했다. 이는 미국의 금융헤게모니를 위협하는 것이다.

냉전의 종말도 공산주의의 위협에 대항하는 군사적 보호를 의미 없게 만들었다. 매우 다른 경로를 따른 중국·베트남과 함께 구소련의 국가들은 세계자본주의 경제씨스템에 통합되어왔다. 이는 잉여의 흡수에 새로운 기회를 만들어내면서도 또한 잉여의 창출을 가속화하는 문제를 제기한다. 또다른 적에 대항—소위 테러와의 전쟁—하여 세계의 다른 지역을 미국의 군사적 보호하에 두려는 시도는 성공하지 못했다.

우리는 이러한 맥락에서 오바마의 당선 직후 발표된, 2025년의 세계에 관한 미국 국가정보위원회(US National Intelligence Council)의 수수께끼 같은 예측을 이해해야만 한다. 이 보고는 그때가 되면 미국이 여전히 강력한 국가이겠지만 세계를 지배하는 국가는 더이상 아닐 것이라는, 아마도 미국 공식기관 최초의 예측이었다. 이에 따르면 세계는 다극화되고 집중도는 약해질 것이며, (테러조직부터 비정부기구NGO까지) 비국가 행위자들의 중요성이 커질 것이다. 무엇보다도 "현재 진행되는 서양에서 동양으로의 전례 없는 상대적 부와 경제적 권력의 이동이 계속될 것이다".

이 '전례 없는 이동'은 18세기 이래 부가 오랫동안 동아시아, 동남아시아, 남아시아로부터 유럽과 북미로 유출되어오던 상황을——애덤 스미스(Adam Smith)가 『국부론』(The Wealth of Nations)에서 유감으로 여기며 지적한——역전시켰다. 1960년대 일본의 부흥, 1970년대 한국, 타이완, 싱가포르와 홍콩의 등장, 1980년대 이후 중국의 급속한 성장, 그리고 1990년대 인도네시아, 인도, 베트남, 타이, 말레이시아의 산업화 발전은 자본주의 발전의 무게중심을 바꿔왔다. 물론 그 과정이 순조롭지는 않았으며, 1997~98년 동아시아와 동남아시아 위기 때는 부의 흐름이 일시적으로 이 지역으로부터 월스트리트, 유럽 그리고 일본의 은행들로 다시 흘러갔다.

만약 위기가 자본주의의 발전에서 근본적으로 재구성되는 순간이라면, 미국이 현재 금융위기에서 벗어나기 위해 막대한 규모로 적자재정을 수행해야 하고 그 적자가 잉여를 저축했던 국가들——한국, 중국, 일본, 타이완 그리고 걸프만 국가들——로부터 주로 메워져야 한다는 사실은, 현재의 위기도 그러한 전환의 순간일지도 모른다는 것을 의미한다. 지금 미국과 영국이 처한 어려움은 월스트리트와 런던 씨티가 1997~98년 동아시아와 동남아시아에 행한 일에 대한 보복으로도 해석될 수 있다.

조반니 아리기(Giovanni Arrighi)가 1994년 그의 책 『장기 20세기』(The Long Twentieth Century)에서 상세히 설명했듯이 이와 같은 구조적 변동은 이전에도 일어났다. 그에 따르면 금융화 시기가 헤게모니 변동에 선행하는 명백한 패턴이 존재한다. 헤게모니는 영속적 축적을 위해 시간의 흐름에 따라 작은 국가(예를 들어 베네찌아)에서 더 큰 국가(예를 들어 네덜란드, 영국, 미국)로 이동했다. 보통은 내부에서 잉여가 가장 많이 생산되는(또는 많은 잉여가 공물이나 제국주의적 수탈의 형태로 흘러드는) 국가가 헤게모니를 지닌다. 2008년 전세계 총산출은 56.2조달러였는데 그중 13.9조달러를 미국이 차지한 덕택에 미국은 여전히 (세계은행이나 IMF 같은 국제기구들의 주요한 주주로서의 역할을 통해 그렇게 하듯이) 세계자본주의의 지배적인 주주이며 세계적 정책을 지배할 수 있다.

반면 세계의 생산활동과 부의 축적을 보여주는 지도를 보면, 오늘날은 1970년과 근본적으로 다르다. 아시아는 급속한 추격에 성공했다. 선전(深圳)과 둥관 같은 홍콩에 가까운 중국의 작은 마을들이 하룻밤 만에 수백만이 거주하는 생산의 중심지가 되었다. 전세계의 잉여 중 많은 부분이 이들 같은 자본주의 활동의 새로운 공간의 생산과, 그들의 증가하는 국제무역을 촉진하기 위해 필요한 인프라(공항이나 컨테이너 항구 등)에 흡수된다. 생산활동이 이동하는 공간이 미리 특정된 것은 아니다. 이는 부분적으로 인적 자원 그리고 (미국시장에 인접한 멕시코 북부 같은) 입지적 이점뿐 아니라 소위 '자연적' 조건에 영향을 받는, 여러 다양한 우연적이고 지역적인 요인에 의해 결정된다. (인프라 투자, 투자 보조, 노동정책, 그리고 멕시코의 '마낄라도라' 구역 조성과 1980년 이후 중국의 '경제특구' 지정 같은) 국가의 구체적인 정책들도 중요한 역할을 한다.

이러한 발전의, 그리고 뒤이은 위기의 지리는 불균등했다. 주택버블을 가장 방만하게 만들어냈던 국가들—미국, 영국, 아일랜드 그리고 에스빠냐—이 위기의 최초 진원지였지만, 다른 곳에서도 많은 투자자가 연관되어 있었다. 금융위기의 진원지는 뉴욕과 런던이었는데, 이들은 공통적으로 모기지대출과 다른 형태의 부채를 쪼개고 자르고 채권화했고, 판매를 위해 새로운 금융상품(주로 부채담보부증권CDO과 특수 투자회사SIV)을 만들어내면서 이 부채들을 보험, 헤지, 그리고 스와프 등을 위한 2차적 메커니즘과 함께 거래하는 것을 주도했다. 1986년 세계 금융시장의 '빅뱅' 통합 이후 등장한 금융아키텍처는 런던과 뉴욕의 실패가 전세계의 다른 지역으로 즉시 퍼져나간다는 것을 의미했다. 결국 이것은 1995년 싱가포르 백오피스(Back office, 증권시장에서 유가증권 매매 거래 이후의 처리과정을 담당하는 업무. 후선지원업무라고도 한다—옮긴이)의 트레이더 니콜라스 리슨(Nicholas Leeson)이 토오꼬오 시장에서 위험천만한 거래를 하여 런던을 기반으로 한 신뢰받는 베어링스은행(Barings Bank)을 파산시킬 수 있도록 만든 금융씨스템이었다. 이것이 바로 리먼의 파산이 세계 금융씨스템에 그렇게 즉각적이고 깊게 충격을 준 이유였다.

신용시장의 붕괴는 경제활동이 신용에 기초하는 정도에 따라 각국에 서로 다른 영향을 미쳤다. 투기적 신용과 은행사업가의 역할을 떠맡았던 아이슬란드는 그 자산의 대부분을 몇주 만에 잃고, 투자자들(많은 영국인 투자자들)에게 엄청난 손실을 남기고 정부를 혼란에 빠뜨렸다. 최근 EU에 가입하고 많은 차입을 했던 동유럽의 많은 국가들은 부채 만기시한을 연장할 수 없었고 파산에 직면했다(라트비아정부는 파산했다).

반면 그들의 금융씨스템을 세계적 네트워크에 완전히 통합하지 않은 중국과 인도 같은 국가들은 위기의 영향을 덜 받았다. 한편 소비자들이 지출을 줄이자 소득에 비해 가계부채의 비중이 높았던 미국과 영국 같은 국가들은 큰 타격을 받았고, 미국처럼 실업은 증가하는데 사회보장 수준은 매우 낮은 국가들은 위기의 영향이 더욱 컸다(이 점에서 보면 유럽 국가들이 상황이 훨씬 나았고 따라서 추가적인 재정지출의 필요성이 낮았다). 특히 동아시아와 동남아시아처럼 주요한 수출시장으로서 미국에 크게 의존했던 국가들도 결국 불황에 빠졌고, 그들의 주식시장 주가도 하락했다. 또한 2008년 초까지 호황을 구가하며 위기에 영향을 받지 않을 것이라 생각되던 원자재와 1차상품 생산국들도 2008년 하반기 이후 이들 상품의 가격이 급락하자 갑자기 심각한 어려움에 빠졌다. 2008년 여름 배럴당 150달러까지 치솟았던 (이로 인해 '피크오일'peak oil에 관한 논란이 벌어졌던) 유가는 몇달 만에 40달러까지 하락하여 러시아, 베네수엘라 그리고 걸프만 국가들에 많은 어려움을 가져다주었다. 걸프만 국가들의 건설 붐의 기반이던 석유 수입이 급감하자 인도, 팔레스타인, 동남아시아의 수천명의 이주노동자들은 자국으로 돌아가야만 했다.

건설부문의 해외 일자리가 사라지고 해외에서 가사노동을 하던 여성들이 해고되자, 멕시코, 에꽈도르, 아이띠, 인도의 케랄라 등 해외 파견 노동자들의 송금 수입에 크게 의존하는 국가들의 가구소득이 갑자기 감소했다. 많은 가난한 국가들에서 기아로 인한 영양실조와 사망이 크게 늘어났고, 이로써 선진국의 금융위기가 개도국의 빈민들에게는 별로 영향을 주지 않았다는 주장은 거짓말이 되어버렸다.

위기는 한 영역에서 다른 영역으로, 그리고 한 지역에서 다른 지역으로 퍼져나갔고, 그 과정의 모든 충격과 피드백 효과는 멈추거나 억제되기는커녕 거의 통제 불가능한 것처럼 보였다. 사람들은 처음에는 이 예기치 못한 사건들에 의해 크게 놀란 듯했으며, 1999년 씨애틀 시위 이후 표면화·가속화됐다가 9·11테러 이후 사그라진 국제적 자본의 행태에 대한 대중시위가 갑자기 다시 등장했다. 이번 시위는 그 대상이 더욱 구체적이었고 지리적으로 매우 불균등하게 전개되었다. 프랑스의 파업, 중국의 시위, 인도의 농민봉기, 그리스의 학생시위 등이 나타났다. 미국에서는 차압당하거나 버려진 주택을 퇴거자들이 점거하는 운동이 등장하기 시작했다.

분명한 것은, 자유시장 만능주의 시기였던 1990년대 탈냉전기를 지배한 영미식 세계경제 발전모델에 대한 믿음이 허물어졌다는 것이다.

그렇다면 자본주의에서는 왜 주기적으로 이러한 위기가 발생하는가? 이에 대답하기 위해 우리는 현재의 자본주의가 어떻게 작동하는지를 더욱 잘 이해해야 한다. 이번 위기를 예측하는 데 실패한 경제이론과 주류학파가 우리의 논쟁을 주도하고 우리의 사고를 지배하며 정치적 행동의 토대가 된다는 것은 명백히 문제가 있다. 이러한 지배적인 정신적 개념(mental conception)을 극복하지 않고서는, (새처가 즐겨 말했듯이) 애초에 이러한 위기를 일으킨 종류의 자본주의를 어설프게 수리하는 것 외에는 대안이 없을 것이다. 그렇다면, 우리는 위기의 경향이 있는 자본주의의 특징을 어떻게 하면 가장 잘 이해할 수 있을까? 그리고 어떤 방식으로 대안을 찾을 수 있을까? 이것이 다음 장들에서 분석할 질문들이다.

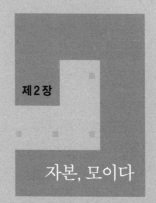

제 2 장

자본, 모이다

자본주의는 어떻게 생존하고 왜 위기의 경향을 지니는가? 이러한 질문들에 대답하기 위해 나는 먼저 자본이 왕성하게 축적되는 데 필요한 조건들을 설명할 것이다. 그리고 영속적 성장을 가로막는 잠재적 장애를 규정하고 과거에 이것들이 어떻게 극복되었는지 살펴볼 것이다. 그러고 나면 현재의 주요한 장애물이 무엇인지 볼 수 있을 것이다.

자본은 사물이 아니라 화폐가 더욱 많은 화폐를 벌기 위해 끊임없이 투입되는 과정이다. 이 과정을 시작하는 자본가들은 매우 다양한 모습을 띤다. 금융자본가는 이자를 받고 다른 이들에게 대출해주는 것을 통해 더 많은 화폐를 벌고자 한다. 상인자본가는 상품을 싸게 구입해서 비싸게 판매한다. 지주는 그들이 소유한 토지와 재산이 희소한 자원인 덕택에 지대를 수취한다. 지대수취자(rentier)는 로열티와 지적 재산권으로 화폐를 번다. 자산거래자는 이윤을 벌기 위해 (예를 들어 주식과 지분의) 소유권, (보험을 포함한) 부채와 계약 등을 교환한다. 국가도 자본가와 비슷하게 행동할 수 있다. 예를 들어 국가가 조세수입을 통해 성장을 촉진하고 더 많은 조세를 거둬들이기 위해 인프라에 투자하는 경우가 그러하다.

18세기 중반 이후 지배적이 된 자본의 순환(capital circulation)은 산업자본 혹은 생산자본 순환의 형태를 띤다. 이 경우, 자본가는 일정액의 화폐를 갖고 특정한 기술과 조직형태를 선택하여 시장으로 가서 필요한 양의 노동력과 생산수단(원자재, 물리적 설비, 중간재, 기계류, 에너지 등)을 구매한다. 구매된 노동력은 자본가의 감시하에서 수행되는 유효한 노동과정을 통해 생산수단과 결합된다. 그 결과 상품이 생산되는데, 그것을 소유한 자본가는 이윤을 위해 시장에서 그것을 판매한다. 다음날, 자본가는 곧 명백해질 여러 이유로 인해, 어제의 이윤의 일부를 새로운 자본으로 전환하여 생산과정을 더욱 큰 규모로 새로 시작한다. 만약 기술과 노동형태가 변화하지 않으면, 그 자본가는 둘쨋날에는 더 많은 이윤을 창출하기 위해 더 많은 노동력과 더 많은 생산수단을 구입해야 할 것이다. 이러한 과정은 무한히 지속된다.

써비스와 엔터테인먼트 산업에서는 이 과정이 약간 다르게 나타난다. 이는 (머리카락을 자르거나 대중을 즐겁게 하는) 노동과정이 그 자체로 판매되는 상품이며 따라서 (비록 많은 준비시간이 필요하지만) 생산과 상품의 판매 사이에 시간차가 존재하지 않기 때문이다. 제공되는 써비스가 대개 사적인 성격이 있다보니, 확장을 위해 재투자해야 할 필요성은 크지 않다. 물론 상점과 영화관 체인, 커피숍 그리고 심지어 사립 고등교육기관 등 써비스산업이 확장되는 사례들도 많긴 하지만 말이다.

자본의 순환에서는 그 흐름의 연속성이 매우 중요하다. 이 과정이 중단되면 언제나 손실이 발생한다. 또한 순환의 속도를 높이기 위한 강력한 유인이 존재한다. 자본순환의 다양한 국면들에서 더욱 빠르게 움직일 수 있는 이들은 경쟁자들보다 더 높은 이윤을 얻는다. 유통의 가속화는 거의 언제나 더 많은 이윤을 가져다주기 때문에 주로 그 속도를 더욱 빠르게 하는 혁신이 추구된다. 예를 들어 컴퓨터는 더욱 빨라지고 있다.

이 과정이 잠시라도 멈추게 되면 손실, 혹은 배치된 자본의 감가가 발생할 수 있다. 예를 들어, 2001년 9·11테러는 뉴욕시 (그리고 다른 지역) 내부와 외부로의 상품, 써비스, 사람들의 흐름을 중단시켰고, 금융시장은 일시적으로 폐쇄되었다. 그러나 3일 내에, 이 흐름이 회복되지 않으면 경제가 심각한 문제에 빠질 것이 분명해졌다. 모두들 외출해서 쇼핑과 여행 등으로 소비를 하고 직장(특히 금융부문)으로 돌아가라는 대중적 호소가 적극적으로 전개되었다. 쇼핑을 해서 경제정상화를 돕는 것이 애국이 되었다! 부시 대통령은 이례적으로 모두가 두려움을 잊고 다시 비행기를 타라고 촉구하는 항공사 공동광고에 출연하기도 했다. 9·11 같은 종류의 일시적 중단은 회복될 수 있지만, 자본운동의 장기적 중단은 자본주의의 위기를 의미한다.

자본의 순환은 또한 공간적 이동을 수반한다. 화폐는 어떤 곳에서 한데 모아져(assembled), 다른 어떤 곳에서 온 노동자원을 활용하기 위해 특정한 장소로 이동된다. 나는 볼티모어 지역은행의 저축계좌에 화폐를 예금하고, 그 화폐는 중국의 지방 출신 이주노동자(주로 젊은 여성들)를 고용하는 둥관의 양말공장을 세운 중국 기업가의 손에 들어간다. 다른 어떤 곳에서 판매되어야 하는 상품을 생산하기 위해 (원자재를 포함한) 생산수단은 또다른 어떤 곳으로부터 이동되어야만 한다. 이러한 공간적 이동의 마찰이나 장애물은 극복하는 데 시간이 걸리며 자본순환을 느리게 만든다. 따라서 자본주의의 전 역사에 걸쳐, 이동을 더디게 하는 거리와 장애물을 줄이기 위해 많은 노력이 기울여져왔다. 운송과 통신의 혁신이 중요한 역할을 해왔다. 상업과 금융에 대한 국경 개방의 증대, 자유무역협정의 조인, 그리고 국제무역을 위한 적절한 법적 구조의 확립 등도 장기적으로 보면 필수적으로 보인다. 유럽의 관세장벽이 폐지되지 않았다고 상상해보라. 현대의 예를 한가지 더 들자면, 지역 모기지대출의 증권화와 전세계 투자자들에 대한 모기지증권 판매는, 위험을 최소화하는 방식으로 자본이 부족한 지역과 과잉된 지역을 연결시키는 하나의 방법으로 여겨졌다.

자본주의 전체 역사에 걸쳐, 공간적 장벽의 전반적 감소와 가속화 경향이 있어왔다. 사회적 삶의 시공간 구성이 주기적·혁명적으로 변화해왔다(19세기 철도의 도래, 그리고 현재 인터넷의 영향을 생각해보라). 이동이 더욱 빨라지고 공간 관계는 더욱 가까워졌다. 그러나 이러한 경향은 순조롭지도 비가역적이지도 않다. 보호주의가 다시 도래할 수도 있고, 장벽들이 다시 세워질 수 있으며, 내전이 그 흐름을 막을 수도 있다. 게다가 시공간적 관계의 혁명은 긴장과 위기를 만들어낸다(동아시아로 생산이 이전되면서, 1980년대 자본주의 생산의 중심지에 탈산업화가 진전되어 여러 도시들에 힘겨운 구조조정이 강제되었던 일을 생각해보라). 이것이 만들어내는 지리는 나중에 검토할 것이다.

자본가들은 왜 그들의 이윤을, 쾌락을 위해 소비해버리지 않고 생산확장에 재투자하는가? 이것이 '경쟁의 강제법칙'(coercive law of competition)이 결정적인 역할을 하는 지점이다. 자본가로서 내가 확장에 재투자하지 않았는데, 만약 경쟁자가 그렇게 한다면, 얼마 후에 나는 파산할 가능성이 높다. 나는 시장에서 자신의 몫을 지켜내고 또 투자를 늘려야 한다. 나는 자본가 지위를 유지하기 위해 재투자해야만 하는 것이다. 그러나 이는 경쟁적 환경의 존재를 가정한다. 우리는 독점화 경향 혹은 경쟁행위에 대한 또다른 사회적 혹은 관습적 장벽에도 불구하고 어떻게 경쟁이 영속화되는가에 대해서도 설명해야 한다. 이 문제는 곧 뒤에서 논의할 것이다.

자본가의 재투자를 추동하는 또다른 동인이 존재한다. 화폐는 개인들이 전유할 수 있는 사회적 권력의 형태다. 게다가 그것은 내재적 한계를 지니지 않는 사회적 권력의 형태다. 내가 소유할 수 있는 토지, 내가 통제할 수 있는 물적 자산의 양에는 한계가 존재한다. 필리핀 마르코스 대통령의 독재가 붕괴된 후, 그 부인 이멜다 마르코스(Imelda Marcos)가 6000켤레의 구두를 보유했다는 것이 밝혀졌다. 하지만 거부들일지라도 요트나 맥맨션(MacMansion, 별다른 특색 없이 비슷한 대규모 고급주택들을 뜻하는 말로 맥도널드와 맨션의 합성어 —
옮긴이)을 수십억개씩 소유할 수는 없다는 한계가 존재한다. 그러나
개인이 수십억달러의 화폐를 가질 수 있듯이, 화폐에는 내재적 한계
가 존재하지 않는다. 화폐의 무한성과 그것이 제공하는 사회적 권력
을 통제하려는 필연적 욕망이 더 많은 화폐를 갈구하는 사회적·정
치적 유인을 두루 제공한다. 그리고 더 많은 화폐를 얻는 중요한 방
법 중 하나는 내일 더 많은 잉여를 창출하기 위해 어제 얻은 잉여자
금을 재투자하는 것이다. 화폐가 지배하는 사회적 권력을 축적할 수
있는 다른 많은 방법들도 존재하는데, 슬프게도 바로 사기, 부패, 강
도질, 약탈 그리고 불법거래가 그것이다. 이러한 불법적 형태가 자
본주의에서 주변적이기보다는 핵심적일 수 있다고 진지하게 주장
할 수도 있지만(사실 전세계 해외무역 중 규모가 큰 3가지 부문은
마약, 불법총기, 인신매매다), 나는 주로 법적으로 허용된 방법들에
초점을 맞출 것이다.

화폐권력에 한계가 없다는 점의 중요성은 아무리 강조해도 지나
치지 않다. 뉴욕의 일급 헤지펀드 매니저들은 2005년 평균 2억 5000
만달러의 개인소득을 올렸고, 2006년 최고 매니저들은 17억달러를
벌었으며 금융위기가 있던 2007년에도 (조지 쏘로스George Soros를
포함한) 5인의 펀드매니저들은 각각 30억달러의 수입을 올렸다. 이
것이 내가 사회적 권력의 형태로서 화폐에 한계가 없다고 말한 것이
의미하는 바다. 조지 쏘로스가 구두로 소득을 받으면 어떻게 될까?

물론 황금에 대한 개인의 갈망은 전혀 새로운 것이 아니다. 그러
나 화폐적 부의 소유로 인해 얻을 수 있는 개인권력의 과도한 집중

을 제한하기 위한 사회씨스템이 오래전부터 만들어져왔다. 예를 들어 인류학자들이 '포틀래치'(potlatch, 북미 인디언의 선물 분배 의식 — 옮긴이)라 부르는 비자본주의 사회의 관습에서는, 자기가 축적한 물적 소유물을 다른 이에게 나누어주고 버리거나, 몇몇 경우 복잡한 의식을 통해 명백하게 파괴해버리는 사람들이 더욱 존경을 받는다. 다양한 형태의 선물교환 경제도 이와 비슷하다. 인류애에 기초한 관용은 자본주의 역사 내에서도 오랜 전통이다. 카네기, 포드, 록펠러, 게이츠, 레버흄, 쏘로스 재단 등을 생각해보라. 바띠깐(Vatican) 같은 비자본주의적 제도도 개인의 부를 흡수할 수 있다(중세시대에 가톨릭교회는 면죄부 — 천국 입장권 — 를 부자상인들에게 판매했다). 지난 세기를 통틀어 많은 선진자본주의 국가는 일종의 재분배제도인 누진세와 강력한 상속세 제도를 채택했고, 이를 통해 개인에게 부와 권력이 과도하게 집중되는 것을 제한했다.

그렇다면 왜 1980년대 이후 미국과 다른 나라들에서, 화폐권력의 과도한 집중에 대한 제한이 약화되었을까? 화폐권력에 대한 근본적인 욕망은 언제나 존재했기 때문에 '전염성 탐욕'(infectious greed, 앨런 그린스펀Alan Greenspan의 용어)이 갑자기 분출되었다는 설명은 충분하지 않다. 클린턴은 왜 채권보유자들에게 그렇게 쉽게 항복했을까? 클린턴정부의 재무부장관이던 래리 써머스는 왜 금융을 규제하는 데 반대했을까? 이제는 주류경제학 좌파로 자리잡았지만 1990년대 클린턴의 경제자문이었던 조지프 스티글리츠(Joseph Stiglitz)는 어쩌다 '우연히도' 부자를 항상 더 부유하게 만든 정책들에 찬성했을까? 부시 대통령은 왜 부자들에게 엄청나게 도움이 되는 감세정책을 도입했을까? 그가 부자들을 좋아해서? 아니면 재선을 위해 그들의 지지가 필요해서? 이는 단순히 '월스트리트당'이 국회와 행정부의 모든 권력을 장악해서였을까? 만약 그렇다면, 영국 신노동당의 재무장관이던 고든 브라운은 왜 그렇게 쉽게 똑같은 정책을 도입했을까(런던의 금융계 때문이었을까)? 그리고 왜 러시아와 멕시코에서 인도와 인도네시아에 이르는 전세계 모든 곳의 부유층은 훨씬 더 부유해졌을까?

어떠한 한계와 장애도 존재하지 않는다면, 자본가로서 살아남기 위해 재투자해야 할 필요가 자본주의를 꾸준한 속도로 확장하도록 만든다. 이는 또한 재투자된 자본을 흡수할 새로운 활동영역을 찾아야 할 필요를 끊임없이 만들어내며, 따라서 '자본잉여 흡수문제'가 발생한다. 새로운 투자기회를 과연 어디서 찾을 것인가? 성장을 촉진하는 화폐의 능력에는 분명히 내재적 한계가 존재하지 않는다(이는 국가들이 망가진 금융씨스템을 구제하기 위해 어딘가에서 수조 달러를 만들어낸 2008년 금융위기 때 분명해졌다).

그밖에도 자본의 순환에는 또다른 잠재적 장애들이 존재하며, 그 가운데 하나라도 만약 극복될 수가 없다면, (잉여생산과 재투자가 중단되는 상황으로 정의되는) 위기가 발생할 수 있다. 그러면 성장이 멈추고 자본을 수익성 있게 사용할 수 있는 기회에 비해 자본이 과다하거나 과잉축적(overaccumulation)된 것처럼 보인다. 만약 성장이 재개되지 않는다면 과잉축적된 자본은 감가되거나 파괴된다. 자본주의의 역사지리(historical geography, 이 책에서 이 용어를 '역사지리'로 통일하여 번역한다. 단, 문맥상으로는 '역사적 지형도'라는 뜻을 지닌다—옮긴이)

는 이러한 과잉축적위기의 사례들로 가득한데, 몇몇은 (1992년 스웨덴의 은행씨스템 파산처럼) 국지적이고 단기적이었지만 다른 것들은 (1990년대 이래 일본경제를 괴롭혀온 장기불황처럼) 더욱 큰 규모였고 또다른 경우(1848년, 1929년, 1973년 그리고 2008년)는 체제 전반적이었고 나중에는 전세계적 규모가 되었다. 전반적인 위기의 경우, 자본의 많은 부분은 그 가치를 잃는다(현재의 위기의 경우 2009년 지금까지 세계 자산가치에 약 50조달러에 이르는 손실이 발생했다). 감가된 자본은 여러 형태로 존재할 수 있다. 버려지고 폐쇄된 공장들, 텅 빈 사무실과 점포, 판매되지 못한 여분의 상품, 수익을 내지 못하는 유휴화폐, 주식과 지분, 토지, 부동산, 미술품 등등의 자산가치의 하락 등.

맑스와 조지프 슘페터(Joseph Schumpeter)는 모두 자본주의에 내재한 '창조적 파괴'(creative-destructive) 경향에 관해 상세히 저술했다. 맑스는 자본주의의 창조성을 뚜렷이 찬양했으면서도 그 자기파괴성을 힘주어 강조했다(레닌과 모든 맑스주의 전통은 이를 따랐다). 슘페터주의자들은 자본주의의 무한한 창조성을 찬양하며, 그 파괴성은 주로 사업을 하는 데 흔히 드는 비용문제 정도로 간주했다(비록 그들은, 때때로 그 파괴성이 불행하게도 통제 불가능해진다고도 인정했지만). 그 비용은 (특히, 결국 자본가들 사이의 전쟁이었던 양차 세계대전의 인명피해를 고려하면) 슘페터주의자들이 생각한 것보다 훨씬 컸지만, 적어도 최근까지는 '장기지속'(longue durée, 역사가 지속되는 시간대를 역사학자 페르낭 브로델Fernand Braudel은 네 가지로 구분하는데 그중 두번째로 긴 시간대를 의미하며 중세나 근대 같은 시기가 그 사례다—옮긴이)이라는 관점에서 보면 그들의 생각이 기본적으로 옳았다고 할 수 있다. 세계는 결국 1750년 이후 여러번 새로이 만들어졌고, 총인구가 20억 미만에서 약 68억으로 급증했는데도, 늘어나는 특권층을 위한 물질적 상품과 써비스로 측정되는 생활수준뿐 아니라 총산출수준도 크게 높아졌다. 지난 200여년 동안 자본주의가 이룩한 성과는 놀랄 정도로 창조적이었다. 그러나 현재의 상황은 아마도 과거 언제보다도 맑스가 묘사했던 상황과 비슷할 것이다—이는 더욱 불안정해진 세계경제 내에서 사회적·계급적 불평등이 심화되었기 때문만은 아니다(이러한 상황은 이전 즉, 대공황 직전의 1920년대에도 존재했다).

곧 몰락할 것이라는 수많은 예언에도 불구하고 자본주의는 지금까지 살아남았다. 비록 주기적인 위기의 역사가 보여주듯 극단적인 수정도 없진 않았지만, 이러한 자본주의의 역사는 자본주의가 모든 한계들을 극복하기 위해 충분히 유동적이고 유연하다는 점을 보여준다. 맑스는 1941년 결국 『경제학비판 요강』(*Grundrisse der Kritik der Politischen Ökonomie*)으로 출판된 그의 노트에서 이를 바라보는 유용한 시각을 발전시켰다. 그는 화폐의 축적에는 잠재적 한계가 존재하지 않는 반면, 물적 활동(상품의 생산, 교환 그리고 소비)에는 잠재적 한계가 존재하는 특징을 비교한다. 그는 자본은 그러한 한계를 수용할 수 없다고 주장한다. 그는 '모든 한계는 극복되어야 할 장애물로 보인다'라고 썼다. 따라서 절대적으로 보이는 한계를, 극복되거나 우회될 수 있는 장애물로 전환시키기 위한 끝없는 투쟁이 자본주의의 역사지리 내에 존재한다. 그렇다면 이것은 어떻게 일어나며,

주요한 한계들은 무엇일까?

생산을 거쳐 이루어지는 자본의 흐름을 살펴보면, 자본이 재생산되기 위해 극복되어야 하는 6개의 잠재적 장애물을 발견할 수 있다. ①불충분한 화폐자본 ②노동공급의 부족 혹은 정치적 어려움 ③소위 '자연적 한계'라 불리는 부적절한 생산수단 ④부적절한 기술과 조직형태 ⑤노동과정에서의 저항 혹은 비효율성 ⑥시장에서 지불되는 화폐로 뒷받침되는 수요의 부족. 이 여섯가지 중에서 어느 하나라도 장애가 생기면 자본 흐름의 연속성이 단절되고, 이것이 오래 지속되면 결국 감가의 위기가 발생한다. 이러한 잠재적 장애물들을 하나씩 살펴보자.

＊　＊　＊

유럽 중세시대 말기에 이루어진 자본의 최초의 축적(original accumulation)은 폭력, 약탈, 사기, 강탈 등을 수반한 것이었다. 이러한 불법적 수단을 통해 해적, 성직자, 상인 들은 고리대금업자의 도움을 받으며 자본으로서 화폐의 체계적 순환을 시작하는 데 충분한 최초의 '화폐권력'을 모았다. 잉카문명에 대한 에스빠냐의 강탈은 그 전형적인 사례다. 그러나 이 초기 단계에서는 자본이 직접 생산을 거쳐 순환되지는 않았다. 대신 농업자본, 상인자본, 지주자본, 그리고 때때로 국가상업자본(state mercantilist capital) 같은 다양한 형태들을 띠었다. 이러한 형태는 금의 대규모 유입을 흡수하는 데 적절하지 않았다. 너무 적은 상품에 비해 너무 많은 금이 유통되었던 것이다. 그 결과 16세기 유럽에서는 '대(大)인플레이션'(grand inflation)이 발생했다. 1750년경 이후 성장세가 유지될 수 있었던 것은 자본가들이 임금노동을 고용하여, 생산을 거쳐 자본을 순환시키는 것을 배운 이후였다.

새로 등장한 부르주아들은 그들의 화폐권력을 내세워 점점 더 국가형태에 영향을 미치고 그것을 재구성했으며, 결국 군사와 행정 그리고 법 체계에 압도적인 영향을 미치게 되었다. 이제 부르주아들은 법적으로 인정된 방법을 사용하여, 사회적 공급의 전(前) 자본주의적(pre-capitalist) 형태들을 탈취(dispossession, '빼앗다'라는 의미로 수탈 혹은 강탈로도 번역되지만, 이 책에서는 강제적이지 않은 경우도 포함하여 좀더 넓은 의미에서 탈취로 번역한다―옮긴이)하고 파괴하는 것을 통해 화폐권력을 모을 수 있었다. 부르주아들은 국내에서―예를 들어 영국에서 공동경작지의 인클로저(enclosure)와 지대의 화폐화를 통해―그리고 식민주의와 제국주의 지배를 통해 국외에서 이를 수행했다(인도에서는 토지세를 부과했다). 이 시기 금융과 국가의 관계는, 특히 (보통은 전쟁을 위한) 국가부채의 증가를 통해 긴밀해졌다.

신용씨스템의 핵심에는, 이 책에서 내가 '국가-금융 연관'(state-finance nexus)이라 부를 개념을 구성하는 여러 제도가 자리잡고 있다. 이는 국가와 자본을 완전히 독립적이라고 파악하는 분석경향에 반박하는, 국가와 금융권력의 결합을 표현한다. 이는 국가와 자본이 그때나 지금이나 하나의 동일체를 구성한다는 의미가 아니고, 국가의 자본 형성과 화폐 흐름에 대한 관리가 자본의 순환으로부터 분리되는 것이 아니라 통합되는 지배(governance)의 구조들(과거의 경우 화폐주조에 대한 권력, 오늘날의 경우 중앙은행과 재무부에 대한 권력)이 존재한다는 뜻이다. 세금과 차입금이 국고로 유입되고 국가의 기능 또한 화폐화, 상품화 그리고 궁극적으로 사유화됨에 따라 그 반대의 관계도 성립된다.

어제 생산된 잉여에서 오늘의 새로운 자본으로 전환되는 양이 늘어나는 것과 마찬가지로, 오늘 투자된 화폐에서 어제 수취한 이윤이 차지하는 비중은 점점 더 커진다. 이는 이전 시기에 수행되던 폭력적인 축적을 더이상 필요 없게 만드는 것처럼 보인다. 그러나 '탈취에 의한 축적'(accumulation by dispossession, 하비가 제시한 새로운 개념으로, 맑스가 시초축적에서 수탈expropriation이라 묘사했던 것과 유사한 과정이 현재에도 중요하게 나타남을 뜻한다. 이는 상품화, 민영화, 식민지자원의 수탈, 신용을 통한 탈취 등을 포함한다. 하비는 신제국주의를 분석하며 처음 이 개념을 제시했는데, 그에 따르면 이것은 신제국주의와 신자유주의의 본질적이고 주된 업적이다—옮긴이)은 최초의 화폐권력을 모으는 데 여전히 한몫을 한다. 불법적 수단들—최근의 써브프라임 모기지 시장에서, 혹은 더 중요하게는 마약거래에서 나타난 폭력, 범죄, 사기, 약탈 관행들—과 합법적 수단들이 함께 사용된다. 합법적 수단들은 (물과 교육 같은) 이전에는 공동 소유 자원으로 생각되던 것들의 사유화, 자산을 강탈하기 위한 수용권(eminent domain, 정부가 공공의 사용을 위해 보상을 댓가로 토지 등의 사유재산을 수용하는 권리—옮긴이)의 사용, '자산 탈취'(asset stripping, 기업사냥꾼들이 회사를 인수한 후 회사의 자산 또는 상업부분을 쪼개어 매각함으로써 수익을 얻고 기업을 해체하는 행위—옮긴이)의 결과가 뒤따르는 인수·합병 같은 수단들의 광범위한 실행, 파산절차를 통해 연금과 의료보험 의무를 파기하는 것 등을 포함한다. 최근 위기 동안 많은 이들이 경험한 자산의 손실은, 더 큰 규모의 축적으로 전환될 수 있는 탈취의 형태로 생각될 수 있다. 투기꾼들이 이들 자산을 싸게 구매하여 상황이 개선되면 큰 이윤을 남기고 매각하기 때문이다. 이것이 1997~98년 동아시아와 동남아시아 위기 동안 은행가들과 헤지펀드들이 했던 행동이다. 이 지역들이 입은 막대한 손실은 주요 금융중심지의 금고를 채웠다.

오늘의 확장에 사용될 수 있는 자본이 어제의 축적에서만 나온다면, 시간에 걸쳐 점진적으로 개인의 손에 화폐자본이 집적될 것이다. 그러나 신용씨스템은 다수의 화폐권력이 다른 수단들을 통해 매우 빠르게 동원될 수 있도록 해준다. 이것은 중요한데, 왜냐하면 18세기 프랑스의 유토피아 사상가인 쌩시몽(Comte de Saint-Simon)이 오래전에 주장했듯 자본주의의 장기적인 발전을 지탱하는 데 필요한 철도 같은 대규모 사업을 시작하기 위해서는, 대규모의 '자본의 제휴'(association of capital)가 필요하기 때문이다. 이것이 바로 쌩시몽의 이론을 공부한 19세기 은행가 뻬레르 형제(the Péreire brothers)가 성공적으로 이룩한 과업이었다. 그것은 1850년대 오스만 남작(Baron Haussmann)이 빠리 제2제국의 건축환경을 새로이 변형하는 것을 지원하기 위해 그들이 설립했던 새로운 신용기관들에 의해 가능했다(현재 우리가 보고 있는 빠리의 대로들도 이때 닦인 것이다).

19세기에 등장한 유한책임 주식회사와 다른 기업조직 형태들의 경우에도 몇몇 이사와 경영자의 통제하에 엄청난 금액의 화폐권력이 (보통 수많은 소액의 개인저축으로부터) 축적·집중되었다. (우

호적이면서 적대적인) 인수·합병·차입매수(leveraged buy-out) 등
은 오랫동안 큰 규모의 사업이었다. 이러한 활동은 수탈을 통해
축적이 새롭게 계속되는 것을 가능하게 했다. 최근에는 블랙스톤
(Blackstone) 같은 사모펀드가 보통 공기업을 인수하여 재조직한 다
음 자산을 탈취하고 노동자를 해고한 후 막대한 이윤을 남기고 시
장에 되판다. 또한 대자본은 소자본을 시장에서 축출하기 위해 수많
은 수단을 사용한다(국가의 규제는 소기업들에게 특히 부담을 주는
데 이는 자본의 집중을 가속화한다). 대개는 신용메커니즘의 도움
을 받아 동네 구멍가게나 가족농장 같은 영세사업자가 수퍼마켓체
인이나 농업기업 같은 대기업에 자리를 내주는 방식의 수탈도 오래
된 관행이다.

자본순환의 시작단계에서 어떻게 화폐자본을 조직하고, 구성하
고, 모을 것인가 하는 문제는 결코 사라지지 않는다. 제철공장 건립
이나 철도 부설 그리고 항공사업의 시작을 위해서는 생산이 시작되
기도 전에 막대한 액수의 초기 화폐자본의 지출이 필요하며, 시작
과 종료 사이의 시간 간격이 크다. 예를 들어, 국가가 아니라 자본의
연합체인 민간 컨소시엄이 영국과 유럽을 잇는 채널터널(Channel
Tunnel) 같은 대규모 인프라 사업을 담당할 수 있게 된 것도 비교적
최근의 일이다. 지속적인 성장을 통해 자본주의의 규모가 확장됨에
따라 이러한 대규모 인프라 프로젝트는 더욱더 필요해진다.

전세계적인 자본이동을 촉진하기 위해서는 자본이 과잉된 지역
과 부족한 지역을 연결하는 지리적 네트워크도 발전되어야만 한다.
이와 관련해서도 금융써비스 산업, 국가 그리고 국가간의 관계에는

기나긴 혁신의 역사가 존재한다. 이것의 주된 목표는 세계시장을 무대로 하는 자본의 자유로운 순환을 가로막는 어떠한 잠재적 장애물도 극복하는 것이다. 이는 자본잉여 흡수문제에서 계단식의 '공간적 해결'(spatial fix)이라는 가능성을 열어준다. 19세기 말 영국처럼 과잉자본이 너무 많다면? 그러면 그것을 미국, 아르헨띠나 혹은 남아프리카 공화국 등 자본을 가장 수익성 높게 사용할 수 있는 곳으로 보내면 된다. 만약 타이완에 과잉자본이 있다면? 중국이나 베트남에 보내 착취공장을 세우면 된다. 1970년대 걸프만 국가들의 자본잉여는? 뉴욕의 투자은행을 통해 멕시코로 보내면 된다.

결국 이 모든 것들이 효과적으로 이루어지려면 자본의 국제적 흐름을 촉진하고 규제하기 위해, 브레튼우즈 합의하에서 확립된 것과 같은 국가와 유사한 국제기구들의 창설이 필요하다. 여기서 주축이 되는 건 세계은행, IMF, 그리고 바젤의 국제결제은행(Bank for International Settlements) 등이다. 그러나 세계 각국의 중앙은행과 재무부가 국가-금융 연관의 국제적 버전을 위한 세계적 금융아키텍처에 협조하는 데 적극 나섬에 따라, OECD와 G7(나중에 G8, 현재는 G20) 등 다른 조직도 중요한 역할을 수행한다.

하지만 이러한 국가-금융 연관의 역할에 관해서는 두가지 중요한 점이 지적되어야 한다. 첫번째는, 이 연관은 그 써비스의 댓가로 이자와 세금을 얻는다는 것이다. 게다가 이 연관은 자본의 순환과 관련된 그 권력의 지위 덕분에 그 써비스를 원하는 이들로부터 독점지대(monopoly rent)를 수취할 수 있다. 다른 한편으로 이 연관은, 유휴화폐를 다시 순환과정에 투입하기 위해 예금 의뢰인들에게 안정성과 거래의 효율성을 제공하거나, 아니면 잉여화폐를 지닌 저축자들에게 수익률을 제공해야 한다. 그것이 자체 수익성을 유지하는 것은 써비스 비용과 저축금리, 그리고 사용자들에게 부과하는 금리 혹은 수수료 사이의 격차에 달려 있다. 그러나 은행은 그들이 차입한 것보다 더 많이 대출할 수도 있다. 은행이 그들이 지닌 예금보다 3배 더 대출했는지 아니면 30배나 더 대출했는지는 큰 차이가 있다. 레버리지가 상승한다는 것은 매우 단순하게는 은행써스템 내에서 화폐가 창출되며 이윤이 급속도로 증가함을 의미한다. 현 위기가 발생하기 직전, 금융부문의 수익성은 크게 높아졌다. 미국의 총이윤 중 금융써비스에서 나오는 비중은 1970년 15퍼센트에서 2005년 40퍼센트로 상승했다.

* * *

따라서 화폐권력을 모으고 분배하는 것을 전문으로 하는 신용써스템과 기관들은 시간이 지남에 따라 더욱더 중요해진다. 신용써스템의 잘못된 구성과 우리가 현재 목격하고 있는 신용써스템 내부의 위기는 자본축적의 발전을 가로막는 잠재적 요인이 된다.

신용써스템에 의한 화폐권력의 집중은 자본주의 발전의 궤적에 수많은 함의를 지닌다. 적어도 그것은 생산자, 상인, 지주, 개발업자, 임금노동자 그리고 소비자를 압도하는 엄청나게 잠재력이 큰 사회적 권력을, 금융업자(financier)라는 특권계급에게 부여한다. 게다가 자본의 집중도가 높아질수록 독점력의 강화 그리고 경쟁의 약화라는 위험이 생기며, 이는 불황을 유발할 수 있다. 따라서 자본주의 국가들은 과도한 독점력에 대항하여 법의 제정을 통해 경쟁을 촉진해야만 하는 처지에 처하기도 했다(예를 들어 미국의 반독점법anti-trust legislation 혹은 유럽의 독점위원회the Monopolies Commission). 그러나 집중된 신용권력에 의해 지배되는 국가-금융 연관은 '국가독점자본주의'(state-monopoly capitalism)라는 이름이 가장 잘 어울리는 형태로 나타날 가능성이 크다. 미국의 많은 비판적 이론가들이 1960년대의 상황을 묘사한 방식도 이러했다. 예를 들어, 폴 배런(Paul A. Baran)과 폴 스위지(Paul M. Sweezy)는 중요한 저작인『독점자본』(*Monopoly Capital*)을 1966년 출판했다. 1960년대에 영향력이 컸던 프랑스 공산당의 공식적인 주장은 그들이 '국가독점자본주의'에 대항해 투쟁하고 있다는 것이었다.

자본의 순환은 본질적으로 위험하고 언제나 투기적이다. '투기'(speculation)는 근본적으로 수익률이 마이너스인 곳에 과잉자본이 투자되지만 시장의 분위기가 이를 숨기고 있는 상황을 일컫는다. 예를 들어 1990년대 언론은 손실을 효과적으로 감추었고(그후 은행씨스템이 그랬던 것처럼) 실제 손실에도 불구하고 가공적인 이윤을 계속 만들어냈다. 이는 우리가 일반적으로 '투기적 잔치'(speculative binge)라고 부르는 특별한 경우다. 그러나 모든 자본의 순환은 본질적으로 투기적이라는 것을 기억하는 것이 중요하다. 프랑스 소설가 에밀 졸라(Émile Zola)는, "투기, 즉 도박이 핵심적인 메커니즘이며, 우리 시대의 엄청난 사건의 핵심 그 자체다. 그렇다, 그것은 피를 유혹한다. 모든 종류의 원천으로부터 작은 시냇물을 통해, 피를 모으고 다시 모든 방향으로 이를 강물처럼 흘려보낸다. 그리고 그것이 큰 사업 그 자체인, 화폐의 거대한 순환을 만들어낸다는 것을 이해해야만 한다"라고 썼다.

자본의 순환이 시작될 때 투입되었던 화폐는 그것이 끝날 때 반드시 이윤으로 실현되지 않을 수도 있다. 마지막에 잉여가 실현되면 우리는 기업가의 선견지명, 상상력 그리고 창조성에 대해 찬양한다. 그러나 그렇게 되지 않으면(대개 기업가의 특별한 잘못은 없다) 우리는 보통 그 자본가를 투기꾼이라고 비난한다! 겨우 1년 만에, 엔론의 CEO 케네스 레이(Kenneth Lay)는 천재적 기업가에서 욕 먹는 투기꾼으로 변해버렸다.

자본이 잉여를 창출하고(생산하고) 순환의 마지막 단계에서 그 잉여를 얻어내도록(실현하도록) 보장하기 위해 가능한 모든 것들이 실행되어야 하지만, 사태는 흔히 잘못되곤 한다. 이는 기대, 신뢰, 믿음, 예상, 욕망, 그리고 '야성적 충동'(animal spirit, 1930년대에 경제학자 케인즈가 이것들을 지칭한 단어)이 자본을 그 순환으로 투입하는 결정에 중요한 역할을 한다는 것을 의미한다. 많은 소규모의 저축들을 모아 이자를 댓가로 자본가에게 대출해주는 금융씨스템의 완전성에 대한 신뢰 정도만큼이나 투자자의 심리가 중요하다. 만약 내가 은행을 신뢰할 수 없다면 나는 베개 밑에 금을 모아놓을 것이며, 이는 자본가에게 대출될 수 있는 대부자본을 감소시킬 것이다. "영란은행만큼 안전한"(as safe as the Bank of England)이라는 속담은 언제나 이러한 믿음을 보여주는 대중적인 상징법이었다. 맑스가 말했듯 신용은 매우 청교도(Protestant)적이다―신용은 순수한 믿음에 기초해 있다.

그러나 때때로 기대가 과도해지고 자금조달이 무척 방만해져서 금융씨스템 자체의 내부에 고유한 금융위기가 발생한다. 맑스는 『자본』에서 이에 관해 간략히 설명한다. "호경기에 도취되어 딴에는 개화한 듯한 자부심을 품게 되었던 부르주아(월스트리트로 읽어보라)들은 바로 조금 전까지도 화폐란 공허한 그림자에 불과하다고 단언하며 상품('주택만큼 안전한'이라고 읽어보라)이야말로 화폐라고 설명하였다." "그런데 이제는 '화폐(유동성으로 읽어보라)만이 상품이다!'라고 외치는 소리가 세계시장을 뒤덮는다. 사슴이 신선한 물을 찾아서 울듯이 세계시장의 영혼은 유일한 부(富)인 화폐를 찾아서 울부짖는다. 공황기에는 상품과 그 가치형태[즉 화폐]의 대립이 절대적인 모순으로까지 고양된다."(강신준 옮김 『자본』 I-1, 213면) 이러한 모순이 심각해지면, 기대는 두려움으로 가득해지고(집도 영란은행도 이전에 생각되던 것처럼 안전하지 않아 보인다) 자금조달은 새로운 축적을 지원하기에는 너무 부족해진다.

금융위기와 화폐위기는 자본주의의 역사지리에서 오래도록 지속된 특징이었다. 그러나 1970년대 이후 위기의 빈도와 심도가 높아졌다. 우리는 왜 이런 일이 발생했는지, 그리고 이에 대응하여 무엇을 할 수 있었는지 이해해야만 한다. 국가-금융 연관은 세계적 자본축적의 지속적 성장을 위해, 이윤기회를 가장 잘 활용할 수 있는 금액과 형태 그리고 장소에 화폐자본을 모으고 분배하는 새롭고 혁신적인 방법들을 찾아내야 한다는 압력을 받아왔다. 최근의 많은 금융혁신들은 이전에 존재했던 제도적 규제장치로 인한 장벽들을 극복하기 위해 설계되었다. 규제완화에 대한 압력이 대세가 된 것처럼 보였다. 그러나 이런 식의 변화는 필연적으로 고삐 풀린 금융을 통제 불가능하도록 만들고 또한 위기를 일으킬 가능성을 더욱 높인다. 이것이 바로 1868년 위기 당시 빠리의 시예산 붕괴와 함께 뻬레르 형제의 크레디 모빌리에(Crédit Mobilier)와 크레디 이모빌리에(Crédit Immobilier, 크레디 모빌리에와 크레디 이모빌리에는 각각 동산과 부동산을 담보로 하여 광공업부문에 자금을 대부하는 기업금융을 담당하는 금융기관들이다―옮긴이)가 파산했을 때 발생했던 일이다. 그리고 2008년 세계 금융씨스템에 일어났던 사건도 그와 똑같다.

국가-금융 연관은 오랫동안 자본축적의 '중추신경계'로 기능해 왔다. 그 내부기능이 고장나면, 위기가 발생한다. 현재 각국의 중앙은행과 재무부가 어떻게 작동하는지는 미스터리에 싸여 있다. 윌리엄 그라이더(William Greider)는 1989년 연방준비제도가 어떻게 작동하는지 상세하게 분석한 저작에 '신전의 비밀'(Secrets of the Temple)이라는 제목을 붙였다. 맑스는 대형 금융기관들의 세계를 자본주의의 '바띠깐'으로 묘사했다. 오늘날의 세계에서는 그것을 '끄레믈'(Kremlin, 모스끄바 붉은광장의 궁전. 주로 음모를 띤 인물과 기관을 비꼬는 데 인용된다―옮긴이)이라 부르는 것이 더 풍자적일지도 모른다. 왜냐하면 세계는 노동자들의 독재가 아니라 결국 중앙은행가들의 독재에 의해 지배되고 있는 것처럼 보이기 때문이다. 국가-금융 연관은 음모와 비밀 통로로 가득한 봉건적 제도의 모든 특징을 지니고 있으며, 자본이 순환되고 축적되는 방식뿐 아니라 사회적 삶의 거의 모든 영역에서 기묘하고 철저하게 비민주적인 권력을 행사한다. 이 국가-

금융 연관에 존재하는 보정능력에 대한 맹목적인 믿음이 케인즈가 자본주의를 지탱하는 데 매우 중요하다고 생각했던 확신과 기대의 기초다.

각국의 국가-금융 연관은 독특한 형태를 지니고 있다. 제도적 장치들의 지리적 차이가 상당하며, 바젤의 국제결제은행과 IMF 같은 국가 간 조정메커니즘도 중요한 역할을 한다. 그러한 제도의 확립과 관련된 권력자들은 보통 엘리뜨이고 전문가이며 매우 관료적이고 비민주적이다. 그들은 1944년 브레튼우즈회의 때처럼 세계 무역씨스템의 금융아키텍처의 미래에 관한 중요한 국제적 결정을 내리기 위해 회합하는 이들이다. 그리고 이는 현재에도 여전히 지속되고 있다. 오직 비밀스럽게 그 일원이 된 이들만이 그 제도들을 수정하기 위해 소집된다.

그러나 국가-금융 연관의 전면에서 그리고 주변에서 광범위한 정치적 투쟁이 일어나기도 한다. 흔히 계급에 기반하기보다는 대중주의적인(populist) 이러한 저항들은 보통 국가-금융 연관을 통제하는 계급분파의 행동에 초점을 맞춘다. 예를 들어, 1990년대 후반 IMF와 세계은행 체제의 지속을 반대하는 '50년이면 충분하다'(Fifty Years is Enough) 운동은 환경주의자뿐 아니라 노동자까지 한데 아울러 하나의 이해동맹으로 결속시켰고, 1999년 씨애틀의 세계무역기구(WTO) 회의 반대시위 이후 '거북이를 사랑하는 트럭운전사 노조'(Teamsters for Turtles)라는 로고를 만들어냈다(당시 이 운동은 트럭운전사 노조와 환경주의자들과의 연대를 나타내기 위해 이와 같은 표어를 만들어냈고 트럭운전사 노조는 이 구호가 적힌 피켓을 들고 시위를 했다─옮긴이). 이들은 이러한 국제기구들의 규율적이고 신식민주의적이며 제국주의적인 역할에 비판의 초점을 맞췄다. 노동의 경우, 이러한 투쟁에 직접 관련을 맺는 경우는 드물다. 하지만 노동은 대중적인 분노의 정치에 곧잘 합류한다(이 분노의 정치는 흔히 쁘띠부르주아들 혹은 심지어 민족주의적 이해에 추동된다. 1956년 당시 영국의 그림자내각의 총리 해럴드 윌슨Harold Wilson이 '취리히의 도깨비 은행가들'이라 부른 세력이 영국경제를 장악했다고 비판한 것을 기억해보라). 대중주의는 더 일반적으로 대형 금융기관을 지배하는 이들이 흔히 얻게 되는 엄청난 부와 화폐권력, 그리고 이들이 다른 모든 이들에게 휘두르는 압도적인 사회적 권력을 비판한다. 2009년 유럽과 미국 모두에서 나타난, 은행가들이 받은 급료와 보너스에 대한 대중의 분노는 이러한 종류의 대중주의 운동과 그 한계를 잘 보여준다. 이는 1930년대에 사회악으로 광범위한 비난을 받은 은행과 금융업자에 대한 대중의 분노와 비슷한 사례다. 은행강도 '보니와 클라이드(은행강도를 다룬 영화의 제목이자 주인공들—옮긴이)'에 대한 사람들의 공감은 전설적으로 전해오던 그 시절 이야기의 일부다.

그러므로 국가-금융 연관이 어떻게 작동하는지에—물론 어떤 국가도 다른 국가와 그 방식이 완전히 같지는 않다—연관된 사회적 힘들은, 맑스주의 이론이 흔히 특권화하는 자본과 노동 사이의 계급투쟁과는 조금 다르다. 물론 이를 통해 내가 대규모 금융기관(high finance)에 대한 정치적 투쟁이 노동운동의 이익과 무관하다고 주장하는 것은 아니다. 그러나 세금, 관세, 보조금 그리고 국내외의 규제정책 등 특정한 지리적 조건에서 산업자본과 조직된 노동이 서로 대립하는 것이 아니라 연합할 수 있는 여러 이슈들이 존재한다. 2008~9년 미국 자동차산업의 구제에 대한 요구가 그런 경우다. 자동차회사와 노조가 일자리를 보전하고 회사를 파산에서 구하기 위해 서로 힘을 합쳤다. 반면 노동이 아닌, 대규모 금융기관들의 권력에 대항하여 투쟁하는 다른 많은 이해들이 존재한다. 1980년대 중반 이후 미국에서 그랬던 것처럼 금융업자들이 다른 모든 부문을 지배하고, 또한 규제받아야만 하는 이들이 국가의 규제기관들을 장악하면 국가-금융 연관은 국가 전반이 아니라 특정한 이해관계를 더욱 지지하게 된다. 이런 경우에 균형을 회복하기 위한 필수사항은 지속적인 대중적 분노다.

그러나 1929년과 2008년처럼 금융씨스템과 국가-금융 연관이 실패하면, 모든 이가 자본주의의 생존이 위협받는다고 생각한다. 그리하여 자본주의를 소생시키기 위해 노력하는 과정에서 어떤 수단도 고려될 수 있으며 어떠한 타협도 검토될 수 있다. 우리는 자본주의에 대해 불평하면서도 그것 없이는 살아갈 수 없는 것처럼 보인다.

제3장

자본, 일하러 가다

자본이 적절한 주체의 손에, 그리고 적절한 장소와 시기에 일단 모아지면, 자본은 상품을 생산하기 위해 원자재, 공장·기계, 에너지 흐름 그리고 노동력을 동원하는 데에 사용되어야만 한다. 여기서, 생산이 시작되기 위해 조달되어야 하는 여러 요소들에 대해 생각해 보자.

지속적 성장률로 이루어지는 영속적인 축적은 끊임없이 사용 가능하고 충분하게 접근 가능한 예비노동력(reserves)에 의존한다. 맑스가 '산업예비군'이라 부른 것이 자본의 재생산과 확장을 위한 필요조건이다. 이 예비군은 접근 가능하고 사회화되고 규율이 있고 다른 필요한(예를 들어, 필요하다면 유연하고 순응적이고 조종 가능하며 숙련된) 특징을 지녀야 한다. 이러한 조건이 충족되지 않으면 자본의 연속적 축적은 심각한 장애에 직면한다.

생산수단(특히 토지)에 다수 대중이 직접 접근하지 못하게 하면, 그들은 노동력을 상품으로서 시장에 내놓게 된다. 소위 '시초축적' (primitive accumulation)에 관한 맑스의 설명은 지나치게 극적이고 단순한 것일 수도 있지만, 그 본질적인 진실은 부정할 수 없다. 다수의 인구가 어떤 식으로든 살아가려면 자본을 위해 노동해야만 하는 처지가 된 것이다. 시초축적은 18세기 후반 영국에서 산업자본주의가 발흥한 것으로 끝나지 않았다. 예를 들어 지난 30여년 동안, 중국의 개방과 동유럽 공산주의의 붕괴를 통해 20억명의 임금노동자가 전세계적으로 사용 가능한 노동력에 추가되었다. 전세계의 농촌에서 그때까지 독립적 자영농이던 사람들이 노동력에 통합된 것이다. 가장 극적인 사건은 여성의 동원이었는데, 지금 이들은 전세계 노동력에서 중추를 담당한다. 이제 자본주의의 확장을 위한 대규모 노동력 풀이 사용 가능하다.

그러나 노동시장은 지리적으로 분할되어 있다. 노동자들이 매일 일하기 위해서는 하루 통근시간이 약 4시간 이내여야 한다. 물론 같은 4시간 동안 얼마나 멀리 갈 수 있는가는 교통의 속도와 비용에 달려 있다. 하지만 노동시장이 불가피하게 지리적으로 분할되어 있다는 사실은, 노동공급의 문제가 (자본과 노동 모두의) 이동에 의해 완화될 수도 있지만, 결국 지역적인 그리고 국가적인 전략과 깊이 관계가 있는 여러 지역적 문제로 귀결됨을 의미한다. 그중에서도 특히, 이민과 노동법(최저임금, 노동시간, 노동조건의 규제), 노동공급의 질에 영향을 미치는 (교육, 훈련, 의료보장 같은) 사회적 인프라의 제공, 그리고 예비군을 유지하기 위해 계획된 정책(사회복지의 제공) 등은 국가와 관련이 있다.

자본가들은 지역적 차원에서도 여러 방법을 통해 노동공급의 잠재적 한계를 관리하고 우회할 수 있다. 노동공급의 확대는 인구증가를 통해 이루어질 수 있다(몇몇 경우, 프랑스의 대가족에 대한 지원처럼 국가 차원의 출산율 장려정책이 자본을 위한 노동공급조건에 뚜렷한 영향을 미친다). 사실, 인구의 지속적 증가와 지속적 자본축적 사이에는 매우 일반적인 관계가 존재한다. 예를 들어 1980년 이후 중국에서 나타난 자본주의의 놀라운 성장은, 마오 쩌둥(毛澤東) 시대에 이루어진 영아사망률의 급속한 감소에 기초한 것이었다. 이는 나중에 젊은 노동력이 대규모로 노동시장에 공급되도록 했다.

노동생산성이 상승하지 않는다면 축적은 지역의 노동자원을 상대적으로 완전 고용시키는 결과를 낳는다. 노동의 부족은 임금의 상승을 의미한다. 임금은 축적의 확대를 방해하지 않으면서 (더 많은 노동자가 고용되기 때문에) 계속 높아질 수 있지만 축적이 둔화되고 노동에 대한 수요가 줄면 낮아진다. 높은 임금은 수익성을 떨어뜨리기 때문에 때때로 자본가들은 재투자를 거부하며 사실상 파업에 들어간다. 그들은 이로 인한 실업이 노동자들이 더 낮은 임금을 수용하도록 다시 규율할 수 있을 것이라 기대한다.

이러한 '자본파업'(capital strike)의 사례들이 실제로 존재하지만 (실업률이 10퍼센트 이상 치솟았던 1980~82년의 '레이건 불황'이 부분적으로 이런 성격을 지닌다), 노동부족문제의 해결을 위해 자본에 이득이 되는 다른 많은 방법도 존재한다. 노동절약적 기술과 조직혁신은 사람들을 해고하고 산업예비군으로 만든다. 이렇게 정리해고 당한 노동자들은 '유동적' 산업예비군이 되고, 이들의 존재는 임금을 하락시키는 압력이 된다. 자본은 노동의 공급과 수요 모두를 동시에 관리한다.

이를 잘 알고 있는 노동은 흔히 신기술의 도입에 저항한다(19세기 초 소위 러다이트 운동Luddite movement의 경우처럼). 1945년경 이후부터는 선진자본주의 국가들에서 일자리 안정의 댓가로 신기술 도입을 수용하는 '생산성 합의'가 노조의 협상에서 중요해졌다. 자본가의 대안적 전략은 아직 프롤레타리아화되지 않은 인구의 일부를 동원하는 것이다. 이를 위해 가장 명백한 대상은 (최근 중국의 경우처럼) 농민과 농촌인구일 것이다. 그런 인구들이 이미 사라진 선진자본주의 국가들에서는 임금노동경제의 외부에서 살아온 인구 일부를 프롤레타리아화할 뿐 아니라 여성을 노동력으로 동원하기 위한 거대한 전환이 이루어져왔다. 미국에서는 1930년대 이후 가족농장과 소규모 소매상인들이 그 주된 대상이었다. 여러 면에서 볼 때 이러한 예비군의 동원은 해고나 기술변화에 의한 실업증가보다 더 바람직한 방법이다. 실업은 정치적으로 문제가 많을 수 있고 국가가 실업수당을 책임지게 되면 경제적으로 비용이 클 수 있기 때문이다.

노동부족은 언제나 지역적으로 나타나기 때문에 자본 혹은 노동(또는 양자 모두)의 지리적 이동성이 지역적인 노동시장의 동학을 조절하는 데 중요하다. 단거리 이동(1950년대 이후 나타난, 노조가 강한 미국의 주요 도시들로부터 특히 여성을 중심으로 풍부한 비노조 예비군들이 잠재하던 교외지역으로의 사업 이전 같은 방식)도 임금률과 노동조건에 관한 계급권력의 균형을 크게 바꿔낼 수 있다. 산업화되고 노조가 강한 북동부와 중서부 지역에서 남부와 서부로 사업이 이동한 것, 혹은 1920년대 이후 오랫동안 남부의 잉여노동이 북부 도시지역으로 이동해온 것과 같은 더욱 먼 거리의 이동도 노동 공급문제에 영향을 미친다. 또 하나는 이민인구의 유입인데, 미국의 경우 해외에서 태어난 인구가 1970년에는 약 5퍼센트였지만 2009년 현재는 12.5퍼센트가 넘는다. 이러한 정책들의 한가지 부정적 결과 는 노동계급 내에 인종주의와 인종차별이 격화되고 반이민정서가 심화되었다는 것이다.

자본가들은 일자리를 두고 개별 노동자들을 서로 경쟁시키는 방 식으로 노동을 통제하기 위해 노력해왔다. 잠재적인 노동력이 성 별·인종별·민족별·종족별로 나뉘고 언어적·정치적·성적 지향, 그 리고 종교적 믿음으로 인해 분할되는 정도에 따라 노동시장의 작동 에서 이러한 차이들이 중요해진다. 그 차이들은 자본가들이 노동공 급을 관리하고, 동시에 특권적인 분야의 노동자들이 경쟁을 최소화 하기 위해 인종주의와 성차별주의를 사용할 때의 도구가 된다. 시초 축적의 역사 자체가 '자연적으로' 즉 생물학에 기초하여 누가 누구 보다 우월하다는 주장과 함께 나타났다. 이는 신 앞에, 그리고 국가 앞에 모두가 평등하다(미국과 프랑스 혁명의 주장)는 종교적인 혹 은 세속적인 주장에 대항하여 위계적 권력과 계급적 지배를 정당화 했다. 자본주의 역사 내내 자본이 그러한 분할을 심화시키지는 않았 다 해도, 그것을 활용하는 것은 결코 꺼리지 않았다. 노동자들은 집단

행동의 수단을 찾아내기 위해 스스로 노력해왔지만, 이는 민족적·종교적·인종적·성적 정체성의 경계 앞에서 흔히 무력화되어왔다. 실제로 1950년대와 1960년대 미국에서는, 노동조직들이 인종과 성에 기초한 배제를 통해 노동시장의 경쟁을 제한하기 위해 노력했다.

이와 같이 분할을 유지하는 능력은, '동일노동 동일임금'(equal pay for equal work) 원칙의 도입을 위한 운동이 거의 50년이나 이루어졌지만 그 압력이 아마도 가장 강할 미국에서조차도 남녀의 임금격차가 사라지지 않았다는 사실에서 그 예를 찾을 수 있다. 다른 지역, 예를 들어 동아시아에서는 성적인 차별이 더욱 심각하며, 새로이 프롤레타리아화되는 대부분의 인구가 여성으로 구성되는 곳도 물론 이 지역이다. 미국에서도 흑인과 백인 그리고 히스패닉계와 아시아계 사이의 임금차별이 더 심화되지는 않았을지라도 여전히 지속되어왔다. 인도 같은 다른 지역에서는 평등한 대우를 헌법에 명시하고 있지만 여전히 노동시장에서는 카스트에 따른 차별이 거대한 장벽으로 존재한다. 그리고 모든 노동시장이 지역적인 만큼 자본가들보다 노동자들이 더욱 지역적이다. 따라서 어떤 의미있는 사회적·정치적 연대는, 국가적 혹은 국제적 운동이 가능해지기 전에 우선 현지의 지리적 차원에서 구성되어야만 한다. 자본가들도 흔히 민족이나 다른 차이에 따라 분할되어 있지만(그러나 그들은 노동자들에 비해서는 보통 훨씬 더 동질적이다) 노동자들은 자본가들의 차이를 자신들의 이익을 위해 체계적으로 활용하기는 어렵다. 유감스럽게도 월스트리트 금융가들에게 반대하는 대중적인 반유대주의의 역사가 흔히 그런 역할을 했지만 말이다.

1960년대 중반 이후 운송기술의 혁신 또한 노동조합이 약한 저임금 지역들로 생산과정을 이전하는 것을 쉽게 만들었다. 앞에서도 지적했듯이 지난 몇십년 동안 제조업 활동의 대규모 이전은, 약 1970년 이전까지의 관행적인 상황과 비교해볼 때 노동시장의 작동방식을 근본적으로 변화시켰다.

그러나 노동공급의 정치에는 내부화된 많은 모순적인 측면들이 존재한다. 이는 상당부분 그들의 특정한 노동시장 내에서 노동자들에 의해 개인적 혹은 집단적으로 실천되는 계급조직과 계급정치의 동학에서 기인하는 것이다. 실질임금률은 일정한, 수용될 수 있는 생활기준에 따라 노동을 재생산하는 데 필요한 상품과 써비스를 공급하는 비용에 따라 정해진다. '수용될 수 있는'(acceptable) 또는 '일정한'(given) 것이 무엇인가는 계급투쟁과 관습적 기준, 그리고 어느 지역을 기반으로 한 사회조직 내에서 이루어지는 사회적 합의(흔히 암묵적이지만 때로는 적절한 의료보험이나 교육의 권리처럼 명시적일 수도 있다)의 산물이다(따라서 사회적 삶이 어떻게 규제될 것인가에 관한 일종의 대략적 합의를 규정하는 주요한 제도적 틀로서 국가의 중요성이 제기된다). 노동시장은 언제나 지역적이기 때문에, 생계비와 삶의 질에 관한 다른 질문들은 상당히 가까운 지역 내에서조차도 지역에 따라 달라진다(뉴욕시는 버펄로가 아니며〔뉴욕주의 남동쪽에 자리한 뉴욕시와 북서쪽에 자리한 버펄로시는 비록 같은 주에 속하지만 경제적 수준을 포함한 많은 면에서 서로 다르다―옮긴이〕 물론 이 도시들 모두는 뭄바이와는 전혀 다르다). 임금교섭이 이루어지는 제도적 틀도 (스웨덴과 최근까지 영국에서 그렇듯이) 전국가적일 수도 있고 (미국에서 그렇듯이) 지역적일 수도 있다. 미국의 경우, 그 결과로 '생활임금운동'이 여러 지역들에서 퍼져나갔는데, 각 지역마다 생활임금이 어떻게 구성되는지에 관해서는 제각각의 정의를 갖고 있었다. 이 운동은 연방정부가 국가의 최저임금 인상을 정치적으로 거부한 1990년대 중반 이후 시작되었다. 지역화된 노동운동의 전투성, 조직화 정도, 그리고 목표의 정도는 시간과 장소에 따라 명백히 다르며, 따라서 지속적인 자본순환에 대한 잠재적인 장애가 어느 곳에서는 만연할 수 있고 다른 곳에서는 사라질 수 있다. 노동력이라는 궁극적인 권력—노동을 철회하고 파업을 하는—은 언제나 존재하지만 여기에도 권력의 비대칭성이 흔히 존재한다. 광범위한 노동의 동요는 자본주의에 대한 장기적 위협이 되므로 노동력은 여전히 매우 중요한 예비권력이지만, 화폐준비금을 지닌 이들(보통 자본가들)이 그렇지 않은 자들(노동자와 노조)보다 더 오래 기다릴 수 있기 때문이다.

이러한 수많은 투쟁들 속에서도, 자본이 상대적으로 쉽게 자신의 뜻대로 할 수 있고 그 목적에 맞게 적절한 노동공급을 보장할 수 있는 충분히 평화로운 지점들이 으레 존재한다. 1980년 이후 (공산주의 체제의 붕괴를 포함한) 정치적 억압, 기술변화, 자본이동 능력 향상, 그리고 이전의 주변부지역에서의 시초축적(그리고 그로부터의 이민) 등이 결합되어 자본에 노동을 공급하는 문제가 사실상 해결되었다. 지역적 한계가 여기저기 존재하지만 (인도와 동아시아로부터 점점 더 많이 유입되는 고학력 노동을 포함하여) 대규모의 노동이 전세계에서 사용 가능하다는 것은 부정할 수 없다. 이는 계급투쟁의 저울추를 자본에 매우 유리하게 만든다.

계몽된 자본가계급의 이해관계들이 (흔히 "내가 죽은 뒤에 무슨 일이 일어나건 알 바 없다"〔après moi le déluge, 루이 15세의 연인 뽕빠두르 부인이 사치와 향락으로 비판받을 때 한 말로 미래를 생각하지 않고 무책임한 행동을 저지르는 태도를 이르는 말―옮긴이〕 식의 정치를 하는, 즉 서로 격렬하게 경쟁하는 개별 자본가들의 이해관계와는 반대로) 노동력의 가치를 떨어뜨리기 위해 더욱 값싼 임금재의 공급을 보조하는 정치적 프로젝트 주변에 결집할 수 있는 것은 바로 이러한 상황에서다(19세기 중반 영국 산업자본가의 이해가 빵의 공급가격을 떨어뜨리기 위해 밀의 수입관세 인하를 추구했고, 미국에서 중국으로부터의 값싼 소비재 수입에 기초하여 월마트 현상이 나타났을 때도 그러했다). 그들은 또한 의료보험, 교육 그리고 주택공급을 통해 노동공급의 질을 향상시키는 투자를 지원할 수 있고, 궁극적으로, 1920년대 헨리 포드(Henry Ford)가 시간당 5달러 임금과 하루 8시간 노동제를 도입했을 때처럼 시장의 유효수요 강화를 보장하기 위한 수단으로 임금인상과 노동자 소비의 합리화를 제시한다.

이러한 투쟁과 관련된 국가권력의 역할은 결코 고정적이지 않다. 특정한 지역에서 노동이 너무 잘 조직되어 있고 너무 강력하다면 자본가계급은 앞서 보았듯 삐노체뜨, 레이건, 새처, 콜 등의 경우처럼 국가기구가 자본의 요구를 수행하도록 명령하려 들 것이 분명하다. 다른 한편 좌파정당들을 통한 노동의 조직화는 여러 곳(스칸디나비아 등)에서, 그리고 특정한 시기(즉, 1960년대 유럽 대부분의 지역에서 나타난 '사회민주주의적' 합의처럼)에 그랬듯이, 정반대의 결과를 낳을 수도 있다. 하지만 1970년대 이래 세계 여러 지역에서 국가 권력을 사용하여 강력한 노동조직이라는 장애를 뛰어넘으려 했던 시도는 매우 효과적이었다. 다른 방법은 자본이 노동공급 조건과 약한 노동조직 등을 포함하여 기업환경이 가장 이로운 곳(예를 들어, 반노조적이고 소위 '노동할 권리'right to work가 강한 미국 남부의 주들)으로 이동하는 것을, 비록 보조금을 지불하지는 않더라도, 촉진하는 것이다. 자본투자를 위해 국가기구들이 벌이는 도시·지역·각국 간의 경쟁이 여기서 중요한 역할을 한다. (현지의, 지방의, 국가의) 정부가 기업의 노동수요에 맞추어 (숙련, 훈련 그리고 정치적 순응성을 포함한) 적절한 품질과 수량의 노동력 공급을 보증할 책임을 지게 되는 것이다. 따라서 국가기구가 노동이 아니라 기업의 의제를 따를 수 있지만, (대학과 커뮤니티 칼리지 등) 양질의 교육기회를 지원하는 지역적 기득권도 여전히 존재한다. 이는 지역 세금기반에 더욱 기여할 첨단제조업을 유치하는 데 도움이 되기 때문이다.

몇몇 맑스주의자들은 적절한 노동공급을 방해하는 장애들로 인해 위기가 발생한다는 독특한 이론을 확립했다. 소위 '이윤압박'(profit squeeze) 위기이론은 노동과정과 노동시장 모두에서 노동관계와 계급투쟁이 끊임없이 내포하는 문제에 기초한다. 이는 노동과정과 노동시장 모두의 문제다. 이 관계들이 자본축적의 발전에 장애를 만들어낼 때, 자본이 이 장애를 극복하거나 우회하기 위한 다른 방법(더 정확히는 앞서 설명한 종류의 방법들의 결합)이 발견되지 않는다면 위기가 발생한다. 앤드루 글린(Andrew Glyn, 「영국자본주의, 노동자 그리고 이윤압박」(1972)에서 그와 다른 저자들이 함께 쓴 인상적인 설명을 보라) 같은 학자들은 1960년대 말과 1970년대 초 (특히 유럽과 북미에서) 발생한 사건들을 이윤압박의 훌륭한 사례로 해석할 것이다. 노동자원의 관리와 노동조직과 노동공급의 정치는 확실히 이 시기의 정치를 지배했다. 많은 유럽지역과 심지어 미국에서도 노동계급의 조직이 상대적으로 강력했고, 모든 나라에서 국가기구는 조직된 노동의 힘을 두려워하거나 좌파 정치정당을 통해 조직된 노동의 이해에 부분적으로 굴종했다. 이것이 지속적인 자본축적에 심각한 장애를 야기했다는 것은 분명하다. 1970년대와 1980년대 초반 신자유주의의 대두를 통해 자본이 이 장애물을 어떻게 우회했는가가, 여러 면에서 현재 우리가 직면한 딜레마의 본질을 규정한다.

자본주의의 생존은 지속적인 축적을 가로막는 이 잠재적인 장애의 끊임없는 극복 혹은 우회에 달려 있다. 이 책을 쓰고 있는 2009년 말 현재, 이윤압박의 징후는 거의 없다. 예비적인 노동이 모든 곳에 존재하고 자본가들이 그에 접근하는 데에 지리적인 장벽은 거의 존재하지 않는다. 전세계적으로 나타난 노동계급운동에 대한 정치적인 공격이 거의 모든 곳에서 노동자들의 심각한 저항을 미미한 수준으로 감소시켰다. 따라서 2008~9년의 위기는 이윤압박 이론으로는 설명될 수 없다. 흘러넘치는 노동공급으로 인한 임금억압과 이로 인한 유효수요 부족이 훨씬 더 심각한 문제다.

노동의 문제는 결코 사라지지 않는다. 노동불안은 언제나 어느 곳에서나 심각한 문제가 될 수 있다. 예를 들어 현재 중국을 보면, 전세계의 경제불황이 (중국에서는) 익숙하지 않은 실업의 증가로 이어지자(2009년 초 중국의 실업자 수는 2000만명에 육박하는 것으로 추정된다) 최근에 프롤레타리아화한 인구 내부에서 소요가 끊임없이 발생하고 있다. 노동자투쟁의 이 지리적 불균등발전은 귀추가 주목되는 중요한 문제다.

자본-노동 관계는 자본주의의 동학에서 언제나 핵심적인 역할을 하며 위기의 근원일지도 모른다. 그러나 최근의 주요 문제는, 노동이 강하고 자본이 약한 것이 아니라 반대로 자본이 너무 강력하고 노동이 너무 약하다는 사실에 있다.

$$* \quad * \quad *$$

자본가들이 자본을 재투자할 때, 그들은 시장에서 사용 가능한 추가적인 생산수단을 찾아야 한다. 그들이 필요로 하는 투입요소는 두 종류다. 하나는 생산과정에서 쓰일 수 있는 (이미 인간노동에 의해 가공된) 중간생산물(외투를 만드는 데 필요한 에너지와 옷감 등)이고 다른 하나는 기계류와 공장 건물, 생산활동을 지원하는 운송씨스템, 운하, 항구 같은 물적 인프라 등을 포함하는 고정자본 설비다. 생산수단의 범주는 분명히 매우 광범위하고 복잡하다. 그러나 이들 생산수단 중 어느 하나도 사용 불가능한 것으로 밝혀지면, 이것은 추가적인 자본축적에 장애물이 된다. 이를테면 자동차산업은 더 많은 철강, 플라스틱 그리고 전자부품과 고무타이어 등이 투입되지 않는다면 확장할 수 없는데, 만일 이때 자동차가 다닐 고속도로들이 없다면 사업확장은 아무 의미가 없게 된다. '상품' 혹은 생산에 투입되는 '공급체인'(supply chain)이라 불리는 것의 한 부분에서 기술혁신이 나타나면 이는 다른 부분에도 필연적으로 혁신을 유발한다. 맑스가 지적했듯이, 역직기(power loom)의 도입으로 인한 19세기 면방직 산업의 생산성 향상은 면화생산(조면기cotton gin의 도입), 교통과 통신, 화학적 염색기술의 개선 등 다양한 혁신을 필요로 했다.

그러므로 과거의 이윤을 새로운 자본으로 변환하는 과정은, 추가로 고용되는 노동자들의 생활을 위한 임금재뿐 아니라 생산수단의 수량이 계속 늘어날 수 있는 가능성에 달려 있다. 여기서 과제는 자본순환의 연속성을 유지하기 위해 물적 투입요소의 공급을 조직하는 것이다. 다른 말로 하면, 자본은 확장에 앞서 그 스스로의 지속적 확장을 위한 조건들을 창출해야만 한다! 자본은 어떻게 이를 순조롭게 그리고 문제없이 해낼까?

그 대답은, 맑스가 고상하게 표현했듯이, "참된 사랑의 길은 결코 순탄하지 않다"(강신준 옮김 『자본』 I-1, 176면. 정확한 출처는 셰익스피어 『한여름 밤의 꿈』 제1막 제1장이다—옮긴이)는 것이다. 언제나 여기저기에 부족과 과잉이 존재하고, 때때로 이 부족한 것들이 합쳐져서 추가적 확장을 가로막는 강력한 장애물이 되어 자본 흐름의 연속성을 단절시킨다. 그러나 효율적으로 작동하는 시장은 역사적으로 수요와 공급 조건을 반영하며 자유롭게 변동하는 가격신호를 통해 하나의 패훌륭한 조정수단을 제공해왔다. 시장은 점점 더 복잡해지는 노동의 사회적 분업을 촉진해왔고 소위 '생산의 우회도'(the roundaboutness of production, 최종상품이 생산되기 이전단계에 관여하는 독립적 생산단계의 숫자를 표시한다)를 늘린다. 최종생산물에 포함되는 부품수의 증가(예를 들어 GPS씨스템처럼 고도의 전자장비를 포함한 자동차들)는 공급 흐름을 더욱 복잡하게 만든다. 이는 자본순환의 연속성을 보장하는 적절한 가격신호를 가진 다소 '정직하고' 신뢰할 만한 시장구조의 형성을 필요로 한다. 흐름을 조정하는 시장신호를 바탕으로 자본이 지속적으로 확장하기 위해서는 예를 들어 독점화, 매점, 혹은 시장 조작 등을 금지하는 국가의 규제가 필요하다. 동시에 이는 상품의 이동에 대한 모든 사회적 장벽들(관세, 쿼터 혹은 불필요한 지연 등)의 축소를 필요로 한다. 1980년대 유럽의 트럭 차량에 대한 국경검사의 철폐는, 많은 생산과정에 들어가는 투입요소의 흐름을 순조롭게 하는 데 커다란 영향을 미쳤다. 그와는 반대로, 국가 간의 지정학적 갈등은 핵심 투입요소의 자유로운 흐름을 가로막고 자본축적에 대한 장애물로 작용한다. 2008년 정치적 분쟁으로 인해 우끄라이나를 통한 러시아 석유와 천연가스 흐름이 단절되었을 때 이는 독일과 오스트리아 등 서쪽 멀리 있는 생산자들과 소비자들에게 심각한 문제를 야기했다.

그러나 시장만이 유일한 조정수단은 아니다. 생산자들은 공급자들과 점점 더 직접 거래하고 최적의 스케줄과 공급모델에 기초하여 그들의 공급체인 후방의 부품들을 직접 주문하여 유휴재고 비용을 최소화하는 '적기'(just-in-time) 원칙에 따라 배달받는다. (자동차, 전자 등) 많은 산업에서 이러한 직접적인 조정이 자유시장(open market)을 대체해왔다. 생산자들은 미리 그들이 필요로 하게 될 추가 생산수단에 관한 신호를 주고, 이에 따라 이를 공급하는 기업들은 그들의 산출을 계산한다. 시장실패라는 특별한 경우에는 국가가 개입할 수도 있다. 국가는 자본이 조직하는 데 어려움을 겪는 공급 체인의 전부 혹은 핵심 요소(전기나 수도의 공급 그리고 생산을 위한 물적 인프라 전부)를 계획하는 자체적인 투입-산출구조 모델을 사용한다. 국가개입이 비효율을 낳는다는 생각은 특히 미국 같은 국가에서 흔히 받아들여지는 믿음이지만, 일본이나 싱가포르의 산업화 역사를 보면 국가에 의한 계획, 조정, 개입 그리고 자본의 재조직화가 무정부적인 자유시장의 조정보다 더욱 효과적이었던 사례가 많이 존재한다. 만약 기업이 스스로 그들의 공급자들과 효율적인 최적 스케줄을 조정하여 자유시장의 무정부성을 피할 수 있다면, 마찬가지로 사회가 더욱 광범위한 영역에서 이를 해내지 못할 이유도 없지 않을까?

국가계획 대 시장에 관한 이데올로기 투쟁은 차치하고 이 모든 것이 의미하는 바는, 사회적 노동분업이 점점 더 복잡해지는 세계에서 자본 흐름의 연속성이 공간과 시간에 걸친 흐름의 연속성을 촉진하는 적절한 제도적 장치들의 존재에 의존한다는 사실이다. 이러한 장치들이 불완전하거나 존재하지 않는 곳에서는 자본은 심각한 장애에 직면한다. 예를 들어 자본은 무법, 부패 그리고 불확실한 재산권 등의 조건하에서 성공적으로 사업을 운영하는 방법들을 찾아낼 수 있지만, 이는 일반적으로 자본이 번성하는 최적의 환경을 구성하지는 못한다. 따라서 (부패와 무법을 해결하는 것을 포함하여) '실패한 국가'에 대한 대책과 '기업하기 좋은 환경'의 창출을 보장하는 것은, 세계 많은 지역에서 활동하는 미국과 유럽 제국주의의 다양한 기구의 프로젝트일 뿐 아니라 IMF와 세계은행 등 국제금융기관의 중요한 임무다. 예를 들어, WTO협정은 협정을 조인한 국가들에 (미국과 유럽과 계속 무역을 하려면 협정에 조인할 수밖에 없다) 과도한 규제나 간섭 없이 기업들이 사업하는 자유를 지지하도록 하는 '좋은 행동'(good behavior)을 코드화한다.

불행히도 이러한 프로젝트들은 언제나 그렇듯이, 시장에 의하지 않은 가치생산과 가치평가의 형태들을 공격한다. 만약 그런 프로젝트들이 성공적이라면(흔히 그렇지 않지만) 일반적인 상품생산 외부에서 일상생활을 유지하는 데에 물질적·사회적으로 모두 중요한, 문화적 의미와 사회적 연대의 형태를 소멸시킨다. 간단히 말해, 비시장적인 그리고 비자본주의에 기초한 생활방식은 자본축적의 장애물로 간주되고, 따라서 이들은 자본주의의 거대한 수레바퀴를 구성하는 3퍼센트의 지속적 성장률에 길을 내주기 위해 소멸되어야만 한다. 공산주의 치하의 중국에서 자본축적에 불리한 절대적 한계가 1978년 개혁 이후 어떻게 약화되어 일련의 장애물로 변했고 그 각각이 점진적으로 극복되거나 우회되었는가 하는 역사는 물론, 우리 시대의 가장 중요한 정치적·경제학적인 이야기다.

'불비례위기'(crise of disproportionality)라고 불리는 위기로 이어질 수 있는, 공급체인 내의 몇몇 갈등과 잠재적인 모순도 분명히 존재한다. 『자본』 제2권 마지막 부분에서 맑스는 경제의 광범위한 두 부문 사이의 동학을 분석하기 위해, 그가 '재생산도식'(reproduction schema)이라 부른 것을 확립했다. 이 두 부문은 '임금재'(노동자들을 먹이고 유지하고 재생산하기 위한 상품들이며 나중에 자본가계급의 개인소비를 위한 '사치재'를 포함하도록 확장된다)를 생산하는 부문과 생산수단(자본가들이 생산에서 사용하는)을 생산하는 부문이다. 맑스는 자본가들이 경쟁을 통해 모든 부문에 걸쳐 이윤율을 균등화하는 경향하에서, 자본이 어떻게 한 부문에서 다른 부문으로 이동하는지 분석했다. 맑스는 이 분석에서 자본의 재투자가 부문들 간의 불비례를 만들어내는 방식으로 나타나고 이러한 불비례가 심화되어 위기로 이르는 상황이 쉽게 발생한다는 점을 밝혀냈다. 이 문제는 이윤율을 극대화하는 과정에서 개별 자본가들이 두 부문 사이의 자본 흐름에 체계적으로 잘못된 배분을 만들어내기 때문에 발생하는 것이다. 맑스의 주장에 기초하고 훨씬 더 복잡한 수학모델을 사용한 이후의 분석들은 이러한 맑스의 논리가 전반적으로 옳았음을 보여주었다. 예를 들어, 20세기 일본의 경제학자 모리시마 미쩌오(森嶋通夫)는, 두 부문의 기술변화의 동학과 자본강도(capital intensity)에 따라, 경제의 균형성장경로(balanced growth path) 주변에서 '폭발적인 진동'이 나타나거나 아니면 '단조적인 발산'이 나타난다는 것을 보였다. 이러한 통찰은 경제학자 로이 해로드(Roy Harrod)와 에브세이 도마(Evsey Domar)가 선보인 (재생산도식에 관한 맑스의 연구에 간접적으로 기초하고 있는) 이전의 경제성장 모델의 결론을 확인해주었다. 1930년대와 1940년대에 이들은, 경제성장은 언제나 균형성장경로의 '칼날'(knife edge) 위에 있으며, 그 좁은 경로로부터 아주 쉽게 이탈하여 주요한 위기에 이를 수 있다고 주장했다.

그들은 또한, 위기는 실제로 필연적일 뿐 아니라 필요하다는 점도 보여주었다. 위기는 균형이 회복되고 자본축적의 내부 모순이 적

어도 일시적으로 해결될 수 있는 유일한 수단이기 때문이다. 위기
는 이를테면, 언제나 불안정한 자본주의를 비합리적으로 합리화하
는 수단이다. 현재 우리가 겪는 것과 같은 경제위기 시기에는 이러
한 사실을 잊지 않는 것이 중요하다. 우리는 언제나 이렇게 질문해
야 한다. 여기서 합리화되고 있는 것은 도대체 무엇이고, 이러한 합
리화는 어떤 곳을 향하는가? 이에 대한 해답이 위기로부터의 탈출
방식뿐 아니라 미래 자본주의의 특징을 규정할 것이다. 위기의 시기
에는 언제나 선택의 가능성이 존재한다. 어떤 것이 선택되는가는 계
급권력의 균형과 무엇이 가능할 것인가에 관한 정신적 개념에 달려
있다. 루스벨트(Franklin Roosevelt)의 뉴딜이나 1980년대 초 레이건-
새처의 반동혁명(反動革命) 모두 필연적이었던 것은 아니다. 그러나
또한 가능성이 무한한 것은 아니다. 우리의 분석과제는 현재 무엇이
가능할지 밝혀내고, 그것을 현재 전세계의 계급관계하에서 가능한
것과 관련지어 견고하게 배치하는 것이다.

* * *

생산수단을 자본가에게 가져다주는 기나긴 공급체인의 기초에
는 잠재적인 자연의 한계라는 더욱 근본적인 문제가 숨어 있다. 다
른 모든 생산양식처럼 자본주의도 자연의 은혜에 의존한다. 토지와
소위 천연자원의 고갈과 파괴는 노동이라는 집단적 힘의 파괴만큼
장기적으로 비합리적인 일이다. 이 둘은 모두 근본적으로 모든 부의
생산의 기초가 되기 때문이다. 그러나 개별 자본가들은 그들 자신의

단기적 이익을 추구하고 경쟁의 강제법칙에 의해 압력을 받기 때문에 노동자와 자연 모두에 대해 '내가 죽은 뒤에 무슨 일이 일어나건 알바 없다'라는 입장을 취하도록 끊임없이 유혹받는다. 그렇지 않은 자본가가 있다손 치더라도, 영속적인 축적과정은 천연자원의 공급에 엄청난 압력을 가하고, 폐기물의 불가피한 증가는 생태계가 유독하게 변질되지 않으면서 이것들을 흡수하는 능력을 테스트한다. 여기서도 자본주의는 점점 더 우회하기가 어려워질 한계와 장애에 직면하게 될 가능성이 크다.

자본주의의 전체 역사에서 자본의 한계에 관한 생각이 진지하고 쉼없이 주장된 것은 바로 자연의 희소성과 관련해서였다. 경제학자 토머스 맬서스(Thomas Malthus)와 데이비드 리카도(David Ricardo)가 함께 인식했던 유명한 통찰은 농업에서의 한계수익성 하락이 이윤율을 결국 제로로 하락시키고, 따라서 모든 이윤이 토지와 천연자원의 공급에 대한 지대로 흡수될 것이기 때문에 우리가 아는 형태의 자본주의는 종말을 맞게 된다는 것이었다. 물론 맬서스는 한발 더 나아가, (그의 『인구론』의 제1판에서) 어떤 정책이 도입된다 해도 인구성장과 자연의 한계 사이의 갈등은 기아, 빈곤, 역병, 전쟁의 위기를 만들어낼 것이라고(그리고 이미 만들어내고 있다고) 주장했다.

맑스는 자본주의의 종말이라는 주장을 싫어하지는 않았지만, 맬서스와 리카도의 견해에는 강력히 반대했다. 리카도에 관해 맑스는, 운송비용이 하락하고 특히 미국에서 매우 비옥한 새로운 토지를 이용할 수 있게 됨에 따라, 이윤율 하락(맑스가 기꺼이 받아들였던 경향)과 위기가 천연자원의 희소성과 관계가 있다는 주장은 거짓으로 밝혀졌다고 반박했다. 맑스는 리카도가 위기에 대응하여 "유기화학으로 도피한다"라고 풍자했다. 맬서스의 주장에 관해서는, 자본주의는 그 계급관계 그리고 미래의 착취를 위해 빈곤화된 잉여노동을 유지하기 위한 강제적 필요 때문에 빈곤을 만들어낸다고 반박했다. 그러나 생활수준의 저하가 (자본의 억압 때문이 아니라) 자연의 희소성 때문이라는 주장은 주기적으로 부활했다. 1970년대 위기 동안에는 환경주의자의 설명이 유행이었고(1972년에는 도넬라 메도우Donella H. Meadow의 영향력 있는 책 『성장의 한계』 *The Limits to Growth*가 출판되었고 1970년에는 처음으로 '지구의 날'이 제정되었다) 2006년 이후 경제적 혼란의 시기에도 피크오일과 원자재가격의 상승(적어도 2008년 가을까지)에서 지구온난화까지 다양한 환경문제가 현재의 경제적 문제에 대한 근본 요인 혹은 적어도 그 일부로서 제시되었다.

자연의 알 수 없는 한계에 대응하고, 때때로 그것을 극복하며 더 자주 그것을 우회할 수 있는 다양한 수단들은 분명히 존재한다. 문제는 '자연'이라는 범주가 너무 광범위하고 복잡해서 물질적으로 존재하는 (물론 이후에 따로 검토할, 인간활동을 통해 생산된 이른바 '2차적 자연'을 포함하여) 거의 모든 것을 포괄할 수 있다는 것이다. 그러므로 위기의 발생에서 (시장조작으로 인한 희소성이 아니라) 자연의 희소성이 수행하는 역할에 관해 자세한 설명을 제시하기는 무척 어렵다. 예를 들어, 천연자원이라는 개념은 기술적·사회적·문화적으로 평가되며, 따라서 겉으로 보이는 어떠한 천연자원의 희소성도, 비록 완전히 우회되긴 어렵다 해도 기술적·사회적·문화적 변화에 의해 원칙적으로 완화될 수 있다. 반면 문화적 형태는 흔히 다른 어떤 것만큼이나 변하지 않고 문제가 많은 것임이 분명하다.

바다상어는 중국인들의 샥스핀 수프 선호 탓에 멸종에 이를 정도로 무분별하게 포획되고 있고, 아프리카 코끼리도 상아 분말이 최음 효과가 있다는 믿음 때문에 마구 사냥되고 있다(비아그라의 도래가 아프리카 코끼리를 구할지도 모른다!). 육식에 기초한 서구의 문화적 선호는 에너지 사용과 지구온난화에 직접적으로(소의 사육은 엄청난 메탄가스를 방출한다) 그리고 간접적으로(소의 사육을 위해 투입되는 에너지는 육식이 인간에게 주는 에너지에 비해 엄청나게 크다) 막대한 영향을 미친다. 이 땅 위의 '내 집'(home of one's own)이라는 '영미식' 문화의 선호는 토지의 낭비뿐 아니라 에너지 낭비를 가져오는 교외화(suburbanisation)라는 생활패턴을 만들어냈다. 이들 중 어떤 경우에도, 이러한 반환경적인 문화적 선호의 발전과 지속을 이유로 자본주의 그 자체를 비난하는 것은 형식적으로 옳지 않을 것이다. 실제로 이윤을 만들어낼 수만 있다면 언제 어디서든 이러한 문화적 선호(교외화와 육식 같은)를 실행하고 이용하며 몇몇 경우 훨씬 더 나아가 이를 촉진하는 측면에서 비뚤어진(perverse) 자본주의가 가장 적합한 것이 사실이긴 하지만 말이다.

'자연'은 게다가 삶의 형태가 지닌 놀라운 지리적 다양성과 생태계의 상호 연결된 무한한 복잡성을 표현하기에는 너무 단순한 단어다. 큰 틀에서 볼 때 한 곳의 습지 소멸, 그리고 다른 곳에서의 국지적 종의 멸종, 또 어느 곳에서 특정한 서식지의 소멸 등은 인구성장이라는 불가피한 요소를 고려하면, 필연적이고 또 사소한 것으로 보인다. 지속적으로 이루어지는 영원한 자본축적이 지닌 연속성을 고려하면 더욱더 그렇다. 그러나 정확하게 말하면, 이러한 작은 변화들이 모여 전세계 삼림파괴, 서식지와 생물학적 다양성의 소멸, 사막화 그리고 해양오염 같은 거시생태적 문제들이 발생할 수 있다.

자연과의 관계를 원래부터 변증법적이라고 인식하는 것은, 이 관계를 역동적·영속적으로 개방시키는 자연적 진화의 과정 ─ 인간이 자연 자체를 만들어내는 것을 포함하여 ─ 뿐 아니라 인간행동의 다양한 변화 가능성까지 주목하는 것을 의미한다. 이러한 표현은 한편으로, 환경위기가 '최종적인' 것은 말할 것도 없고, 매우 심각해지거나 장기화될 가능성을 부인하는 것처럼 보인다. 하지만 이는 또한, 우리가 알고 있는 일상생활 연속에 광범위한 파괴적 영향을 미치는, 눈사태 같은 의도치 않은 결과가 나타날 수 있다고 전망한다. 음식을 보전하여 많은 생명을 구했고 대규모의 도시화를 가능하게 했던 냉장기술이 결국 프레온가스(CFC)를 만들어내 오존층에 구멍을 뚫을 것이라고 누가 생각이나 했을까? 디디티(DDT)의 광범위한 사용이 먹이연쇄를 통해 결과적으로 남극의 펭귄을 죽일 것이라고 누가 생각했을까? 석면과 납 성분의 페인트가 처음 사용된 지 수십년이 지나서 인간의 건강에 그렇게 나쁜 영향을 미칠 것이라 누가 생각했을까? 의도하지 않은 인간행동의 결과가 환경에 매우 큰 영향을 미칠 수 있다는 생각은 오래전부터(적어도 고대 그리스 이후부터) 공유되어왔다. 생태계를 오염시키는 현대 화학기술의 폭넓은 영향은 말할 것도 없고, 고대 이후 불을 사용하거나 양과 염소를 토지에 방목하는 능력조차도 우리가 지금 자연이라 부르는 것에 인간의 영향이 미치지 않는 곳이 없을 정도로 매우 광범위한 환경변화를 가져올 수 있다는 점도 인식되어왔다.

자본축적의 지속적 성장은, 인간활동이 불가피하게 환경변화에 미치는 영향이 시간이 흐를수록 더욱 심각해지고 광범위해짐을 의미한다. 1780년경 맨체스터의 면방직공장들이 매연을 내뿜기 시작했을 때, 페닌 산맥(Pennine hills)의 연료용 이탄(泥炭)지대는 산성비로 인해 곧 붕괴되었다. 그러나 이는 1950년대 이후 오하이오 밸리의 발전소가 뉴잉글랜드 숲의 생태에 미친 파괴적 영향이나 영국 발전소들이 스칸디나비아에 미친 영향에 비하면 아무것도 아니었다.

우리가 자연세계라 부르는 것은 어떤 수동적인 실체(entity)가 아니라 철학자 화이트헤드(Alfred N. Whitehead)가 말했듯 '끊임없이 새로움을 추구하는 씨스템'이다. 우선, 지구표면 아래의 판운동은 지진, 화산, 해일 등을 일으키는 불안정성을 만들어내고, 대기와 대양의 순환의 불안정은 비록 지리적·사회적으로 불균등하게 나타나지만 인간에게 다양한 영향을 미치는 태풍, 토네이도, 눈폭풍, 가뭄 그리고 열풍을 만들어낸다. 더욱이 자연현상이 초래한 재앙을 악용해 그로부터 이윤을 만들어내는 것은 심각하게 고려해야 할 자본주의의 특징이다(자본주의 사회에서는 자연재해 이후의 복구사업이나 이를 방지한다는 명분의 사업 등에서도 커다란 이윤이 발생한다—옮긴이).

사람들의 노력이 흑사병과 천연두 등을 성공적으로 소멸시켰지만, 이제 인류는 에이즈, 싸스(SARS), 서나일(West Nile), 에볼라 등의 바이러스 그리고 조류독감 등 완전히 새로운 질병들에 직면해 있다. 또한 1918년 수백만이 희생되었던 인플루엔자 균의 변종이 나타날 가능성도 있다. 기후는 인간과 비인간적 요소들이 불안정하게 혼합된 매우 다양한 힘들에 영향을 받아왔다. 따라서 최고의 과학자들이 공동으로 전지구적 기후변화에 인간활동이 미치는 영향을 이해하기 위해 노력함에도 그것을 자세히 알기가 어렵다. 그 영향은 분명 뚜렷하지만, 그 결과들이 어느 정도인지 완벽하게 판단하기는 거의 불가능하다. 인간이 지구환경을 변화시키기 이전에 나타난 과거의 변화들도 때때로 매우 급속하고——적어도 지질학적 시간으로 측정하면(수백년)——예측 불가능한 것이었으며 (종의 멸종 같은) 매우 다양한 영향을 미쳤다. 다른 조건이 동일하다면, 인간이 유발한 영향은 분명 지속적인 성장률이라는 법칙 때문이다. 이는 분명히 심각한 우려를 제기하며 최소한 철저한 조사와 (프레온가스 사용을 제한한 1989년 몬트리올의정서가 성취한 것과 같은) 미래를 위한 국제적 규제활동을 요구한다. 그러나 이 경우에도, 미래의 기후를 어느정도라도 정확하게 예측할 수 있다고 생각하는 이들은 모두가 스스로를 속이고 있는 것이다.

자본주의의 역사지리의 특징은, 자연과의 관계가 의도되지 않은 광범위한 결과(인간의 복지에 좋은 결과와 나쁜 결과 모두)와 함께 놀랄 만큼 유동적이고 유연하다는 것이다. 따라서 자연에 대한 우리의 물질대사적인 관계에 원칙적으로 극복되거나 우회될 수 없는 절대적인 한계가 있다고 주장하는 것은 잘못일 것이다. 하지만 이것이, 그런 장애가 때때로 심각하지 않으며 몇몇 종류의 일반적인 환경위기(상어 수의 급감과는 다른 위기. 상어 수의 감소는 전체 대양의 생태계에 미치는 알려지지 않았지만 아마도 광범위한 영향이 없다면 '단지' 애석한 일로만 여겨질 수 있다)를 거치지 않고도 그것을 극복할 수 있다는 뜻은 아니다.

특히 오늘날, 자본주의 정치의 많은 부분은 자연이라는 공짜선물이 자본에 쉽게 이용되고 미래에도 계속 이용되도록 보장하는 일과 관련되어 있다. 이런 종류의 문제들에 관한 자본주의 정치 내의 갈등은 매우 심각할 수 있다. 예를 들어, 한편으로 값싼 석유를 더 많이 공급하고자 하는 의도는 지난 50, 60년간 미국의 지정학적인 입장에서 매우 핵심적이었다. 정확하게 말하면 1945년 이후 전개된 교외화에 의한 자본잉여의 흡수가 값싼 석유의 사용가능성에 달려 있었기 때문이다. 전세계 석유자원을 채굴 가능하도록 보장하려는 노력은 미국을 중동이나 다른 지역과의 분쟁에 빠뜨렸다. 자연과의 관계가 중요한 한가지 예를 더 들자면, 에너지정치가 흔히 국가기구나 국제관계 내에서 지배적인 이슈로 떠오르기도 했다는 것이다.

다른 한편, 값싼 석유의 정치는 인간에게 점점 더 큰 위험을 제기하는 지구온난화와 그밖의 여러 대기오염문제(지상의 오존, 스모그, 대기권의 분진문제 등)뿐 아니라 석유의 과도한 채굴과 고갈이라는 문제들을 낳았다. 에너지를 과도하게 소비하는 도시화가 확산되면서 홍수에 취약한 만성적 토지침식, 수로의 침하, 그리고 도시의 '열섬'(heat island) 현상 등이 뒤따랐다. 이러한 환경파괴는, 1930년대 이후 자본잉여의 흡수에 핵심적 역할을 했던 자동차산업을 지지하기 위해 필요했던 천연자원의 고갈과 함께 나타났다.

『자본주의, 자연, 사회주의』(Capitalism, Nature, Socialism)라는 잡지를 만든 캘리포니아의 경제학자 짐 오코너(Jim O'Connor)의 주도하에 몇몇 맑스주의자들은 자연의 장애를 "자본주의의 두번째 모순" (첫번째는 물론 자본-노동 관계다)이라 불렀다. 확실히 우리 시대에는 이러한 '두번째 모순'이 노동문제만큼이나 정치적 관심을 끌고 있고, 자연과의 관계의 위기라는 생각에 관한 광범위한 관심, 그리고 정치적 우려와 노력이 존재한다. 여기서 자연은 늘어나는 폐기물의 투하장소로서뿐 아니라 천연자원의 지속 가능한 원천, 그리고 (도시와 농촌의) 자본주의 발전의 확장을 위한 단순한 토지로서 여겨진다. 그러나 일견 '순수하게' 여겨지는 자연의 한계를 너무 강조하다보면, 환경변화를 최초에 강제하는 자본주의의 동학과 이 동학을 반환경적인 방향으로 이끄는 사회적(특히 계급) 관계에 주목하지 못할 위험성이 상존한다. 자본가계급은 당연히, 그들을 문제의 근원으로부터 자유롭게 만드는 환경주의적 수사 덕분에 그들의 역할이 사라지고 감춰지는 것을 언제나 기꺼워한다. 예를 들어, 2008년 여름 석유가격이 급등했을 때 자연의 희소성을 주장하는 일은 진정으로 책임이 있던 석유회사와 투기꾼 들에게 도움이 되었다.

오코너의 연구에 따르면, 1970년대부터 지금까지 노동운동과 사회주의운동의 패배 이후 자본주의의 이 두번째 모순이 첫번째 모순을 대체했다. 그에 따르면 환경운동이 반자본주의적 선동의 최전선을 구성하고(또는 구성해야 하고), 실제로 1980년대와 90년대에는 환경운동이 자본주의 내에서 살아남은 유일한 반자본주의운동으로 보였다. 이러한 종류의 정치가 얼마나 추구되어야 하는지는 독자 스스로의 판단에 맡길 것이다. 그러나 확실한 것은 자연과의 관계에서 장애는 쉽게 극복되지 않으며 다른 모든 것과 함께 그 압박이 전세계에 만연하고 있다는 것이다.

우리와 자연의 관계에 어떤 위기가 등장할 수 있는데, 끝없는 자본축적의 틀 내에서 이 장애를 적어도 당분간 성공적으로 우회하려면 광범위한 (기술적일 뿐 아니라 문화적, 사회적인) 적응이 필요할 것이다. 과거에는 자본주의가 자연의 장애를 성공적으로 극복했다. 환경기술이 큰 사업이었고 (오바마정부의 제안처럼) 분명 더 큰 사업이 될 수 있으므로 이러한 극복은 흔히 이윤을 만들어내며 이루어졌다. 물론 그런 사실이 자연의 문제가 결코 어떤 궁극적인 한계를 구성할 수 없다는 것을 의미하는 것은 아니다. 그러나 2006년에 시작된 우리 시대의 현 위기의 관점에서 보면 자연의 한계라는 문제는, 소위 '피크오일'의 역할과 에너지 가격에 대한 그것의 영향을 제외하면, 적어도 표면적으로는 가장 중요한 문제가 될 수 없다. 그런 의미에서 피크오일문제는 좀더 논의해볼 필요가 있다.

여기서 주목해야 할 점은 18세기 영국 자본주의 발전에서 잠재적인 자연의 한계 가운데 가장 심각해 보였던 한계가 화석연료의 도입과 증기엔진의 발명으로 훌륭하게 극복되었다는 사실이다. 그 시기 이전에는 토지가 식량과 (바이오매스biomass(에너지원으로 이용되는 생물체와 그 배출물의 총계—옮긴이)로부터의) 에너지 생산 모두를 위해 사용되었는데, 당시의 운송기술로는 지속적인 성장을 위해 토지가 두가지 모두에 사용될 수는 없다는 것이 점점 더 명백해졌다. 1780년경 이후에는 에너지가 지하로부터 (석탄기에 묻힌 석탄층의 형태로) 채굴될 수 있었고 토지는 식량의 생산만을 위해 사용될 수 있었다. 그로부터 약 1백년이 지난 이후에는, 백악기에 축적된 엄청난 에너지원이 석유와 천연가스라는 형태로 사용될 수 있었다. 이러한 검토는 현재 예상되는 석유 부족에 에탄올 생산으로 대응하려고 하는 것이 얼마나 어처구니 없는 짓인가를 보여준다. 에탄올 생산은 에너지 생산을 (대부분 그것이 실제로 생산하는 에너지보다 더 많은 에너지를 그 생산에 사용하는) 토지에 되돌리는 것으로, 곡물가격에 즉각적이고 심각한 영향을 미친다. 이는 18세기 영국의 '에너지냐 식량이냐'라는 문제를 다시 제기하는 것으로, 놀랄 만큼 멍청한 정책이다. 어떻게 이런 일이 일어났을까?

'피크오일'이라는 개념은, 1956년 정유회사 쉘(Shell)에서 일하던 지질학자 M. 킹 허버트(M. King Hubbert)가 석유의 새로운 발견과 채굴 비율에 기초하여 미국 내의 석유생산이 1970년대에 정점에 달하고 이후에는 점진적으로 축소될 것이라고 예측한 당시로 거슬러 올라간다. 그는 쉘에서 직업을 잃었지만 그의 예측은 정확했고, 1970년대 이후 미국은 국내의 석유생산이 감소함에 따라 날이 갈수록 해외의 석유수입에 의존해왔다. 2009년 현재 미국은 매년 3000억 달러에 달하는 석유를 수입하는데, 이는 미국이 매일 20억달러 이상을 세계의 다른 지역으로부터 차입해 메우는 막대한 무역적자의 거의 3분의 1을 차지한다. 최근 미국에서 에탄올 생산이 늘어난 것은, 이러한 해외의존도의 정치적·경제적 취약성을 만회하기 위한 노력과 달콤한 보조금에 대한 거대한 농업기업의 로비가 결합된 것이다. 이들의 로비는 매우 비민주적인 미국 상원(소규모 농촌 주들이 표결의 60퍼센트를 차지한다)을 좌지우지하고, 워싱턴에서 가장 강력한 로비 중의 하나다(미국의 높은 농업보조금 수준은 세계 다른 국가들과의 WTO협상에서 가장 논쟁적인 이슈였다). 농업기업들에게는 그로 인한 충분히 예측 가능한 곡물가격의 상승 또한 좋은 소식이었다. 뉴욕의 베이글 가격이 갑자기 50퍼센트나 상승했지만 말이다. 그 결과로 세계의 굶주림이 악화된 것은 당연한 일이다. 허버트의 주장에 대해 어느 비평가가 지적하듯 "SUV의 25갤런 탱크에 순수한 에탄올을 가득 채우는 데는 450파운드의 옥수수가 필요한데, 이는 한 사람이 1년 동안 먹는 데 충분한 칼로리다. 현재(2008년) 추세대로라면 만성적으로 굶주리는 인구의 수가 2025년에는 지금의 두배인 12억명으로 늘어날 것이다."

이 모든 과정은 허버트가 미국에 적용했던 '피크오일' 공식이 세계의 석유공급을 예측하는 데 유용하게 적용될 수 있다는 여러 증거(그리고 많은 수사들)에 의해 뒷받침되었다. 데이터에 따르면 1980년대 중반에 전세계의 석유 발견 확률이 정점에 달했기 때문에, 석유생산도 대략 2010년이 되기 전에 정점에 달할 것이라고 예측할 수 있다. 쿠웨이트, 베네수엘라, 영국, 노르웨이와 멕시코 등 미국이 아닌 다른 산유국들은 대략 허버트의 피크 공식에 들어맞는다. 다른 곳, 특히 사우디아라비아(이미 석유생산의 정점이 지났다는 루머가 돌고 있다)와 중동 국가들, 그리고 러시아(아마도 실제 이유보다는 분명히 정치적 이유로 인해 뿌찐 대통령이 최근 피크오일을 지났다고 선언했다)와 아프리카의 상황은 알기 어렵지만, 2002년 배럴당 20달러 하던 석유가격이 2008년 여름 배럴당 150달러로 급등한(미국 소비자들의 가솔린 가격은 두배가 되었다) 현실은 피크오일 시기가 도래했음을 보여주는, 많은 이들에게 이미 익숙한 증거다. 불행인지 다행인지는 여러분의 생각에 달려 있지만 어쨌든, 석유가격은 2008년 말 배럴당 50달러로 급락했다. 이는 피크오일 이론이 적절한지에 대한 의문을 불러일으켰고, 인플레이션을 주도했던 석유가격 상승에 대한 중앙은행의 우려를 덜어주어 2008년 말 미국에서 이자율을 제로에 가깝게 인하할 수 있도록 해주었다. 배럴당 50달러의 유가는 흔히 에탄올 수익성의 손익분기점으로 거론되며, 따라서 2006년 이후 미국에서 거의 두배로 증가한 에탄올 공장에 대한 대규모 투자가 이제 위험에 빠질지도 모르는 상황이다.

자연에서 주어진 것으로 생각되는, 그리고 피크오일 공식에 따라 멋지게 공식화된 희소성이 시장에서 어떻게, 그리고 왜 이렇게 불안정한지 이해할 필요가 있다. 이를 분석하기 위해서 우리는 또다른 분배의 범주를 도입해야 한다. 이것은 맑스도 독특하게 '나중까지' 남겨둔 것으로, 바로 토지와 천연자원에 대한 지대다. 중요한 지대에는 두가지 종류가 있다(여기서 맑스가 "절대지대"absolute rent라 부른 세번째 범주는 제외한다. 내 생각에 그것은 정확한 개념이 아니다). 첫번째 중요한 범주는 '차액지대'(differential rent)라 불리는 것이다. 이는 우선 시장수요를 충족시키기 위해 생산에 투입되어야 하는, 가장 생산성이 낮은 토지, 광산 혹은 유전과 비교하여 그 토지나 광산의 비옥도나 산출의 차이로 인해 발생한다. 차액지대는 또한 위치적 요소(도시의 중심지에 근접한 토지는 주변부의 토지보다 보통 더 가치가 높으며 육지의 유전은 깊은 해저나 북극에 위치한 유정에 비해 채굴이 더 쉽다)를 포함할 수 있고, 으레 그러하다. 석유생산의 경우, 가장 덜 생산적이고 가장 접근이 어려운 유전의 채굴

비용이 보전(補塡)되고 자본가들이 생산에 참여하기 위해 평균적 수준의 이윤이 추가되어야 하는데, 이것이 석유의 기본적인 가격을 결정한다. 모든 다른 유전의 생산자들은 가장 한계적인 유전에 비해 생산비용과 접근비용이 낮고 산출량이 높기 때문에 초과이윤을 벌게 된다. 이러한 초과이윤은 누구에게 돌아가는가? 토지와 유전에 대한 소유권이 행사될 수 있다는 것을 고려하면, 소유권 보유자(개인 혹은 국가)가 그 토지와 자원을 다른 사람들이 사용하도록 하고 로열티 수입을 청구할 수 있다. 그 수수료는 자원 이용에 대한 화폐지불(지대) 형태로 나타나거나 자원을 채굴하는 기업이 번 이윤의 일부일 수 있다. 혹은 채굴자원에 대한 소유권을 지닌 몇몇 기관(국가소유의 석유회사처럼)이 세계시장에 직접 판매하는 석유의 초과이익일 수도 있다. 그러나 이 모든 경우에, 소유권자는 보통 다른 사람들이 자원을 채굴하도록 허용하기 이전에 자신이 요구하고 이끌어내는 최저경매가격(reserve price)을 갖고 있다. 그들이 충분히 똑똑하고 생산도 변함없이 진행된다면 차액지대의 전부 혹은 대부분을 요구할 수 있다.

이러한 최저경매가격의 존재 자체가, 자본주의를 특징짓는 제도적 장치들하에 존재하는 모든 형태의 소유권에 귀속되는 독점지대의 존재를 증명한다. 어떤 소유권 보유자도 자신의 재산에 대한 접근을 저지할 수 있으며 최저경매가격이 달성될 때까지 다른 이가 그것을 사용하는 것을 거부할 수 있다. 경쟁적 상황에서는 이 최저경매가격이 보통 낮은 수준이다. 왜냐하면 만약 이용 가능한 토지가 풍부하다면 생산자들이 어디를 사용할지 선택할 것이고, 당신이 토지를 적절한 가격에 그들에게 내놓지 않는다면(판매, 리스 혹은 지대 계약을 통해) 다른 지주들이 그렇게 할 것이기 때문이다. 몇몇 경우 이 최저경매가격은 제로에 가까울 정도로 하락할 수 있는데, 이 경우에는 소유권자가 토지를 사용하도록 허락하는 것이 별 의미가 없는 것처럼 보인다.

자원의 비옥도나 생산성은 전적으로 자연에만 의존하는 게 아니다. 그것은 자원 본연의 생산성을 새로운 수준으로 상승시키는 기술과 개선을 위한 투자에도 영향을 받는다. 토지의 비옥도는 자연에 의해 주어진 것만큼 인간에 의해 영향을 받는 것이다. 토지소유권자는 사용자가 토지의 생산성을 향상시키는 데 공통의 이해를 가진다. 1873년 장기적 농업불황이 시작되기 이전, 19세기 영국의 '고도농업'(high farming)이 성공적이었던 시기에는 지주들이 장기리스를 선호했다. 왜냐하면 이 제도가 소작인들로 하여금 비옥도를 상승시키는 장기적인 개선(배수시설, 비료 그리고 곡물의 윤작기술 등)을 더 많이 도입하도록 촉진했기 때문이다. 이 경우에 리스 기간 동안의 차액지대는 장기적인 개선에 대한 자본투자의 수익으로서 사용자에게 돌아갔을 것이다. 그러나 16세기에 바닷물을 배수하거나 혹은 바다를 매립해 간척된 매우 비옥한 토지에 대해서는 어떻게 설명할 것인가? 차액지대는 하나의 범주이지만 이는 자연에 의해 주어진 것과 인간활동에 의한 결과를 구분하는 것이 결국 얼마나 어려운지를 아주 잘 보여준다. 동시에 그것은 어떤 자원의 소유주도 직면할 수밖에 없는 전략적인 질문을 적절하게 제시해준다. 자원이 고갈될 때까지 무자비하게 효율적으로 그것을 채굴할 것인가(그 생산성이 자연에 의한 것이든 인간활동에 의한 것이든), 아니면 자원을 미래와 장기적으로 지속 가능한 사용을 위해 관리하거나 개선할 것인가.

반면 유전의 경우는 재생 불가능한 자원이기 때문에 그 최저가격이 상대적인 희소성의 조건에 의해 결정된다. 유전에 대한 차액지대는 (그것이 우월한 생산기술에 의한 것이든, 높은 압력과 매장량 같은 자연 조건에 의한 것이든) 독점지대가 된다. 이는 일정한 수준에서 가격을 유지하거나 안정화하기 위해 일정한 비율로 석유를 세계시장에 공급하는 석유수출국기구(OPEC)의 생산통제의 경우에 명백히 나타난다. 물론 OPEC의 행동범위는 모든 국가들이 이 카르텔에 속해 있지는 않다는 사실에 의해 제한된다. 그러나 흔히 제기되는 반대에도 불구하고, 일반적으로 생산자와 사용자 모두가 OPEC의 행동으로 달성되는 시장가격의 적당한 안정성으로부터 이득을 얻는다. 그렇다면 석유가격은 왜 그렇게 불안정한 것일까?

이것이 바로 문제의 핵심인데, 석유시장은 소위 자연적 희소성만큼이나 사회적·경제적·정치적 조건에 의해 만들어진 희소성에 영향을 받기 때문이다. 석유 지대와 선물(先物)은 투기적인 투자의 대상이며 곧 석유가 희소해질 것이라는 믿음은(그 이유가 정치적 불안정이든, 전쟁이든 아니면 피크오일이든) 가격을 극적으로 급등시킨다. 이는 특히 1990년대 중반 중국과 인도가 그들의 강력한 경제성장에 발맞추어 석유시장에 진입했을 때 나타난 현상처럼, 수요의 '급등'으로 인해 공급이 일시적으로 부족해지기까지 하는 상황에서는 더욱 그러하다. 따라서 석유지대와 석유선물은 가공자본의 형태로 자본화된다. 그리고 그 청구권도 이 시장들의 모든 참여자가 그들의 투기를 헤지하고 모든 종류의 파생상품을 만들어내며 또한 그들의 베팅에 따라 시장을 조작하려고 노력하는 방식에 따라 유통된다. 물론 유가가 상승하면 단순히 한계라는 단어의 정의가 달라지기 때문에 모든 종류의 한계적인 유전도 채굴된다(몇몇 경우 다시 열린다). 캐나다 애서배스카(Athabaska)의 타르샌드(tar sand)는 채굴비용이 많이 들지만 유가가 배럴당 150달러에 이르면 그 수익성이 매우 높아진다. 그러나 문제는 새로운 유전에서 생산하는 데 상당한 시간이 걸리며, 따라서 OPEC이 통제하는 것처럼 쉽게 생산을 늘릴 수 있는 현존 설비가 없다면 수요의 급등에 반응하는 시간이 느려지게 된다는 것이다. 그러나 이 경우에도 정유를 포함한 전체 석유생산은 자본집약적이고, 자본시장의 조건, 이윤의 폭, 그리고 석유선물시장의 조건에 매우 민감하다. 석유선물시장은 헤지와 투기가 난무하는 거대한 시장이며 잉여자본의 이용가능성에 크게 영향을 받는다. 전세계에 과잉유동성이 넘쳐나고 있다면, 그중 일부를 석유선물시장에 베팅하면 좋지 않을까? 특히 누군가가 당신에게 피크오일이 곧 도래한다고 이야기하는 때라면!

이 모든 것에서 분명해지는 것은 자연과의 관계는 쌍방향 도로이며, 그 길을 따라 자연적으로 발생하는 진화적 변화의 변덕스럽고 우연한 사건들이, 자연의 의미와 자연과의 관계를 규정하는 모든 사회적·경제적·정치적 상황의 변덕스럽고 우연한 사건들과 함께 발생한다는 것이다. 맑스가 이에 대해 축적에 대한 장애들이 소위 자연의 희소성이라는 쟁점을 둘러싸고 끊임없이 소멸하고 또 새로운 형태로 나타나고 있다고 지적했을 만도 하다. 때때로 이러한 장애들은 절대적인 모순과 위기로 바뀔 수도 있다.

* * *

자연은 오랫동안 인간활동에 의해 변형되어왔다. 환경은 지금까지 정리된 토지, 배수된 늪지와 습지, 새로이 개발된 강, 그리고 준설된 하구, 벌채되고 새로 조림된 숲, 건설된 도로, 운하, 관개시설, 철도, 항구, 항만, 활주로, 터미널, 그리고 댐, 발전소, 전력망과 상하수도 시설, 케이블과 통신 네트워크, 광대한 도시, 확장되는 교외, 공장, 학교, 주택, 병원, 쇼핑몰, 그리고 다른 많은 관광시설 등 수많은 것들을 포함해야만 하는 범주다. 게다가 이러한 환경에는 선별적인 (이제 옥수수나 토마토를 변형시키는 직접적인 유전자조작작업에 의해 보완되는) 번식작업을 통해 만들어지거나, 돌연변이를 일으키거나 새로운 환경적 틈새를 찾은(깃털 없는 닭 생산공장이라는 새로이 만들어진 환경에서 변형되어 창궐한 조류인플루엔자 같은 질병들의 패턴을 생각해보라) 완전히 새로운 종(개, 고양이, 소의 무리들 그리고 깃털 없는 닭들을 생각해보라)이 서식하고 있다. 이제 지구 표면에는 인간이 변형하지 않은 순수하고 원시적인 자연으로 여길 수 있는 것들은 거의 남아 있지 않다. 하지만 다르게 보면 인류를 포함한 생물종이 자신의 재생산에 도움이 되는 방향으로 환경을 변형시키는 것이 전혀 비자연적인 것은 아니다. 개미도 그렇고 벌도 마찬가지이며 비버는 가장 극적으로 그렇게 한다. 개미언덕이 전혀 비자연적이지 않은 것처럼, 뉴욕시도 분명 특별히 비자연적일 것은 없다.

그러나 이 모든 것들을 건설하기 위해서는 인간의 에너지와 창의성이 필요했다. 집단적인 생산수단과 광대한 소비지역을 구성하는 건축환경은 그 건설과 유지 모두에서 엄청난 양의 자본을 흡수한다. 도시화는 자본잉여를 흡수하는 한 방법이다.

이런 종류의 프로젝트는 대규모 금융권력을 모으지 않고는 불가능하다. 그리고 이런 프로젝트에 투자된 자본은 매우 오랫동안 그 수익을 기다릴 준비를 해야 한다. 이는 국가의 개입이 필요하거나, 혹은 장기적 영향을 고려하여 자본을 모으고 사용하며 수익을 참을성 있게 기다릴 수 있을 정도로 금융씨스템이 튼튼해야 함을 의미한다. 이것은 흔히 국가-금융 연관의 근본적인 혁신을 의미했다. 1970년대 이후, 모기지부채의 증권화 그리고 파생상품시장의 형성을 통한 투자위험의 다변화 같은 금융혁신이 나타났는데 이들은 모두 암묵적으로(그리고 우리가 지금 보듯 실제로) 국가권력의 지원을 받았고, 전세계적으로 엄청난 과잉유동성이 도시화의 모든 부문과 건축환경의 건설에 흘러들어가도록 만들었다.

각각의 경우에 국가-금융 연관의 혁신은, 잉여가 도시화와 인프라 프로젝트(예를 들어 댐과 고속도로 등)에 사용되는 데 필요한 조건이었다. 그러나 이러한 프로젝트에 대한 과잉투자는 지난 30년간 위기 발생을 주기적으로 촉발하는 방아쇠가 되어왔다. 앞서 지적했듯이 1970년 이후의 몇몇 금융위기들은 부동산시장의 과도한 활황에 의해 촉발되었다.

자본주의적 생산양식에 핵심적인 지속적 성장률은, 우선 그것에 필요한 물적 인프라의 조건이 갖추어지지 않으면 성취될 수 없다. 몇몇 국가의 수출주도적 경제호황은 적절한 운송과 항만설비를 필요로 한다. 이는 (노동을 포함한) 투입요소의 공급과 제품의 판매에 너무 많은 병목현상 없이 생산이 순조롭게 진행되도록 만들어주는 수도와 에너지의 적절한(때때로 넉넉한) 공급, 그리고 교통과 통신 인프라가 없다면 공장이 작동할 수 없는 것과 같다. 노동자들도 생활하고 쇼핑하고 자녀를 교육하고, 어딘가 가까운 곳에서 그들의 여가시간을 보내야만 한다.

건축환경을 구성하는 이러한 광대한 인프라는 자본주의의 생산, 유통, 축적이 진행되기 위해 필요한 물적 전제조건이다. 게다가 이러한 인프라가 잘 작동하기 위해서는 꾸준하고 적절한 유지보수가 필요하다. 따라서 경제적 산출의 점점 더 많은 부분이, 이 요긴한 인프라를 적절한 상태로 유지하기 위해 투입된다. 유지보수의 실패(전력망의 고장, 수도공급의 실패, 혹은 교통통신 씨스템의 단절 등)는 가장 발전된 자본주의 경제에서조차도 드문 일이 아니다(미국에서는 지난 몇년 동안 다리의 붕괴와 전력망의 고장 등 여러 인프라 관련 재난이 발생했다). 게다가 추가적인 자본축적은 새로운 인프라의 건설에 기초하여 이루어진다. 간단히 말해, 자본주의의 생존은 지속적인 성장에 필요한 물적 인프라 투자의 조직과 재원조달에 달려 있는 것이다. 어떤 시점에서 자본은 그 자체의 필요에 적절한 환경—말하자면 자본의 모습대로 건설된 두번째 자연—을 창조해야만 하고, 그후에는 지속적으로 나타나는 추가적인 축적에 적응하기 위해 이를 다시 혁명적으로 변화시킨다.

자본은 왜 이러한 인프라에 투자하는가? 이에 대한 명백한 대답은 적절한 수준의 화폐 수익인데, 이는 이러한 인프라 사용에 대한 댓가를 그로부터 이득을 얻는 이들이 지불해야 함을 의미한다. 이는 사용자들에게 임대되고 리스되거나 판매될 수 있는 주택, 상점, 그리고 공장들에 관해서는 생각하기 쉬운 일이고, 써비스에 따라 사용료를 받는 식으로 재원을 조달할 수 있는 몇몇 인프라(고속도로, 학교, 대학, 그리고 병원)의 경우에도 (비록 꼭 바람직한 것은 아니지만) 생각할 수 있다. 그러나 건축환경은 공동으로 소유되고 여전히 그 사용에 대한 직접적인 지불을 받기 어려운 경우가 많다. 여기가 바로 다시 한번 국가가 개입하고 핵심적인 역할을 하는 지점이다. 그렇게 하기 위해서는 국가가 세금을 징수해야 한다. 생산적 국가지출에 관한 이론은 빠리 제2제국시대 쌩시몽주의 금융가들에 의해 처음 제시되었고 나중에 케인즈에 의해 일반화되었다. 이에 따르면 사적 자본이 새로운 인프라의 제공이 만들어내는 가능성에 긍정적으로 반응할 것이기 때문에, 세금수입의 기반이 증가한다는 것이었다. 그 결과, 국가의 투자가 그 자체로 회수될 뿐 아니라 더 많은 인프라에 투입될 추가 수입을 확보하는, 국가-자본 순환의 한 형태가 만들어진다.

이와 같은 방식을 이해하기 위해 우리는 생산이라는 개념을 관습적인 제한으로부터 해방시켜야 한다. 생산의 일반적인 이미지는 노동자들이 공장에서, 예를 들어 자동차를 생산하는 조립라인에서 노동을 하는 것이다. 그러나 고속도로, 수도공급 씨스템, 하수도, 그리고 주택들을 생산하고 유지하는 노동자들과, 조경작업을 하고 실내 장식을 하는 노동자들도 그들만큼 중요하다. 다양한 기업들과 노동자들이 도시화의 생산(거의 항상 부채에 기초한다), 혹은 아마도 새로운 공간·장소·환경의 생산이라고 포괄적으로 표현될 수 있는 작업에 참여한다. 이 영역에서 발생하는 정치적 투쟁은 대개 상당히 독특한 특징을 보인다. 건설노동자들은 임금률, 노동조건, 작업안전 등에 관해서는 그들의 계약자들과 격렬한 투쟁을 벌일지도 모른다. 하지만 그들은 어떤 종류의 민간 주도 혹은 국가 주도의 개발프로젝트도 모두 지지하는 것으로 악명이 높다. 이러한 프로젝트들이 환경적·정치적·사회적 이유로 저항을 불러일으키는 만큼, 그리고 이것들이 흔히 취약계층의 토지소유권의 탈취를 수반하는 만큼, 노동계급의 분파들은 반자본주의 투쟁에서 단결하는 것만큼이나 서로 반대하며 대립할 가능성이 높다.

공간과 장소의 생산은 오랫동안 엄청난 규모의 자본잉여를 흡수해왔다. 그 내부에서 자본이 흔히 깊은 모순들을 끊임없이 만들어내며 순환하는, 새로운 광경과 지리가 만들어져왔다. 만약 토지에 투자된 막대한 액수의 고정자본(비행기를 타고 내려다보면 이것이 얼마나 막대한가를 이해할 수 있다)이 실현되려면, 바로 지금 여기에서 자본주의적 생산자들에 의해 그것이 사용되어야만 하며 또한 그 사용에 대한 댓가를 지불받아야 한다. 1980년대 탈산업화의 거대한 물결 아래 많은 낡은 산업도시들에서 발생한 것처럼, 이 모든 자산을 포기하는 것은 (인프라뿐 아니라 사회적인) 손실을 유발한다. 그리고 그것은 그 자체로 이 많은 인프라 투자를 위해 부채를 진 이들뿐 아니라 경제 전체에 영향을 미치는 위기의 원인이 될 수 있다. 이 것이 바로 자본주의는 필연적으로 스스로의 자연(이 경우, 자본주의가 만들어낸 공간, 장소 그리고 환경) 내에서 장애에 직면한다는 맑스의 이론이 가장 명백해지는 지점이다.

※　※　※

자본과 자연 그리고 자본과 노동의 관계는 기술과 조직형태의 선택에 따라 조정된다. 내가 생각하기에 맑스는 이러한 선택들을 추동하는 힘들과 도대체 왜 자본가들이 기술(특히 기계류)과 새로운 조직형태를 물신화하는가에 관해 매우 훌륭한 이론을 제시했다. 문제가 있는가? 그렇다면 기술적·조직적인 해결책이 반드시 존재한다!

기계는 그 자체로 이윤을 창출할 수 없다. 그러나 좀더 나은 기술과 조직형태를 가진 자본가들은 으레 경쟁자들보다 더 높은 이윤율을 얻고 결국 경쟁자들을 산업으로부터 퇴출시킨다. 이 과정에서 생산성 향상으로 인해 노동자들이 소비하는 상품의 가격은 대개 하락한다. 그러면 노동자 생활수준의 저하 없이 노동비용이 하락할 수 있고, 이는 모든 자본가들에게 더 큰 이윤을 만들어준다. 만약 생산성 향상 정도가 매우 높다면, 노동자들의 생활수준은 임금이 하락한다 해도 상승할 수 있다. 이것이 1990년대 값싼 중국산 수입품에 기초한 월마트식 소매씨스템과 함께 미국에서 일어났던 일이다. 월마트의 경우 이를 가능케 한 것은 기계보다는 조직형태의 개선이었음에 주목하라.

결국, 조직과 기술혁신의 동학에 대한 끊임없는 유인이 존재한다. 맑스는 『자본』에서 "근대공업은 결코 어느 한 생산과정의 현존형태를 최종적인 것으로 간주하지도 않고 또 그렇게 다루지도 않는다. 따라서 이전의 모든 생산양식의 기술적 기초는 본질적으로 보수적인 것인 데 반해 근대적 공업의 기술적 기초는 혁명적인 것이다"(강신준 옮김 『자본』 I-1, 649면)라고 지적했다. 이것이 맑스의 연구를 관통하는 동기였다. 그와 엥겔스는 『공산주의 선언』에서 다음과 같이 통찰력 있게 지적했다. "부르주아는 생산도구들에, 따라서 생산관계들에, 따라서 사회관계들 전체에 끊임없이 혁명을 일으키지 않고서는 존재할 수 없다. (…) 생산의 끊임없는 변혁, 모든 사회 상태들의 부단한 동요, 영원한 불안과 격동 등이 부르주아 시대를 다른 모든 시대와 구별해준다."(김태호 옮김 『공산주의 선언』, 7면)

자본주의의 핵심에 어째서 이러한 혁명적인 역동성이 존재하며, 자본주의는 다른 생산양식들과 왜 그렇게 다른가? 인간은 분명히 새로움에 대한 끊임없는 추구에 매혹되지만, 그러한 매혹이 인간의 진화에 주된 동력이 될 수 있는 사회적·문화적 조건은 매우 특별하다. 자본주의 이전까지 대부분의 사회적 질서는 본질적으로 보수적이었다. 그것들은 현상유지를 지향하여 지배계급을 보호하고 혁신과 새로운 아이디어를 지향하는 인간의 역동성을 억눌러왔다. 일례를 들면, 중국문명의 역사는 변함없이 이러한 특징을 지녔다. 또한 그것은 실제로 현존했던 공산주의의 아킬레스건이기도 했다는 것이 드러났다. 관료와 권력구조의 경직화가 문제가 되었던 것이다.

17세기 초 가톨릭교회의 종교재판과 갈릴레이에 대한 탄압 그리고 18세기 말 와트의 증기엔진의 발명 사이에, 혁신과 새로운 아이디어를 부와 권력의 창출을 위한 마법의 주문으로 만든 사회적·정치적·문화적·법적 조건들의 근본적인 재구성이 유럽, 특히 영국에서 나타났다. 이에 대한 원인규명은 많은 논쟁의 대상이며 아마도 결코 완전히 풀리지 않을 것이다. 지배계급은 여전히 지배를 유지했지만, 반드시 똑같은 인물들이나 그들의 후손을 통해서는 아니었다.

그 결과로 등장한 사회는 사적 소유권, 사법적 개인주의, 어떤 종류의 자유시장과 자유무역 등에 기초한 것이었다. 국가의 부와 권력을 확대하기 위해 경제의 관리자로서 국가의 역할은 점점 더 커져갔다. 그러나 이들 중 어떤 것도 존 로크(John Locke)와 애덤 스미스(Adam Smith)의 원칙대로 완벽히 작동하지는 않았다. 형평법원 (Chancery, 영국 고등법원의 상법부로 주로 회사와 관련된 소송, 특허분쟁 등을 관할한다―옮긴이)에서의 끝없는 법적 투쟁을 다룬 찰스 디킨즈(Charles Dickens)의 『황량한 집』(Bleak House)은, 낡은 사회질서와 새로운 사회질서 사이의 끊임없는 권력투쟁이 영국사회를 구성해왔고 현재도 그러하다는 점을 잘 보여준다. 이 새로운 제도적 환경으로부터 영국과 영국의 과거 식민지였던 미국에 등장한 경쟁의 강제법칙은 계급과 지위의 억압에 의해 방해받지 않고 자기 일을 수행할 수 있도록 널리 용인되었다.

혁신을 억압과 규제의 통제로부터 해방시킨 주된 메커니즘은 경쟁이었다. 더욱 효율적이고 효과적이며 생산적인 노동과정을 가진 자본가가 다른 이들보다 더 많은 이윤을 얻었기 때문에, 경쟁은 기술과 조직형태에서 끊임없는 혁신의 흐름을 만들어냈다. 더 높은 효율성에 대한 추구는 사실 노동공급과 생산수단의 확보(따라서 하청업체에서 기업으로의 적기배달의 공급연쇄 구조)에서 효율적이고 저비용의 마케팅 전략(월마트 씬드롬)까지, 자본순환의 모든 측면을 포괄한다. 그러므로 개인사업자에서 대기업에 이르는 자본주의적 존재들은 조직과 기술의 형태에 주의를 기울여야만 하고, 적어도 일시적으로라도 초과이윤을 만들어낼 수 있는 혁신들을 찾기 위해 언제나 노력한다. 문제는 경쟁자들이 그들의 기술적·조직적 우위를 따라잡거나 심지어 넘어설 수 있기 때문에 그들에게 돌아가는 초과이윤이 일시적이라는 점이다.

격렬한, 그리고 자본가들이 때때로 '파괴적'이라 부르는 경쟁이 비약적인 혁신들을 추동하는 이유가 여기에 있다. 자본가들은 흔히 이러한 기술과 조직의 혁신을 그들의 모든 기도에 대한 답변(노동시장과 노동과정 모두에서의 노동규율을 포함하여)으로 물신화한다. 최신 기기와 장치를 마음대로 사용하지 못하면 살아남을 수 없다고 우리 모두를 설득함으로써, 이 물신주의는 혁신 자체가 자신의 시장을 찾는 사업이 될 정도까지 강화된다. 새로운 기술의 부정적·잠재적·파괴적 영향에 대한 두려움은, 때때로 위협적인 혁신을 통제하거나 심지어 억압하려는 시도를 유발하기도 한다. 최근에는 특허를 독점하거나 모두 사들이려는, 혹은 독점적 통제를 통해 특정한 혁신(예를 들어 전기자동차)의 경로를 체계적으로 파괴하려는 노력도 나타난다. 하지만 디트로이트 자동차산업의 경우에서 보듯, 이러한 대응은 장기적으로 성공적이지 않다.

그러나 중요한 것은 자본가들 사이의 경쟁만이 아니다. 혁신을 촉진하는 데 결정적 역할을 하는 또다른 의사결정 주체가 존재하는데, 그중 가장 중요한 것은 국가기구다. 1648년 베스트팔렌조약(Peace of Westfalen)을 통해 유럽에서 잠정적인 국가 간 체제가 확립되었다. 이에 따라 주권국가(sovereign entity)들이 형성되었는데, 이들은 영토의 보전이 필요하면 무력으로 이를 수호해야 한다고 생각했다. 그후 많은 국가들이 더 우월한 군사기술, 조직형태, 그리고 교통통신 씨스템을 추구하는 경쟁에 뛰어들었다. 비록 형식적으로는 자율적이지만 국가가 지원하는 '지식인 조직'(learned society) ―― 예를 들어, 프랑스한림원(Académie Françasie)과 영국왕립학회(British Royal Society) ―― 이 공해상의 항해술을 지원하는 정밀시계(chronometer)에 대한 유명한 연구 같은 연구프로젝트들을 지원하기 시작했다(그러나 여전히 권력을 쥐고 있던 귀족계층은 존 해리슨John Harrison의 1772년 이미 이 문제를 해결했음에도 그가 한낱 장인에 불과하다는 이유로 그 업적을 인정하지 않았다). 이후에 '군산복합체'라고 불리게 된 것이 자본주의 국가 발전의 역사에서 일찍이 희미한 형태로 나타났다(1747년 설립된 프랑스의 국립토목학교Ponts et Chaussées는 인프라와 군사건설 문제에 관한 과학기술 전문지식으로 유명해졌다). 그러나 이러한 혁신의 특징이 가장 중요해진 것은 바로 2차대전 중과 그후였다. 당시에는 냉전하 군비경쟁, 우주개발경쟁, 그리고 다른 모든 경쟁들에서 국가가 다양한 경제부문의 자본주의적 기업들과 함께(원자핵기술에서 위성사진 그리고 공공의료에 이르는 모든 부문까지) 연구개발에 직접 참여했다. 전쟁 혹은 정치적 긴장의 시기(냉전, 그리고 더 최근에는 소위 '테러와의 전쟁')

는 혁신의 경로를 결정짓는 데 핵심적 역할을 담당했다. 국가-금융 연관이 자본주의 발전에 핵심적 역할을 담당하게 된 것과 똑같은 방식으로, 국가-기업 연관도 국가에 (단지 군사뿐 아니라) 전략적으로 중요하다고 생각되는 경제 분야들의 연구개발과 관련하여 등장하게 되었다. 감시가 거대한 사업이 되었다.

세계적 경쟁에서 연구개발이 경쟁 우위의 중요한 요소가 되는 만큼, 자본주의 주요 강대국 내에서 정부기구 내의 다양한 (더욱 전통적인 군비와 감시뿐 아니라 의료, 식량과 농업, 교통과 통신, 에너지 등을 담당하는) 부서들이 반 공공적인(semi-public) 연구대학 씨스템에 의해 지원받으며, 기업들과 연합하여 기술과 조직의 혁신에서 핵심적 역할을 수행하게 되었다. 일본의 경우, 국가가 조직과 기술 연구프로그램과 관련하여 기업의 활동을 관료적으로 조직했고 이는 산업화를 통해 일본을 경쟁 우위에 서도록 만들었다(이 모델은 이후에 한국, 타이완, 브라질, 싱가포르에 도입되었고, 지금 중국에서 중요한 역할을 하고 있다).

이 모든 힘들이 합쳐지면, 기술과 조직 변화의 추세는 으레 첨단의 생산방법뿐 아니라 첨단의 제품 혁신과 개발의 연속과정을 급속도로 촉진한다. 이러한 혁신의 물결은 자본 그 자체에게도 부정적이고 파괴적일 수 있다. 왜냐하면 이는 부분적으로 (내가 사용하고 있는 컴퓨터처럼) 어제의 기술과 조직형태가 청산되기도 전에 폐기되어야만 하고, 또한 노동과정의 끊임없는 재조직화가 흐름의 연속성을 단절시키고 사회적 관계를 불안정하게 만들기 때문이다. 예를 들어, 그 가치가 회수되기도 전에 이루어지는 기존 투자(기계류, 공장과 설비, 건축환경, 통신망 등)의 감가는 심각한 문제를 야기한다. 이와 비슷하게, 현존하는 노동력이 따라잡지 못하는, 노동의 질에 대한 요구사항의 급속한 변화(예를 들어 컴퓨터 사용능력 같은 새로운 기술에 대한 갑작스런 필요)는 노동시장에 긴장을 조성한다. 사회적·교육적 인프라는 충분히 신속하게 변화하기가 어려운데, 한 노동자의 일생 동안 여러번의 '재훈련'이 끊임없이 필요하다면 사적인 에너지뿐 아니라 공적인 자원도 압박을 받는다. 기술이 초래한 실업은 탈숙련화와 재숙련화를 통한 만성적 직업불안을 만들어낸다(최근 미국의 일자리 상실의 약 60퍼센트는 기술변화에 기인한 것이며 30퍼센트만이 흔히 비난받는 멕시코, 중국 그리고 다른 곳에서의 역외생산으로 인한 것이다).

서로 다른 부문의 기술력의 불균등한 발전으로 인해 급격한 불비례위기가 발생할 수도 있는데, 예를 들어 임금재와 생산수단 산출의 불균형이 생길 수 있다. 교통과 통신의 혁신으로 인한 시공간적 관계의 극적인 변화는 (우리가 이미 탈산업화의 경우에서 논의한 바와 같이) 생산과 소비의 전세계적 지형을 혁명적으로 변화시킬 수 있고 지리적 불균등발전의 불안정한 씨스템 내부에서 '스위칭위기'(switching crisis, 하나의 '핫스팟'에서 다른 곳으로의 자본투자 흐름의 갑작스런 변화)를 만들어낼 수도 있다. 자본순환의 갑작스런 가속화와 전반적인 가속(최근 한 예로, 문제의 원인으로 흔히 비난받는 금융시장에서의 컴퓨터 트레이딩)은 가장 잘 들어맞는 수학모델을 가진 이들에게는 우위를 가져다주고 큰 수익을 줄 수 있지만, 동시에 (적어도 일시적으로는) 혼란스럽고 파괴적일 수 있다.

자본주의 내의 기술과 조직 변화의 역사는 주목할 만하다. 그러나 분명히 그것은 진보적이고 창조적일 수 있는 만큼 해를 끼치고 파괴적일 수도 있는 양날의 칼이다. 맑스는 맬서스와 리카도가 모두 가설로 제시했던 이윤율저하를 설명하는 결정적인 방법을 자신이 찾아냈다고 생각했다. 그에 따르면, 이윤율저하는 노동절약적 혁신이 이윤율에 미치는 전반적 영향에 의해 가장 잘 설명된다. 모든 새로운 부를 만들어내는 원천인 노동을 생산으로부터 추방하는 것이 장기적으로 이윤율에 부정적인 영향을 미칠 수밖에 없다는 것이다. (리카도가 확인했던) 이윤율저하 경향과 그것이 필연적으로 발생시키는 위기는 자본주의에 내재하는 것이며 자연의 한계로는 전혀 설명할 수 없는 것이다. 그러나 혁신이 노동절약적인 만큼 자본절약적 혹은 생산수단 절약적(예를 들어 더욱 효율적인 에너지 사용을 통한 절약)이라면 맑스의 이윤율저하 이론은 성립하기 어려워진다. 실제로 맑스 자신도 노동착취율 상승, 생산수단 비용의 하락(자본절약적 혁신), 자원비용을 낮추는 해외무역, 자본의 지속적 감가와 함께 나타나는 새로운 기술 도입의 자극을 약화시키는 산업예비군 노동의 엄청난 증가, 물적 인프라 설비를 통한 잉여자본의 흡수, 그리고 마지막으로 독점화와 새로운 노동집약적 생산라인의 개설 등 이윤율저하에 반대로 작용하는 다양한 요인들을 지적한 바 있다. 이처럼 반대요인들이 너무 많기 때문에, 노동절약적 기술혁신의 기계적인 결과로서 이윤율저하라는 공고한 '법칙'(law)을 깔끔하게 설명하는 데는 상당한 논쟁이 따른다.

맑스가 이윤율저하를 상쇄한다고 지적한 요인 가운데 마지막 항

목은 다시 검토할 필요가 있다. 새로운 생산라인의 개설이 없었다면 자본잉여의 흡수문제가 이미 오래전에 자본주의의 조종을 울렸을 것이기 때문이다. 맑스의 시대 이후, 새로운 제품라인의 개설과 틈 새제품의 고안은 자본주의 발전의 구명줄이었고, 동시에 일상생활을 바꾸어냈다. 이러한 변화는 소위 개도국이라 불리는 국가들의 낮은 소득계층의 일상생활에도 영향을 미쳤다(수십년 동안 전세계에 나타난 트랜지스터 라디오와 휴대폰의 급속한 확산을 보라). 전문적 부르주아들과 선진자본주의 국가들(이는 이제 유럽과 북미의 국가들뿐 아니라 대부분의 동아시아와 동남아시아 국가들을 포함한다)의 중상류층이 누리는 가정기술은 정말로 놀랍다. 다른 모든 것과 마찬가지로 제품 혁신과 개발은 현존하는 제품의 개선(자동차와 같은)뿐 아니라 완전히 새로운 산업부문(컴퓨터와 전자, 그리고 가정용제품뿐 아니라 정부, 제약, 의료, 기업조직, 엔터테인먼트 등에서 이 기술을 적용할 수 있는 방대한 영역)에 적용될 수 있는, 그 자체로 거대한 사업이 되었다. 물론 이 가운데 상당 부분은 소비자의 선호와 유효수요의 수준에 달려 있다(이는 곧 검토할 것이다). 그러나 완전히 새로운 제품라인을 만들어내는 놀라운 경향과 1950년경 이후 나타난 신제품 개발의 가속화는, 소비주의 발전과 유효수요 증가를 현대 자본주의의 지속가능성의 핵심적 요소로 만들었다. 이는 맑스가 인식하기 어려웠을 것이다.

그러나 이것이 의미하는 바는, 예를 들어 특허법과 독점화, 자본집중의 심화, 혹은 너무 과도한 관료적 국가개입 등을 통해 경쟁의 강제법칙이 조금이라도 약화된다면 기술혁명의 속도와 형태가 영향을 받는다는 것이다. 미국에서는 연구대학이 세계의 다른 국가들에 대한 기술적인 비교우위를 유지하는 데 핵심적인 역할을 담당한다. 이들은 비록 점점 더 기업화되고 국가나 기업의 자금에 더 의존하게 되었지만, 이들을 규제하고 중앙집중식 통제하에 두기는 쉽지 않다. 대학의 특히 느슨한 조직형태는, 국가와 기업 관료들이 서로 만날 때 나타나는 경직화(그리고 암묵적인 부패) 경향을 억제한다. 늦었지만 중요하게도, 유럽, 일본 그리고 중국도 이제 이런 종류의 국가-대학 연구개발 부문이 그들의 미래 경쟁력에서 중요하다고 인식하고, 고등교육에 대한 막대한 투자와 해당 싱크탱크에 대한 자금지원을 통해 미국을 따라잡으려고 필사적으로 노력하고 있다.

기술변화와 관련하여 계급투쟁이라는 차원도 고려해야 한다. 새로운 기술과 조직형태에 대한 작업장의 싸보따주를 포함해 기술혁신에 대한 광범위한 반대(예를 들어 맑스가 생각했던, 19세기 초반 기계를 파괴하던 러다이트 운동)는 오랜 역사를 지닌다. 이러한 반대는 자본이 계급투쟁에서 신기술을 무기로 흔히 사용하고 노동자들은 본능적으로 이에 저항하기 때문에 발생한다. 더 많은 노동자들이 그들이 사용하는 기계의 부속물로 전락할수록, 그들은 더 적은 자유를 얻게 되고 그들의 기술은 점점 덜 중요해지며, 또 기술이 유발하는 실업에 더욱 취약해진다. 따라서 노동자들은 흔히 새로운 기술의 도입에 강력하게 반대한다. 물론, 노조와 자본 사이의 타협으로 양자 모두가 생산성 상승의 이득을 공유하자는 생산성 합의가 나타나기도 했다. 1950년대와 60년대 자본주의 세계의 많은 선진국들에서 흔하게 나타났던 (따라서 노동계급 특권층의 생활수준 향상을 지지했던) 이 합의는 1970년대 중반 위기 이후에는 점점 더 지켜지기가 어려워졌다. 그후에는 생산성 상승의 대부분의 이득이 자본가와 상류층에게로 돌아갔고, 반면 노동자의 소득은 상대적으로 정체되었다.

기술과 조직의 동학은 우리가 자본주의 진화의 궤적을 이해하는 데 매우 중요한 두가지 또다른 함의를 지닌다. 이 두가지 함의 모두는 장기적인 것이며, 또한 2차대전 이후 점점 더 뚜렷해져서 1970년대 이후에는 지배적으로 되었다.

첫째, 자본주의 발전의 역사에 평균 50년 동안의 '장기파동'(long wave) 혹은 '꼰드라띠예프 주기'(Kondratieff cycle)가 존재한다고 오랫동안 주장되어왔다. 이 파동은 특정한 장소와 시기에 함께 나타나는 여러 기술혁신의 조합에 기초한 것인데, 첫번째 혁신의 조합을 대체하는 새로운 조합이 등장할 때까지 꾸준한 발전과 확산의 단계가 나타난다. 실제로 역사를 되돌아보면 철도, 증기선, 석탄과 철강 산업, 그리고 전신의 시대와 자동차, 석유, 고무, 그리고 플라스틱 산업과 라디오의 시대, 제트엔진, 냉장고, 에어컨, 비철금속(알루미늄) 산업 그리고 텔레비전의 시대, 컴퓨터 칩과 1990년대 '신경제'의 기반이 된 새로운 전자산업의 시대 등으로 구분이 가능한 자본주의 발전의 '시대들'을 규정할 수 있다. 그러나 이러한 설명에는 자본-국가 동학의 혁명적이며 모순적인 사회적 영향과, 이와 관련된 조직형태의 변화(가족기업에서 수직적으로 통합된 기업으로, 그리고 생산과 분배가 수평적으로 네트워크화된 씨스템으로의 변화)에 대한 이해가 결여되어 있다.

기술적·조직적 혁신이 주기적·기계적으로 발생하는 일시적인 물결(그리고 공간적인 확산)이라는 주장은 적절하지 않다. 그러나 기술과 조직형태가 소위 그 가능성이 소진될 때까지 일정한 시간 동안 패러다임을 형성하고, 이후에 다른 패러다임에 의해 대체된다는 통찰은 중요하다. 그것은 자본잉여의 흡수문제가 심각해짐에 따라 더욱 중요해진다. 이러한 혁신의 물결이 없다면 증가하는 자본잉여가 어디서 수익성 있는 투자의 기회를 찾을 것인가? 더 많은 잉여가 존재할수록 이 잉여는 새로운 기술에 투자되기 위해 19세기의 철도 호황과 붕괴를 훨씬 능가하는 엄청나게 투기적인 흐름을 향해 열광적으로 달려갈 것이다. 국가-금융 연관은 여기서 국가-기업연구 연관(state-corporate research nexus)으로 통합되는데, 벤처캐피털이 없으면 많은 혁신들이 급속하게 등장하기보다는 어둠 속에서 사라질 것이기 때문이다.

이 과정에서 제도적 장치들과 국가 그리고 관료문화가 중요한 역할을 한다. 그러나 혁신의 물결은 지속적 자본축적과 자본잉여의 흡수를 위한 새로운 투자처를 찾아야 하는 압도적인 필요에 대응하여, 점점 더 빨라지고 더 압축되며 더 투기화한다. 그러면, 혁신이 주도하는 다음번 투기적 버블은 어디서 나올 것인가? 예상컨대, 이른바 '녹색'기술(이 부문은 일반적으로 평가받는 것보다는 한계가 많다) 뿐 아니라 바이오메디컬 그리고 유전자조작(연구자금 조달에서 국가를 부분적으로 대신해온 빌 게이츠와 조지 쏘로스 등에 의해 자금을 지원받는 대규모 자선조직이 이 분야에 그들의 활동을 집중해 왔다) 부문이다.

둘째로, 기술과 조직 변화가 사회 전반에 미치는 혁명적인 함의에 대해 생각해보자. 신제품과 조직혁신을 통해 새로운 부와 권력을 만들어내려는 노력 덕분에, 반드시 같은 인물이나 후손을 통해서는 아니더라도 지배계급이 사회를 계속 지배할 수 있었다는 것은 오랫동안 사실이었다. 앤드루 카네기(Andrew Carnegie), 제이 굴드(Jay Gould), 밴더빌트 가(the Vanderbilts), 앤드루 멜런(Andrew Mellon) 그리고 다른 남북전쟁 이후의 '강도 재벌'(robber baron)과 철도에 기초하여 거의 무일푼에서 그들이 만들어낸 엄청난 부를 생각해보라. 자동차에 기반해 권력을 강화한 헨리 포드(Henry Ford), (스탠더드 오일의) 존 록펠러(John D. Rockefeller) 그리고 다른 이들을 생각해보라. 빌 게이츠, 폴 앨런(Paul Allen), 잭 웰치(Jack Welch), 마이클 블룸버그 등 1980년대 이후 새로운 전자통신기술에 기초하여 지배권을 넘겨받은 이들과 조지 쏘로스, 쌘디 웨일(Sandy Weil), 로버트 루빈(Robert Rubin), 브루스 와서스타인(Bruce Wasserstein), 찰스 쌘포드(Charles Sanford)와 월스트리트의 다른 거물들 같은 금융재벌을 생각해보라.

맑스와 엥겔스가 표현한 대로 '모든 사회적 관계의 끊임없는 동요'와 '끊임없는 불확실과 혼란'은 다른 모든 것에 적용되는 것처럼 자본가계급의 구성에도 분명히 적용된다. 자본가계급은 끊임없이 혁명을 겪는데, 그것이 항상 평화적인 것도 아니다. 이전에 권력을 잡았던 이들은 흔히 '출세주의자'와 '벼락부자' 들의 몰락을 실제로 조종하지는 않아도, 그들을 끊기 어려운 배제와 문화의 네트워크에 얽어매어 약화시키려고 노력한다(구식의 로스차일드 가문이 1868

년 빠리에서 '출세주의자' 뻬레르 형제들과 그들의 새로운 신용기관에 대해 그랬던 것을 떠올려보라). 금융화를 통한 계급관계의 근본적인 재구성은 아직 끝나지 않았다.

새로운 기술과 조직형태로 인해 발생하는 사회적 관계의 전환에는 또다른 차원이 존재한다. 맑스는 이를 자본주의적 근대성 아래에서 발전하는 기술의 미덕으로 생각했는데, 신기술은 오랫동안 불투명하고 신비에 싸여 있던 산업과정을 투명하고 이해 가능하게 만들었던 것이다. 살균, 철강제조, 증기엔진, 그리고 산업소재와 건설 등의 과학기술이 전부 장인들의 머릿속이나 관습적 솜씨에 갇혀 있지 않고 그것을 이해하는 모두에게 개방되었다. 그러나 이제는 이전의 상태로 되돌아간 것으로 보인다. 매우 많은 현대의 기술들(원자력에서 재료공학, 그리고 전자기술까지 모든 것)은 너무 복잡해서 우리는 점점 더 '전문가의 지배'에 종속되어간다. 예를 들어, 우리 모두는 의사의 사무실에서 그 결과가 좋은지 나쁜지 전문가들이 해석하는 엑스레이라고 불리는 희미한 사진을 보게 되지만, 그 결과를 적절히 해석하는 방법을 아는 이는 드물다. 컴퓨터 씨스템에 어떤 문제가 생겼는지 검사하는 것은 쉬운 일이 아니다(그리고 해커, 바이러스와 아이디 해킹을 다루는 것은 더욱 어려운 일이다). 우리 대부분은 씨스템에 문제가 생기면 (상당히 지식이 있는 사람들조차도 그가 무슨 말을 하는지 잘 모르는) 전문가가 그것을 해결해야 하는 사용자 친화적 씨스템에 의존하고 있다. 그러한 지식을 가진 이들은 어느정도의 독점력이 있는데, 이는 너무 쉽게 남용될 수 있다(누군가는 이를 기술파시즘techno-fascism이라 부른다).

어떤 식으로든 이들에 대한 신뢰가 무너지면 그 결과는 재앙이 될 수 있다. 금융써비스에서 발생한 최근의 사건은 이 문제를 잘 보여준다. 1980년대 중반에는 월스트리트에서 컴퓨터가 희귀했고 또 원시적이었다. 시장은 아직 상대적으로 단순했고, 투명했으며 엄격하게 규제되었다. 증권가의 트레이더들은 정보(실제로 그랬듯이, 적발되어 조사받지 않는다면 내부자정보에 불과하다)와 직관의 어떤 조합에 기초하여 거래를 수행했다. 20년 후에는 완전히 새로운 점두거래, 즉 규제받지 않고 흔히 기록되지 않는 옵션과 파생상품 시장이 거래의 대부분을 차지하게 되었다(2009년 이 시장은 600조달러였는데, 그에 반해 전세계의 상품과 써비스의 총산출은 55조달러였다!). 이 혁신의 목표 중 하나는 규제를 회피하고 자본잉여가 '자유로운' (즉, 규제받지 않는) 시장에서 아무런 제한 없이 수익성 높게 사용될 수 있는 새로운 영역을 만들어내는 것이었다. 이 혁신들은 체계적이기보다는 '손재주꾼'(bricoleur, 한정된 도구를 갖고 여러가지 일을 수행하는 재주 많은 사람. 인류학자 레비스트로스가 문명 이전 부족사회의 자연인들의 사고방식을 설명하며 제시한 개념이다―옮긴이)의 활동들에 해당하는, 임시변통적이고 사적인 것이었다. 이것은 규제를 피하고 시장을 자유롭게 하는 방법이었다. 1990년대 중반의 트레이더들은 보통 고도로 훈련된 수학자와 물리학자(그중 많은 이들은 MIT 등에서 이 분야의 박사학위를 받았다)였다. 이들은 1972년 피셔 블랙(Fischer Black), 마이런 숄즈(Myron Scholes) 그리고 로버트 머튼(Robert Merton)이 선구적으로 개발한 옵션가격 결정에 관한 수학공식을 따라 금융시장을 복잡하게 모델링하는 것을 즐겼다(이들은 나중에 1998년 LTCM

의 파산과 구제금융으로 인해 불명예를 안게 되었다). 이 공식으로 그들은 노벨상을 받았다. 이러한 거래는 시장의 비효율성을 찾아내 활용하고 위험을 분산시켰지만, 완전히 새로운 패턴하에서 많은 시장조작들을 가능케 했다. 이러한 조작들은 컴퓨터화된 점두거래 프로그램의 복잡한 '블랙박스' 같은 수학 속에 숨겨졌기 때문에 규제하거나 찾아내기조차 무척 어려웠다.

이는 새로운 기술과 조직형태가 문제를 더욱 쉽게 이해할 수 있도록 하고 투명하게 만든다는 맑스의 희망과는 완전히 배치되는 것이다! 많은 개별 트레이더들이 버는 이윤은 급등했고 보너스는 천문학적으로 치솟았다. 그러나 이와 함께 손실도 크게 늘어났다. 2002년경에는 위기의 경고가 나타났어야 했다. 니콜라스 리슨이라는 싱가포르 소재의 젊은 트레이더가 유서깊은 은행 베어링스를 파산하게 했고, 비슷한 방식으로 엔론, 월드컴, 글로벌 크로싱(Global Crossing) 그리고 아델피아(Adelphia) 같은 회사들이 몰락했으며, 롱텀캐피털매니지먼트와 캘리포니아 오렌지카운티 정부도 파산했다. 이 파산은 모두 규제받지 않는 이 새로운 금융시장(파생상품과 옵션)에서의 거래 때문이었고, 수상한 회계기법과 수학적으로 복잡한 평가씨스템을 통해 어떻게든 그 손실을 숨기려고 했기 때문이었다.

이런 종류의 기술과 금융 혁신은 전문가의 지배하에서 우리 모두를 위험에 처하게 만들었다. 이는 특히 공공의 이해를 지키는 데에는 관심이 없고 전문지식으로 얻어진 독점력을 사용하여, 10년 만에 억만장자가 되어 자본주의의 지배계급의 신분을 쉽게 보장받기를 열망하는 충성스런 트레이더들에게 막대한 보너스를 벌게만 해주었다.

여기서 더욱 일반적인 논점은 기술과 조직의 혁신이 양날의 칼임을 인식하는 것이다. 그것은 자본잉여의 흡수를 위한 새로운 발전 경로를 열지만, 동시에 불안정을 가져다준다. 따라서 기술과 조직형태 혁신의 물결들은 언제나 지배적 형태의 어느 조합이 다른 조합에 의해 대체되는 '창조적 파괴'의 위기와 관련이 있다. 기술과 조직변화의 과정이 어떻게 필연적으로 이윤율을 저하시키는지에 관한 맑스의 설명은 지나치게 단순할지도 모른다. 하지만 그러한 변화가 모든 것을 불안정하게 만들고 따라서 어떤 혹은 다른 종류의 위기를 일으킨다는 그의 핵심적인 통찰은 의심할 여지없이 옳다.

* * *

새로운 상품을 생산하기 위해 원자재(자연에 의해 주어지거나 혹은 이미 인간의 활동에 의해 부분적으로 변형된 재료)에 자본가의 통제하에서 인간의 노동을 가하는 것은 이전의 가치는 보존되고 (잉여를 포함한) 새로운 가치가 창조되는 노동과정의 핵심이다. 이 과정에서 이윤이 만들어지는 것이다. 자연의 요소들이 인간에게 유용한 물품으로 변형되어야만 하기 때문에 노동은 모든 종류의 인간의 삶에서 핵심적이다. 그러나 자본주의 내의 지배적인 사회적 관계 하에서는 노동이 매우 특별한 형태를 띤다. 노동, 생산기술, 그리고 조직형태가 이윤을 위한 상품생산을 목표로 미리 정해진 계약기간 동안 자본가의 통제하에서 결합되는 것이다.

규율기구가 아무리 엄격하고 기술이 아무리 자동화되어 있으며 노동조건이 아무리 억압적으로 보여도, 노동과정 내부와 관련있는 인간관계는 언제나 복잡한 문제다. 자본가가 모든 법적 권리를 지니고 대부분의 정치적·제도적 수단을 (특히 국가에 대한 통제를 통해) 쥐고 있는 것처럼 보여도, 노동과정 내에서 실제적인 권력은 사실 노동자—실제로 노동을 하는 사람—가 쥐고 있다는 인식은 맑스의 탁월한 위업 중 하나였다. 노동과정 내에서 자본가들은 결국 노동자에 의존하는 것이다. 노동자는 상품의 형태로 자본을 생산하고 따라서 자본가를 재생산한다. 만약 노동자가 노동을 거부하고, 도구를 내려놓고 감독하려 들거나 기계를 멈춘다면, 자본가는 무기력해진다. 자본가가 노동과정을 조직할 수도 있지만, 창조적인 주체는 노동자다. 이른바 '자율주의적'(autonomista) 관점을 주장하는 마리오 뜨론띠(Mario Tronti) 같은 맑스주의자가 강조했듯이, 노동자의 협조 거부는 자본축적의 잠재적 장애에서 핵심지점이며 여기서는 노동자가 축적의 한계를 강제하는 권력을 지닌다.

계급투쟁에 관해 생각할 때, 우리는 너무 자주 자본의 착취에 대항하여 투쟁하는 노동자의 모습을 상상한다. 그러나 노동과정 내에서(다른 곳에서도 마찬가지로) 투쟁의 방향은 그 반대다. 노동이 잠재적으로 매우 강력한 바로 그 순간에 노동을 순종적으로 만들기 위해 전력을 다해 노력해야 하는 쪽은 바로 자본이다. 자본은 작업장, 농장, 사무실, 회사에서 사회적 관계의 조직이라는 전술을 통해 직접적으로, 그리고 교통과 통신 네트워크를 통해 간접적으로 이를 수행한다. 자본이 생산되기 위해서는 이러한 사회적 관계들이 협력적이고 협조적인 방식으로 이뤄져야만 한다. 이는 때때로 잔인한 폭력, 강제와 규제의 기술적 방식들에 의해 이루어질 수도 있다. 그러나 이 과정에는 신뢰, 충성, 미묘한 상호의존의 형태를 수반하는 사회적 조직형태가 더욱 중요한데, 이는 노동을 자본의 목표에 맞게 만드는 것인 동시에 노동의 잠재적 권력을 인정하는 것이다. 자본이 그렇게 자주, 물적인 이득뿐 아니라 일정한 권력을 노동운동에 양보하는 지점이 바로 여기다. 물론 자본이 계속 생산되고 재생산된다는 조건하에서 말이다.

물론, 노동자들이 모든 종류의 언어폭력과 심리적·신체적 폭력하에서 폭력적인 감시자의 채찍 아래에서 노동을 하는 노동과정의 경우들도 많다. 그리고 기술혁신의 역사에서 가장 지속적인 경향 가운데 하나는 노동자들의 힘을 가능한 한 많이 약화시키고, 기계 혹은 적어도 '위층의' 어떤 통제실이 이동과 결정의 권력을 갖도록 하기 위한 노력이었다. 그러나 노동과정은 언제나 생산의 특정한 현장이고, 맑스가 지적했듯 자본가의 신조, '관련자 외에는 입장불가'라고 새겨진 닫힌 문 저편에서 수행되는, 끊임없는 전장이다. 일반적으로 그 닫힌 문들 너머에서 무슨 일이 일어나는지 우리는 알 수 없다. 비록 그 내부의 노동자들은 상황을 잘 알고 자본주의가 작동하는(그리고 사실 자본주의가 계속 작동하고 이윤을 만들어낼 수 있을지) 동학에 전체적으로 무척 중요한 함의를 지닌 투쟁과 타협의 형태에 참여하고 있지만 말이다.

부르주아의 입헌성은 시장문제에서는 아름답게 실행될 수 있지만 그 영향력을 생산에까지 확장하는 것은 매우 어렵다. 그럼에도 불구하고 노동의 권력은 오랫동안 고용조건, 작업장의 안전, 사회적 관계의 규제(희롱의 방지와 평등한 대우를 위한 입법), 기술의 정의 같은 문제들에서 자본에게 양보해왔다. 합법적 형태의 노동조직은 광범위한 계급운동(전국적인 노조와 좌파정당 등)과 관계를 맺으며, 작업장의 조직가들(영국의 작업장 간부shop steward)에게 권력을 부여하여 이들이 노동과정에 직접 개입하고 작업장의 사회적 관계를 규제하도록 만들 수도 있다. 그러나 작업장을 조직하는 일은 항상 쉬운 일은 아니며, 비록 성공한다손 치더라도 그것은 흔히 노동의 이득을 위해서만큼 자본의 이득을 위해서도 노동과정을 규제한다. 최근 미국의 밀입국노동자 고용 스캔들(역설적이게도 반이민운동에 의해 발각되었다)에서 반복해서 드러나는 것처럼 노동법 위반은 광범위하게 나타난다. 이는 부분적으로 법을 집행하는 정부의 역량이, 점점 기업의 이익에 지배되는 국가에 의해 체계적으로 약화되었기 때문이다. 그러나 노동과정 규제에 관한 법적인 현실은 지역에 따라 매우 다르며, 노조운동과 규제체제의 지리적인 불균등은 자본주의 세계 전체에서 뚜렷한 특징이다.

노동과정에서 자본가들이 사용하는 전술의 범위를 이해할 필요가 있다. 자본가들이 최대한의 이득을 얻기 위해 사회적 차별이라는 권력을 사용하는 것이 특히 이 지점이다. 민족, 종교, 인종, 그리고 심지어 성적 취향의 문제와 마찬가지로 성차별 문제가 흔히 작업장에서 매우 중요해진다. 이른바 개도국의 착취공장에서 자본가들에게 가장 심하게 착취당하고, 흔히 가부장적인 지배와 유사할 정도의 극단적 조건에서 그들의 재능과 능력을 이용당하는 이들은 바로 여성들이다. 이것은 자본가들이 노동과정을 통제하고 유지하려는 필사적인 노력 속에서, 차별적인 사회적 관계, 사회적 노동분업의 차별, 그리고 어떠한 특별한 문화적 취향이나 관습 모두를 동원해야 하기 때문이다. 이는 작업장 내 지위의 불가피한 동질성이 사회적 연대운동으로 발전하는 것을 막고, 또한 노동력의 분할과 분열을 유지하기 위한 것이다. 간단히 말하면, 작업장의 문화가 핵심 요점이 된다. 바로 거기에 광범위한 문화적 가치―가부장제, 권위에 대한 존경, 지배와 복종의 사회적 관계 같은―가 모두 동원되어 현실의 생산작업에서 역할을 한다. 어떤 작업장―병원이나 식당 같은―에라도 가서 서로 다른 직무를 담당하는 성별, 인종 그리고 민족 구성을 살펴보면, 집단적 노동과정 내에서 권력관계가 어떻게 서로 다른 사회적 집단 사이에 배분되어 있는지 명백해진다. 이러한 사회적 관계가 변화를 거부하는 것은 사회적 관계에 내재한 보수주의 그리고 서로 다른 집단의 일부가 작은 특권을 유지하려는 욕망(저임금 일자리에 대한 접근까지 포함하는)만큼이나 자본의 전술과도 관련이 크다.

다양한 환경과 근본적으로 서로 다른 문화적 맥락에서, 주로 인류학자들과 노동과정을 연구하는 사회학자들에 의해 수행된 수많은 민족지적(ethnographic) 연구들이 존재한다는 것은 다행스런 일이다. 차이와 특수성의 문화에 관해 설명할 때 이들 연구자가 갖는 편파적인 관심을 차치하고 보면, 이들 연구의 종합적인 결론은, 비록 전반적으로 제약된 틀 안에서이긴 하지만 사회적 관계들과 문화적 관습들이 매우 다양해 보인다는 것이다.

그 제약의 형태들을 애매하게 만들려는 이데올로기적·실천적 시도들이 늘고 있음에도, 그 제약은 명료하다. 노동과정 내에서 어떤 다른 일이 일어난다 해도, 자율주의자들이 강조하는 식의 혁명적인 방해의 잠재적 가능성은 언제나 위협적이다. 자본과 자본가 모두는 노동활동을 통해 노동자들에 의해 끊임없이 재생산되어야 하기 때문에, 자본은 무슨 수를 써서라도 이를 막아야 한다. 이것이 수행되는 상세한 모습은 매우 다양하고 이는 확실히 면밀하게 분석할 만한 가치가 있다. 공간·장소·건축환경의 생산에 관해서뿐 아니라 작업장·현장·공장·사무실·상점·건설공간을 둘러싼 사회적 투쟁들은, 끊임없이 나타나고 또한 자본주의가 살아남기 위해 끊임없이 우회해야 하는, 현존하는 자본축적의 잠재적 장애 지점(blockage point)을 결정한다.

제 4 장

자본, 시장에 가다

끊임없는 축적의 마지막 잠재적인 장애는 투입된 화폐 더하기 이윤으로 교환되기 위해 새로운 상품이 재화 혹은 일종의 써비스로서 시장에 들어가는 지점에 존재한다. 상품의 특수성이 화폐의 보편성으로 전환되어야만 하는데, 이는 (가치의 일반적인 표상인) 화폐로부터 상품으로의 전환보다 훨씬 더 어렵다. 판매가 가능하기 위해서는 누군가가 특정한 상품을 필요로 하고, 바라며 혹은 욕망해야 한다. 만약 아무도 그 상품을 원하지 않는다면 그것은 쓸모와 가치가 없다. 그러나 또한, 그 상품을 필요로 하고, 원하거나 갈망하는 이들은 그것을 사기 위해 화폐를 지니고 있어야만 한다. 화폐가 없다면 그들은 그렇게 할 수가 없다. 만약 누구도 그 상품을 원하지 않거나 그 상품을 살 수가 없다면, 상품은 판매되지 않을 것이고 이윤은 실현되지 않으며 투입된 초기 자본은 허비되고 만다.

잠재적 시장을 확보하기 위해, 거대한 광고산업의 등장을 비롯하여 사람들의 욕구와 필요, 욕망에 영향을 미치고 이를 조작하기 위한 엄청난 노력이 이루어져왔다. 그러나 단순히 광고 이상의 무엇이 이와 관련되어 있다. 여기서 요구되는 것은 특정한 상품과 써비스의 묶음을 소비하도록 만드는 일상생활의 조건을 형성하는 것이다. 예를 들어, 2차대전 이후 미국의 교외생활의 등장과 관련된 욕구와 필요, 욕망을 생각해보자. 이는 자동차·기름·고속도로·교외주택·쇼핑몰에 대한 필요뿐 아니라 교외의 일상생활을 유지하게 해주는 잔디깎이·냉장고·에어컨·커튼·가구(내부와 외부)·실내 오락장치(텔레비전)·종합관리씨스템에 대한 욕구 모두를 이야기하는 것이다. 교외의 일상생활은 적어도 이 모든 것의 소비를 필요로 한다. 교외생활의 발달은 이 상품들을 욕구와 욕망의 대상에서 절대적인 필수품으로 바꾸어냈다. 새로운 필요를 끊임없이 만들어내는 것은 끝없이 확장하는 자본축적의 연속성을 위해 필수적인 조건이다. 이것이 바로 새로운 필요를 창출하는 기술과 정치가 지속 가능한 축적에 중요한 역할을 하는 지점이다. 좀더 부유한 사회에서는 '소비자 심리'와 '소비자 신뢰'가 끝없는 자본축적의 열쇠일 뿐 아니라, 점점더 자본주의의 생존에 필요한 기초로 자리잡고 있다는 것이 잘 알려져 있다. 미국의 경우 경제활동의 70퍼센트가 소비에 의존한다.

이 모든 상품을 구매할 수 있는 구매력은 어디로부터 나올까? 어떻든 최후에는 누군가가 어딘가에서 상품을 구매하는 데 필요한 추가적인 화폐를 지니고 있어야만 한다. 만약 그렇지 않다면 유효수요가 부족할 것이다. 유효수요는 지불능력에 의해 지지되는 욕구, 필요 그리고 욕망으로 정의된다. 생산된 상품을 구매하는 데 유효수요가 충분하지 않다면 '과소소비'(underconsumption)라고 불리는 위기가 발생한다.

임금을 지출하는 노동자들은 유효수요의 한 원천이다. 그러나 임금총액은 언제나 유통되는 자본보다 적다(그렇지 않다면 이윤이 발생하지 않을 것이다). 따라서 일상생활을(교외의 생활방식도) 유지하는 임금재의 구입은 총산출의 수익성 있는 판매를 위해서는 결코 충분하지 않다. 게다가 임금억압의 정치는 과소소비 위기의 가능성을 더욱 높일 뿐이다. 많은 연구자들은 1930년대의 경제위기를 주로 과소소비 위기로 인식하게 되었다. 따라서 그들은 노동자들의 유효수요를 지지하기 위한 노동조합 결성과 국가의 다른 (사회보장 같은) 전략들을 지지했다. 동일한 목적을 위해 2008년 미국 연방정부는 특정 소득수준 이하의 납세자들 대부분에게 600달러의 세금을 환급해주었다. 물론 그것보다는 1970년대 중반 이후 고착된 임금억압의 정치를 역전시켜 실질임금을 인상하는 것이 훨씬 나았을 것이다. 이는 소비수요와 신뢰를 장기적으로 강화했을 것이다. 그러나 많은 자본가들은 우파 이데올로그들과 마찬가지로 이러한 해결책에 관해 진지하게 고려할 용의가 없었다. 공화당 의원들은 디트로이트의 자동차회사들을 구제해주기 위한 초기 계획에 대해, 노조 노동자들의 임금과 수당을 미국 남부에 위치한 노조가 없는 일본과 독일의 자동차회사 수준만큼 인하하지 않았다며 반대했다. 따라서 그들은 위기를 또다른 임금억압의 기회로 보았으며 이는 유효수요 부족이라는 병에 대한 완전히 잘못된 처방이었다.

노동자의 수요가 중요하다 해도, 그것이 이윤 실현의 문제를 해결할 수는 없다는 것은 분명하다. 저명한 좌파운동가이자 이론가인 로자 룩셈부르크(Rosa Luxemburg)는 1900년대 초반에 이 문제에 커다란 관심을 기울였다. 먼저 그녀는 금의 공급 증가(현 시기의 경우, 중앙은행이 더 많은 화폐를 발행하는 것)로부터 추가적인 수요가 발생할 가능성을 살펴보았다. 이는 분명 단기적으로는 도움이 되겠지만(충분한 유동성을 투입하는 것은 2008년 위기시에 그랬듯이 자본의 계속적인 순환과 축적을 위해 필수적이었다) 그 효과는 제한적이며 장기적으로는 또다른 종류의 위기, 즉 인플레이션을 만들어냈다. 룩셈부르크의 다른 해결책은 자본주의 체제 외부에 잠재적으로 활용 가능한 추가적인 수요가 존재한다고 가정하는 것이었다. 이는 비자본주의 사회에 대한 제국주의적 정복과 지배를 통해 시초축적을 이어가는 것을 뜻한다. 이를 위해서는 모든 인구가 노동자보다는 소비자로서 동원되어야 했다. 19세기 영국은 자국의 상품시장을 확대하기 위해 인도 지배에 제국주의의 힘을 사용했다(그 과정에서 토착 생산형태를 파괴했다). 중국시장도 19세기에 강제적으로 개방되었다(1949년 공산주의자들이 집권한 후에는 다시 폐쇄되었다).

자본주의로의 이행과 시초축적 단계에서는, 봉건주의적 질서 내에서 축적된 부가 상인자본에 의한 비자본주의 세계로부터의 부의 약탈과 강도질과 함께 이러한 역할을 (금융업자와 고리대금업자 들의 활동에 의해 종종 약화되었지만) 수행했다. 그러나 비자본주의 세계(인도와 중국)의 '금(金)준비금'이라 불릴 만한 이러한 부는 시간에 따라 점점 고갈되었고, 지주귀족의 소비와 (화폐지대 착취를 통한) 국가기구의 소비를 (납세를 통해) 지지하던 농민들의 이와 관련한 능력은 점점 소진되었다.

산업자본주의가 유럽과 북미에서 강화되자, 특히 19세기 중반부터 인도, 중국 그리고 이미 개발된 비자본주의 사회구성체로부터의 부가 점점 더 중요해졌다. 이 시기는 동아시아, 남아시아 그리고 어느정도는 남아메리카와 아프리카로부터 유럽과 북미의 중심부 자본주의 국가들에 위치한 산업자본가계급으로 엄청난 부가 이전되는 단계였다. 그러나 결국, 자본주의가 성장하고 지리적으로 확대되자 이러한 수단을 통해 체제를 유지하는 능력은 현실에서 점점 약화되었다.

1950년경부터, 그리고 1970년대부터는 더욱 뚜렷하게, 체제를 유지하는 역할을 하는 이러한 종류의 제국주의적 능력은 크게 약화되었다. (일종의) 자본주의가 이제 다른 곳은 말할 것도 없고 모든 동아시아, 동남아시아에 튼튼하게 뿌리를 내리고 특히 인도와 인도네시아에서 강력히 발전함에 따라 세계적인 유효소비자수요(effective consumer demand) 문제의 기초가 완전히 바뀌었다. 예를 들어, 현재 중국의 성장을 유지하는 유효수요는 주로 미국에서 나온다. 이는 중국이 왜 그렇게 미국의 적자를 메워줄 수밖에 없다는 강박에 빠졌는지를 설명해주는데, 그것은 미국의 소비 파산이 중국의 산업고용과 이윤율에 파괴적인 영향을 (미치고 있고) 미칠 것이기 때문이다. 명확한 해결책은 중국이 자국의 시장을 발전시키는 것이지만, 그러려면 임금의 상승과 세계경제에서 중국의 경쟁우위 약화가 뒤따른다.

이는 또한 중국의 잉여 중 더 많은 부분을 내부 발전을 위해 사용하는 것을 의미하며, 따라서 미국에 대출될 수 있는 부분이 점점 더 감소할 것임을 의미한다. 이는 중국상품에 대한 미국의 유효수요를 더욱 감소시킬 것이다. 이것이 예측하는 바는, 우리가 앞서 살펴보았듯이 150년 동안 동아시아와 남아시아로부터 미국과 유럽으로 이전된 부의 흐름이 역전되고, 1945년 이래 세계자본주의를 지배해온 미국의 능력이 근본적으로 바뀌어간다는 것을 뜻한다.

유효수요라는 수수께끼에 대한 가장 중요한 해답은——룩셈부르크는 생각하지 못했지만, 맑스의 분석으로부터 논리적으로 도출되는——자본가들의 소비가 그 해결책이라는 것이다. 여기에는 두가지 종류가 있다. 잉여가치의 일부는 수입으로서 소비되는(예를 들어 필수재, 사치재, 써비스 등) 반면, 다른 부분은 추가적인 노동자 고용이나 새로운 생산수단의 구매를 위해 재투자된다. (비록 불균등하지만) 전세계적으로 나타난 임금억압하에서, 자본가계급이 전체적으로 사용할 수 있는 수입은 늘고 이에 발맞추어 사치재의 수요도 늘었다(플로리다나 지중해의 해변에 가서 정박된 요트와 크루즈를 보라. 그리고 이를 1970년대의 광경과 비교해보면 이 점을 알 수 있을 것이다). 그러나 이렇게 헤픈 소비행태에도 불구하고 억만장자들이 소비할 수 있는 요트, 맥맨션 혹은 구두의 숫자에는 물리적 한계가 존재한다. 따라서 자본가들의 개인소비는 유효수요의 원천으로서는 매우 미약하다는 것이 분명하다. 자본집중 과정에서 인구 중 매우 소수의 집단의 손에 (1996년 UN 개발보고서가 보여주었듯, 전세계 부의 40퍼센트를 통제하는 300개 정도의 가문들 같은 집단에게) 부가 더 많이 집중될수록 그들의 소비는 수요를 떠받치는 데에 점점 덜 효과적으로 된다.

따라서 해답은 자본가들의 재투자일 수밖에 없다. 자본가들이 그들의 잉여를 생산의 확장에만 사용한다고 가정해보자. 오늘의 생산확장을 위한 추가수요가 어제 생산된 추가적 생산수단과 임금재를 흡수할 것이다. 잉여생산은 스스로의 증대하는 화폐수요를 내부화한다! 더욱 도식적으로 말하자면, 어제의 잉여생산물에 대한 유효수요는 노동자의 소비와 자본가의 소비, 그리고 내일의 추가적인 생산의 확장으로 인해 유발되는 새로운 수요에 의존한다. 과소소비문제처럼 보이는 것이, 어제 생산된 잉여의 일부에 대해 재투자 기회를 찾는 문제가 되어버린다!

이러한 재투자가 일어나기 위해서는 세가지 근본 조건이 충족되어야만 한다. 첫째, 자본가들이 그들이 어제 얻은 화폐를 새로운 자본으로서 순환에 즉시 투하해야 한다. 그러나 상품의 화폐로의 전환 뒤에 화폐의 상품으로의 전환이 즉시 따라와야 한다는 법은 없다. 자본가들은 화폐를 재투자하지 않고 단지 보유하려 할 수도 있다. 이렇게 하는 것이 자본가에게 합리적으로 여겨지는 상황이 나타날 수 있으며, 이 점에서 과소소비 위기의 가능성에 관한 맑스와 케인즈의 사고가 겹쳐진다. 참치캔이나 식용유를 보유하는 것이 더욱 이득이 될 수 있는 급속한 인플레이션 상황이 아니라면, 불확실한 상황에서 상품보다 부의 보편적인 형태인 화폐를 보유하려 하는 것이 합리적이다. 더욱 일반적인 경우는 경제에 대한 믿음과 신뢰가 약화되어 사람들이 화폐를 지출하지 않고 비축하려 하는 경우다. 이는 이윤 전망이 약할 때 나타날 수 있다. 그러나 이는 또한 케인즈가 '유동성 함정'(liquidity trap)이라 말한 상황을 야기할 수도 있다—더 많은 사람들과 기관들(은행과 기업을 포함한)이 화폐를 지출하지 않고 보유하여, 유효수요가 붕괴할 가능성이 더 높아지고 생산에 대한 재투자의 수익성이 더욱 떨어지는 경우가 그것이다. 그 결과는 (1930년대와 현재 우리가 보고 있는 대로) 역전시키기 어려운 악순환이다. 케인즈는 이러한 장애를 정부 주도의 재정과 화폐 관리를 통해 극복하려 했다. 정부 주도의 적자재정(2008년 늦은 가을 미국, 영국 그리고 다른 지역들에서 뚜렷이 등장한 조치)이 즉각적인 만병통치약으로 제시된다.

두번째 조건은 오늘의 재투자와 어제의 잉여생산물 사이의 시차가 어떻게든 메워지는 것이다. 이는 회계수단으로서 화폐의 사용을 필요로 하고, 그것은 불충분한 유효수요문제를 해결하기 위해 순환과정에 개입할 수 있는 신용씨스템의 존재를 의미한다. 다른 수단들(후진국의 금을 약탈하거나 다른 국가들로부터 가치를 약탈하는 식의)이 사라짐에 따라 신용이 유효수요문제를 해결하는 유일한 주요 수단이 된다. 따라서 이 해결책은 자본축적의 동학에 내부화된다. 그러나 그 댓가는 신용씨스템을 운용하는 은행가들과 금융업자들이 그들의 화폐를 신용기관에 저축한 이들과 함께, 이자나 써비스 요금의 형태로 미래의 잉여가치에서 그들의 몫을 다시 요구할 수 있다는 것이다.

세번째 조건은 수취된 신용화폐가 이미 생산된 추가적인 임금재와 생산수단의 구입을 위해 지출되는 것이다. 상위계급으로 부가 집중되는 것을 지지하는 일반적인 정치적 주장은 그들이 부를 재투자하는 데 사용할 수 있고, 또 그렇게 하여 일자리와 신상품을 만들어내고 따라서 모두에게 잠재적으로 이득을 주는 (일종의 적하효과 trickle-down effect를 통해) 새로운 부를 만들어내어, 결국 새로운 수요를 창출한다는 것이다. 이러한 주장이 간과하는 점은, 앞서 보았듯이 자본가들이 그들의 재투자에 관해 선택할 수 있다는 것이다. 즉 그들은 생산의 확장에 재투자할 수도 있고, 혹은 그들의 부를 주식과 지분, 부동산, 미술품이나 자본이득을 얻을 수 있는 사모펀드, 헤지펀드 혹은 다른 금융기관들의 지분을 사는 데 사용할 수도 있다. 후자의 경우라면 그들의 재투자는 유효수요를 지탱하지 못할 것이다.

어제의 잉여생산물에 대한 수요를 창출하는 것이 바로 생산의 확장이며 그 시간차를 메우기 위해 신용이 필요하다고 결론지으면, 신용이 추동하는 지속적인 자본축적이 자본주의의 생존을 위한 조건이라는 것이 분명해진다. 오늘의 확장이 어제의 잉여를 흡수할 수 있는 경우는 이때뿐이다. 3퍼센트의 성장이 3퍼센트의 재투자를 필요로 하는 이유도 분명해진다. 외부적인 가능성이 고갈된 조건에서 살아남기 위해 자본주의는 사실상 스스로의 유효수요를 만들어내고 내부화해야만 한다. 현재의 경우처럼 이것에 실패한다면 생산의 지속적 확장에 대한 장애들로 인해 위기가 발생한다.

한가지 더 주목해야 할 점이 있다. 만약 생산의 끊임없는 확장을 위해 경쟁이 필요하다면, 자본주의를 경쟁적으로 유지하는 것이 자본주의의 생존을 위해 필요하다는 것이다. 예를 들어 과도한 독점화로 인한 경쟁의 둔화는 그 자체로 자본주의 생산의 위기를 가져올 것이다. 물론 이는 정확히 경제학자 폴 배런과 폴 스위지가 (1960년대에 집필한) 『독점자본』에서 지적한 논점이다. 그들이 예측한 대로 독점화와 자본집중의 경향은 필연적으로 1970년대의 심각한 문제였던 스태그플레이션(실업증가와 인플레이션의 상승) 위기를 낳는다. 당시 등장한 신자유주의 반혁명은 노동권력을 분쇄해야 할 뿐 아니라, 또한 끝없는 자본주의적 축적 법칙의 '집행자'로서 경쟁의 강제법칙을 강화해야만 했다.

이러한 과정은 사실 잠재된 문제가 없지 않다. 우선 다른 모든 장애들(예를 들어 자연에 관련된 것)이 극복되어 더 많은 생산이 발생할 충분한 여지가 있다는 전제가 필요하다. 이는 제국주의가 세계 다른 지역으로부터 가치를 빼앗고 자산을 강탈하는 대신, 다른 지역들을 새로운 자본주의적 생산형태를 위한 장소로 사용되도록 전환해야 함을 의미한다. 상품이 아니라 자본의 수출이 이제 중요해진다. 여기에 19세기 인도와 중국, 그리고 미국의 차이가 존재한다. 당시 인도와 중국의 부는 그들의 시장에 대한 자본주의적 지배로 인해 강탈되었지만, 미국에서는 제한 없는 자본주의적 발전이 새로운 부를 창출하여 과거 자본주의의 중심지에서 생산된 잉여생산물을 흡수하고 실현했다(예를 들어, 19세기 영국에서 미국으로의 자본과 기계류의 수출). 한편 최근의 중국은 생산의 발전과정에서 엄청난 양의 외국자본을 흡수하고 있는데, 이 과정에서 원자재뿐 아니라 기계류와 다른 생산요소들에 대한 막대한 유효수요를 창출해왔다.

과소소비에 대한 이러한 해결책에는 두가지 문제가 있다. 첫째는 축적이 훨씬 더 투기화한다는 단순한 사실로부터 나타난다. 자본축적은 오늘의 잉여가 효과적으로 실현될 수 있도록 내일의 확장이 어떤 장애에도 직면하지 않을 것이라는 믿음에 의존한다. 이는 케인즈가 잘 이해했듯, 지속적인 자본순환에는 예상과 기대가 핵심적이라는 것을 의미한다. 이러한 투기적 기대에 대한 어떤 붕괴도 위기를 발생시킬 것이다. 케인즈의『일반이론』(General Theory)에서 통화정책과 재정정책이라는 기술적 해결책은 기대와 예상의 심리학에 비하면 적은 부분만 차지한다. 씨스템에 대한 신뢰가 핵심적이며, 2008년에 나타났듯이 신뢰의 붕괴는 치명적일 수 있다.

두번째 문제는 통화와 신용씨스템 그 자체 내에서 발생한다. '독립적인' 금융·통화 위기의 가능성이 어디에나 존재한다. 근본적인 문제는 화폐형태 자체의 모순에 있는데, 이는 통화씨스템이 명확하게 금속에 기반하게 되었을 때 가장 쉽게 이해된다. 특정한 상품인 금이 모든 사회적 노동형태의 가치를 대표하고, (구체적이고 형태가 있는) 특수가 보편(추상)을 대표하며, 사적인 개인이 무제한적인 사회적 권력을 행사할 수 있다. 화폐가 정확하게 사회적 권력의 형태이기 때문에 개인이 화폐를 보유하려는 영원한 유혹이 존재한다. 그러나 더 많은 사람들이 화폐를 보유할수록 화폐순환의 연속성에 대한 위협은 더욱 커진다. 더 많은 사회적 권력을 얻기 위해 화폐를 순환에 다시 투입하는 것은 믿음에 기초한 행동을 요구하거나, 자신의 화폐를 다른 사람의 이윤추구를 위한 사업에 사용하도록 맡길 수 있는 안전하고 신뢰할 수 있는 기관을 필요로 한다(물론 이것은 전통적으로 은행이 하는 일이다). 따라서 씨스템에 대한 신뢰가 핵심이 된다. 어떤 종류의 폰지사기도 이 신뢰를 해치는 것이다.

화폐의 상징(통화안정성을 보장하는 국가의 능력) 혹은 화폐의 품질(인플레이션)에 대한 신뢰의 저하는 통화기근(monetary famine)과 2008년 가을에 발생한 것 같은 지불수단 고갈의 가능성을 낳는다. 신용씨스템의 핵심에는 주관적인 기대·예상과 함께 다양한 기술적·법적 측면(많은 부분이 그 작동원리로 인해 실패하거나 왜곡될 수 있는)이 존재한다. 그리고 자본주의가 확장할수록, 자본축적의 세계적 동학을 주도하고 통제하는 일종의 중추신경계 같은 신용씨스템의 역할이 더욱 중요해진다. 이는 신용수단의 통제가 자본주의 작동에 필수적이 됨을 의미한다——이는 맑스와 엥겔스가『공산주의 선언』에서 그 핵심 강령으로서 신용수단을 국가의 손에 집중해야 한다고 (물론 노동계급이 국가를 통제한다는 전제하에서) 주장하며 인식했던 것이다. 주화, 그리고 더 중요하게는 상징화폐의 품질에 관한 국가의 핵심적 역할에 신용수단의 통제가 추가되면, 국가-금융 연관 내부에서 국가와 금융 권력의 융합이 진전되는 것은 불가피해 보인다.

여기서 중대한 문제가 발생한다. 자본은 (기술적으로 유발된 실업을 통해) 노동력의 수요와 공급 양쪽에서 작용할 수 있는 것과 마찬가지로, 신용씨스템을 통해 생산-실현 관계의 양쪽에서 작용할수 있다. 주택구매자에 대한 신용공급의 증가는 부동산 개발업자에 대한 신용의 증가와 결합되어 주택과 도시 개발의 엄청난 호황을 자극한다(최근 플로리다와 캘리포니아의 경우를 보라). 이렇게 되면 지속적인 생산과 잉여실현의 문제는 사라진 것처럼 생각될 수 있다.

이는 신용씨스템 내부에 막대한 사회적·경제적 권력을 집중시킨다. 그러나 그것이 지속되려면, 최근 20년 동안 그랬듯이 신용 자체가 꾸준한 속도로 확장되어야 한다. 으레 피할 수 없게도 결국 신용 버블이 붕괴하면, 전체 경제가 2007년 시작되었던 것처럼 하락의 악순환에 빠져들게 된다. 그리고 바로 이때가 자본주의가 자신의 내부 모순에서 스스로를 구해내기 위해 외부 권력을 만들어내어야만 하는 시점이다. 자본주의는 역사적으로 의존해왔던, 외부의 봉건적인 혹은 비자본주의적인 금준비금 같은 것을 새로이 만들어내어야 한다. 자본주의는 연방준비제도 같은 신봉건주의적 기관 내에 무한하게 화폐를 창출하는 권력을 부여하여 이것을 수행한다.

자본주의에서 실현문제와 과소소비의 위협은 결코 사라지지 않는다. 그러나 유효수요 부족으로 인한 이윤저하와 감가의 문제는 신용씨스템의 책동을 통해 잠시 극복될 수 있다. 단기적으로는 신용이 작동하여 여러 작은 문제들을 해결하겠지만 장기적으로는 더 큰 모순과 갈등을 만들어낸다. 신용은 위험을 분산함과 동시에 위험을 축적한다. 진정한 문제는 유효수요의 부족이 아니라, 어제의 생산에서 얻어진 잉여의 수익성 있는 재투자 기회가 부족하다는 것이다. 이것이 자본주의 생존에 필수적인 자본순환의 조건 즉, 자본의 흐름이 언제나 계속되어야 한다는 것에서 도출된 유일한 결론임을 잊지 말아야 한다. 그리고 우리가 논의했듯이, 현재 55조달러 규모이고 앞으로 30년 동안 두배가 될 세계경제의 영역에서는 그것이 훨씬 더 어려워질 것이다.

* * *

　자본주의 위기의 역사를 보면, 위기의 성향이 내재한 자본주의
의 특징을 설명하기 위해 하나의 지배적인 설명을 찾는 경향이 있
어왔다. 세가지 주요한 전통적인 이론들은 이윤압박 이론(실질임
금 상승으로 인한 이윤하락), 이윤율저하 이론(노동절약적 기술변
화와 '파괴적인' 경쟁으로 인한 가격하락), 과소소비 이론(유효수요
의 부족과 과도한 독점화와 관련된 불황으로의 경향)이다. 이 학파
들의 사상적인 분열은 1970년대에 특히 심화되었다. 어떤 그룹에서
는 '과소소비론자'라는 단어 자체가 경멸적인 단어로 받아들여졌고
(당신은 단순한 케인즈주의자이며 '진정한' 맑스주의자가 아니라
는 식으로), 반면 로자 룩셈부르크의 지지자들은 이윤율저하 이론
을 핵심으로 내세우는 이들이 그녀의 아이디어를 무시하는 것에 분
노했다. 최근에는 여러 뚜렷한 이유들로 인해 위기의 발생에서 환경
적·금융적 측면이 더욱 큰 주목을 받았다.

　위기의 발생에 관해 숙고하는 데 훨씬 더 좋은 방법이 있다. 자본
의 순환에 관한 분석은 여러 잠재적 한계와 장애를 정확하게 지적한
다. 화폐자본의 부족, 노동문제, 부문 간의 불비례, 자연적 한계, (경
쟁 대 독점을 포함한) 불균형적인 기술적·조직적 변화, 노동과정의
규율 약화와 유효수요의 부족 등이 그것들이다. 이러한 요인 가운데
어떤 것도 자본 흐름의 연속성을 둔화하거나 가로막을 수 있고, 따
라서 자본의 감가나 손실을 야기하는 위기를 만들어낼 수 있다. 하
나의 한계가 극복되면, 자본축적은 흔히 다른 곳에서 또다른 한계에

직면한다. 예를 들어, 노동공급의 위기를 해결하고 조직노동자의 정치권력을 제한하기 위한 1970년대의 시도는 생산물에 대한 유효수요를 감소시켰고, 따라서 1990년대에 시장에서 잉여의 실현을 어렵게 만들었다. 노동계급에 대한 신용씨스템의 확장을 통해 이 문제를 해결하려던 시도는 결국 노동계급이 소득에 비해 과도하게 빚을 지도록 만들었고, 결과적으로 (2006년에 시작된 것과 같은) 부채증서의 품질에 대한 신용위기를 낳았다. 이 위기 경향은 해결되지 않고 단지 우회되었을 뿐이다.

자본주의 발전이 하나의 장애를 피해 다른 장애에 직면하는 이러한 끊임없는 변화와, 서로 다른 역사적·지리적 상황에서 위기들이 발생할 수 있는 여러 방식을 인식하는 것은, 맑스가 자주 언급했던 자본주의 발전의 유동적이고 유연한 특징과 궤를 같이한다. 또한 자본주의의 역사지리에서, 위기는 본질적으로 모순적인 체제의 '비합리적인 합리화기제'(irrational rationaliser)로서 중요한 역할을 담당한다는 것을 기억하는 것이 매우 중요하다. 줄여 말하면, 위기는 화폐, 노동력, 자본 그 자체로서 자본주의가 진화하는 데 필수적이다. 그러나 어떤 특정한 장소나 시간에 나타나는 장애의 정확한 원천을 찾아내기 위해서는 주의깊은 추적과 유물론적인 분석이 필요하다.

현재의 위기를 개괄적으로 살펴보면 다음과 같다. 위기의 진원지는 신용씨스템과 국가-금융 연관의 기술적·조직적 형태에 있지만, 근본적인 문제는 노동에 대해 자본가의 권력이 과도했고 따라서 임금억압이 발생했다는 것이다. 이로 인해 세계의 어느 지역에서는 유효수요문제 해결을 위해 신용에 기반한 과잉소비가 나타났고 다른 지역에서는 새로운 생산라인에서 너무 급속한 생산의 확장이 발생했다. 그러나 자본주의의 그 모든 복잡한 진화의 역사지리를 이해하기 위해서는 더 많은 분석도구가 필요하다. 우리는 부문별 그리고 지리적인 불균등발전의 역할을, 우리의 위기 발생에 관한 분석에 통합해야만 한다. 이것이 바로 다음장에서 살펴볼 내용이다.

제 5 장

자본, 진화하다

자본주의의 등장에 따라 해방된 힘은 1750년 이후 세계를 여러번 새롭게 바꾸어냈다. 1820년의 영국 중부를 하늘에서 내려다본다면, 우리는 (유독한 가스를 뿜어내는 작은 공장굴뚝들이 있는) 몇몇 소규모의 산업화된 마을들을 발견할 것이다. 그것들은 흩어져 있는 집과 농장에서 전통적 형태의 농촌생활을 영위해온 대규모 농촌지역으로 서로 분리되어 있었다. 그 당시에는 장원의 영주들이 농업생산성을 (그리고 화폐지대를) 상승시키는 새로운 농업활동에 더욱 적극적으로 나서긴 했지만 그 모습은 과거와 별반 다를 바 없었다. 맨체스터와 버밍엄 같은 소규모 산업중심지들은 더러운 도로와 좁은 운하를 통해 번잡한 수도 런던뿐 아니라, 서로서로 그리고 브리스톨이나 리버풀 같은 항구도시들과 연결되어 있었다. 석탄과 원자재로 가득한 바지선들이 운하를 따라, 여러 마리의 말이나 맑스가『자본』에서 썼듯 굶주린 여성들에 의해 힘겹게 끌어올려지고 있었다. 운송은 이처럼 더뎠다.

1980년의 주장삼각주를 마찬가지로 내려다보면, 주로 쌀, 채소, 가축과 물고기로 자급자족하는 농촌풍경에 둘러싸인 선전이나 둥관 같은 이름의 작은 마을들을 볼 수 있을 것이다. 이 농촌마을들은, 굶주릴 걱정 없는 '철밥통'(iron rice bowl)을 가진 지방 당간부의 철권통치하에 놓인 공동체들로 사회화되어 있었다.

2008년에 이 두 지역들을 내려다보면, 이전의 모습은 전혀 못 알아볼 정도로 도시화가 확산되고 있을 것이다. 또한 생산과 교통의 형태, 사회적 관계, 기술, 일상생활의 방식과 소비형태도 그러할 것이다. 맑스가 언젠가 주장했듯, 우리의 임무가 세계를 이해하는 것이 아니라 변혁하는 것이라면, 자본주의는 그의 조언을 따라 자신의 역할을 매우 성공적으로 수행했다. 이러한 극적인 변화들이 발생했지만 그 대부분에 관해서는 누구도 세계가 어떻게 작동하거나 그 영향이 어떨 것인가를 애써 알아내려 하지 않았다. 예상하지도 기대하지도 못한 일들이 계속 일어났고, 그후 모르는 사이에 발생했던 혼란스런 결과들을 정리하려는 방대한 이론적·실천적 작업이 뒤따랐다.

자본주의라는 대하소설은 역설로 가득 차 있다. 대부분의 사회이론—특히 경제이론—형태(틀, 양식)들은 전적으로 그 역설들에 관한 사고로부터 추상화되지만 말이다. 부정적인 측면을 보면, 우리는 자본주의의 진화를 단절시켰던 주기적이고 흔히 국지적인 경제

위기들을 겪어왔다. 이는 자본가 간, 제국주의 간의 세계대전들, 환경파괴문제, 생태적으로 다양한 서식지의 소멸, 급증하는 빈곤의 악순환, 신식민주의, 공공의료의 심각한 위기, 수많은 소외와 사회적 배제, 그리고 불안, 폭력, 충족되지 못한 욕망에 대한 걱정 등을 포함한다. 긍정적인 측면을 보면, 우리 중 일부는 물질적 생활과 행복의 수준이 어느 때보다도 높고, 이동과 통신이 혁명적으로 변화했으며, 인간의 상호작용에 대한 물리적인(비록 사회적으로는 아니지만) 공간의 장벽이 많이 낮아졌고 의료와 의학 기술이 발달하여 많은 사람들이 더 오랜 수명을 누리며, 거대하고 확장된, 그리하여 여러 면에서 굉장한 도시들이 건설되었고, 지식이 확산되고, 희망이 영원히 샘솟으며 (자기복제에서 우주여행까지) 모든 것이 가능해 보이는 그런 세계에서 살고 있다.

이것이 우리가 살고 있는 모순된 세계이고, 이 세계가 예측 불가능하고 통제 불가능해 보이는 방식으로 급속하게 계속 진화하고 있다는 것은 부정할 수 없다. 그러나 이러한 진화가 기초하는 원리들은 여전히 불투명하다. 이는 부분적으로 우리 인간이 역사의 많은 부분을, 다윈이 자연의 진화 영역에서 밝혀낸 것과 같은 몇몇 지배적인 진화법칙에 따라서가 아니라, 변덕스럽게 경쟁하는 이런저런 집단적이고 때때로 개인적인 인간의 욕망에 따라 만들어왔기 때문이다. 만약 우리가 의식적인 개입을 통해 집단적으로 세계를 좀더 합리적이고 인간적인 곳으로 바꾸려면, 우리는 먼저 우리가 세계에 무엇을 행하고 있으며 그것이 어떤 결과를 가져다주는지에 대해서 지금보다 훨씬 더 잘 이해할 수 있도록 배워야 한다.

물론 자본주의의 역사지리가 자본축적의 문제로만 환원될 수는 없다. 하지만 인구 증가와 함께 자본축적이 1750년경 이래 인간진화의 동학에서 핵심적 역할을 했음은 인식해야 한다. 정확히 어떻게 해서 그렇게 되었는가가 자본의 수수께끼가 무엇인지를 밝혀내는 데 핵심적이다. 여기에 우리에게 일종의 명확한 설명을 해줄 수 있는 진화법칙이 존재하는가?

* * *

우선 자본주의의 진화하는 공간적 조직, 지리적 동학 그리고 환경적 영향과 제한이라는 질문을 잠시 제쳐두고, 시간에 따른 자본주의의 발전에 관해 생각해보자. 상이하지만 서로 연관된 '활동영역'(activity sphere, 나는 앞으로 이렇게 부를 것이다)들을 통해 자본이 이윤을 추구하며 순환하는 상황을 상상해보자. 핵심적인 '활동영역' 중 하나는 새로운 기술적·조직적 형태의 생산과 관련이 있다. 이 영역의 변화는 자연과의 관계뿐 아니라 사회적 관계에 심대한 영향을 미친다. 그러나 우리는 사회적 관계와 자연과의 관계 모두가 결코 기술 혹은 조직형태에 의해 결정되지는 않는 방식으로 변화한다는 점을 알고 있다. 게다가 노동공급 부족이 사실상 새로운 기술과 조직형태의 등장을 강제하는 상황도 나타난다. 예를 들어, 최근 미국언론에는 다양한 새로운 기술들이 해외에서 수입하는 석유에 대한 의존으로부터 미국을 해방하고 지구온난화문제를 해결할 수 있다는 주장들이 넘쳐난다. 오바마정부는 이를 위한 프로그램들을 약속했고, 이미 전기자동차나 하이브리드 자동차(불행히도 중국과 일본 업체가 더욱 앞서 있다)를 생산하라는 압력을 자동차산업에 넣고 있다.

생산씨스템과 노동과정도 일상생활이 소비를 통해 재생산되는 방식과 깊은 관련이 있다. 이 가운데 어떤 것도 지배적인 사회적 관계, 자연과의 관계 그리고 적절히 구성된 기술과 조직형태로부터 독립적이지 않다. 그러나 우리가 '자연'이라 부르는 존재는 명백히 자본축적에 영향을 받지만(서식지와 종의 파괴, 지구온난화, 공해를 일으키는 새로운 화합물, 그리고 정교한 관리에 의해 그 생산성이 향상되는 토양구조와 삼림), 자본축적에 의해 결정되는 것은 분명히 아니다. 지구의 진화과정은 언제나 독립적으로 일어난다. 예를 들어, 새로운 병원균—에이즈 같은—은 자본주의 사회에 막대한 영향을 미쳤다(그리고 자본의 순환에 배태된embedded 기술적, 조직적 그리고 사회적인 대응을 요구한다). 그것이 일상생활의 재생산, 성적인 관계와 활동, 그리고 재생산 활동에 미친 영향은 엄청났지만, 이는 또한 의료기술, 제도적인 대응, 그리고 사회적이고 문화적인 믿음 등에 의해 조정되어왔다.

이 모든 '활동영역'은 일련의 제도적 장치들(사적 소유권과 시장계약)와 행정적 구조들(국가와 그밖의 지역적·다국적 기구들)에 배태되어 있다. 이러한 제도들도 (현재 우리가 목도하는 것과 같은) 위기상황과 변화하는 사회적 관계에 적응하지 않을 수 없지만, 스스로 진화한다. 게다가 사람들은 그들의 기대, 믿음, 그리고 세계에 대한 그들의 해석에 따라 행동한다. 사회체제는 윤리적이고 도덕적인 기준의 형성(예를 들어, 우리와 같지 않은 사람들뿐 아니라 동물과의 관계와, 우리가 자연이라 부르는 세계에 대한 우리의 책임에 관한 기준)뿐 아니라 전문가에 대한 신뢰, 의사결정을 내리는 이들에 관한 적절한 지식과 정보, 그리고 적절한(위계적인 혹은 평등한) 사회적인 제도에 대한 수용에 기초한다. 문화적 규범과 믿음체계(즉 종교적이고 정치적인 이데올로기)가 강력하게 존재하지만, 그것들이 사회적 관계, 생산 그리고 소비가능성과 지배적 기술로부터 독립적으로 존재하는 것은 아니다. 자본축적을 위해 필요한 진화하는 기술적·사회적 요건과 지식구조 사이의 상호관계, 그리고 끝없는 축적과 조화되는 문화적 규범과 믿음 모두가 자본주의 진화에 핵심 역할을 한다. 단순화를 위해 나는 이 모든 요소를 '세계에 관한 정신적 개념'(mental conception of the world)이라는 이름으로 포괄할 것이다.

이러한 생각은 우리에게 자본주의 진화의 궤적 내에 다음과 같은 7개의 특정한 '활동영역'을 제시한다. 기술과 조직형태, 사회적 관계, 제도적·행정적 장치, 생산과 노동 과정, 자연과의 관계, 일상생활과 종의 재생산, 그리고 '세계에 관한 정신적 개념'. 이 가운데 어떤 영역도 다른 것들로부터 독립적이지 않지만 동시에 어떤 영역도 지배적이지는 않다. 그러나 어느 하나도 다른 모든 것들에 의해 집합적으로조차 결정되지 않는다. 각각의 영역은 스스로 진화하지만 언제나 다른 영역과 역동적으로 상호 작용한다. 다양한 이유들로 인해 (때로는 우연하게) 기술적·조직적 변화가 발생하지만, 자연과의 관계는 부분적으로 인간이 유발한 변화로 인해 언제나 불안정하고 끊임없이 변화한다. 다른 예를 들면, 세계에 관한 우리의 정신적 개념은 변덕, 유행 그리고 열정적으로 신봉되는 문화적·종교적 믿음과 욕망뿐 아니라 과학적 발견에 크게 영향을 받으며, 보통 불안정하고 경쟁적이다. 정신적 개념의 변화는 수용되는 기술적·조직적 형태, 사회적 관계, 노동과정, 자연과의 관계 그리고 제도적 장치 등에 대해 의도된 혹은 의도치 않은 다양한 영향을 미친다. 재생산과 일상생활의 영역에서 발생하는 인구통계학적 동학들은 자율적이지만 동시에 다른 영역과의 관계에 의해 크게 영향을 받는다.

이 영역들 사이에 나타나는 복잡한 영향들의 흐름이 모든 영역을 끊임없이 재구성한다. 게다가 이러한 상호작용들이 꼭 조화로운 것은 아니다. 사실 우리는 다른 활동영역들 사이에서 발생하는 갈등과 적대라는 관점에서, 위기의 발생을 새롭게 개념화할 수 있다. 예를 들어, 새로운 기술은 사회적 관계의 새로운 구성을 위한 희망에 적대적으로 작용하거나 현존하는 노동과정의 조직을 혼란스럽게 만든다. 그러나 우리는 이제 이 영역들을 앞에서 우리가 자본의 순환을 분석할 때 그랬던 것처럼 순차적으로 살펴보는 대신, 자본주의의 긴 역사 속에서 집단적으로 공존하고 또한 공진화(co-evolution)하는 것으로 파악할 것이다.

어떤 사회의 특정한 시공간에서—예를 들어 1850년의 영국, 혹은 현재 중국의 주장삼각주—우리는 이러한 7개 영역들이 서로 어떤 관계를 맺으며 어떻게 조직되고 구성되는지의 관점에서 그 사회의 일반적 성격과 조건을 규정할 수 있다. 우리는 진화의 동학이 결정적이지 않고 우연적임을 인식하면서도, 이 활동영역들 사이의 주어진 갈등과 모순을 고려하여 이 지역 사회질서의 미래의 발전전망에 관해서도 논의할 수 있다.

* * *

자본은 이 활동영역들을 각각 그리고 모두 어떤 식으로든 건드리지 않고는 순환하거나 축적될 수 없다. 자본이 한 영역 내에서 혹은 여러 영역들 사이에서 장애나 한계에 부딪치면, 그 어려움을 우회하거나 뛰어넘는 방법이 발견되어야만 한다. 만약 그러한 어려움이 심각한 것이라면, 그것은 다시금 위기의 원인이 될 수 있다. 따라서 활동영역들의 공진화에 관한 연구는 자본주의 사회의 전반적인 진화와 위기의 경향을 숙고해볼 수 있는 틀을 제공한다. 그렇다면, 우리는 이렇게 상당히 추상적인 이 분석틀을 어떻게 구체적으로 적용할 수 있을까?

한 일화가 도움이 될 수 있을 것이다. 2005년 가을, 나는 한국에서 완전히 새로운 한 도시의 설계 디자인을 뽑는 평가단의 공동의장이었다. 당시에 '행정복합도시'(Multifunctional Administrative City, 현재 세종시)라 불렸던 이 도시는 원래 새로운 수도로 계획되었지만, 국회의 반대로 인해 정부의 여러 행정기능을 이전하는, 서울과 부산 중간쯤에 위치한 위성도시 계획으로 축소되었다. 평가단의 임무는 최종설계를 결정하는 것이라기보다는 아이디어를 평가하는 것이었다. 그 프로젝트를 담당한 이들은 제출에서 경쟁까지 우리(혹은 그들)가 유용하다고 생각한 모든 것을 포괄하여 최종설계를 수행하는 임무를 맡았다. 평가단의 반수가 한국인이었고 나머지 반은 외국인이었으며, 주로 엔지니어, 도시계획가 그리고 몇몇 유명 건축가들로 구성되었다. 한국정부는 지금까지 한국과 대부분 아시아에 지배적이던 틀에 박힌 도시계획 대신 뭔가 색다른 것, 아마도 혁신적인 도시계획에 관한 새로운 세계적 모델을 만들어내는 데 관심이 있는 것이 분명했다.

의사결정의 첫걸음으로서, 우리는 제출된 많은 설계안을 평가하는 데 가장 중요한 기준의 종류에 대해 논의했다. 최초의 논의는 다른 종류의 개발전략도 수용할 수 있는, 상징적인 동시에 물리적인 형태로서 원과 육면체의 상대적 장점들에 관한 건축가들의 서로 다른 관점에 초점을 맞췄다. 지도와 비슷한 다양한 설계안들을 보면 이런 종류의 명백한 차이를 쉽게 알 수 있었다. 그러나 나는 우리가 논의를 확대하여 다음과 같은 더 많은 다른 기준들을 고려해야 한다고 제의했다. 이를테면 설계안에 제시된, 그 도시에 배치될 자연과의 관계와 기술들. 또한 설계안은 어떻게 생산형태와 앞으로 유발될 고용 그리고 이와 관련된 사회적 관계를 다루었는가(예를 들어, 그 도시가 과학, 기술 그리고 행정관료에 의해 지배될 것이라는 문제에 어떻게 접근해야 하는가). 서로 다르게 배치될 거주자들의 일상생활의 질. 마지막으로 새로운 종류의 도시생활 경험에서 나올 수 있는 정치적 주관성을 포함한 세계에 관한 정신적 개념(사람들은 더 개인화할 것인가 아니면 사회적 연대의 형태를 더 지향할 것인가). 나는 물적 설계안이 이 모든 점들에 답할 수 있으리라고 상상할 수는 없지만, 이러한 기준들을 고려하는 방식으로 이 새로운 도시의 건설을 생각해보기 위해 최선을 다해야 한다고 결론지었다.

평가단은 이러한 나의 생각에 상당한 관심을 보였다. 나의 의견에 관해 논쟁이 진행되었는데, 이 복잡한 토론이 분명 참기 힘들었던 한 건축가는, 틀림없이 타당한 이 모든 관점들 중에 가장 중요한 것이 있는데, 그것은 바로 정신적 개념이라는 의견을 제시했다. 그의 관점에서 보면, 가장 중요한 문제는 상징적 의미에 관한 것이었다. 곧 우리는 도시계획에서 원과 사각형의 상징적, 개념적 그리고 물질적인 잠재적 가능성에 관한 토론으로 돌아갔다!

유토피아적으로 들릴지도 모르지만, 내가 완전히 새로운 도시의 건설을 책임진다면, 나는 고정되고 불변이고 완성된 영구적인 구조보다는 미래를 향해 진화할 수 있는 구조를 상상하고 싶을 것이다. 그리고 이러한 서로 다른 영역들 사이의 관계의 동학이 어떻게 작동하는지뿐 아니라, 이 동학이 어떻게 의식적으로 동원될 수 있는지 상상하고 싶을 것이다. 이는 어떤 특정한 목표를 달성하기 위해서보다는 가능성들을 열어젖히기 위해서다. 분명, 도시는 우선 지배적인 사회적 관계, 고용구조 그리고 사용 가능한 기술과 조직형태에 따라 건설되어야 할 것이다. 그러나 또한 도시는 3퍼센트의 지속적인 영원한 자본축적이라는 점점 어려워지는 목표를 추구하기 위해 요구되는 것이 아니라, 예를 들어 젠더문제를 존중하는 좀더 평등한 사회적 관계들 그리고 자연에 좀더 민감한 관계의 발전과 조화를 이루는 새로운 기술과 조직형태를 탐색하는 장소로 여겨질 수 있다.

이러한 사고의 틀은 내가 처음 제시한 것이 아니다. 그것은 『자본』 제15장의 각주에서부터 발전된 것인데, 거기서 맑스는 흥미롭게도 다윈의 진화론에 관해 짧게 논평한 후, "공학은 자연에 대한 인간의 능동적인 태도, 즉 인간생활(따라서 인간생활의 온갖 사회적 관계와 거기에서 생겨나는 정신적 표상들)의 직접적인 생산과정을 밝혀주고 있다"(강신준 옮김『자본』I-1, 508면)라고 썼다. 여기서 맑스는 내가 규정했던 5개의 (만약 "인간생활의 직접적인 생산과정"이 상품의 생산과 일상생활의 소비 모두를 지칭하는 것이라면 6개의) 서로 다른 활동영역들을 상기시킨다. 여기에는 제도적 장치만이 빠져 있다.

맑스가 자본주의의 지배적인 기술적·조직적 형태가 어떻게 나타났는지 자세히 검토하는 장의 서문에 이 각주를 배치한 것은 의미심장하다. 맑스는 공장제의 기원과 새로운 기술의 생산에 전념하는 자율적 사업으로서 공작기계(工作機械) 산업의 등장(기계에 의한 기계의 생산)을 이해하는 데 관심이 있었다. 이것은『공산주의 선언』에서 자본주의의 과거와 현재의 본질적 특징으로 규정된 '생산의 끊임없는 혁명적 변화, 모든 사회적 조건의 부단한 동요, 끝없는 불확실성과 혼란'의 기초가 되는 핵심적 산업이다.

기계류에 관한 이 긴 장에서, 서로 다른 영역들은 자본주의의 끊임없는 혁명적 특징에 조응하고 이를 강화하는 방식으로 함께 진화한다. 생산을 장인의 기술로 생각하는 정신적 개념은, 생산을 과학적 이해와 새로운 기술의 의식적 설계로 보는 개념으로 대체되었다. 노동자들이 장인의 특수한 기술을 부여받은 개인이 아니라 점점 더 대체 가능한 기계의 부속물의 처지로 전락함에 따라, 계급, 성별, 그리고 가족 관계가 바뀌었다. 동시에 자본가들은 새로운 기술과 조직 형태를 노동에 대한 계급투쟁의 무기로 동원했다(결국에는 노동하는 육체를 규율하기 위해 기계를 사용했다). 현재와 마찬가지로 당시에도 수많은 여성들이 노동력으로 진입한 것은 사회적으로 다양한 결과를 낳았다. 서로 다른 직무에 대한 노동의 유연성과 적응력이 노동자에게 핵심적 요구조건이 되자 공교육이 필요하게 되었다. 이는 다른 제도적 변화들도 불러일으켰는데, 특히 자본가와 지주가 지배하던 국가에 의해 통과된 1848년 공장법의 교육조항이 그것이다. 국가가 임명한 공장감독관들은 맑스의 주장을 지지하는 풍부한 근거를 제공해주었다. 새로운 조직형태(기업의 공장)가 새로운 제도적 장치하에서 새로운 기술을 촉진했고, 이 새로운 제도적 장치들은 사회적 관계와 자연과의 관계에 여러가지 영향을 미쳤다. 이 과정에서 어떤 한 영역도 다른 영역들을 지배했던 것처럼 보이지 않는다.

그러나 이 영역들 사이에는 진화의 궤적 내에 긴장을 만들어내는 불균등발전이 존재한다. 어떤 결정적인 전환점에서 이 긴장들은 그 궤적을 특정한 방향으로 향하도록 만든다. 새롭고도 '더욱 고차원적인' 가족형태가 이러한 동학으로부터 등장할 수 있었을까? 읽고 쓸 줄 알고, 유연하고 잘 훈련된 노동력을 만들어내기 위한 공교육이, 결국 노동계급 운동이 지도적 위치를 차지하도록 하는 대중의 계몽으로 이어질 수 있었을까? 노동을 끝없는 자본축적의 수레바퀴에 가차없이 복속시키는 대신 노동의 부담을 가볍게 해주는 기술이 발명될 수 있었을까? 그 선택들이 실제로 자본주의를 더욱 억압적으로 만들었다 해도, 그 상황에서는 다른 선택의 가능성들도 있었다. '자유방임주의'의 자유시장 정책에 대한 영국의 지향이 19세기에 꼭 성공하지 않았을 수도 있었다. 그러나 일단 그것이 성공하자 자본주의의 진화는 매우 특징적인 그리고 특별히 자비롭지는 않은 모습을 띠게 되었다.

이제 요약해보자. 7개 활동영역은 자본주의의 역사적 진화 내에서 특별한 방식으로 공진화한다. 각각의 자율적 발전 가능성이 존재한다 해도(자연이 독립적으로 변이하고 진화하는 것처럼 정신적 개념, 사회적 관계, 일상생활의 형태, 제도적 장치, 기술 등도 마찬가지다), 어떤 영역도 다른 영역들을 지배하지는 않는다. 각각의 영역은 인간사에 끊임없이 새로움을 만들어내는 내부 동학을 통해 그리고 다른 영역들과 상호 작용하며 끊임없는 재건과 변화를 겪는다. 영역 간의 관계들은 인과적이지 않고 자본의 순환과 축적을 통해 변증법적으로 서로 엮이고 짜인다. 그와 같이, 이들의 전체적인 배치가 사회생태적 총체를 구성한다. 이 총체가 기계적 총체, 즉 각 부분이 엄격하게 전체의 명령에 순응하는 사회적 엔진이 아니라는 점은 강조되어야만 한다. 그것은 많은 서로 다른 종과 조직체의 형태로 구성되는 생태계와 더 유사하다―프랑스 철학자이자 사회학자인 앙리 르페브르(Henri Lefebvre)가 '앙상블'(ensemble)이라 부른 것 혹은 그의 동료 철학자 질 들뢰즈(Gilles Deleuze)가 서로서로 동적인 관계에 있는 요소들의 '아상블라주'(assemblage)라고 부른 것. 이러한 생태적 총체 내에서 영역들 간의 관계는 서로 복잡하게 얽혀 있으면서도 유동적이고 개방적이다.

영역들 간의 불균등발전은 갈등과 모순뿐 아니라 우연적 사건을 만들어낸다(다윈주의 이론에서 예측 불가능한 변이가 우연적 사건을 만들어내는 것과 매우 비슷하다). 게다가 특정한 시간과 장소에서 어느 영역의 폭발적인 발전은 선도적 역할을 할 수 있다. 새로운 병원균의 갑작스런 발생(예를 들어, 에이즈, 조류독감, 싸스 등) 혹은 노동권, 시민권 혹은 여성의 권리를 둘러싼 어떤 강력한 사회운동의 등장, 혹은 최근의 전자기술 그리고 컴퓨터칩 기반 기술 같은 혁신의 분출, 혹은 이상주의적 정치의 격렬한 폭발 등은 다양한 시간과 장소에서 영역들의 공진화과정에 앞서서 나타났고, 다른 영역들이 그것을 따라잡거나, 아니면 반대나 적극적 저항의 중심을 형성하도록 엄청난 압력을 가했다. 일단 기술이 (19세기 중반 이후 점점 더 그랬던 것처럼) 그 자체로 사업이 되면 이 새 기술을 사용하려는 사회적 필요가 창출되어야만 한다. 최근 제약산업에서는 새로운 약품에 걸맞은, 정신적·육체적 상태에 대한 완전히 새로운 진단법이 개발되었다(프로작Prozac이 고전적 사례다). 모든 문제에 기술적 해결책이 존재하고 모든 병에 약이 존재한다는, 자본가계급과 더 일반적으로는 사회질서 내의 지배적인 믿음은 온갖 다양한 결과를 만들어낸다. 그러므로 '기술물신주의'는, 그 놀라운 성취와 자기파괴적 재앙 모두를 뚜렷이 보여주며, 부르주아의 역사를 추동하는 데 지나치게 두드러진 역할을 수행한다. 자연과의 관계의 문제도 사회적 재생산과 일상생활의 혁명이 아니라 새로운 기술에 의해 해결되어야만 한다!

역사적으로 볼 때, 이들 영역 중 몇몇이 서로 근본적으로 갈등을 빚는 시기들이 존재하는 것처럼 보인다. 예를 들어, 과학과 기술에 대한 추구가 가장 중요해 보이는 미국에서 그렇게 많은 사람들이 진화론을 믿지 않는 것은 이상하게 보인다. 지구온난화에 관한 과학이 잘 정립되어 있지만 많은 이들은 그것을 사기라고 생각한다. 과학을 인정하지 않는 강력한 종교적·정치적 믿음에 직면하여 자연과의 관계를 어떻게 더 잘 납득시킬 수 있을까? 이러한 상황들은 보통 정체 국면 혹은 근본적 재구성으로 이어진다. 위기는 보통 이러한 국면들이 발생하는 전조가 된다. 여기서도 자본주의의 위기 경향은 해결되지 않고 단순히 우회될 뿐이다.

그러나 이 모든 것의 핵심은 이것이다. 어떠한 혁신이나 변화가 일어난다 해도, 장기적으로 자본주의의 생존은 3퍼센트의 지속적 성장을 이루어낼 수 있느냐에 달려 있다. 자본주의의 역사에는, 시도되었지만 성공하지 못한 기술들 그리고 새로운 사회적 관계의 창출을 위한 이상주의적 계획들(19세기 미국의 이카리아 공동체(Icarian Community, 1848~98년까지 프랑스의 사회주의자 카베E. Cabet가 주도하여 미국 일리노이주 노부 등에 만든 공산주의 공동체. 그 이름은 이상사회를 그린 그의 소설 『이카리아 여행』Voyage en Icarie에서 따왔다 ─ 옮긴이), 1950년대 이스라엘의 키부츠Kibbutz, 그리고 현재의 '녹색꼬뮌'green commune 등)이 수많이 존재한다. 이 계획들은 지배적인 자본주의적 논리에 직면하여 흡수되거나 포기되었다. 하지만 자본은 어떤 일이 있어도 어떤 수단을 써서라도, 3퍼센트의 지속적 성장법칙을 따르기 위해 7개의 영역을 조직해내야만 한다.

* * *

　자본주의는 실제로 자연의 진화에 관한 스티븐 제이 굴드(Stephen Jay Gould)의 '단속평형'(punctuated equilibrium)이론(진화과정에서 생물의 종분화가 특정한 시기에 집중되어 폭발적으로 나타난다는 이론—옮긴이)과 다소 비슷한 방식으로 진화해온 것으로 보인다. 상대적으로 느리지만 적당히 조화로운 공진화가 영역들 간에 나타났던 시기들이 파열과 근본적 변화에 의해 중단된다. 아마도 지금 우리는 그런 파열 국면에 서 있는 것인지도 모른다. 그러나 기존 질서를 회복하고, 어떤 중요한 일도 실제로 변하지 않았고 변하면 안 되는 것처럼 계속 진행하기 위한 필사적인 노력의 징후들도 존재한다.

　1973~82년의 위기 동안에 나타났던 가장 최근의 자본주의 재구성의 주요 국면을 뒤돌아볼 때 이 단속평형이론이 어떻게 적용되는지 생각해보자. 2005년 『신자유주의: 간략한 역사』(A Brief History of Neoliberalism)라는 책에서 나는 이 기간에 시작된 자본주의의 구조조정에 관해 설명하려 했다. 자본주의 세계 전체에서, 그러나 특히 (당시의 최강대국이던) 미국에서 자본가계급의 권력은 노동과 다른 사회운동에 비해 약화되었고 자본축적은 정체해 있었다. 대부분이 록펠러 형제처럼 자본가계급의 자손인 언론과 대기업 총수들과 부자들이 반격에 나섰다. 그들은 국가-금융 연관의 근본적인 재구성(국가적·국제적 금융규제 완화, 부채에 기반한 자금조달의 자유화, 격화되는 국제경쟁에 대한 전세계의 개방, 사회복지와 관련한 국가기구의 재배치)을 시도했다. 실업, 탈산업화, 이민, 역외생산 그리고

모든 종류의 기술적·조직적 변화(예를 들어 하청)를 통해 노동에 대한 자본의 권력이 다시 강화되었다. 레이건과 새처 시대에는 모든 종류의 노동조직에 대한 이데올로기적·정치적 공격도 함께 나타났다. 그 결과는 임금억압과 국가의 사회복지 제공의 축소를 통해 이윤율이 하락하고 부가 감소하는 위기를 해결하는 것이었다. 세계에 관한 정신적 개념은, 자유시장과 자유무역에 필연적으로 배태되어 있는 개인의 자유라는 신자유주의 원칙에 대한 호소를 통해 가능한 한 많이 재구성되었다. 이는 사회복지 제공에서 국가의 후퇴, 그리고 1970년대 초반에 확립된 (환경보호 같은) 규제환경의 점진적인 해체를 요구하는 것이었다. 새로운 형태의 틈새 소비주의와 개인화된 생활방식도 갑자기 나타나서, 포스트모던한 도시화의 양식(재건축과 함께 나타난 도심의 디즈니화) 주변에 확립되었다. 또한 자기중심적인 개인주의, 정체성 정치(identity politics), 다문화주의 그리고 성적 선호 등이 뒤섞인 쟁점들을 둘러싸고 여러 사회운동이 등장했다.

자본은 이러한 운동들을 창조하지는 않았지만 그것들을 활용하고 조작하는 방법을 발견해냈다. 이는 그때까지 중요했던 계급연대성을 부수고, 또한 이 사회운동들과 관련있는 감정적이고 유효한 수요를 상품화하고 틈새시장을 만들어냈다는 의미에서 그랬다. 생산과 소비 모두에서 새로운 전자기술의 광범위한 적용은 다수 인구의 일상생활뿐 아니라 노동과정에도 심대한 영향을 미쳤다(이제 어디에서나 노트북, 휴대폰 그리고 아이팟을 볼 수 있다). 새로운 전자기술이 세계의 문제에 해답을 제시한다는 주장은 1990년대 물신주의의 주문이 되었다. 그리고 이 모든 변화는 세계에 관한 정신적 개념에 그와 똑같은 엄청난 변화가 나타나는 전조가 되었다. 금융, 부채 그리고 자산가치에 대한 투기, 정부자산의 민영화와 함께 사회계급 전체가 문화적 규범으로서 개인의 책임을 광범위하게 받아들이면서, 더욱더 강한 소유욕을 지닌 개인주의가 등장했던 것이다. 예를 들어, 한 예비조사는 주택을 차압당한 많은 이들이 구조적 요건을 탓하기보다 어떤 이유로든 주택소유에 뒤따르는 개인의 책임을 다하지 못한 것에 대해 스스로를 더 책망한다는 것을 보여준다. 국가와 국가권력의 적절한 역할에 관한 견해는 신자유주의 시기 동안 극적으로 변화했다. 그 견해는 2008년 가을 리먼브라더스의 파산 이후 국가붕괴를 피하기 위해, 은행씨스템에 엄청난 규모의 금융지원을 통해 경제에 개입해야 했던 지금에 와서야 도전받고 있다.

물론 구체적인 상황은 이것보다 훨씬 더 복잡했고 모든 방향으로 수많은 힘들이 작용하며 흘러갔다. 전세계를 무대로 신자유주의의 지리적 불균등발전이 뚜렷이 나타났지만 그에 대한 저항도 매우 다양했다. 내가 여기서 보여주고 싶은 바는, 1980년과 2010년 사이 세계가 모든 영역에 걸쳐 얼마나 변화했는가 하는 것이다. 이 시기를 살아온 이들은 누구나 그 영역들의 공진화적 운동을 피부로 느낄 수 있을 것이다.

사회이론과 대중의 이해가 유의해야 할 점은 이 영역들 가운데 하나를 지배적이라고 보아서는 안 된다는 것이다. 한국의 도시평가단에 참여한 건축가가 정신적 개념만이 중요하다고 말했을 때, 그는 분명히 단순화라는 이해할 만한 욕망에 의해 추동된 매우 흔한 행동을 한 것이었다. 그러나 그런 단순화는 정당하지 않고 또 오해를 불러일으킬 위험이 있다. 사실 우리는 위험하고 과도하게 단순한 일원론적인 설명에 둘러싸여 있다. 2005년의 베스트셀러 『세계는 평평하다』(*The World Is Flat*)의 저자인 저널리스트 토머스 프리드먼(Thomas Friedman)은 부끄럼 없이 기술결정론의 한 버전을 신봉했다(그는 이를 맑스의 생각이라 썼지만 그것은 틀린 말이다). 제레드 다이아몬드(Jared Diamond)의 『총, 균, 쇠』(*Guns, Germs and Steel*)는 자연과의 관계가 중요하다는 점을 너무 강조하여, 인간의 진화를 환경결정론의 이야기로 만들어버렸다. 그에 따르면 아프리카는 인종적 열등성이나 (그는 말하지 않았지만) 노예무역으로부터 시작된 수백년간의 제국주의의 약탈 때문이 아니라 환경적 이유로 가난하다. 맑스주의와 무정부주의 전통에는 계급투쟁 결정론이 강하게 존재한다. 다른 이들은 젠더, 섹슈얼리티, 혹은 인종주의 등의 사회적 관계를 사회진화의 최전선으로 생각한다. 또다른 이들은 현재 우리의 문제들이 과도한 개인주의와 인간의 보편적 탐욕 때문에 발생한 것이라고 설파한다. 정신적 개념을 사회변화의 선두에 놓는 이상주의는 매우 오랜 전통이 있다(헤겔의 역사이론이 이를 가장 극적으로 대표했다). 그러나 강력한 혁신자나 기업가 또는 종교지도자 혹은 (마오주의의 몇몇 버전 같은) 이상주의적 정치지도자의 이상과 생각을 모든 것의 중심으로 생각하는 많은 다른 종류의 이상주의가 존재한다. 이들에 따르면 믿음과 가치를 바꾸는 것이 진정 중요하다. 또한 이들은 때때로 담론을 바꾸면 세계도 바뀔 것이라고 주장한다.

반면, 맑스주의 전통 내의 노동자주의 분파(workerist wing)는, 세계를 바꾸는 노동의 진정한 권력은 노동활동 내에만 존재하기 때문에 노동과정만이 진정으로 혁명적인 변화가 일어날 수 있는 유일한 장소라고 생각한다. 존 홀로웨이(John Holloway)는 2002년 『권력으로 세상을 바꿀 수 있는가』(*Change the World without Taking Power*)에서 이를 출발점으로 하여, 그리고 이를 출발점으로 해야만 세계를 변화시킬 수 있다고 주장한다. 또다른 대중서인 『축복받은 불안』(*Blessed Unrest*)에서 폴 호켄(Paul Hawken)은 수백만의 사람들이 그들이 살아가는 특정한 장소에서 일상생활을 바꾸고자 하는 현실의 개입으로부터 우리 시대의 사회적 변화가 나타날 수 있고, 이미 나타나고 있다고 주장한다. 이 과정에서 사람들은 과거에 파산했다고 판명된 그 모든 정치적 이데올로기와 이상주의적 정신적 개념(공산주의에서 신자유주의까지)을 집어던진다. 이러한 주장의 좌파적 버전은, 이제 특정 현장의 생활정치를 정치적 행동과 급진적 변화를 위한 핵심적인 온상으로 여긴다. 이들에게는 지역의 '연대경제'(solidarity economy)를 만들어내는 것이 유일한 해답이다. 반면 '제도주의자'(institutionalist)라는 이름을 통해, 제도적·행정적 기구들을 통제하고 개혁하는 것이 가장 중요하다고 생각하는 사회변화 이론을 고수하는 많은 역사학자와 정치철학자 학파도 있다. 국가권력을 획득하고 부수는 것은 이 학파의 혁명적 레닌주의 버전이다. 다른 급진적인 버전은 '통치성'(governmentality)문제에 대한 미셸 푸꼬(Michel Foucault)의 분석에 기초하는데, 이는 흥미롭게도 두 영역 — 제도적·행정적 씨스템 그리고 (정치체로서 여겨지는) 일상생활 — 사이의 교차점을 분석한다.

이 수많은 가능성 중에서 각각의 이론은, 비록 다차원적이지는 않지만, 자본주의의 사회-생태주의 동학에 뭔가 중요한 점들을 지적하고 대안을 구성할 수 있는 잠재적 가능성에 대해 이야기한다. 그러나 이 관점들 중 어느 하나 혹은 다른 하나만이 유일한 변화의 원천이며 따라서 변화를 위한 가장 중요한 정치적 압력지점이라고 배타적·독단적으로 생각하는 순간 문제가 발생한다. 다른 것에 비해 어떤 활동영역을 더 지지하는 사회이론은 불행한 역사에 직면해왔다. 때때로 이는 여러 영역 중에서 한 영역 혹은 다른 영역—계급투쟁 혹은 기술동학 같은—이 현재 나타나고 있는 전환의 최전선에 있는 것처럼 보이는 상황을 반영한다. 그런 상황에서는, 그 장소와 시간에서 사회-생태적 변화의 선두에 있는 힘들을 인식하지 않는다면 시대착오적인 일일 것이다. 결국 나의 주장은 7개의 영역이 언제나 같은 중요성을 지닌다는 것이 아니라, 그들의 불균등발전 내의 변증법적 긴장을 언제나 명심해야 한다는 것이다.

한 시대와 장소에서는 중요하지 않은 것처럼 보이는 것이 다음 시대와 장소에서는 중요해질 수 있다. 노동의 갈등은 이제 1960년대와 1970년대 초에 그랬던 것처럼 정치적 동학의 최전선에 있지는 않다. 현재는 이전보다는 더 많은 관심이 자연과의 관계에 맞추어져 있다. 생활정치가 어떻게 진행될 것인지에 대한 현재의 관심은, 과거에 당연히 받았어야 할 관심을 받지 못했기 때문에 분명 환영할 만한 것이다. 아마도 지금 당장은, 과거에 너무 자주 경솔하게 가장 중요시되었던 기술과 조직형태의 사회적 영향에 관한 또다른 설명은 필요치 않을 것이다.

봉건주의로부터 자본주의의 등장에 관한 맑스의 설명 모두는, 사실 여기서 규정된 7개의 서로 다른 활동영역들을 가로지르는 그리고 그것들 사이의 공진화적 운동으로서 재구성되고 이해될 수 있다. 자본주의는 이 영역들 중 오직 하나의 영역 내에서 나타난 힘에 기초하여, 어떤 대단히 혁명적인 전환에 의해 봉건주의를 대체했던 것이 아니다. 자본주의는 때로는 무력, 폭력, 약탈과 자산의 수탈을 통해 그러나 다른 때에는 간사하고 교활하게, 과거 사회의 틈새들 내부에서 자라나고 그것을 조금씩 대체해야만 했다. 자본주의는 결국 구질서와의 전쟁에서 승리했지만 전투에서는 자주 패배하기도 했다. 하지만 자본주의가 약간의 권력을 획득했을 때, 초기의 자본가계급은 이전의 봉건적 질서하에서 오랫동안 구성되어왔던 다음의 요소들, 기술, 사회적 관계, 행정씨스템, 정신적 개념, 생산씨스템, 자연과의 관계, 일상생활의 패턴 등에 기초하여 우선 그들의 대안적인 사회적 형태를 확립해야만 했다. 자본주의가 스스로의 독특한 기술적 기초뿐 아니라, 생산과정과 제도적·행정적 틀은 말할 것도 없고, 믿음 체계와 정신적 개념, 불안정하지만 분명히 계급에 기초한 사회적 관계의 구성, 정교한 시공간적 리듬, 그리고 마찬가지로 특별한 일상생활의 형태를 발견하기 위해서, 즉 자본주의가 자본주의로 불릴 수 있기 위해서는, 서로 다른 영역들의 공진화와 불균등발전이 필요했다.

자본주의가 그것들에 성공했을 때에도, 그 내부에는 자본주의로의 전환을 이루어낸 서로 다른 조건들의 다양한 특징이 그대로 새겨졌다. 세계의 서로 다른 지역에서 자본주의가 어떻게 작동하는지에 대해 프로테스탄트, 가톨릭 그리고 유교 전통이 미친 중요한 차이는 지나치게 강조되기도 하지만, 그러한 영향이 의미가 없거나 무시할 만하다고 주장하는 것은 바보 같은 일일 것이다. 더욱이 자본주의가 일단 확립되고 나면, 지속적 성장률로 이루어지는 끝없는 자본축적 의 필연적인 긴장을 조절하기 위해 모든 영역에 걸쳐 혁명적 운동이 끊임없이 나타난다. 1990년대에 새로이 등장한 노동계급의 일상의 습관과 정신적 개념(우선 '노동계급'의 사회적 관계를 구성하는 것 이 무엇인가에 관한 재정의와 함께)은 1950, 60년대 영국 노동계급 의 습관·활동과는 별 관련이 없다. 자본주의가 시동을 건 공진화과 정은 끊임없는 것이었다.

사회주의를 건설하려는 과거의 시도 가운데 가장 큰 실패 중 하나 는, 아마도 정치적으로 이 모든 영역에 관여하여 그것들 사이의 변 증법을 봉쇄하지 않고 개방하는 것을 꺼려한 것이었다. 혁명적 공 산주의, 특히 소련 같은 공산주의—특히 1920년대의 혁명적 실험 기가 스탈린에 의해 끝난 이후—도 각 영역 사이의 변증법적 관계 를 너무 자주 생산력(기술)을 그 변화의 최전선에 위치시키는 편협 한 프로그램으로 축소했다. 이러한 접근은 필연적으로 실패하고 말 았다. 그것은 정체를 불러왔고, 행정적·제도적 장치들의 침체를 가 져왔고 일상생활을 독점화했으며 새로운 사회적 관계나 정신적 개 념을 추구하려는 가능성을 봉쇄했다. 그것은 자연과의 관계에 주의 를 기울이지 않았고 그 결과는 끔찍했다. 물론 레닌은 (부분적으로 봉건적이고 부분적으로 자본주의적이었던) 이전 질서에 의해 주어진 구성에 기초하여 공산주의를 만들어내기 위해 분투할 수밖에 없었고, 이런 관점에서 보면 그가 포드주의 공장, 그리고 그 기술과 조직형태를 공산주의로의 이행에 필요한 단계로 수용했던 것은 이해할 만하다. 그는 사회주의와 공산주의로 이행이 가능하려면, 초기에는 자본주의가 만들어낸 가장 발전된 기술과 조직형태에 기초해야만 한다고 설득력 있게 주장했다. 그러나 특히 스딸린 집권 이후에는, 공산주의적인 것은 말할 것도 없고 진정으로 사회주의적인 기술이나 조직형태로 나아가려는 의식적 노력이 나타나지 않았다(비록 그들이, 적절하게 적용된다면 노동의 부담을 경감하고 효율성을 높여주는 로봇화와 최적생산과 스케줄 씨스템의 수학적 계획에서 분명 큰 진보를 이루기는 했지만 말이다).

마오 쩌둥은 적어도 원칙적으로 혁명은 영구적이어야 하며 그렇지 않으면 아무것도 아니라고 인식했을 뿐 아니라, 모순이 어떻게 작동하는지에 관한 뛰어난 변증법적 감각이 있었다. 이러한 사고는 그로 하여금 상이한 역사적 국면들에서, 서로 다른 활동영역에서 나타나는 혁명적 전환 중 어떤 것이 가장 중요한지 의식적으로 생각하도록 만들었다. '대약진운동'은 생산과 기술, 그리고 조직의 변화를 강조했다. 그것은 당면한 목표를 달성하는 데 실패했고 엄청난 기아를 만들어냈지만, 확실히 정신적 개념에 심대한 영향을 미쳤다. 문화혁명은 사회적 관계와 세계에 관한 정신적 개념을 직접적·근본적으로 재구성하기 위한 것이었다. 현재 일반적으로 받아들여지는 의견은 마오가 이 두 시도들 모두에서 처참하게 실패했다는 것이다. 하지만 1970년대 후반 제도와 행정의 개혁이 도입된 이후 중국에서 나타난 놀라운 경제적 성과와 혁명적인 전환은 여러 면에서 마오주의 시대의 실질적 업적(특히, 당이 일상생활에 대한 통제를 강화했을 때 나타난 대중들의 여러 '전통적인' 정신적 개념과 사회적 관계와의 단절)에 튼튼하게 기초한 것이라는 견해도 있다. 예를 들어, 마오는 1960년대에 '맨발의 의사들'(赤脚医生, barefoot doctors)이라는 집단을 그때까지 소외되어 있던 매우 가난한 농촌지역에 보내 기초적인 예방의학, 공공의료수단, 그리고 산전치료 등을 가르치게 하며, 의료보장제도를 완전히 재조직했다. 그 결과 나타난 유아사망률의 극적인 감소와 평균수명의 상승이 1980년대 이후 중국의 성장을 촉진했던 잉여노동을 창출한 것이다. 그것은 또한 한 가정 한 자녀 정책의 집행을 통한 재생산활동의 엄격한 제한으로 이어졌다. 이모든 것들이 일종의 자본주의 발전의 경로를 열었다는 것은 매우 큰 중요성을 지닌, 의도하지 않은 결과였다.

그렇다면, 사회적 변화에 관한 이 공진화이론의 관점에서 혁명적인 전략들은 어떻게 설명할 수 있을까? 그 이론은 거대한 혁명적 전략에서 도시화와 도시생활의 재계획에 이르기까지 모든 것을 생각하는 데 실용적 함의를 지닐 수 있는 연구의 틀을 제공한다. 동시에 그것은 의도되지 않은 다양한 결과들뿐 아니라 우연적 사건들, 모순들 그리고 자율적인 가능성들에 우리가 끊임없이 직면하고 있다는 것을 의미한다. 봉건주의에서 자본주의로 이행하는 경우처럼 반자본주의적인 대안적 사회운동을 시작할 수 있는 틈새공간들은 적지 않다. 그러나 또한 방향을 잘 잡은 노력이 결국에는 체제에 흡수되거나 완전히 잘못될 가능성도 많다. 이와 반대로, 부정적으로 보이는 발전(마오의 대약진운동이나 1945년 이후의 급속한 경제성장의 발판을 마련한 2차대전 등)이 놀랍게도 좋은 결과를 낳을 수도 있다. 그렇다면 우리는 좌절해야만 하는가? 일반적인, 특히 인간사회에서의 진화는 (자본주의의 명령이 있든 없든) 멈출 수 없기 때문에, 우리는 이 드라마에 참가할 수밖에 없다. 우리의 유일한 선택은 어떻게든 우리의 개입이 어떻게 작동하는지 의식하고, 상황이 전개되고 혹은 의도하지 않은 결과들이 더욱 뚜렷해질 때 경로를 빠르게 변화시킬 수 있도록 준비하는 것이다. 자본주의의 명백한 적응력과 유연성은 여기서 중요한 역할모델을 제공한다.

그렇다면 우리는 어디서 혁명적인 반자본주의 운동을 시작할 것인가? 정신적 개념? 자연과의 관계? 일상생활과 재생산과정? 사회적 관계? 기술과 조직형태? 노동과정? 제도의 장악과 그 혁명적 전환?

대안적 사고들과 저항적 사회운동들을 검토해보면, 이들이 이러한 운동을 시작하기에 어디가 가장 적절한지에 관해 서로 다른 (불행히도 흔히 서로 배타적인) 생각을 제시한다는 것을 알 수 있다. 그러나 여기서 제시된 공진화이론의 함의는, 우리가 시작한 그곳에 머무르지 않는 이상 어떤 곳에서든 그리고 모든 곳에서 그것을 시작할 수 있다는 것이다! 혁명은 단어 그 자체의 의미로 **운동**(movement)이어야만 한다. 만약 그것이 서로 다른 영역들 내부에서, 그 영역들을 가로질러서 그리고 그 영역들을 뚫고서 운동할 수 없다면 그것은 결국 실패하고 말 것이다. 이것을 인식한다면, 서로 다른 영역들 주변에 배열된 다양한 범위의 사회적 권력들 사이의 연대를 구상하는 것이 매우 중요해진다. 자연과의 관계가 어떻게 작동하는지에 대해 깊은 지식을 가진 이들은 제도와 행정적 장치들이 어떻게 작동하는지, 과학과 기술이 어떻게 동원될 수 있는지, 일상생활과 사회적 관계가 어떻게 가장 쉽게 재조직될 수 있는지, 정신적 개념이 어떻게 변화할 수 있는지, 그리고 생산과 노동과정이 어떻게 재구성될 수 있는지에 관해 잘 인식하고 있는 이들과 연대해야만 한다.

어떤 공간에서 혁명적 운동이 발생하고 그것이 진행되면서 어떻게 공간을 만들어내는가? 이것이 우리가 이제 생각해야만 하는 지리적인 질문(geographical question)이다.

제6장

그 모든 것의 지리

2007년 미국 일부 지역의 주택시장에서 시작된 위기는 네트워크로 긴밀하게 연결된 금융과 무역 씨스템을 통해 전세계로 급속히 확산되었다. 이 네트워크는 원래는 금융위기를 퍼뜨리는 것이 아니라 위험을 분산시킬 것으로 여겨졌던 것이다. 신용경색의 영향이 확산됨에 따라 위기는 각 지역별로 상이한 결과를 미쳤다. 모든 것은 다음과 같은 다양한 요인에 달려 있었다. 우선 그 지역의 은행과 연금기금 같은 다른 금융기관들이 미국에서 판매된 유독성 자산에 얼마나 투자했는지의 정도, 다른 지역 은행들이 미국의 관행을 따라 고위험 투자를 행한 정도, 그리고 지역의 기업과 (지역정부 같은) 국가기구가 그들의 부채를 연장하기 위해 외부 금융기관(open line)에 의존한 정도, 미국과 다른 지역의 소비자수요가 급속하게 둔화되어 수출 주도적 경제들에 미친 악영향, 원자재(특히 석유) 수요와 가격의 등락, 그리고 (이민노동자의 송금 흐름을 포함한) 고용과 사회적 지원 구조의 차이, 그리고 지역에 따른 사회복지 제공의 차이 등이 그것이다. 이 위기는 언제, 어떻게 그리고 왜, 특정한 국가, 지역 그리고 주변부에 타격을 미쳤을까? 왜 EU의 실업(2009년 4월 평균 8.9퍼센트)은 네덜란드의 2퍼센트에서 에스빠냐의 17.5퍼센트까지 서로 다르게 나타났을까? 최근 미국가구는 저축을 거의 하지 않았고 영국가구는 그들 소득의 약 2퍼센트, 그리고 독일 가구는 약 11퍼센트를 저축했는데, 각국의 저축률 차이는 왜 중요할까? 최근의 그 모든 혼란스런 사건들에도 불구하고 왜 레바논은 2009년 여름 현재 위기의 영향을 거의 받지 않았을까? (이에 대한 부분적인 해답은, 2006년 이스라엘의 폭격으로부터 레바논을 재건하기 위한 대규모의 경제진작 프로그램이 현재 진행되고 있기 때문이다.)

중국과 아시아의 많은 다른 지역들에서는 거의 전적으로 수출시장의 붕괴를 통해 문제가 나타난 반면, 아이슬란드의 문제는 거의 전적으로 대규모 국내은행들의 유독성 자산에 대한 투자 때문이었다. 엄격하게 규제받던 캐나다의 은행들은 지금까지 큰 어려움을 보고하지 않았지만, 미국과의 무역에 의존하는 캐나다 산업들은 심각한 타격을 입었다. 영국은 거의 모든 영역에서 미국 모델을 따라왔기 때문에 심각한 피해를 입었지만, 독일은 은행씨스템 내부에 숨겨진 유독성 자산이 많다는 소문에도 불구하고 수출 감소를 극복하는 것이 주된 과제였다. 엄청난 외환보유고를 지닌 중국은 어려움을 극복하기 위해 필요한 대규모의 금융자산을 갖고 있었지만 아이슬란드는 전혀 그렇지 못했다.

사람들과 각국 정부의 위기 대응도 다음과 같은 요인에 따라 각
국별로 매우 다양한 양상을 보였다. 국내문제의 깊이와 본질, 이데
올로기적 성향, 위기의 주요 원인에 대한 지배적 해석, 제도적 장치
(예를 들어, 미국의 극도로 빈약한 복지제공에 비해 훨씬 튼튼한 유
럽 국가들의 사회적 안전망), 관례(예를 들어 개인저축과 관련된 관
습), 그리고 위기가 국내에 미치는 영향에 대응하기 위한 국내 자
원의 이용가능성(특히 예산흑자). 독일은 히틀러의 집권을 가능하
게 만들었던 바이마르시대 인플레이션의 영향에 관한 끔찍한 기억
이 있어서, 과도한 부채에 기반한 재정지출이 인플레이션을 유발할
것을 우려해 신자유주의의 교리를 완고하게 지켰다. 그러나 미국은
'적자는 문제가 아니다'라는 레이건의 독트린에 (최근 새로이 부활
한 공화당의 재정보수주의자들에게는 당혹스럽게도) 즐겁게 동의
했다. 위기에 대한 대응과 그 영향이 이렇게 다양하다면, 이는 경제
회복 아니면 대안적 정치경제로의 혁신적 전환이 어디에서부터 나
타날 것인가라는 질문을 제기한다. 우리는 1997년 동아시아와 동남
아시아 경제위기에 대한 해답이 무엇이었는지 알고 있다. 이 지역
의 경제들은 부채에 기초한 미국 소비시장의 활황 덕분에 수출증
가를 통해 경제회복에 성공했다. 그렇다면 이번에는 어디가 해답일
까? 여전히 성장의 징후를 보여주는 브라질, 인도, 중국 같은 신흥시
장들일까? 동아시아가 회복의 중심지가 될 것이라는 여러 징후들이
있지만 이번에는 확실히 말할 수는 없다. 위기의 영향과 소위 경제
회복의 '희망적 조짐'(green shoots)이 퍼져나갈 수 있는 지리적 경로

들을 예측하는 것은 거의 불가능한 일이다.

금융전염이 확산될 수 있는 낯선 경로들을 이해하기 위해 아래와 같은 사례를 생각해보자.

세계의 많은 지방자치단체들처럼 베를린은 1990년대에 공공교통 씨스템에 대한 재원조달에 어려움을 겪었다. 점점 더 신자유주의적으로 되어간 중앙정부는 지원을 꺼렸다. 금융고문들은 이러한 상황을 타개할 기막힌 방법을 제시했다. 그것은 미국의 투자자들에게 교통설비를 장기로 리스해주고 나중에 다시 이를 돌려받는 것이었다. 미국의 투자자들은 해외투자의 감가상각에 대해 세금공제를 받았고, 이들은 그 공제된 세액을 베를린의 교통기관과 나누었다(이 기관은 1990년대 말 약 9000만달러를 받았다). 이는 사실상 미국의 납세자들이 독일의 지역정부를 보조해준 것이었는데, 많은 독일 지역정부들은 상하수도 공급씨스템에서 컨벤션센터까지 모든 사업에서 이와 비슷한 계약을 체결했다. 미국의 조세당국은 이 신용사기를 적발해냈고 2004년 이후에는 이를 규제하기 위해 조치를 취했다. 그러나 영어로 쓰인 그 복잡한 계약들은 여전히 효력이 있었다. 그 계약은 리스된 자산은 신용이 높은 보험회사에 의해 보장되어야만 한다고 규정했다. 결국 베를린 시정부는 리먼브라더스, AIG 그리고 아이슬란드의 은행들을 포함한 신용도 높은 많은 금융기관들이 보증하는 부채담보부증권(CDO)을 통해 리스한 자산을 보장하도록 미국의 투자은행 JP모건에 의해 종용받았다. 2008년 9월 이 모든 기관이 파산하고 CDO가 유독성 자산이 되자, 베를린은 신용도가 높은 다른 보험회사를 찾거나(이는 당시에는 불가능한 일이었다) 자기자금을 담보로 예치해야만 했다. 결국 베를린시는 2억달러 이상의 부채를 지게 되었다. 다른 많은 독일의 지역정부들도 이와 비슷한 상황에 처하게 되었다(거의 모든 자산을 리스했던 라이프치히가 가장 큰 타격을 받았다). 그러나 어느 독일 지방공무원이 지적했듯이, 다른 많은 지역정부들이 그들의 성공적인 투자유치에 기뻐하던 1990년대에 이러한 계약에 유혹당하지 않기란 매우 어려운 일이었다.

독일 국경을 가로지르는 리스계약의 대실패는 독일과 프랑스의 정치지도자들이 분명하게 주장했던 유럽식 금융위기 해석에 힘을 더했다. 그것은 이번 위기가 자본주의 체제의 실패가 아니라 영미식 체제 특유의 위기라는 것인데, 이는 매우 그럴 듯하지만 실은 옳지 않은 것이다. 유럽의 많은 지역에서 위기에 대해 대체로 민족주의적(그리고 몇몇 경우 위험하게도 우익의) 대응이 나타난 것—이는 2009년 6월 유럽의 선거에서 우익정당들의 득표가 크게 상승했던 것에서 명백히 알 수 있다—은 이해할 만하다. 그러나 마치 대서양 반대편에서 나타난 부채에 기초한 소비호황과는 아무 관계없이 독일의 수출산업이 그 스스로 번영할 수 있다는 생각은, 협소한 민족주의적 인식이 세계화된 자본주의의 본질적인 현실을 어떻게 왜곡하는지를 잘 보여주는 사례다.

* * *

그렇다면 무엇이 위기가 전개되는 지리적 궤적을 이끌며, 지역적 영향과 지역적 대응은 세계적 동학과는 어떤 관계가 있을까? 간단히 말해, 자본축적의 복잡한 지리적 동학에 대한 이해를 도와주고 따라서 이 독특한 위기가 어떻게 전개됐는지 맥락을 설명해주는, '자본주의의 지리적 불균등발전'(uneven geographical development)에 관한 설득력 있는 이론이 존재하는가?

자본축적의 과정은 분명히 그 지리적 환경(geographical setting)의 내부에 존재하고 이 환경들은 본질적으로 매우 다양하다. 한편, 자본가들과 그들의 대리인들도 이 환경들을 변화시키는 적극적이고 중요한 역할을 담당한다. 새로운 공간과 공간관계가 끊임없이 생산되고 있다. 새로운 교통·통신 네트워크, 번창하는 도시, 그리고 매우 생산적인 농촌지역들이 만들어지고 있다. 많은 산림이 파괴되었고, 지구 내부로부터 많은 자원이 추출되었으며, 서식지와 대기의 상태가 (지역적·세계적으로) 변형되어왔다. 대양은 식량자원을 끊임없이 그물질당하고 온갖 종류의 쓰레기(그중 몇몇은 모든 생명체에 유독하다)가 지구 전체에 버려져왔다. 인간의 역사 전체에 걸쳐 나타난, 인간활동이 초래한 장기적인 환경 변화는 엄청난 것이었다. 자본주의하에서 나타난 변화는 더욱 거대했다. 자연이 우리에게 주었던 것들이 오랫동안 인간이 만들어낸 것으로 대체되어왔다. 자본주의의 지리는 점점 더 인간이 스스로 만들어낸 것으로 되어간다.

자본가들이 그것을 만들어내는 데 관여한 유일한 사람들은 아니다. 1700년경 이후부터 전세계 인구는 지속적으로 성장해왔는데 이는 흥미롭게도 지속적인 자본축적과 유사하다. 전세계 인구는 1810년경에 10억명을 넘었다. 1900년에는 16억명, 1950년에는 24억 명, 그리고 2000년에는 60억명을 넘어섰고, 2009년 현재는 약 68억명으로 추산된다. 예측에 따르면 2050년경에는 약 90억명이 될 것이다.

자본축적과 인구증가 사이의 관계의 정확한 본질은 논쟁의 대상이다. 그러나 생산자와 소비자 모두로서 역할을 할 수 있는 인구가 끊임없이 증가하지 않았다면, 현재처럼 자본주의가 생존하거나 번영할 수 없었다는 것은 거의 확실하다. 이러한 인구가 자본주의적인 사회적 관계, 기술, 생산형태와 제도적 장치에 따라 조직되지 않았을 때조차도 이는 마찬가지였다. 자본잉여의 생산과 흡수에 있어 노예제, 잉카의 황금, 토착민들로부터 약탈한 원자재의 공급, 그리고 비자본주의적 시장의 기여는 수백년 동안 자본주의의 성장을 지탱하는 데 핵심적 역할을 했다. 1860년대 맨체스터에서 번영했던 면직업은 아프리카로부터 수입된 노예노동을 사용한 미국의 농장에 기초하고 있었다. 또한 그 최종생산물은 특히, 비자본주의였지만 영국 제국주의가 지배하던 인도의 방대하고 증가일로였던 인구에게 판매되었다. 그러나 그 반대의 주장도 성립한다. 즉 사람들에게 식량을 제공하는 다른 방법이 고안되지 않는 한, 자본축적을 통해 이루어진 성장이 없었다면 많은 인구가 굶주렸을 것이다.

더욱 최근에는, 새롭게 그리고 대개는 오직 부분적으로만 프롤레타리아화된 중국 농촌의 인구가 자본주의 성장의 놀라운 국면에 기초를 제공했다. 이러한 성장은 중국의 저임금산업과 경쟁할 수 없는 지역들에는 어려움을 주었지만, 점점 더 불안정해지는 자본주의를 지속적으로 성장할 수 있도록 해주었다. 다른 예를 들면, 도시 지역으로의 대규모 인구유입은 토지 이용에 엄청난 압력을 가하고 따라서 지주 자본가들과 개발업자들이 획득하는 지가와 임대료의 상승에 중요한 역할을 했다.

지구라는 행성에 더욱더 많은 사람들이 살게 된 것 자체가 심대한 지리적 변화를 낳았다. 이민과 개척의 행렬로 인해 1700년의 북미처럼 인구밀도가 높지 않던 대륙이 사람들과, 결국에는 자본축적을 위한 역동적인 성장의 중심지가 되었다. 자본주의의 역사 초기에는 정착식민지와 변경에서의 개척활동이 자본주의 발전의 새로운 영역을 만들어내는 데 핵심적 역할을 했다. 현재에도, 대안적 생활방식을 추구하거나 단지 자본주의 체제 내에서 회사를 세울 기회가 없는 상황에 직면한 이들을 비롯하여, 수백만의 농민, 소농 생산자들, 장인, 소공장 생산자와 수선공이 존재한다. 이들은 자본의 축적으로부터 상당히 자유롭거나 별 관계가 없는 이들이다. 자본주의와 그들의 관계는 주로 시장씨스템과 그들의 접촉, 그리고 상품교환에 대한 제한된 참여를 통해 조정된다. 그러나 국가의 과세는 모두가 세금 납부를 위해 무언가를 판매해야만 하도록 만들어서, 이런 종류의 사람들을 자본축적의 일반적인 궤도에 통합되도록 하는 오래된 수단을 제공한다.

이러한 수많은 사람들은 잠재적 노동예비군과 잠재적 시장의 원천을 제공한다. 예를 들어, 최근에는 한때 국제기구의 공식용어였던 '비공식부문'(informal sector, 따라서 어느정도 자본축적의 논리 외부에 존재한다)이 '소규모기업'(microenterprise)이라는 단어로 재정의되었다. 이들 기업의 운명은 이제 마이크로크레디트 혹은 마이크로파이낸스의 제공을 통해 자본의 운명에 연결된다. 마이크로크레디트는 소규모 신용을 (매우 높은 이자로) 하루에 2달러 미만으로 살아가는 20억의 인구에 속한 공동체(보통 소규모 여성의 집단)들에게 제공한다. 그 목표는 사람들이 스스로 빈곤에서 탈출하고 자본축적이라는 즐거운 사업에 참여하도록 만드는 것이다. 그중 몇몇은 성공했지만 다른 경우는 가난한 이들이 빚을 떠안도록 만들었다.

이들 인구는 수없이 많은 방식으로 그들 스스로의 지리를 만들어낸다. 그러나 그들의 인구적·경제적 상황은 매우 상이하다. 동아시아와 남아시아에서는 강화된 식민주의와 제국주의적 관행으로 인해 17세기부터 — 적어도 최근까지 — 엄청난 부가 수탈되었지만 인구는 계속 늘고 있다. 서유럽의 많은 지역과 일본 같은 더욱 발전된 자본축적의 중심지에서는 인구가 마이너스 성장에 빠졌지만(그에 따라, 지속적인 자본축적에 여러가지 문제를 야기하는 고령화문제도 나타난다) 아시아의 다른 지역, 남미, 그리고 아프리카의 인구는 줄곧 증가 추세다. 한편 중국은 자녀수에 대한 엄격한 제한을 통해 이미 엄청나게 많은 12억의 인구를 억제하려고 하는 반면, 미국은 더욱 개방적인, 그러나 지금은 점점 도전받고 있는 이민정책을 통해 인구성장을 유지해왔다(미국 인구는 농업, 건설, 특히 가사노동에 필요한 저임금노동의 상당부분을 차지하는 불법이민자들의 유입증가에 의해 보충되었다).

사람들은 공간을 차지하고 땅 위 어딘가에서 어떻게든 살아가야만 한다. 그들이 살아가고, 생활을 유지하며 종을 재생산하는 방식은 장소에 따라 매우 다르다. 이 과정에서 사람들은 농민의 오두막, 소규모 마을, 빈민가, 도시의 가옥에서 교외의 규격화된 소규모 주택 혹은 롱아일랜드의 햄튼, 중국의 게이티드 커뮤니티(gated community, 담과 정문이 있어 일반인은 접근하지 못하는 부자들만의 폐쇄적인 주택단지─옮긴이), 그리고 쌍빠울루나 멕시코시티의 고층 펜트하우스 같은 수백만달러의 주택까지, 그들이 거주하는 장소를 창조한다. 장소를 만드는 일 그리고 주택 혹은 집이라 불리는 안전한 환경이 되는 거주지의 창조는, 자본의 축적만큼 토지에 광범위한 영향을 미친다. 동시에 이러한 장소들의 생산이 잉여의 생산과 흡수에 주요한 도구가 되지만 말이다. 전세계의 늘어나는 인구의 대부분이 현재 살아가는 '도시'의 생산은 시간이 흐름에 따라, 이제 각각을 분리할 수 없을 정도로 자본축적에 점점 더 통합되어왔다. 빈민들이 스스로 만드는 판자촌에서조차, 거기에 쓰인 골함석, 포장박스 그리고 방수시트 등은 처음에는 상품으로 생산되었던 것이다.

잉여인구는 자본만큼이나 장소에 고정되어 있지 않다. 때때로 국민국가들이 세우는 이민장벽들에도 불구하고, 그들은 개척의 기회나 고용을 찾아 어느 곳으로든 흘러간다. 가정의 하인으로 계약되는 감금된 노동력과 건설노동자나 농업노동자로 일하는 이민자들은, 더 나은 삶의 기회를 찾아 이동하는 지역의 주민·개인과 경쟁한다. 폴란드 여성이 런던의 히드로공항 주변 호텔을 청소하고, 라트비아 노동자가 아일랜드 술집에서 써빙을 하며, 멕시코와 과떼말라로부터 흘러온 노동자들이 뉴욕의 콘도미니엄 건물을 건설하거나 캘리포니아 농장에서 딸기를 따고, 팔레스타인, 인도, 그리고 수단 사람들이 걸프만 국가들에서 노동한다. 걸프만 국가들에서 인도, 동남아시아 혹은 팔레스타인의 난민캠프로 보내지는 송금액은, 미국에서 멕시코, 아이띠, 필리핀, 에꽈도르 그리고 다른 저개발국으로 보내는 송금액과 맞먹는다. 모든 종류의 떠돌이들(기업과 노동 모두)이 자본축적의 공간적 동학에 복잡하게 엮인 네트워크를 형성한다. 그리고 금융위기는 정확하게 우리가 이야기하는 이 네트워크를 통해, 아프리카의 시골 혹은 인도의 농촌 같은 세계의 모든 구석과 틈새에 영향을 미친다. 뉴욕시와 플로리다에서 일하는 아이티의 가사노동자들이 일자리를 잃으면서 미국으로부터 아이띠로의 송금이 감소하자, 아이띠에는 영양실조와 끔찍한 기아가 만연하고 있다.

결국 지리적으로 차이가 나는 인간의 풍경이 창조된다. 그 안에서 사회적 관계와 생산씨스템, 일상의 생활방식, 기술과 조직형태 그리고 자연과의 독특한 관계가 제도적 장치와 함께 서로 다른 특성을 지닌 독특한 장소들을 만들어낸다. 그러한 장소들은 다시 고유한 정치와 삶의 경쟁방식에 의해 특징지어진다. 잠시, 당신이 살고 있는 장소에서 이 모든 요소가 결합되는 다양한 방식을 생각해보라. 이 복잡한 물리적·사회적 지리는 그것을 만들어낸 적극적인 투쟁뿐 아니라 사회적·정치적 과정의 흔적을 지니고 있다.

그 결과로 나타나는 지리적 불균등발전은 불안정하면서 무한히 다양하다. 중국 북부의 탈산업화된 도시. 한때 동독 지역이던 퇴락하는 도시. 주장삼각주의 번영하는 산업도시. 뱅걸로(Bangalore)의 IT 중심지. 수탈받는 농민들이 반란을 일으키는 인도의 경제자유구역. 사라질 운명에 처한 아마존 혹은 뉴기니의 토착민. (적어도 최근까지 세계의 헤지펀드 수도인) 코네티컷주 그리니치의 부유한 이웃. 분쟁이 만연한 나이지리아 오고니(Ogoni) 유전지역. 멕시코 치아빠스의 사빠띠스따(Zapatista) 같은 전투적 운동으로 유명한 지역들. 브라질, 빠라과이, 그리고 아르헨띠나의 방대한 콩 생산지. 내전이 끊이지 않는 콩고 다르푸르(Darfur)의 농촌 지역. 안정적인 중산층 중심의 런던, 로스앤젤레스, 뮌헨의 교외지역. 남아프리카의 판자촌. 여성만이 일하는 스리랑카의 의류공장들 혹은 바베이도스와 뱅걸로의 콜센터들. 유명 건축가들이 건물을 설계한 걸프만 국가들의 신흥 대도시들. 이 모든 것들(물론 사례는 무궁무진하다)이 함께, 인간의 활동이 만들어낸 지리적 차이로 가득한 세계를 구성한다.

언뜻 보기에 이 세계는 지리적으로 너무 다양해서, 합리화된 통제는 말할 것도 없고 원칙있는 이해조차도 어려운 것처럼 보인다. 이모든 것은 도대체 어떻게 연관되어 있을까? 그들 사이에 복잡한 연관과 상호관계가 존재하는 것은 분명하다. 여러모로 유럽 식민주의의 슬픈 유산인 아프리카의 내전은 아프리카의 소중한 자원을 통제하기 위한 기업과 국가 주도의 오랜 투쟁의 역사를 반영한다. 최근에는 이와 관련하여 중국이 점점 더 중요한 행위자가 되고 있다. 중국 북부와 오하이오의 공장의 일부는 주장삼각주에 공장들이 설립되고 있기 때문에 문을 닫는다. 바베이도스 혹은 뱅걸로의 콜센터는 오하이오와 런던의 고객들을 위해 봉사하고, 빠리 사람들이 입는 셔츠나 스커트는 메이드인 스리랑카 또는 방글라데시의 상표를 붙이고 있으며, 한때 이딸리아에서 만들어졌던 구두는 이제 베트남에서 생산된다. 걸프만 국가들은 석유 수출에 기반하여 호화로운 빌딩들을 건설하는데, 이들의 석유 수출은 부분적으로 미국에서 지배적인 교외 생활방식을 지탱해주는 에너지 낭비에 의존한다.

이 모든 지리적 차이는 어떻게 만들어질까? 겉보기에 무한하고 통제 불가능해 보이는 다양성이, 어떻게 내부적으로 서로 함께 짜여 우리가 살고 있는 역동적인 지리를 만들어낼까?

*   *   *

앞서 짧게 서술했던 공진화과정은 어떤 공간에서 발생할까? 먼저, 금융위기가 발생하기 이전인 2005년의 워싱턴 같은 대도시의 전형적인 교외지역을 생각해보자. 그곳의 인구는 상대적으로 동질적이고(주로 백인이지만, 소수의 교육받은 흑인과 교육 수준이 비슷한 한국, 인도, 타이완과 러시아 등 다양한 국가 출신 소수의 최근 이민자로 구성된다) 상당히 부유하다. 그곳에는 교외의 규격화된 주택들이 깔끔하게 늘어서 있고, 학교, 수퍼마켓 그리고 (엔터테인먼트 기능을 통합한) 쇼핑몰, 의료기관과 금융기관, 주유소, 자동차 전시장, 스포츠시설과 공개시설 들이 모두 쉽게 운전해서 갈 수 있는 거리 내에 있다. 지역의 고용은 주로 써비스(특히 금융, 보험 그리고 부동산, 소프트웨어 생산과 의료 연구)에 집중되어 있고, 생산이 있다면 중산층의 교외 생활방식(자동차정비, 정원조경, 도자기업, 목수업, 의료기기업)을 지원하거나 건축환경의 재생산이나 추가적 생산과 관련된다(건설산업의 모든 부문과 배관공, 지붕수리공, 그리고 도로 수리공 등의 공급자). 조세기반은 안정적이고 적절하며, 지역의 행정은 건설업자, 개발업자와 친밀한 교외지역의 흔한 관행을 차치하면 적당히 효율적이다. 출퇴근 시간은 조금 길지만 특히 자동차의 내부를 엔터테인먼트 쎈터로 바꿔준 전자장비들의 도움으로 참을 만하다. 일상생활은 파혼이나 몇몇 어처구니없는 범죄를 제외하면 적당히 질서가 잡혀 있다. 사회적 관계는 개인적이지만 특히 교회, 학교, 지역의 골프클럽 등과 관련된 사회적 형태들을 통해 느슨하게 통합되어 있다. 주택소유(모기지가 지원하고 세금을 공제받는 방식)는 광범위한데, 이는 고립된 개인주의의 만연 속에서도, 주택소유자협회(homeownership association)의 후원하에서 개인주택의 가치를 보전하는 것이 집단적 규범이 되도록 보장한다. 주택들은 모두 다양한 전자제품으로 가득 차 있으며, 물론 모든 이가 아이팟과 휴대폰을 보유하며 이를 끊임없이 사용한다.

이러한 세계에서 7개의 활동영역들은, 조금은 단조롭지만 대부분의 사람이 안전하고 안심스럽게 생각하며 수용하는 방식으로 대체로 조화를 이룬다. 갈등은 드물고(그 대부분은 '님비' 식의 갈등이다) 경쟁하는 두 정당조차도 온건한 후보들을 출마시킨다. 이 생산된 장소로 흘러들어와서 그곳을 거쳐 바깥으로 흘러나가는 자본의 흐름은 안정적이며, 상이한 활동영역 간의 관계들이 맺는 특별한 구성은 이러한 흐름이 수익성 높게 유지되도록 성공적으로 도와준다.

이 곳에서 그리 멀지 않은 (예를 들어, 펜실베이니아의) 두번째 장소, 한때 번성하던 철강과 금속산업의 도시였지만 최근 탈산업화와 공장폐쇄로 어려움을 겪은 지역과 비교해보라. 그곳의 인구는 한때는, 안정적이며 노조로 조직된 남성 블루칼라 일자리 중심으로 구성되어 충분히 동질적이었고, 가족구조는 그들의 소득과 비정규 파트타임 저임금 여성고용에 기반해 있었다. 그러나 이 모든 것이 사라져버렸다. 많은 남성이 일자리를 잃고 실업수당에 의존하게 되었다. 노동계급의 주택 사정은 악화되었으며(몇몇 주택들은 비어버렸고 약탈당했다) 지역의 많은 상점이 문을 닫았고 조세기반은 취약해졌다. 그에 따라 교육과 써비스가 악화되었고, 복지, 연금 그리고 의료보장에 대한 권리도 취약해졌다. 사회적 교류의 중심이었던 노조회관은 버려지거나 거의 비어버렸고 교회만이 아직 사교와 위안의 장소를 제공한다. 알코올중독과 약물중독 문제가 심각해지고 있으며 작은 범죄들이 횡행한다. 여성이 돈을 벌어오는 가장이 되고 전통적인 남성 노동계급이 쉽게 내쳐질 수 있는 하층민으로 전락하자, 남녀 관계가 근본적으로 바뀌었고 가족의 해체가 증가했다. 지역을 활성화하기 위한 여러 시도들이 이루어졌지만 별로 성공적이지 않아 보인다. 기초적인 컴퓨터기술을 가진 몇몇 여성들은 물물교환과 집단부조의 네트워크를 만들어내고 있다(이는 최근 '연대경제'라 불리는 것의 한 사례다). 지역의 기업가는 관광객을 끌어들일 수 있는 예술행사를 지원하는 지역 상인들을 모으려 노력하고, 땅값이 싼 덕분에, 너무 비싼 생활비에 환멸을 느낀 뉴욕 등 가까운 대도시 사람들이 유입되기도 한다. 그러나 이렇게 유입되는 인구는 이민자, 게이, 보헤미안 들이며 이들의 가치는 한때 그곳에 안정적으로 살았던 주로 백인 노동계급의 그것과는 근본적으로 다르다. 인종적·성적 갈등이 갈수록 늘어난다. 떠돌이 이민노동자들이 빈집에서 노숙하다가 지역주민들의 반발을 사기도 한다. 반이민 폭력이 분출되기도 한다. 생산기반의 파산이 다른 모든 영역에 걸쳐 연쇄반응을 일으키고, 이는 정신적 개념, 사회적 관계, 일상생활과 사회적 재생산의 패턴, 그리고 기술과 거버넌스 씨스템 내에, 긴장감이 팽배하고 삐걱거리며 대립적인 공진화적 조정을 강제한다. 각 영역 간의 부조화가 뚜렷이 나타나고 이것이 어떻게 다시 균형을 이룰지는 불확실하다.

이제 법적으로 '슬럼'(slum)이라 규정되는 인도의 다른 지역을 생각해보자. 이 곳에서는 수천의 사람들이 토지나 주택에 대한 형식적 권리가 없는 부락에서 한데 모여 산다. 거버넌스는 합법적 혹은 불법적으로 축적된 경제적 부나 신분에 따라 정해진 비공식적 권력구조에 의해 행사된다. 카리스마 있는 종교적·정치적 인물이 지역의 군주로 등장한다. 국가의 공식적 권력은 직접적으로는 거의 행사되지 않으며, 그럴 경우에는 폭력적 경찰과 군대의 개입, 행정적·법적 제재 혹은 보호라는 이름 아래 명백한 부패를 통해 이루어진다. 이 곳에도 몇몇 경제활동이 존재한다 — 고무타이어가 쌘들로 만들어져서 거리의 시장에서 팔리고, 맨해튼의 상점에서 판매되는 가죽제품과 수공예품에 대한 몇몇 하청 네트워크가 밀집되고 혼란스런 구조 내에 존재한다. 상하수도 씨스템이 부재하며 곳곳에서는 썩은 악취가 난다. 평균수명이 짧고 영아사망률은 놀랄 만큼 높다.

한편, 사회적 관계는 상호부조적인 것만큼 약탈적이며, 생명 그 자체는 아니라도 사회적 권력을 유지하기 위한 수단으로서 폭력이 흔히 사용된다. 몇몇 집단은 상호부조의 강력한 연계를 만들어내지만, 시골에서 온 새로운 이민자들은 사회의 최하층민으로 간주되고, 성별 관계와 가족구조는 매우 단기적이고 불안정하다. 지역의 생활 조건을 높이기 위해 NGO들이 기본적인 노력을 기울이고, 빈곤 해결책으로 이 슬럼 지역에 마이크로파이낸스 프로젝트를 시작하려는 계획이 있지만 관심을 끄는 데 어려움을 겪고 있다.

여기서 멀리 떨어진 계획부서가 이 지역의 물리적 환경을 개선하기 위해 몇몇 계획을 세우지만, 지역민 대부분은 그것을 잠재적 가치가 높은 토지로부터 그들을 쫓아내려는 시도라고 생각한다. 의료써비스와 교육은 (민간전승 약품이나 토착민들의 치료법 외에는) 존재하지 않거나 열악하다. 몇몇 노동은 이곳에서 도시의 나머지 지역으로 흘러간다(남자들은 건설 혹은 조경작업에 동원되고, 여자들은 부자들의 식탁을 치우며 잘 먹긴 하겠지만 쥐꼬리만한 임금을 받으며 중산층 가정에서 청소를 한다). 모두가 트랜지스터라디오를 사용하고, 유선망이 없는 탓에 이제 (때로는 훔친) 휴대폰이 널리 사용된다. 이 지역의 주요한 시장활동은 사실 훔친 상품이나 매우 값싼 상품의 물물교환이다. 고속도로와 구불구불한 강에 의해 제한된 이 공간에서 7개의 활동영역은 독특하게 구성되어 공존한다. 미국의 교외와는 근본적으로 다르지만, 여전히 우리는 이 공간 전체의 내부적 관계를 묘사하고, 이 슬럼을 매우 역동적인 생태적 공간으로 만드는, 흔히 긴장으로 차 있고 모순적인 공진화과정을 분석할 수 있다.

이 세 장소에서 공진화의 궤적은 겉보기에 서로 다른 방향을 향한다. 한 곳에서는 경제적·사회적·정치적 바람이 한 방향으로 불고, 다른 곳에서는 그것이 정체되어 있으며, 또다른 곳에서는 완전히 다른 방향으로 불어간다. 그러나 각각의 경우 우리는 사람들이 어떻게 살아가고 환경이 어떻게 변화하고 있는지를 이해할 수 있다. 사실, 이 장소 혹은 저 장소에서 발생하는 상호작용과 변화를 매우 복잡하고 상세하게 묘사한 수많은 역사지리학적·사회학적·인류학적 연구들이 존재한다(때때로 이들은 암묵적으로 서로 다른 활동영역 간의 관계를 다룬다). 언론은 '미국의 구 교외지역들', 까자흐스딴, 카이로, 부퍼탈(Wuppertal), 체나이(Chenai), 몸바사(Mombassa) 혹은 오하이오주 캔턴(Canton) 등의 상황이 어떻게 돌아가는지 ─좋은지 나쁜지─소식을 전해준다. 우리가 전세계의 이 모든 다양한 이야기들을 그들의 상호의존과 분명한 특징 모두를 뚜렷이 보여주는 방식으로 조합하려 하면 커다란 문제가 생겨난다.

우리가 어떻게든 전세계의 다양한 지역에서 발생하는 자본의 운동에 관한 지도를 그릴 수 있다면, 그 그림은 지구의 대양, 산맥 그리고 평원에 소용돌이치는 기상씨스템의 위성사진을 우주에서 찍은 것들과 비슷해 보일 것이다. 어느 곳은 솟구쳐 오르고 다른 곳은 잔잔하며, 어떤 곳은 고기압이 소용돌이치고 다른 곳은 다양한 심도와 규모의 열대성 저기압이 나타날 것이다. 여기저기서 토네이도가 불어오고, 때때로 태풍과 허리케인이 그들의 이동경로 앞에 있는 이들을 위협하며 이동할 것이다. 상쾌한 비가 목초지를 푸르게 하고 다른 곳에서는 가뭄이 지구를 갈색으로 마르게 할 것이다.

언뜻 보면, 기상씨스템 내의 이 모든 운동은 무질서하고 예측 불가능한 것처럼 보인다. 하지만 주의깊은 관찰과 분석은 이 소용돌이치는 카오스 속에 존재하는 패턴을 밝혀냈다. 기후지표의 장기적인 변화도 찾아낼 수 있다. 기후학자들과 기상학자들은 세부사항 분석을 위해서는 카오스이론에 의존하긴 하지만, 이러한 운동 대부분을 추동하는 근원적인 유체역학적 힘들과 열의 축적 등을 파악할 수 있다. 그들은 완벽하지는 않지만, 단기적인 날씨의 패턴과 지구온난화 같은 기상의 좀더 장기적인 변화에 관해 어느정도 예측할 수도 있다. 과거의 날씨에 기반한 그들의 분석은 확실히 믿을 만한 수준에 이르렀다.

경제지리학자는 지상에서 관찰되는 무질서해 보이는 사회적·경제적·정치적 활동 내에서 몇몇 특징적 패턴과 장기적 변화의 징후를 발견해야 하는, 이와 비슷한 문제에 직면한다. 예를 들어, 1980년대 경제활동의 개괄적인 지도는 미국의 서부해안과 바이에른 (Bayern)과 또스까나(Toscana)에 걸친 지역과 함께 태평양 서안(일본에서 홍콩까지)의 동아시아와 동남아시아 지역에서 생성되고 소용돌이치는 연속적 고기압들을 묘사할 것이다. 그에 따르면 대부분의 남미지역에서는 정체하지만 격렬한 정치적·경제적 격변이 흔히 나타나고, 펜실베니아의 오하이오 밸리, 영국의 산업중심지 그리고 독일의 루르 밸리 등에는 깊은 저기압이 걸쳐 있을 것이다. 그러나 날씨와 기후에 관한 연구와 다른 중요한 점은, 유체역학의 법칙은 시간에 걸쳐 불변이라고 가정할 수 있지만 자본축적의 법칙은 인간의 행동이 새로운 환경에 대응하여 적응하는 것처럼 끊임없이 변화한다는 것이다.

지리학적 분석과 예측을 위한 기술과 과학은, 예를 들어 세계의 날씨와 기후의 이해에 투입된 노력과 비교하면 유감스럽게도 여전히 상대적으로 덜 발달했다. 사회과학들도 지리적 문제는 흔히 집단적으로 무시해왔다. 대체적으로(물론 놀랄 만한 예외들도 존재하지만) 인류학자들은 지역적인 민족지(ethnography)에만 초점을 맞추는 것을 정당화하기 위해 전세계적 복잡성은 분석하기 어려운 것으로 간주하려 한다. 사회학자들은 공동체라 불리는 것에 초점을 맞추거나, 혹은 최근까지도 그들의 연구를 한 국가의 영토 내부에 한정한다. 경제학자들은 모든 경제활동을 아주 좁은 공간에서 일어난다고 상정한다. 지역적인 것에서 세계적인 것까지, 그 모든 것의 복잡한 지리는 무시되거나, 제레드 다이아몬드의『총, 균, 쇠』또는 경제학자 제프리 삭스(Jeffrey Sachs)의『빈곤의 종말』(The End of Poverty) 같은 진부한 물리적 지리결정론으로 환원된다. 최악의 경우 이 지리는, 지정학적 지배를 위한 국가 간의 다윈주의적 투쟁에 관한 위험한(왜냐하면 이는 때때로 자기실현적이기 때문이다) 이론들을 부활시키기도 한다.

그 결과 이중으로 심각한 공백이 나타난다. 우리는 어디에서 어떤 일이 왜 발생하는지, 그리고 어떻게 한 곳의 사건들이 다른 곳의 상황에 영향을 미치는지 잘 알 수 없다. 또한 우리는 자본주의의 재생산이 겉으로는 혼란스럽게 보이는 지리적 불균등발전의 형태들에 어떻게 의존하는지 이해할 수 없다. 그 결과로, 집단적으로 우리는 의식적인 행동을 통해 사회적 재생산과 자본축적의 법칙들을 (더 나은 방향으로) 바꿔낼 수 있는 잠재적인 위치에 있음에도 불구하고, 위기의 한복판에서 무엇을 해야 할 것인지에 대해 더욱 알 수 없게 된다.

그렇다면, 카오스처럼 보이는 이 모든 땅 위의 변화와 그것이 자본주의의 재생산에서 지니는 역할을 이해하기 위해 가설적으로 적용할 수 있는 지리적 원칙들이 존재하는가? 다음에서 나는 몇몇 대략의 아이디어를 제시할 것이다.

＊　＊　＊

원칙 제1번은 자본축적에 관한 모든 지리적 한계들이 극복되어야만 한다는 것이다. 맑스는 『경제학비판 요강』에서 "자본은 그 활동, 즉 교환에 대한 모든 공간적 장벽을 해체하고 전세계를 시장으로 정복하기 위해 노력한다"고 썼다. 또한 자본은 "이 시공간을 파괴하기" 위해 끊임없이 노력해야만 한다. 이것은 무엇을 의미하고 왜 그러한가?

오래전에 도시에 기반한 상인들과 무역업자들은, 토지에 기반한 봉건적인 혹은 제국주의적인 권력 내에서 그들이 생존할 수 있는 권력이 공간 내에서 더욱 우월하게 기동할 수 있는 능력을 기르는 데에서 나온다는 것을 배웠다. 상인자본과 무역자본은 (초기의 은행자본과 함께), 비록 봉건적 속박의 세계에서 특정한 장소들—초기의 무역도시들—을 네트워크로 연결된 자유의 섬으로서 보호하는 것을 통해서였지만, 상당부분 공간적인 전략에 따라 봉건적 질서를 우회했고, 결국 극복했다. 오늘날까지도 (세계를 떠도는 소수민족 사업가들을 포함하여) 자본가계급과 그 대리인들은 공간에 대한 우월한 지배와 이동성을 통해 그들의 지배력의 상당부분을 유지한다. 모든 장군들이 잘 알고 있듯이 이와 똑같은 권력이 군사적 우위의 유지에도 근본적으로 중요하다. 1960, 70년대 미국과 소련 사이의 소위 '우주경쟁'은 아마도 최근에 나타난, 모든 공간을 지배하려는

(omnipresent) 야심 중 가장 극적인 형태였을 것이다. 따라서 자본주의 내에서 구성된 국가-기업 연관의 내부에 공통의 긴급한 요구가 나타난다. 이는 국가와 자본이 공간과 공간적 운동의 한결같은 지배를 보장하는 기술과 조직형태에 자금을 조달하는 것이다. 앞서도 언급했지만, 공해에서 작동하여 위치를 정확하게 나타낼 수 있는 정밀시계를 개발하기 위한 18세기 영국왕립학회의 노력이 이와 같았다. 과거에는 지도가 국가기밀로서 보호되었으며 공개되지 않았다. 물론 지금은 위성항법장치(GPS)와 구글어스(Google Earth) 등이 길을 안내한다. 비록 이것들이 미국이 자국의 군사적 이익을 보호하기 위해 아프가니스탄의 모든 위성사진을 독점하는 것을 막지는 못하지만 말이다. 아프가니스탄 상공에서 미사일을 발사하는 무인비행기는 콜로라도의 군사기지에서 명령을 받는다. 월스트리트의 컴퓨터화된 명령이 런던에서 집행되고 즉시 취리히와 싱가포르에 전달된다.

공간을 지배하려는 이러한 경향은 단순한 경제적 합리성보다 훨씬 더 깊이 나아간다. 그 모든 것의 심리는 매우 중요하다. 우리를 지구에 묶어두는 속박을 뛰어넘는 인간의 능력에 대한 물신주의적 믿음은, 오래전에 부르주아의 이상주의적 욕망의 주요한 동기로서 나타났다. 18세기 시인 알렉산더 포프(Alexander Pope)는 "오 신이여! 공간과 시간만 파괴하라/그리고 두 연인을 행복하게 하라"라고 노래했다. 위대한 합리주의 사상가인 데까르뜨(René Descartes)는 자연이 인간에 의해 지배될 수 있다는 믿음에 기초하여 기술자를 시켜 높은 곳에서 세계를 측량하도록 했다. 괴테(Johann Goethe)의 파우스트는 전지구를 지배하는 전능함을 얻기 위해 악마와 계약을 맺었다. 소설가 발자끄(Honoré de Balzac) — 그는 신생계급의 물신주의적 욕망을 언제나 잘 보여주는 위대한 원천이다 — 는 스스로 "세계를 가로질러 여행하고 세계의 모든 것들을 마음대로 배치하는" 것을 격정적으로 상상했다. 그에 따르면 "나는 세계를 어려움 없이 소유하고 세계가 조금도 나를 제한하지 않는다. (…) 나는 여기에 있고 또한 다른 곳에 있을 수 있는 권력을 가진다! 나는 시간, 공간 그리고 거리 어떤 것에도 의존하지 않는다. 세계는 나의 시종이다."

자본주의에 관한 많은 공상적 이야기들에서, 공간과 시간의 정복 그리고 세계('어머니 지구'와 세계시장 모두)의 지배는, 성적 욕망과 천년의 카리스마적인 믿음이라는, 지위를 잃었지만 숭고한 남성적 표현으로 나타난다. 이것이 금융가의 끊임없이 솟구치는 '야성적 충동'을 줄곧 추동해온 물신주의일까? 이것이 그렇게 많은 금융가들과 헤지펀드의 마법사들이 남자인 이유일까? 이것이 바로 사람들이 뉴질랜드 통화를 한방에 전부 베팅할 때 느끼는 것일까? 세계를 누비며 마음대로 지배하는 권력은 놀라운 것이다!

맑스와 엥겔스는 그들의 1848년 저작 『공산주의 선언』에서 이것이 세상에 미치는 영향들을, 지난 40년 동안 탈산업화를 경험했던 모든 노동자라면 쉽게 이해할 수 있는 방식으로 설명했다.

태고의 국민적 공업들은 절멸되었고, 또 나날이 절멸되어가고 있다. 이 공업들은, 그 도입이 모든 문명 국민들에게 생사가 걸린 문제가 되는 새로운 공업들에 의해, 즉 더이상 본토의 원료를 가공하는 것이 아니라 아주 멀리 떨어진 지대의 원료를 가공하며 그 제품이 자국 안에서뿐만 아니라 모든 대륙들에서도 동시에 소비되는 그러한 공업들에 의해 밀려나고 있다. 국산품에 의해 충족되었던 낡은 욕구들 대신에 새로운 욕구들이 들어서는데, 이 새로운 욕구들을 충족시키기 위해서는 아주 먼 나라와 토양의 생산물들이 필요하다. 낡은 지방적, 국민적 자급자족과 고립 대신에 국민들 상호 간의 전면적 교류, 전면적 의존이 들어선다. (김태호 옮김, 『공산주의 선언』, 8면)

자본가계급은 현재 우리가 '세계화'(globalisation)라 부르는 현상을 내내 인식해왔다.

공간과 자연을 정복하려는 욕망이 인간의 어떤 보편적 갈망의 표현인지 아니면 특히 자본가계급의 욕망의 산물인지 우리는 결코 알 수 없을 것이다. 확실한 것은, 자연을 지배하려는 끊임없는 추구와 함께 나타난 공간과 시간의 정복이 자본주의 사회의 집단정신에서 중요한 위치를 차지해왔다는 점이다. 모든 종류의 비판, 반대, 반감, 그리고 정치적 반대운동에도 불구하고, 그리고 우리가 점점 더 체감하고 있는 대로 자연과의 관계에 미치는 의도하지 않은 엄청난 결과들에도 불구하고, 우리는 어떻게든 자연뿐 아니라 공간과 시간을 정복할 수 있다는 믿음이 여전히 지배적이다. 그 결과로 자본의 세계가, 내가 '시공간 압축'(time-space compression)이라 부르는 현상——자본이 점점 더 빠르게 운동하고 상호 작용하는 거리가 압축되는 세계——을 만들어내는 불변의 경향이 나타났다.

좀더 단조롭게 이를 파악할 수도 있다. 경쟁의 강제법칙은 (때때로 저항을 받는) 기업과 국가 모두가, 기술적 진보뿐 아니라 공간과 시간에 대한 우월한 지배에 기초한 우위를 추구하도록 만든다. 어느 쪽에서 우월하건 간에 그것은 뚜렷한 경제적·정치적·군사적 이득을 만들어낸다. 따라서 자본이 직면하는 모든 문제에, 기술적 혹은 시공간적 해결책이 존재한다는 물신주의적 믿음이 나타난다. 잉여자본의 흡수가 문제라면? 새로운 기술과 제품라인을 만들어내면 된다. 아니면 지리적으로 확장하고, 필요하다면 식민주의적·신식민주의적 지배를 통해 다른 공간에서 시장을 찾아내면 된다(이것이 바로 영국의 자본이 1850년경 이후 인도에서 행했던 것이다). 쉽게 이용할 수 있는 외부의 시장이 존재하지 않는다면 어떻게 할 것인가? 그러면 (막대한 부채를 진 미국처럼) '개인소비'가 아니라 (현재의 중국처럼) 급속한 생산의 증가가 잉여자본을 흡수할 수 있는 수요를 낳는 새로운 생산의 중심지를 만들어내면 된다.

기술적이고 시공간적인 해결책에 대한 이러한 두가지 물신적 믿음이 함께 결합되면, 그것들은 자본순환의 모든 공간적·시간적 한계를 우회하도록 고안된 기술혁신에 대한 열광 속에서 서로가 더욱 강화된다. 자본주의 역사의 수많은 기술혁신은 거리로 인한 장벽을 축소하고 자본순환을 가속화하기 위한 것이었다. 그 예는 끝이 없다. 운하, 철도, 증기선, 자동차, 고속도로, 항공운송, 전신, 라디오, 전화, 전자통신 등이 없었다면 어떻게 되었을까? 거의 순간적인 정보의 흐름에 의해 연결되는 금융센터들의 컴퓨터화된 거래는 이제 전세계에서 1000분의 1초 만에 600조달러의 파생상품거래를 만들어낸다. 돼지들조차 이전에 그랬던 것보다 심지어 연간 2배나 되는 새끼들을 배고 낳는다(돼지들이 인플루엔자에 걸린 것은 놀랄 일이 아니다).

＊　＊　＊

두번째 원칙은 자본의 순환이 매우 좁은 공간(the head of a pin)에서 일어나지 않는다는 사실에서 출발한다. 생산은 화폐, 생산수단 그리고 노동력(대부분 지역화된 노동시장에 존재한다)의 지리적 집중을 필요로 한다. 이것들은 새로운 상품이 생산되는 특정한 장소에 한데 모여진다. 그리고 나서 상품은 그것이 판매될 곳으로 운반되어 다른 어떤 곳에서 소비된다. (천연자원을 포함한) 생산수단·노동력·소비시장에 대한 접근성은 비용을 낮추고 이윤을 늘린다.

그러나 자본축적은 어디서 시작되는 것일까? 정답은 화폐를 지닌 누군가가 임금노동을 활용하여 돈을 벌기 위해 그것을 사용하기로 결정하는 모든 장소와 시간이다. 그러면 어떤 조건이 개인으로 하여금 그들의 돈벌이를 시작하도록 만들고, 더 중요하게는 그것을 오래 지속하도록 만들까? 분명히 화폐화된 경제가 (시장교환과 함께) 이미 존재해야만 하고 화폐가 이미 사회적 권력의 중요한 형태가 되어야만 한다. 게다가 임노동이 이미 존재해야만 하고, 그렇지 않다면 적어도 사람들을 토지로부터 쫓아내거나 다른 수단을 통해 그들을 노동시장으로 유인하여 임노동이 사용 가능하게끔 해야만 한다. 이것이 가능하려면 개인적인 자본축적에 대한 사회적·정치적 한계가 극복되어야만 한다. 중국의 지도자 덩 샤오핑(鄧小平)이 돈을 벌고 부자가 되는 것이 선(善)이라고 말했을 때, 그는 중국 전역에서 램프 속 자본주의의 요정 지니(genii, 이 단어는 재능을 뜻하는 genius의 복수형이다. 동화 속 램프의 요정 지니와 비슷한 단어라서 비유적으로 사용되었다——옮긴이)를 해방시킨 것이었다——그후 엄청난 결과가 뒤따랐다. 그러나 단순히 발표나 행정적 제한의 완화가 성공을 보장하지는 않는다. 경쟁의 강제법칙이 다른 곳이 아니라 바로 이 특정한 곳에서 그 결정이 성공적이었다고 판단을 내린 뒤에야 성공으로 평가될 수 있다.

이 점은 매우 중요하다. 자본축적의 법칙은 사실 사전적인 것이 아니라 사후적으로 작동한다. 때때로 사람들은, 맑스가 모든 것이 경제적으로 결정되고 경제적으로 합리화된다고 주장했다고 말한다. 그는 개인적 결정이나 능력(agency)을 위한 공간은 없다고 말했다고 주장된다. 그러나 사실은 전혀 그렇지 않다. 특정한 장소와 시간에서 활동하는 개개의 기업가들의 본능, 모험심, 그리고 때때로 미친 듯한 아이디어들(맑스와 케인즈 모두가 지적했던 '야성적 충동')에 의존한다는 것은 정확하게 자본주의의 비범한 재능이다. 본질적으로 투기적 자본주의가 발전하고 스스로 더욱 성장할 수 있으려면 어느정도 개인적 자유가 허용되거나 독려되어야 한다. 자본주의는 지배이데올로기로서나 필연적인 작용에서나 모두, 누구나 투기적 돈벌이에 참여할 수 있는 개인의 자유와 권리에 기초하고 있다. 맑스는 그것을 충분히 잘 이해하고 인식했다.

카오스처럼 보이는 지리적 차이는 자본축적이 시작되기 위한 필요조건이라고 결론지을 수 있다. 영국에서 산업혁명이 시작된 곳은 결국, 조합의 정치적 통제와 길드노동이 우세하던 노리치(Norwich)

나 브리스톨(Bristol) 같은 대규모 도시 중심지가 아니라 사회적·정치적 통제가 덜했던 맨체스터나 버밍엄 같은 소규모 마을과 읍 지역이었다. 미국에서 자본축적이 꾸준히 나타난 곳도 시카고 같은 소규모 거래 중심지였다.

이른바 자본축적의 법칙은 사전적이 아니라 사후적으로 작동한다. 예를 들어, 매우 특별한 환경들이 조성되어, 윌리엄 모리스(William Morris)라는 남자가 영국의 동옥스퍼드(East Oxford) 같은 생각지 못한 곳에서 (자전거를 수리하는 대신) 자동차 생산을 시작하도록 만들었다. 이것은 디트로이트의 헨리 포드에게도 마찬가지였다. 그러나 두 경우 모두, 초기환경들— 원자재, 임금노동, 시장에 대한 접근—이 성공을 이뤄내기에 충분했다. 초기의 성공으로 인해 사업에 도움이 되는 지역의 (사회적, 물리적) 인프라가 추가로 건설되었고, 이에 따라 처음 선택된 장소는 자동차 생산에 더욱 적합한 곳이 되었다. 성공적인 기업들은 흔히 (다른 기업들도 포함해) 그들 주위의 여러 인프라를 발전시키고 이는 그들의 수익성을 더욱 높게 만든다. 거의 백년이 지난 지금에 와서야, 지금까지 성공적이던 이 지역들의 자동차 생산은 경쟁과 위기를 통한 합리화로 인해 멈추기 직전이 되거나 근본적 구조조정을 겪고 있다.

자본축적의 '사후적인'(after the fact) 합리화와 지리적 구조조정은 바로 경쟁의 강제법칙과 위기를 통해 발생한다. 이것이 바로 경쟁과 위기 모두가 자본주의 진화의 궤적에서 그렇게 근본적으로 중요한 이유다. 그러나 이는 또한 물리적 특징과 사회적·문화적 조건이 방대하고 다양한 지리적인 세계에서 자본주의가 가장 번성하는 이유다. 이윤을 추구하는 사업이 여기에서 성공할 것인지 아닌지 결코 미리 알 수 없기 때문에, 그 가능성을 모든 곳에서 찾아보고 어떤 곳에서 무엇이 가능한지를 알아내는 것이 자본주의의 재생산에서 핵심사안이 된다. 승리주의적인 경제적 역사지리에서는 듣기 쉽지 않은 실패담이 성공담에 비해 훨씬 더 많다. 누가 인도의 뱅걸로에서 IT산업이 그렇게 성공적으로 발전할지 알았을까? 양차대전 사이의 시기에 아마존에서 새로운 고무 플랜테이션 공동체를 만들려고 했던 헨리 포드의 시도는 왜 그렇게 끔찍하게 실패했을까? 지리적 다양성은 자본의 재생산에 대한 장애라기보다는 필요조건이다. 만약 이미 지리적 다양성이 존재하지 않는다면 그것은 만들어져야만 한다.

화폐, 상품, 그리고 사람들의 지리적 흐름이 연속적으로 이루어지기 위해서는 이 모든 다양성이 효율적인 교통통신 씨스템을 통해 함께 결합되어야만 한다. 그 결과로 나타나는 생산과 소비의 지리는 공간을 가로지르는 시간과 비용에 매우 민감하다. 이 시간과 비용은 기술적·조직적 혁신과 에너지 비용의 하락으로 인해 크게 감소해왔다. 거리의 장벽은 이제 자본주의의 지리적 이동성을 제한하는 데 점점 더 적은 역할을 한다. 그러나 이것이 지리적 차이가 더이상 중요하지 않다는 뜻은 아니다. 사실은 정반대다. 즉 매우 작은 비용의 지역적 차이도 이윤을 크게 높여주기 때문에, 이동성이 높은 자본은 그것에 민감하게 주의를 기울인다.

＊　＊　＊

자본가들은 최대의 이윤을 낳을 수 있는 장소에 함께 모이면 가장
번성할 수 있기 때문에, 흔히 특정 장소에 많은 생산활동들이 집중
된다. 면방직 공장은 기계도구 공장, 화학염료 공장, 그리고 셔츠 공
장들이 가까이 있으면 이득을 얻는다. '외부경제'(external economy,
한 자본가가 다른 자본가에게 가까이 있음으로써 얻는 경제적 편
익)가 자본주의적 활동의 지리적 집적을 낳는 것이다. 19세기의 저
명한 경제학자 앨프리드 마셜(Alfred Marshall)은 많은 기업들이 군
집한 곳을 '산업생산지구'(industrial production district)라 불렀다. 이
는 자본주의가 만들어내는 지리적 세계의 익숙한 특징이다. 공통의
노동인력과 이를 지원하는 행정에 대한 접근뿐 아니라 법무, 금융,
인프라, 교통과 통신 등의 집합적인 써비스도 혼잡으로 인한 비용이
편익보다 커질 때까지, 그 지역의 모든 자본가들에게 낮은 비용이
라는 이득을 제공할 수 있다. 자본주의의 초기단계에는 산업도시의
등장이 그러한 집적의 경제가 작동하고 있음을 잘 보여준다. 좀더
최근에는 씰리콘밸리나 볼로냐(Bologna)를 중심으로 한 '제3의 이
딸리아'(Third Italy) 같은 '마셜주의 산업지구'(Marshallian industrial
district)들의 등장이 주목을 받았는데, 이들 지역에서는 많은 소규모
기업이 함께 모여 생산과 마케팅의 경제를 공유한다. 오늘날의 금융
계를 보면, 런던 씨티나 월스트리트 같은 거대한 금융 중심지의 전
형적인 특징은 핵심적 금융기능과 관련된 법, 회계, 조세, 정보, 미디
어 그리고 다른 활동들이 그 안에서 함께 나타난다는 것이다.

오래전에도 자본주의 기업들은 공간적으로 분산된 시장을 연결하는 방대한 네트워크에 몰려들었다. 양모, 면화, 외국산 염료, 목재와 가죽 등은 흔히 먼 곳으로부터 왔다. 노동자들의 일상생활에 필요한 대부분의 임금재는 가까운 데서 얻을 수 있었지만, 밀, 쌀, 호밀, 보리뿐 아니라 소금, 향료, 설탕, 차, 커피, 카카오, 와인, 수지, 말린 대구 등은 상인들의 활동에 의해 흔히 매우 먼 거리를 거쳐서 거래되었다. 몇몇 경우, 한자동맹(Hanseatic League)이 그랬던 것처럼 무역 네트워크가 공식화되었다. 거래소들과 여러 도시에서 온 상인들이 13세기부터 발트해에서 이베리아 반도에 이르는 상호부조의 네트워크를 형성했다. 이 네트워크를 따라, 16세기 아우크스부르크(Augsburg)와 뉘렌베르크(Nürenberg)의 은행가들, 그리고 이후 19세기에는 빈, 빠리, 런던, 마드리드, 베를린에 다양한 가족 지점들을 가진 로스차일드 가문 같은 거대한 금융기관들의 네트워크가 발달했다. 오늘날 골드먼삭스와 ('세계의 지방은행'이라 광고하는) HSBC는 전세계에 지점을 거느리고 있다. 다른 경우, 무역 네트워크는 초기 중국에서처럼 징세관들과 제국주의 권력이라는 다른 대리인들에 의해 주의깊게 감시되는, 정기 시장의 구조 내에서 발전했다. 상품들은 언제나, 예를 들어, 중국에서 서양으로 이어진 전설적인 '실크로드'를 따라 머나먼 거리를 (비록 오랜 시간이 걸렸지만) 이동했다. 소수민족집단들로 이루어진 상인들도 그와 마찬가지였다(그 의미를 알고 싶다면 세계 어느 도시에나 있는 차이나타운에 가보라).

무역 네트워크의 촉수는 서로 엮이고 세계 어느 지역으로나 뻗어나갔다. 멀리 티베트의 양모가 인도시장에서 판매되었고 몽골과 중국 서부의 허브 약초와 동물의 각종 부위가 홍콩에서 집적되어 동남아시아 전역으로 판매되었다. 북아프리카 혹은 인도 케랄라(Kerala)의 길거리 환전업자들은 걸프만 국가들로부터의 송금 흐름의 도관이 되었다. 이러한 네트워크들의 형성, 이동경로에 대한 지식, 매우 상세한 지도 제작, 그리고 어떤 상품이 어디서 무엇과 거래될 수 있는지에 관한 지식 등은 상인과 상인자본의 커다란 기여 중 하나가 되었다. 이것이 없었다면, 우리가 알고 있는 자본주의는 등장할 수 없었을 것이다. 그리고 오늘날까지도 이것은 상인과 무역업자 들이 좀더 발전된 방식으로 행하는 일이다. 그들은 자본잉여의 흡수를 위한 시장에 이르는, 숨겨져 있는 접근경로를 찾아내기 위해 노력한다.

경쟁은 개별 자본가와 기업에게 더 나은 기술을 추구하도록 강제하는 것처럼, 생산하기 더 좋은 장소를 찾아내도록 강제한다. 더 낮은 비용이 드는 새로운 장소가 발견되면, 경쟁의 총부리에 떠밀린 자본가들은, 할 수만 있다면 이동해야 한다. 예를 들어, 생산자들은 오하이오에서 주장삼각주로, 캘리포니아에서 띠후아나(Tijuana)의 마낄라도라 공장으로 혹은 랭커셔(Lancashire)에서 터키로 이동한다.

더 나은 장소를 위한 경쟁은 특별한 종류의 경쟁이다. 기업들은 동일한 기술을 도입할 수는 있지만 동일한 장소를 점유할 수는 없다. 애덤 스미스가 오래전에 지적했듯이, 기업 간의 공간적 경쟁은 독점적 형태를 띤다. 런던에서 글래스고우까지 12개의 서로 경쟁하는 철도가 있다면 말도 안 되는 일일 것이다. 또한 같은 거리에 12개의 수퍼마켓이 있다면 경제적으로 말이 안 되는 일이다. 따라서 런던에서 글래스고우까지는 하나의 철도가 존재하고 수퍼마켓은 대도시 내에서 서로 거리를 두고 넓게 퍼져 있다. 반면, 모든 다이아몬드나 골동품 상인들이 동일한 지역(혹은 뉴욕에서처럼 동일한 거리)에 자리잡는 것은 서로 도움이 되는 집적경제(agglomeration economy)로 인해 합리적인 일이다. 즉 골동품 금시계를 찾는 사람에게는 여러 상점들이 한데 몰려 있는 경우가 더욱 매력적일 것이기 때문이다.

공간적 경쟁의 독점적 요소는 시장에 기초한 경제에 광범위한 영향을 미친다. 예를 들어, 운송비용이 높은 경우 지역시장의 많은 생산자들이 외부 경쟁으로부터 보호된다. 그들은 사실상 지역 독점업체가 되는 것이다. 운송비용이 하락하면 이 지역화된 독점력이 약화된다. 맥주는 원래 지역시장에서만 제조되고 판매되었지만, 1960년대 중반 이후 운송비용이 극적으로 하락하자 국제무역에서 중요한 제품이 되었다. 이제는 생수조차도 피지(Fiji)나 프랑스의 에비앙(Evian)에서 뉴욕으로 이동한다! 이것은 50년 전에는 말도 안 되는 생각으로 여겨졌을 것이다(생각해보면 여전히 이것은 여러 면에서 이해하기 어렵다. 뉴욕의 수돗물도 품질이 그리 나쁘지는 않다).

이 특정 제품을 생산하기 위해서는 이만한 곳은 어디에도 없다고 주장함으로써 공간적 독점력을 보호하는 다른 방법들이 존재한다. 이 지역, 혹은 정말로 이 땅의 바로 이 구역—프랑스인들이 '떼루아'(terroir)라고 부르는—에서 생산된 와인은, 포도가 자라는 특별한 환경으로 인해 특별하다고 여겨진다. 어떤 화학분석이나 맛의 테스트도 실제로 뭔가 특별한 점을 보여주지는 못하지만, 에비앙이나 피지의 물도 이와 같이 주장된다. 장소의 특별함에 따른 독점은 시장에서 다른 어떤 종류의 브랜드만큼이나 강력하여 생산자들은 이를 지키기 위해 노력한다(위스콘신에서 로끄포르Roquefort 치즈를 생산하려 하면 어떤 일이 일어날지 생각해보라. EU는 프랑스의 특정 지역에서 생산된 스파클링 와인이 아니면 샴페인이라는 단어를 쓸 수 없다고 주장한다). 맥주 무역은 국제적일 수 있지만, 지역의 소규모 맥주양조장은 어느 곳에서나 특별하다. 최고의 장소가 주는 독점력을 위한 경쟁은 언제나 자본주의 동학의 중요한 특징이었고 지금도 마찬가지다.

지리적 경관도 이와 비슷하게, 한편으로는 집중의 경제와 다른 한편으로는 탈집중화와 분산으로 얻을 수 있는 수익 사이의 끊임없는 긴장으로 특징지어진다. 이러한 긴장이 어떻게 해결될지는 공간적 이동의 장벽, 집적경제의 강도 그리고 노동분업에 달려 있다. 금융회사들은 월스트리트에 본부를 두고서 뉴저지나 코네티컷에 지원부서를, 뱅걸로에 단순기능을 하는 부서를 둘 수 있다. 교통과 통신 비용이 하락하면, 한때 최적이던 입지들이 그렇지 않게 된다. 한때 활발하고 수익성이 높았던 공장, 제철소, 빵집, 양조장 들이 문을 닫는다. 여기에 투자되었던 고정자본은 감가되고, 지역의 위기는 그렇게 버려진 장소들에 살고 있는 모든 이의 삶을 휘젓는다. 1980년대에 셰필드(Sheffield)에서는 약 4년 만에 6만여개의 제철소 일자리가 사라졌다. 펜실베이니아의 거대한 베들레헴(Bethlehem) 제철소는 한때 마을에서 가장 높은 건물이었지만 이제는 텅 비고 조용한 껍데기만 남았으며, 그중 일부는 시끄러운 카지노로 변했다. 반면 또다른 곳에서 공장, 제철소, 빵집, 양조장 들이 문을 연다. 생산, 고용 그리고 소비의 지리적 패턴 전체가 끊임없이 이동하는 것이다.

국지적인 위기들은 자본주의 역사에서 풍토병이었다. 철광석의 광맥이 고갈되면 광산이 문을 닫고 마을이 버려진다. 어떤 이유로 지역의 공장이 파산하면 거의 모든 이가 실업상태에 빠진다. 이러한 국지적인 위기가 통제 불가능할 정도로 심화되어 전세계적인 지리적·경제적 질서의 위기를 만들어낼 수도 있을까? 그럴 수도 있다. 특히 플로리다와 미국의 남서부에서 2006년 발생한 매우 국지적인 일련의 주택차압위기가 2007년 이후 전세계적 위기로 확대되었던 사건이 정확하게 그런 경우다. 감가된 장소에서 계속 살아가는 이들이 겪는 사회적 비용은, 흔히 계산 불가능할 정도로 크며 그들이 겪는 불행도 엄청나다.

* * *

다음으로, 이 모든 것이 어떻게 작동하는지를 보여주는 확장된 사례를 생각해보자. 일반적으로 공간의 생산은, 특히 도시화의 생산은 자본주의에서 매우 큰 사업이 되었다. 그것은 자본잉여가 흡수되는 중요한 수단 가운데 하나다. 전체 노동력 중 상당한 부분이 건축환경을 만들어내고 유지하는 일에 고용된다. 이와 관련된 대규모의 자본, 흔히 장기대출의 형태를 띤 자본이 도시개발과정에 투입된다. 이렇듯 부채에 기반한 투자는 흔히 위기를 발생시키는 진원지가 된다. 도시화, 자본축적 그리고 위기 발생 사이의 연관은 주의깊게 살펴볼 필요가 있다.

그 시작부터, 도시들은 잉여식량과 잉여노동의 사용가능성에 기반을 두고 있었다. 이 잉여들은 어딘가에서 그리고 누군가로부터 (으레 농촌인구의 착취 혹은 농노와 노예의 착취로부터) 동원되고 추출되었다. 잉여의 사용과 분배는 (종교적 과두제 또는 강력한 군사지도자 같은) 소수에 의해 통제되었다. 따라서 도시화와 계급의 형성은 언제나 함께 진행되었다. 자본주의하에서는 이러한 일반적인 관계가 지속되지만, 이와는 다른 동학도 작동한다. 자본주의는 잉여의 영속적인 생산을 위한 사회의 계급형태다. 이는 자본주의가 언제나 도시화가 진행되기 위해 필요한 조건들을 만들어낸다는 것을 의미한다. 자본잉여의 흡수와 인구증가가 문제가 되는 만큼, 도시화는 이 둘 모두를 흡수하는 결정적인 방법을 제공한다. 따라서 잉여생산, 인구증가 그리고 도시화 사이에는 내적 연관이 나타난다.

자본주의하에서 나타난 이 연관의 특별한 역사는 흥미롭다. 먼저 1852~70년까지 제2제국으로 알려진 시기 동안 빠리에서 어떤 일이 일어났는지 생각해보자. 1848년 유럽 전체의 경제위기는 고용되지 못한 잉여자본과 잉여노동으로 인한 첫번째의 명백한 위기들 중 하나였다. 이 자본과 노동을 함께 생산과정에 다시 투입할 수 있는 방법은 없어 보였다. 이 위기는 특히 빠리를 강타했고, 부르주아 이상주의자들은 사회공화국(social république)을 1830년대와 1840년대에 만연했던 자본주의적 탐욕과 불평등에 대한 해결책으로 보고 실업상태의 노동자들과 함께 혁명을 일으켰으나 실패하고 말았다. 공화주의 부르주아들은 혁명을 폭력적으로 진압했지만 위기를 해결하는 데는 실패했다. 그 결과 루이 나뽈레옹(Louis-Napoléon Bonaparte)

의 권력이 강화되었고, 그는 1851년 쿠데타를 일으켜 그 다음해에는 스스로를 황제 나뽈레옹 3세로 선포했다. 독재자 황제는 정치적으로 살아남기 위해 대안적 정치운동을 광범위하게 탄압했지만, 그도 자본잉여를 수익성 있게 흡수하는 방법들을 찾아내야만 했다. 그는 국내외의 인프라 투자를 위한 방대한 프로그램을 발표했다. 해외의 경우 이는 수에즈 운하 같은 대규모 사업을 비롯해 유럽을 가로지르고 동방까지 이어지는 철도를 의미했다. 국내적으로는 철도 네트워크의 발전, 항구와 항만의 건설, 습지 간척사업 등을 의미했다. 그러나 무엇보다도 중요한 것은 빠리의 도시 인프라의 재개발 사업이었다. 나뽈레옹은 1853년 오스만 남작을 빠리에 불러 공공사업을 담당하도록 했다.

오스만은 그의 임무가 도시화를 통해 잉여자본과 잉여노동 문제를 해결하는 것임을 명확하게 이해하고 있었다. 빠리 재건은 당시의 기준으로는 엄청난 양의 노동과 자본을 흡수했고, 또한 빠리 노동자들의 열망을 권위주의적으로 탄압하는 것과 더불어 사회안정의 주요한 수단이었다. 오스만은 1840년대 논란거리였던 빠리 재건설을 위해 푸리에주의자들과 쌩시몽주의자들의 구상을 참고하여 이상주의적 계획을 구상했지만, 다른 구상과는 한가지 큰 차이점이 있었다. 그는 도시화 과정이 구상되는 규모를 바꾸어냈다. 그는 교외와 연결된 훨씬 큰 규모의 도시를 구상했으며, 도시의 구성에서 부분들과 조각들이 아니라 인근지역 전체를 새로 계획했다(졸라의 1873년 소설 『빠리의 배』*le ventre de Paris*에 매우 잘 묘사된 레 알Les Halles의 농산물시장을 떠올려보라). 그는 소매가 아니라 도매의 방식으로 도시를 바꾸어냈던 것이다. 이는 부분적으로 새로운 건축기술(철강과 유리의 사용, 가스 조명 등)과 새로운 조직형태(합동회사와 백화점 등) 덕분이었다. 하지만 그는 또한 새로운 금융기관(크레디 모빌리에Crédit Mobilier와 크레디 이모빌리에Crédit Immobilier 같은)들과 부채상품들도 필요했다. 그는 부채에 의해 자금을 조달하는, 도시 인프라 개발을 위한 케인즈주의적 체제를 사실상 확립하여 자본잉여의 처분문제를 해결하는 것을 도왔다.

이 모든 것은 새로운 도시적 생활방식과 새로운 도시적 인간의 공진화를 수반했다. 빠리는 '빛의 도시'가 되었고, 소비, 여행, 환락의 중심이 되었다. 까페, 백화점(졸라의 다른 소설 『여인들의 천국』 *au bonheur des dames*에서 또한 훌륭하게 묘사되었다), 패션산업, 거대박람회, 오페라, 궁정생활의 장관 등 모두가 소비주의를 통해 새로운 이윤을 창출하는 기회의 역할을 했다. 그러나 이 모든 것이 토대로 삼고 있던, 과도하게 확장되고 점점 더 투기적이 된 금융씨스템과 신용구조는 1868년 금융위기로 붕괴되었다. 오스만은 자리에서 쫓겨났고, 나뽈레옹 3세는 절망에 빠져 비스마르크의 독일과 전쟁을 일으켰지만 패배하고 말았다. 이후 정치적 공백 속에서, 자본주의의 도시 역사상 가장 혁명적인 사건 중의 하나인 빠리꼬뮌(Paris commune)이 등장했다.

이제 1942년의 미국으로 가보자. 이곳에서는 1930년대에는 매우 해결하기 어려워 보였던 자본잉여의 처분문제(그리고 그와 함께 나타났던 실업문제)가 엄청난 전시 동원을 통해 일시적으로 해결되었다. 그러나 전쟁이 끝나면 어떻게 될 것인가? 이는 정치적으로 위험한 상황이었다. 연방정부는 사실상 국유화된 경제를 (매우 효율적으로) 운영하고 있었다. 전쟁에서 미국은 파시즘에 맞서 공산주의 소련과 연합했다. 1930년대에는 사회주의 성향을 띤 강력한 사회운동이 등장했고 좌파 지지자들도 전쟁을 위한 동원에 힘을 모았다(맑스주의 철학자 헤르베르트 마르쿠제Herbert Marcuse는 CIA의 전신이었던 조직에서 일하기도 했다). 기업자본주의의 정당성과 유효성에 대한 대중적인 의문이 널리 퍼졌다. 따라서 지배계급은 그들의 권력을 유지하기 위해 좌파를 정치적으로 강력하게 억압하기 시작했다. '잠입해 있는 빨갱이들'(reds under the beds)에 대한 마녀사냥이던 매카시즘은 1950년경 이후의 모든 형태의 반자본주의적 저항에 대처하는 수단을 제공했다. 사실 이는 이미 1942년 미국 의회의 비미활동위원회(Un-American Activities Committee) 청문회에서 그 징후가 나타난 바 있다. 하지만, 자본잉여의 처분문제는 어떻게 할 것인가?

로버트 모지스(Robert Moses)가 바로 이 해결책의 상징이었다. 그는 오스만이 빠리에서 수행한 것과 같은 일을 뉴욕의 대도시 지역(metropolitan region)에서 수행한 사람이다. 모지스는 도시 그 자체가 아니라 대도시 지역을 구상하는 것을 통해 도시화에 관한 사고의 범위를 바꾸어냈다. 부채로 자금을 조달한 고속도로와 인프라의 변화, 교외화, 그리고 도시만이 아니라 대도시 지역 전반의 총체적인 리엔지니어링(전시 개발된 새로운 건설기술을 적용한)을 통해, 그는 자본과 노동의 잉여를 수익성 있게 흡수하는 방법을 뚜렷이 보여주었다. 이러한 도시화 과정은 미국 남부와 서부로의 자본주의 발전의 지리적 확장을 통해 전국적으로 이루어졌고, 전후 미국경제뿐 아니라 미국을 중심으로 하는 세계자본주의의 안정에도 중요한 역할을 했다. 1945년 이후 뉴욕 대도시 지역, 시카고, 로스앤젤레스 그리고 이와 비슷한 지역들이 개발되지 않았다면 자본잉여가 모두 흡수되기는 어려웠을 것이다.

이 모두가 가능하기 위해서는 금융과 행정 구조의 혁명적 변화가 필요했다. 그리고 이를 위해 교외의 생활방식 비용을 지불할 수 있는 노동자들의 향상된 능력에 기초한, 부채에 의한 자금조달방식이 등장했다. 2차대전 이후 나타난 자본과 노동 사이의 협약은 특권화된 노동자 일부가 생산성 향상의 이득을 공유하도록 했으며, 이는 유효수요문제를 해결하는 데 도움이 되었다. 1930년대에 시작된 금융기관의 혁명(특히 모기지금융을 촉진하기 위해 설계되었다), 이를 지원했던 주택소유를 위한 세금보조, 그리고 퇴역군인의 주택보유와 대학교육을 보조해준 관대한 제대군인원호법(GI Bill) 등이 모두 미국 도시화의 기초를 닦았다.

미국의 교외화는 단지 새로운 인프라의 문제가 아니었다. 빠리 제2제정기에 그랬던 것처럼, 그것은 생활방식의 극적인 변화, 즉 고속도로와 자동차에 기초한 새로운 생활을 의미했다. 그것은 교외의 규격화된 주택과 쇼핑몰 그리고 냉장고, 에어컨, 텔레비전, 전화 등에 이르는 새로운 제품들의 생산과 마케팅에 기초한 것이었다. 그것은 집집마다 2대의 자동차 보유와 고무·석유·철강 산업의 활황을 의미했다. 잔디깎이에 대한 수요조차 급등했다! 교외의 잔디밭들도 깨끗이 유지되어야 했기 때문이다. 따라서 (군사화와 함께) 도시화는

2차대전 이후 미국의 자본과 노동의 잉여를 흡수하는 데 핵심적 역할을 했다. 비슷한 취향과 기술──특히 자동차 문화──의 확산은 이 과정이 전세계로 퍼져나가는 것을 도왔다.

그것에는 비용이 뒤따랐다. 도시화는 토지와 에너지를 과도하게 사용했다. 즉 그것은 자연과의 관계에서 어마어마한 변화를 토대로 했다. 그로 인해 미국은 결국 해외의 석유자원에 의존하게 되었고 중동지역의 석유정치에 쉴 틈 없이 개입하게 되었다. 너무 급속한 교외화는 또한 도심의 공동화(空洞化)를 낳았고, 도심부가 지속 가능한 경제적 기초를 잃어버리도록 만들었다. 대공황을 해결하기 위한 교외화는 1960년대의 소위 '도시위기'(urban crisis)를 낳았는데, 이는 교외와 새로운 번영 모두에 접근할 수 없었던 도시 내부의 과밀화된 소수인종(주로 흑인들)의 폭동을 의미했다.

교외지역이 문제가 없는 것도 아니었다. 새로운 생활방식은 다양한 사회적·정치적 결과를 낳았다. 개인주의, 부동산가치에 대한 옹호, 시시하지는 않다 해도 무미건조한 일상 등이 비판의 대상이 되었다. 전통주의자들은 점점 더 도시주의자 제인 제이콥스(Jane Jacobs)의 주장에 동조했는데, 그녀는 도시의 일상을 더욱 만족스럽게 구성하는 요소들에 대해 매우 독특한 생각이 있었다. 그들은 인근 지역의 발전, 역사적 보존 그리고 궁극적으로 오래된 지역들의 재생과 재건을 강조하는 다른 종류의 도시 미학을 통해, 교외화의 진전과 모지스 식 대규모 프로젝트의 비인간적인 모더니즘에 반대하고자 했다. 여성주의자들은 교외와 그 생활방식이 그들의 모든 주된 불만의 중심이라고 선언했다. 오스만이 그랬던 것처럼, 1960년대 말이 되자 위기가 시작되어 모지스 식의 도시화가(그리고 모제스 그 자신도) 영향력을 잃게 되었다. 빠리의 오스만화(haussmanisation)가 빠리꼬뮌의 동학에 영향을 미쳤던 것처럼, 생기를 잃은 교외생활은 1968년 미국의 급진적 저항운동에서 중요한 역할을 했다.

불만에 찬 백인 중산층 교외지역의 학생들이 반란을 일으켰던 것이다. 캘리포니아의 쌘타바바라(Santa Barbara)에서 그들은 분노를 상징적으로 표출할 요량으로 시보레 자동차를 모래에 처박고 뱅크오브아메리카(Bank of America) 건물에 불을 질렀다. 그들은 다른 소외계층과 연대했고 미 제국주의(베트남전쟁)와 생태적으로 지속 가능하지 않은 교외의 소비주의에 반대했다(첫번째 지구의 날은 1970년이었다). 그들은 다른 종류의 도시생활 그리고 대안적인 자연과의 관계를 포함하여, 다른 세계를 만들기 위한 비조직적이지만 강력한 운동을 시작했다.

다른 무엇보다도, 미국을 중심으로 한 전세계적인 금융위기가, 2차대전 이후 내내 교외화를 추동하고 국제적 발전을 지지했던 국가-금융 연관 내에서 전개되기 시작했다. 이 위기는 1960년대 말에 더욱 가속화되었다. 이전의 해결책이 이제는 문제가 되었다. 1944년의 브레튼우즈 합의가 붕괴 위기에 처했다. 미국 달러는 과도한 차입으로 인해 갈수록 늘어나는 국제적 압력에 직면했다. 결국 1973년 세계적인 자산시장의 버블 붕괴와 함께 자본주의 체제 전체가 심각한 불황에 빠져들었다. 1970년대의 암흑의 날들이, 앞서 얘기했던 모든 영향들과 함께 이제 우리 앞에 놓여 있다.

그 혼란의 중심에 1975년 뉴욕시의 재정위기가 있었다. 제멋대로 팽창하는 부유한 교외에 둘러싸인, 당시 자본주의 세계에서 최대의 공공예산 중 하나를 지닌 뉴욕시가 파산하고 말았던 것이다. 국가권력과 금융기관 사이의 어색한 동맹이 만들어낸 지역적인 해결책은, 신자유주의적 이데올로기와 실천적인 정치적 변화를 개척하는 것이었다. 이는 자본가계급의 권력을 영속화하고 강화하기 위한 투쟁에서 전세계적으로 채택되었다. 고안된 해결책은 매우 단순한 것이었다. 노동권력을 분쇄하고, 임금을 억압하며, 국가권력을 자본 일반에, 특히 금융투자자에게 복무하도록 하며 시장에 모든 것을 맡기는 것이었다. 1970년대 위기의 해결책이었던 이것은, 2008년과 2009년 위기의 근원이 되었다.

* * *

1970년대 이후 도시화는 또다른 규모의 전환을 겪었다. 이제 그 규모가 세계화된 것이다. 지난 20년 동안 중국의 도시화는 대단히 중요했다. 그 속도는 1997년경의 일시적 불황 이후 더욱 빨라졌고, 2000년 이후 중국은 전세계 시멘트 공급의 거의 절반을 흡수했다. 100개 이상의 도시들이 지난 20년 동안 인구 100만명을 넘어섰고 선전 같은 작은 마을이 600만~1000만명의 인구를 지닌 거대도시로 변모했다. 처음에는 경제특구에 집중되었던 산업화가 해외 잉여자본을 흡수할 의향이 있는 모든 지방도시로 급속히 확산되었고, 그 소득은 다시 급속한 확장에 사용되었다. 댐과 고속도로 같은 방대한 인프라 프로젝트—역시 모두 부채로 자금을 조달한—들이 풍경을 바꾸어냈다. 이와 똑같이 방대한 쇼핑몰, 싸이언스파크, 공항, 컨테이너항구, 모든 종류의 위락시설, 새롭게 만들어진 다양한 문화공간, 그리고 게이티드 커뮤니티와 골프코스 등이 가난해진 농촌지역에서 동원된 수많은 노동예비군을 위한 도시의 과밀 주택단지들 사이에서 중국의 풍경에 점을 찍고 있다.

이러한 도시화 과정은 세계경제와 잉여자본의 흡수에 엄청난 영향을 미쳤다. 칠레는 구리 수요의 증가로 호황을 맞았고, 부분적으로 천연자원에 대한 중국의 수요 확대로 인해 오스트레일리아가 번영했으며 브라질과 아르헨띠나 경제도 회복되었다. 중국과 남미 간의 무역은 2000년에서 2009년 사이에 10배나 증가했다. 중국의 도시화가 세계자본주의를 안정시킨 주요한 요인일까? 이에 대한 대답은 '부분적으로 그렇다'이다. 그러나 부동산개발이 중국의 계급형성에 중요한 역할을 했다는 것 또한 사실이다. 주장삼각주의 부지에 대단위 주택단지를 건설한, 1990년대 중반에 설립된 어느 회사는 (JP모건의 도움을 받아) 2007년 홍콩 주식거래소에 상장하여 270억달러의 순자산을 실현했다. 이 회사는 창립자의 딸이 전체 주식의 60퍼센트를 보유하고 있는데 그 가치가 약 160억달러에 달해서, 그녀는 워렌 버핏(Warren Buffet), 빌 게이츠와 함께 세계 최고 부자 중 한 사람이 되었다.

그러나 중국은 전세계 금융시장의 통합에 기반하여 이제 전세계적이 된 도시화 과정의 한 중심지일 뿐이다. 두바이에서 쌍빠울루, 마드리드에서 뭄바이, 홍콩 그리고 런던까지, 부채로 자금을 조달한 도시화 프로젝트는 전세계 모든 곳에 존재한다. 중국인민은행은 미국의 2차 모기지시장에서 중요한 역할을 한다(이 시장은 패니메이와 프레디맥에 상당한 투자를 했는데, 이것이 미국 정부가 이들 기관을 국유화해야만 했을 때 중국의 보유분 때문에 채권보유자들을 보호했던 일을 설명해준다). 골드먼삭스는 뭄바이의 부상하는 부동산시장에 대규모로 투자했고 홍콩 자본은 볼티모어에 투자하고 있다. 전세계의 모든 도시지역이, 가난한 이민자들이 급증하여 슬럼을 만들어내고 있는 와중에 대규모 건설 붐을 겪었다.

이 건설 붐은 런던, 로스앤젤레스, 쌘디에이고 그리고 뉴욕(뉴욕에서는 억만장자 시장 마이클 블룸버그 행정부하에서 전례 없이 많은 대규모 도시화 프로젝트가 진행되었다) 등 중심부 자본주의 국가들의 도시뿐 아니라 멕시코시티, 칠레의 쌘띠아고, 뭄바이, 요하네스버그, 서울, 타이뻬이, 모스끄바, 그리고 유럽 전역(가장 극적으로 에스빠냐와 아일랜드)에서 뚜렷이 나타났다. 두바이와 아부다비 같은 중동지역에서는 석유에 기반한 부에서 나온 자본잉여를 흡수하기 위해 가장 헤픈 방식으로 놀랍고도 화려한, 그리고 (더운 사막환경에 건설된 실내 스키연습장 같은) 어떻게 보면 말도 안 되는 도시화 프로젝트가 진행되었다. 그러나 걸프만 국가들을 포함한 수많은 국가의 건설 붐은 이제 심각한 문제에 빠졌다. 정부 주도 개발회사인 두바이월드(Dubai World)는 이런 화려한 건설을 위해 영국과 유럽 은행들로부터 막대한 잉여자본을 빌렸는데, 2009년 말 갑자기 부채를 갚을 수 없다고 선언하여 세계시장에 엄청난 충격을 주었다.

이 전환이 너무나 어마어마한 탓에, 현재 세계적으로 진행되는 일이 빠리 제2제정기 오스만이 잠시나마 매우 성공적으로 수행했던 과정과 원칙적으로 비슷하다는 것을 이해하기란 쉽지 않다. 그러나 도시화의 이 새로운 물결은 이전에도 그랬듯이 이를 지원하기 위해 필요한 신용을 조직하는 금융혁신을 토대로 했다. 전세계 투자자들에게 판매하기 위한 지역적 모기지대출의 증권화와 패키지화, 그리고 2차 모기지시장 활성화를 위한 새로운 금융기관의 설립 등이 주요한 역할을 했다. 이는 큰 이득을 만들어냈다. 그것은 위험을 분산하고, 잉여저축의 풀이 잉여주택의 수요에 쉽게 접근하도록 만들어주었다. 그것은 금리를 하락시켰고, 이 놀라운 분야에서 일하는 금융기관들에게 막대한 부를 가져다주었다. 그러나 위험의 분산이 위험을 제거하는 것은 아니다. 게다가 위험이 그렇게 폭넓게 분산될 수 있다는 사실은 지역적으로 더욱 위험한 행동을 자극했는데, 이는 위험이 다른 곳으로 이전될 수 있기 때문이었다. 1867년 이후 빠리의 뻬레르 형제에게 일어났던 일과 1970년대 중반 이후 뉴욕에서 발생한 사건(자본주의의 역사지리를 통틀어 발생한 수많은 다른 사건들은 말할 것도 없다)이 써브프라임 모기지와 주택의 자산가치 위기에서 다시 한번 나타났다.

이전의 모든 단계와 마찬가지로, 도시지리의 개조에는 생활방식의 전환이 뒤따른다. 미국에서 나타난 이러한 전환은 대부분 1960년대 도시지역의 불만을 완화하기 위해 필요했다. 스펙터클한 경제에 대한 끊임없는 의존뿐 아니라 소비주의, 관광, 틈새 마케팅, 문화·지식 기반 산업이 도시 정치경제의 주요한 측면이 되었다. 이런 세계에서 돈이 있는 이들에게는 도시 자체와 도시생활의 질이 상품이 되었다. 경제가 바야흐로 그 추동력으로서 소비주의와 소비자의 감정에 점점 더 의존하게 되자 (소비는 19세기 미국경제에서 약 20퍼센트를 차지했지만 현재 미국경제에서는 약 70퍼센트를 차지한다) 도시화를 통한 소비의 조직화가 자본주의의 동학에 절대적으로 중요해졌다.

틈새시장의 형성을 도와주는 포스트모던 취향—도시적 생활방식의 선택, 소비자의 습관 그리고 문화적 규범 등에서—은 현대의 도시 경험을, 돈이 있는 사람들에게는 선택의 자유라는 향기 가득한 것으로 만들어준다. 쇼핑몰, 멀티플렉스 영화관 그리고 박스스토어(box store, 월마트 같이 기본 식품과 잡화류를 고루 갖추고 상자째 진열하여 저렴한 값으로 판매하는 대형소매점—옮긴이) 등이 번성하듯이(이들 각각이 거대한 사업이 되었다) 패스트푸드와 장인들의 시장, 패션과 액세서리 가게, 커피숍 등이 번성한다. 이런 도시화 스타일은 선진자본주의 국가들뿐 아니라 다른 곳에서도 발견된다—떠올릴 수 있는 거의 모든 아시아 도시들뿐 아니라 부에노스아이레스, 쌍빠울루, 그리고 뭄바이 등에서 이를 만날 수 있다. 세계의 많은 지역에서 여전히 지배적인, 볼품없고 매력 없으며 단조로운 교외의 주택개발지조차도, 이제 '신도시주의'(new urbanism, 미국의 도시가 현재처럼 자동차에 점령되기 이전의 도시형태, 즉 2차대전 이전의 도시개발 형태로 돌아가야 한다고 주장하는 도시계획 및 설계원리—옮긴이)운동을 통해 그 해결책을 얻게 된다. 이 운동은 공동체(친밀하고, 울타리가 쳐져 있어 안전하다고 느껴진다)를 판매하고 도시의 꿈을 실현하는 개발업자의 상품으로서 '지속 가능하다'고 여겨지는 화려한 생활방식을 광고한다.

이것이 정치적 주관성에 미치는 영향은 심대했다. 이 세계에서는 소유에 강하게 집착하는 개인주의와 금융기회주의라는 신자유주의적 도덕이, 인간의 개인성을 사회화하는 데에 주요한 견본이 되었다. 이것은 또한 과잉소비의 쾌락주의 문화가 점점 그 특징이 되는 세계다. 이 세계는 핵가족이 자본주의의 튼튼한 사회학적 기초라는 신화를(비록 이데올로기는 아닐지라도) 깨뜨리고, 느리고 불완전하지만 다문화주의, 여성의 권리 그리고 성적 취향의 평등을 수용했다. 그 결과 인간 역사상 가장 위대한 물질적인 도시적 성취의 한복판에서, 개인주의적 고립·불안·신경쇠약증·눈앞의 이익에만 골몰하는 세태가 점점 심화되었다.

도시의 변화를 통한 잉여흡수의 어두운 측면은 '창조적 파괴'를 통한 도시의 재구조화가 여러차례 반복된다는 것이다. 이 창조적 파괴는 도시 재구조화의 기회로서 위기의 중요성을 강조한다. 이 과정에서 주로 고통받는 이들은 보통 불우하고 정치권력에서 소외된 빈곤층이기 때문에 그것은 계급적 차원도 지닌다.

낡은 도시의 지리를 파괴하고 새로운 지리를 만들어내기 위해서는 흔히 폭력이 필요하다. 오스만은 소위 공익을 위한 수용권이라는 권한을 사용하여 도시개선, 환경복구 그리고 도시개조라는 명목하에 빠리의 낡은 슬럼을 밀어버렸다. 그는 건강에 해로운 산업과 더불어, 노동계급 상당수와 통제가 힘든 다른 이들을 빠리시 중심부에서 의도적으로 몰아냈다. 시 중심부를 차지하던 이들은 공공질서·공공의료 그리고 당연히 정치권력에도 위협적인 존재였다. 그는 이 완고한 계급들이 군사권력에 의해 쉽게 통제될 수 있도록 보장하기 위해 충분한 감시와 군사적 통제가 가능하다고 믿었던 도시형태를 만들어냈다(그러나 이는 1871년 혁명적 빠리꼬뮌을 통해 잘못된 믿음이었음이 드러났다).

실제로, 엥겔스는 1872년의 소책자 『주택문제에 대하여』(*Zur Wohnungsfrage*)에서 이렇게 썼다.

부르주아는 그들의 방식대로 주택문제를 해결하는 오직 하나의 수단만을 지니고 있다──즉 그것은, 해결책이 끊임없이 문제를 새롭게 만들어내는 식이다. 이러한 수단은 '오스만적'인데, 이는 이제 일반화된 우리 대도시의 노동계급 거주구역에 틈새를 만드는 관행을 뜻한다. 이것은, 공공의 건강이나 도시미화의 고려 때문인지, 중심부에 위치한 대규모 부동산에 대한 기업의 수요 때문인지, 아니면 철도나 도로의 건설 같은 교통의 필요 때문인지(이는 때때로 바리케이드 투쟁을 더욱 어렵게 만들기 위한 것으로도 보인다)와는 별개로, 특히 도시 중심부에 위치한 지역에서 이루어진다. (…) 그 이유가 아무리 다르다 할지라도 그 결과는 언제나 동일하다. 이 엄청난 성공에 관한 부르주아의 자화자찬과 함께 수치스러운 뒷골목들이 사라지지만, 그것들은 다른 곳에 즉시 다시 나타난다. (…) 자본주의 생산양식이 우리의 노동자들을 언제나 가두어놓는, 전염병의 발원지이자 혐오스러운 누추한 집이나 지하실들은 사라지지 않는다. 그것들은 단지 **다른 곳으로 이전될 뿐이다**! 최초의 어느 곳에 그것들을 만들어내던 것과 똑같은 경제적 필요가 다음 장소에서 그것들을 만들어낸다.

엥겔스가 묘사한 과정은 자본주의 도시의 역사에서 계속 반복해서 나타난다. 로버트 모지스는 (그의 악명높은 표현대로) '정육점 도끼를 브롱크스(Bronx, 뉴욕시의 한 구)'로 들고 갔고, 시민들과 지역운동세력은 오랫동안 크게 탄식했다. 이들은 결국 가치있는 도시구조의 끔찍한 파괴와 모든 주민공동체와 그들의 오랜 사회통합 네트워크의 붕괴 앞에서 완고한 도시개혁가 제인 제이콥스의 웅변 아래로 결집했다. 고속도로 건설과 도시재개발을 위한 국가의 무자비한 강제 수용권과 오래된 인근지역의 파괴가 1968년 정치적인 거리시위에 의해 성공적으로 저지되자(그 중심지는 다시 한번 빠리였지만, 시카고에서 멕시코시티 그리고 방콕까지 모든 곳에서 폭력적인 대치가 나타났다) 훨씬 더 교활하고 암적인 전환과정이 민주주의적 도시정부의 재정규율 강화, 토지시장 자유화, 부동산투기와 가장 높은 금융 수익을 만들어내는 용도로의 토지사용 등을 통해 시작되었다.

엥겔스는 이러한 과정이 어떤 것인지 매우 잘 이해하고 있었다.

대규모 현대도시의 성장은 특정한 지역, 특히 중심부에 위치한 지역의 토지가치가 인위적으로 엄청나게 높아지도록 만든다. 이들 지역에 이미 세워져 있는 건물들은 더이상 변화된 환경에 어울리지 않기 때문에 가치를 상승시키는 대신 오히려 떨어뜨린다. 이들은 철거되고 다른 건물들로 대체된다. 그 대상은 무엇보다도 중심부에 위치한 노동자들의 주택들이다. 그것들의 지대는 극심한 혼잡에도 불구하고, 결코 특정한 최대 금액을 넘지 못하거나, 오직 아주 천천히 그것을 넘을 뿐이다. 그것들은 철거되고 대신 상점, 창고, 공공건물이 세워진다.

이 모두가 1872년에 씌어졌다는 것을 생각하면 우울해진다. 엥겔스의 묘사는 예를 들어 뉴욕의 할렘이나 브루클린의 재개발뿐 아니라 대부분 아시아 지역(서울, 델리, 뭄바이 등)에서 일어나고 있는 현재의 도시화 과정에 직접적으로 적용될 수 있다. 새로운 도시의 지리를 만들어내는 것은 필연적으로 퇴거와 추방을 수반한다. 이는 도시재개발을 통한 자본흡수의 추악한 모습이다.

공식적으로 600만명이 대부분 법적인 지위 없이 땅을 점유해 살아가는 슬럼 거주자인 뭄바이를 생각해보자(그들이 사는 곳은 이 도시의 모든 지도에 공백으로 나타나 있다). 뭄바이를 상하이와 경쟁하는 세계적 금융중심지로 만들기 위한 노력과 함께 부동산개발 붐이 촉진되었고 슬럼 거주자들이 점유한 토지의 가치가 매우 높아진 것으로 보인다. 뭄바이의 가장 유명한 슬럼 중 하나인 다라비(Dharavi)의 토지가치는 20억달러에 달하며 이 지역을 '청소'하기 위한 압력이—표면적으로는 환경적·사회적 이유로—날이 갈수록 높아지고 있다. 국가의 지원을 받는 금융권력은 슬럼의 철거를 강제로 밀어붙이고 있는데, 몇몇의 경우 슬럼 거주자들이 수십년간 점유해온 땅을 폭력적으로 빼앗고 있다. 토지를 거의 공짜로 취득할 수 있기 때문에 부동산사업을 통한 토지에 기초한 자본축적이 활황을 맞고 있다. 하지만 강제로 철거된 이들은 보상을 받을까? 운이 좋은 이들은 약간의 보상을 받는다. 인도 헌법은 국가가 카스트와 계급에 상관없이 전체 국민의 삶과 행복을 보호하고 생계를 위한 주택과 거처를 보장할 의무가 있다고 규정한다. 그러나 인도 대법원은 이 헌법의 요건을 새로이 썼다. 자신이 점유한 토지에서의 장기거주를 명확하게 증명할 수 없는 불법거주자들은 보상받을 권리가 없다는 것이다. 대법원은 이들에게 이러한 권리를 보장하는 것은 소매치기의 행동에 대해 보상하는 것과 같다고 말한다. 따라서 슬럼 거주자들은 어쩔 수 없이 맞서 싸우거나, 그들의 짐을 싸들고 고속도로 변두리나 어디든 작은 공간을 찾을 수 있는 곳에 임시로 거주하도록 강요받는다.

이와 비슷한 탈취의 사례가 (비록 덜 잔인하고 좀더 합법적이지만) 미국에서도 발견되는데, 이는 토지를 좀더 수익이 높게 사용하기 위해 (콘도미니엄이나 대규모 박스스토어 등의 건설을 위해) 값싼 주택의 장기거주자들을 몰아내는 수용권의 남용 과정에서 나타난다. 이에 대해 미국 대법원에서 이의를 제기했지만, 자유주의적 법관들은 이를 반대하는 보수파에 승리를 거두었고 지역의 사법권력이 그들의 재산세 기반을 늘리기 위해 이렇게 행동하는 것은 완벽하게 헌법에 합치한다고 선언했다. 결국 무슨 일이든 진척되는 것이 진보인가!

1990년대 서울에서는 건설회사와 개발업자가 씨름선수 같은 폭력배들을 고용하여 거주민 전체를 공격하고 그들의 주택뿐 아니라 모든 소유물을 큰 망치로 박살내버렸다. 그들은 1990년대에 들어서 땅값이 오른 이 도시의 산동네에, 1950년대에 이미 그들 자신의 주택을 지은 사람들이었다. 이들 산동네의 대부분에는 이제 그 건설을 가능케 했던 잔인한 강제철거 과정은 흔적도 없고 그 위에 고층 빌딩들이 세워졌다. 중국에서는 현재 수백만의 사람들이 오랫동안 점유해온 공간을 탈취당하고 있다. 그들은 사적 소유권이 없기 때문에 국가가 (이 토지를 개발업자에게 높은 이윤을 남기고 넘기기 전에) 이사를 위한 약간의 현금을 지불하며 그들을 손쉽게 토지로부터 쫓아낼 수 있다. 몇몇 경우, 사람들은 자발적으로 이동하지만, 광범위한 저항도 보고된다──이에 대해 공산당은 보통 잔인한 진압으로 대응한다. 농촌의 변두리지역의 주민도 도시가 확장됨에 따라 인정사정없이 쫓겨나고 있다. 이는 인도에서도 마찬가지다. 인도에서는 중앙정부와 주정부가 특별경제개발구역(Special Economic Development Zone)의 건설을 적극적으로 추진하고 있는데, 이는 농민들에 대한 폭력으로 이어지고 있다. 그중 가장 끔찍한 것은 서벵골 지역의 난디그람(Nandigram)에서 발생한 학살인데, 이는 산업발전만큼 도시의 부동산개발에 관심이 많은 대규모 인도네시아 자본을 위한 것으로, 집권당인 맑스주의 정당이 자행한 짓이다.

이 과정들이 저항 없이 진전되는 것은 아니다. 모든 지역에서 사회운동이 나타나고 있다는 것이 그 증거다──어떤 곳에서는 도시재개발 반대운동으로 그리고 다른 곳에서는 저렴한 주택을 지키기 위한 운동으로. 때때로 이 운동들은 그 기반이 협소하다. 그러나 다른 경우, 이 운동들은 여러 권리를 둘러싸고 결집하여 더욱 광범위한 요구로 발전할 수 있다. 예를 들어, 브라질 사람들이 말하는 '주거의 권리'(the right to dwell) 혹은 다른 이들이 말하는 '도시에 대한 권리'(the right to the city)──도시의 새로운 지리를 사회정의와 환경 존중이라는 원칙에 더욱 부합하도록 만들 권리 등이 그것이다.

따라서 자본주의의 지리를 만드는 데 참여할 권리는 서로 다투는 권리다. 이러한 국면에서 권력관계는 분명히 누구보다도 자본과 국가의 결합에 더 유리하지만, 이에 반대하는 중요한 힘들이 존재한다. 그리고 자본과 국가 모두는 현재 수세에 처해 있다. 자신들의 행동이 모두에게 도움이 된다는 그들의 주장은, 그들이 시장에 기초한 끊임없는 자본축적을 통해 모든 인간을 이롭게 한다는 주장만큼이나 심각하게 타격을 받았다.

*　*　*

자본주의 지리의 끊임없는 형성·재형성과 관련된 모든 우연성과 불확실성 뒤에는, 자본주의의 역사지리뿐 아니라 자본가계급 권력의 일반적인 진화에 관한 이해에서 아직 적절한 자리를 찾지 못한 특이하고 중요한 권력이 숨어 있다. 새로운 지리의 형성은 토지 내부와 지상의 변화를 수반한다. 그 토지의 소유자는 이러한 변화들로부터 모든 이득을 얻는다. 그들은 토지가치의 상승과 토지와 그 속의 '천연'자원에 대한 지대의 상승으로 막대한 이득을 얻을 수 있다. 지대와 부동산가치의 상승은, 장소에 대한 투자, 그리고 접근성을 개선해 토지가치를 높이는 방식으로 공간적 관계를 바꾸어내는 투자, 둘 모두에 달려 있다. 이들 토지개발자의 이해는 토지를 소유한 귀족과 봉건영주 같은 '잔여계급'(residual class)의 그것과는 전혀 다르게, 그 소득과 권력을 확대하기 위한 수단으로서 자본주의의 지리를 형성하고 재형성하는 데 적극적인 역할을 한다.

따라서 토지, 부동산, 광산 그리고 천연자원의 지대에 대한 투자는 모든 자본가들에게 매력적인 제안이 된다. 그에 따라 이러한 가치들에 대한 투기가 만연하게 된다. 자본주의 지리의 생산은, 이러한 자산들에 대한 투기적 이득을 실현할 필요에 의해 촉진되고 진전된다. 예를 들어, 미국에서 교외화 과정이 진행되자 주변 지역 토지의 지대가 상승하기 시작했고 곧 투기꾼들이 메뚜기떼처럼 몰려들었다. 투기적 이득을 실현하기 위해 그들은, 그들이 소유한 토지를 더욱 가치있게 만들어주는 고속도로, 상하수도 그리고 다른 인프라 건설을 위한 공적 투자가 꼭 이루어지도록 만들어야만 했다. 개발업자들과 토지소유주들은 이러한 공적 투자가 실현되도록 뇌물을 주거나 아니면 선출직 관료의 선거운동을 합법적으로 지원했다. 이러한 활동들은 교외화를 가속화했고, 교외화 과정은 물론 토지가치를 높이려는 이러한 노력에 기초하여 스스로 가속화되었다. 물론 언제나 과도한 확장이 나타날 수 있었다. 1990년경 정점에 도달했던 일본의 토지가격을 보라. 빠르고 힘차게 상승했던 지가는 그 상승만큼이나 쉽게 폭락하고 말았다.

새로운 지리와 공간적 관계의 창출을 통해 벌 수 있는(때때로 잃을 수 있는) 돈은, 자본주의의 재생산의 근본적인 특징으로서 너무나도 자주 간과된다. 사회비평가 소스타인 베블런(Thorstein Veblen)은 20세기 초의 저작에서, 미국 '유한계급'(leisure class, 그가 붙인 이름이다)의 부는 흔히 주장되는 산업생산의 영역만큼이나 토지와 도시개발과 관련된 투기에 의해 만들어진다는 의견을 제시했다. 이는 영국에서도 오랫동안 사실이었을 것이다. 영국에서는 17세기 이후부터 나타난 런던 주변의 토지가치와 지대의 상승이, 상층계급의 부를 증대하는 데 공장씨스템의 등장보다 더 많이 기여했던 것으로 보인다. 또한 중국의 예에서 보았듯이, 중국의 계급구성을 촉진했던 부의 상당부분은 도시개발 프로젝트에서 나온 투기적 이득에 기초한 것이었다(상하이의 새로운 스카이라인을 보라).

전반적인 자본순환 그리고 자본축적과 관련된 토지와 자원의 자산가치와 지대의 중요성은 과소평가되어왔다. 토지와 자원 소유자들의 권력도 이와 마찬가지였다. 이러한 활동영역은 많은 선진자본주의 국가들의 경제활동에서 약 40퍼센트에 이른다. 이를 고려하면, 현재 각국 정부가 침체에 빠진 경제를 일으키기 위해 고안한 경기부양 정책의 중요한 요소가 바로 도시 인프라라는 것은 당연한 일이다. 더욱이 이들의 권력을 수동적인 것이 아니라 능동적인 것으로 파악하는 것이 매우 중요하다. 왜냐하면 토지소유주들이 (개발업자들, 건설업자들 그리고 어디에나 존재하는 금융업자들과 함께) 자본잉여의 흡수문제에 중요한 해결책을 제공하면서 동시에 자신의 계급적 지위를 강화하는 것은, 정확하게 새로운 지리의 형성을 통해서이기 때문이다.

하지만 이러한 해결책은 양날의 칼이다. 자본가들이 토지의 지대에 투자하고 자본화된 토지의 (심지어 수십년 전부터 원리금이 상환되었던 낡은 부동산에 대한) 지대를 거래하는 만큼, 그들은 그 토지에 거주하는 모든 이들뿐 아니라 자본주의 활동의 다른 모든 형태에 대해 세금에 상응하는 것을 부과한다. (토지의 재생산을 위해 수

천년간의 인간활동이 창출해낸 '두번째 자연'의 공짜 선물을 포함하여) '자연의 공짜 선물'로 기능해야만 하는 토지가 이제 자본주의 활동의 생산적 형태에 비용이 드는 걸림돌로 작동하는 것이다. 몇몇 생산자들은 비용이 많이 들어 생산을 지속할 수 없기 때문에 지대가 높은 지역으로부터 퇴출된다. 특정 지역의 토지와 부동산가격 상승에 발맞추어 임금상승의 압력이 불가피해진다. 런던의 공무원들은 도시의 생활비 급등으로 인해 추가수당을 받는다. 금융업자의 지원을 받는 지대수취자와 개발업자는 자본주의 지리의 재구성뿐 아니라 위기를 만들어내고 장기불황을 일으키는 데도 역할을 한다. 케인즈 경은 그가 말한 '지대수취자들의 안락사'(euthanasia of the rentier)를 갈망했다. 뉴욕, 마이애미, 라스베이거스 그리고 두바이 시내의 콘도미니엄들이 텅 비어 있는 것을 고려하면, 불행히도 오늘날 지대수취자들은 특별히 잘은 아닐지라도 훌륭하게 생존해 있다.

만약 지대와 토지가치가 정치경제학이 지리, 공간, 그리고 자연과의 관계를 자본주의의 이해에 통합시키는 이론적 범주라면, 이것들은 자본주의의 작동에 관한 이론에서 잔여적이거나 부차적인 범주가 아니게 된다. 지대는 전통적 경제이론뿐 아니라 맑스주의 이론에서도 분배에서 파생되는 것으로 다루어진다. 그러나 앞서 우리가 이자와 신용의 경우에서 본 것처럼 앞으로는 이 둘을 분석의 전면에 내세워야 한다. 이렇게 할 때만이 공간과 지리의 지속적인 생산과 자본의 순환과 축적에 대한 이해를 통합할 수 있으며, 공간과 지리를 분명히 그것들이 속한 위기발생의 과정 속에 배치할 수 있다.

제7장

토지에 대한 창조적 파괴

소위 '자연환경'은 인간활동에 의해 변형된다. 토지가 개간되고 습지가 개발되며 도시, 도로 그리고 다리가 건설된다. 또한 식물이 재배되고 동물이 가축으로 길러지며 동식물의 서식지가 바뀐다. 산림이 개발되고 토지가 관개되며 강에는 댐이 건설되고 들판은 (양과 염소에 의해 게걸스럽게) 목초지로 사용되며 기후가 변화한다. 광물이 채굴되면서 산 전체가 반으로 잘려나가고 채석장이 풍경을 망가뜨리고 쓰레기가 냇물과 강, 바다에 흘러들며 표토가 침식된다. 수백 평방마일의 숲과 초원이 인간활동의 결과로 우연하게 파괴된다. 또한 소를 기르는 목장주들과 대두 생산자들이 걸신들린 듯 불법적으로 토지를 사용함에 따라 아마존의 밀림이 불타고, 중국정부는 방대한 재식림 계획을 발표한다. 그러나 영국인들은 안개 낀

시골을 산책하기 좋아하고 물려받은 오랜 시골집들을 애지중지하며, 웨일즈인들은 계곡을 사랑하고 스코틀랜드인들은 그들의 골짜기를, 그리고 아일랜드인들은 에메랄드빛 늪지를, 독일인들은 그들의 숲을, 프랑스인들은 포도주와 치즈를 가진 그들의 특별한 '지방'(pays)을 사랑한다. 아파치 인디언들은 땅에 지혜가 있다고 믿고, 아마존에서 브리티시 컬럼비아 그리고 타이완의 산지에 이르기까지 모든 곳의 토착민들은 그들이 살고 있는 땅과의 오래 지속되고 끊을 수 없는 인연을 축복한다.

토지에 대한 창조적 파괴의 오랜 역사는 때때로 '두번째 자연'이라 불리는 것—인간의 행동으로 새로이 구성된 자연—을 만들어냈다. 이제 사람이 지구상에 살기 이전에 존재했던 '첫번째 자연'은 별로 남은 것이 없다. 지구에서 가장 먼 지역과 사람이 가장 살기 힘든 환경에도 인간의 영향(기후 형태의 변화, 살충제의 흔적 그리고 대기와 물의 성질 변화에 이르기까지)의 흔적이 남아 있다. 자본주의의 발흥으로 특징지어지는 지난 300년간 토지에 대한 창조적 파괴의 비율과 폭은 엄청나게 증가했다.

이러한 활동은 초기에는 일반적으로 자연에 대한 인간의 지배라는 승리적인 관점에서 개념화되었다(이는 부분적으로 자연과의 관계를 낭만적으로 생각하는 심미적인 관점에 의해 상쇄되었다). 이제 우리는 실제로는 꼭 그렇지 않더라도 표현에서는 더욱 신중해졌다. 자본주의 역사는 그 산물이 환경에 미친 의도하지 않은(때로는 장기적인) 영향들로 가득 차 있고, 그중 몇몇은 (종과 서식지의 파괴 같이) 되돌릴 수 없다. 그러므로 지배가 아니라 인간활동의 전개에 대해 고려하는 것이 더 낫다. 이는 물질적 세계와 관련하여 그리고 생명의 생태계 망 내부에서 흔히 극적이고 되돌릴 수 없는 방식으로 지구의 얼굴을 바꿔내는 것이다.

우리를 둘러싼 두번째 자연의 지리를 만들어내고 재생산하는 데는 많은 주체들이 역할을 하지만, 우리 시대의 두가지 중요한 체계적인 주체는 국가와 자본이다. 자본축적의 지리적 풍경은, 주로 (부동산투기를 포함해) 추가적인 축적을 위한 투기적 필요에 의해 추동되어 끊임없이 진화하며, 사람들의 필요와는 부차적으로만 관련되어 있다. 그러나 우리를 둘러싼 두번째 자연은 순수하게 자연적인 면이 전혀 없긴 하지만, 지리를 변화시키는 공진화과정은, 아무리 국가가 그것에 적극적이라 하더라도 전적으로 자본과 국가에 의해 좌우되는 것은 아니다. 물론 일반 사람들은 말할 것도 없다. '자연의 복수'라는 구어적 표현은, 날씨처럼 우리가 살아가는 환경을 구성하는 힘들고 다루기 어려운, 그리고 예측 불가능한 물질적·생태적 세계가 존재함을 의미한다.

그 자체로 끊임없이 진화하는 자연에 대한 사회적 관계의 변증법적 전개를 어떻게 이해할 것인지는 중요한 문제다. 농업의 소위 '녹색혁명'은 7개 활동영역 모두의 변화들이 어떻게 공진화하는가를 보여주는 훌륭한 사례다. 1940년대 멕시코에서, 젊은 과학자 노먼 볼로그(Norman Borlaug, 2009년 사망했다)가 주도한 새로운 농업연구소에서 밀의 새로운 품종이 재배되기 시작했다. 유전적으로 변형된 이 새로운 밀의 재배 덕분에 20세기 말에는 밀 수확량이 4배로 증가했고, 멕시코는 1945년 이후 10년 만에 밀 수입국에서 수출국이 되었다. 1960년대에 (미국의 포드 재단과 록펠러 재단 등이 인도와 파키스탄 정부와 협력하여) 이 새로운 품종이 남아시아에 도입되었고 1965년에서 1970년 사이 밀과 쌀의 수확량이 두배로 늘어났다. 이는 식량안정에 큰 영향을 미쳤고 세계적으로 식량과 곡물 가격을 절반으로 낮추었다. 이러한 녹색혁명은 생산성을 높이고 대규모 기아를 막았다고 평가받지만, 동시에 다양한 부정적인 환경적·사회적 영향을 낳기도 했다. 단일작물 재배는 석유에 기반한 비료와 살충제에 대한 대규모 투자를 필요로 했고(이는 몬산토Monsanto 같은 미국기업들의 이윤의 원천이었다) 이와 관련된 (보통 물의 관리와 관개시설과 관련이 있는) 자본의 배치는 부유한 농업생산자 계급의 지위를 (흔히 신용기관들의 수상쩍은 지원과 함께) 강화하고 다른 모든 이들을 토지 없는 농민으로 전락시켰다. 유전자조작식품 (GMO)은 윤리적으로 문제시되었고 환경주의자들의 도덕적 반대에 직면했다(유럽에서 이는 '프랑켄슈타인 음식'이라 불린다). 그후로 GMO를 둘러싼 지정학적 갈등이 대두했다.

여러 다른 장소들에서 공진화가 어떻게 작동하는지 더 잘 파악하도록 해주는 이런 종류의 동학을 주의깊게 분석하지 않고는 자본축적과 토지에 대한 창조적 파괴의 지리를 자세하게 살펴볼 수 없다. 그것 없이는, 자연과의 관계가 어떠한 기술적·사회적·문화적 해결책으로도 극복되거나 우회될 수 없는 자본축적의 한계를 어느 정도로 만들어내는지 평가할 수 없다.

물론 우리는 환경과학 덕분에 인간의 활동의 의도하지 않은 다양한 결과에 대해 잘 알게 되었다. 공장 굴뚝과 발전소에서 나오는 산성배출물은 1780년 이후 오랫동안 맨체스터 주변의 페닌 이탄늪지 같은 현지 생태계를 파괴해왔다. 그러나 높은 굴뚝을 만드는 기술이 개발되어 황산화물이 대기의 높은 곳으로 배출됨에 따라 그 영향 아래 놓이는 장소가 좁은 지역에서 넓은 지역으로 바뀌었다. 1960년대에는 영국으로부터 온 오염물질이 스칸디나비아 반도의 호수와 숲을 파괴했고, 이와 비슷하게 오하이오밸리에서 온 오염물질이 뉴잉글랜드에 영향을 미쳤다. 까다로운 정치적 결과와 협상이 이에 뒤따랐다. 프레온가스는 1920년대 이후 늘어난 도시인구에게 신선한 음식의 공급을 보장하는 데 핵심적이었던 냉장기술에 큰 도움을 주었지만, 대기 중에 배출되면 성층권의 오존층을 파괴하고 자외선 침투를 강화해 모든 종류의 생물, 특히 극지 생물에 위협을 가한다. 이 문제도 어려운 국제협상으로 이어졌고, 결국 1987년 프레온가스 사용을 제한하고 단계적으로 금지하는 몬트리올의정서가 체결되었다. 과학은 인간의 행동이 지구온난화를 가속화하고 있다고 밝혀냈고 (비록 어느 정도로 그런지는 논란이 있지만), 지구온난화가 과학자들이 세상 사람들을 속이는 사기라고 주장하는 (보통 에너지 로비 자금을 지원받는) 반대자들은 줄어들었다. DDT는 1939년 도입되었을 당시, 모기를 매개로 한 전염병의 고통을 해결해주는 놀라운 살충제로 생각되었다. 그러나 이후 그것이 전세계 많은 생물 종의 생식에 파괴적인 영향을 미친다는 것이 밝혀져 1960년대(특히 1962년 레이첼 카슨Rachel Carson의 책『침묵의 봄』Silent Spring이 출판된 이후)에 사용이 금지되었다.

자본가들과 그 대리인들은 다른 모든 것을 생산하는 것과 똑같은 방식으로 두번째 자연을 창조하고 스스로의 지리를 적극적으로 만들어낸다. 그것은 국가의 적극적인 협조는 아니더라도 매우 자주 묵인과 공모와 함께 나타나는 투기적인 사업이다. 19세기 미국 의회가 미국 전역의 토지사용권을 철도회사들에 부여했을 때, 그것은 예견되었던 바와 같이 수많은 지역경제의 위기를 초래하며 호황과 불황의 사이클을 만들어낸 거대한 토지투기 계획을 촉진했다.

자연이 사회적 생산물이라는 생각은, 천연자원이 문화적·경제적·기술적 평가물이라는 인식과 궤를 같이해야 한다. 이는 두가지 방식으로 나타난다. 한편으로 이는, 예를 들어 다른 원료를 사용하는 새로운 기술의 발명을 통해 하나의 자원을 다른 자원으로 대체할 수 있도록 해준다. 만약 석탄이 희귀해지거나 공해를 너무 심하게 유발한다면 천연가스 혹은 원자력이 사용될 수 있다. 다른 한편으로, 새로운 기술과 생활방식의 고려가 매우 희소하고 국지적으로 공급되는 원료의 사용을 강제할 수 있다. 이는 풍력발전용 터빈 같은, 소위 '녹색'기술이라 불리는 많은 새로운 전자기술의 경우 그러한데, 풍력터빈은 인듐(indium), 하프늄(hafnium), 테르븀(terbium), 그리고 네오디뮴(neodymium) 등의 이름을 지닌 '희토류'(rare earth metals)라 불리는 자원에 의존한다. 강력한 자기적 특징을 가진 이러한 희토류에 대한 수요가 급등해왔는데, 현재 중국이 이들 자원의 거의 95퍼센트를 보유하고 있다는 사실은 경악할 일이다. 환경파괴적인 영향에 대한 고려 없이 희토류를 생산하는 중국이 그것의 수출을 제한하여 이들 새로운 녹색기술 기업을 중국으로 이전하도록 강제할 수도 있다는 조짐들이 존재한다. 이와 같은 상황은 심심치 않게 일어난다. 지리적 제한에 따른 준독점 공급은 역사 내내 자본축적의 동학에 주요한 영향을 미쳤고, 따라서 강대국들은 필요하다면 군사적 수단을 통해 천연자원의 공급을 전략적으로 확보하기 위해 노력했다.

우리는 토지와 경관에 일어난 엄청난 변화를 확인할 수 있다. 또한 환경의 전환을 위한 어처구니없고 교만한 실패작들을 찾아볼 수도 있다. 그중 가장 흥미로운 이야기는 1920년대 헨리 포드가 고무생산을 위해 아마존을 개발하려 했던 투기적 시도인데, 이는 그레그 그랜딘(Greg Grandin)이 2009년 그의 책 『포들랜디아』(Fordlandia)에서 훌륭하게 다루었다. 포드는 아마존 지역에 엄청난 토지를 구입하여 그의 새로운 마을에 포들랜디아라는 이름을 붙였고, 고무농장과 공장 노동자들을 대상으로 그 열대우림 지역에 미국 중서부의 생활방식을 이식하려 했다.

이 구상은 포드 자동차 타이어용 고무의 안정적인 공급을 위한 것이었다(그는 그외의 거의 모든 것에 대해 통제를 확립했다). 그랜딘은 이렇게 썼다. "포들랜디아에는 중앙광장, 보도, 실내 수도설비, 손질된 잔디밭, 영화관, 구둣방, 아이스크림과 향수 가게, 수영장, 테니스코트, 골프코스 등이 있었고, 물론 포드의 T형 자동차가 포장도로 위를 굴러다녔다." 그러나 이 계획은 20년간의 노력과 천문학적 액수의 자금지출에도 불구하고 실패하고 말았다. 열대우림이 결국 승리를 거두었다. 그곳은 1945년 결국 포기되었고 이제 정글 속의 폐허가 되었다. 한 방울의 고무유액도 생산되지 못했다.

포드가 아마존에서 그렇게 기묘한 투기를 추진했던 것은, 물론 세계가 무역과 투자에 개방되어 있고 자신의 교만한 야심을 추구하는 것을 가로막을 (국경 같은) 공간적 장벽이 존재하지 않는다는 믿음에 기초한 것이었다. 그는 일이 잘못되면 당시에 막 발흥하고 있던 미 제국의 압도적인 군사력이 자신을 구조해주러 올 것이라고 확실히 믿었다. 결국, 미 해병대는 토착농민들의 반란을 진압하기 위해, 공중폭격을 가하는 완전히 새로운 전술을 실행하며 1920년대 내내 중앙아메리카에 주둔했다. 그 반란은 니까라과의 카리스마 있는 지도자 아우구스또 싼디노(Augusto Sandino)에 의해 주도되었다. 그것은 분명히, 그 지역의 정부를 부르는 '바나나 공화국'이라는 이름을 현실화하는 것이 목표였던, 엄청나게 강력했던 유나이티드프루트사(United Fruit Company, 치키타브랜즈인터내셔널의 전신)의 이익을 위협하는 것이었다.

* * *

인간의 상호작용을 위해 끊임없이 더욱 새로운 공간관계를 창조·재창조하는 것은 자본주의의 가장 뚜렷한 업적 중의 하나다. 공간관계를 변화시키며 생산, 교환 그리고 소비의 지리적 경관을 극적으로 재조직하는 것은 시간에 걸쳐 공간을 소멸시키는 자본주의의 경향을 극적으로 보여준다. 그뿐 아니라 이는, 예를 들어 제트엔진이 공간적 접근성을 규정하는 주된 수단으로서 내연기관을 보완하고 나아가 대체하는 것처럼 한바탕 격한 창조적 파괴들을 수반한다. 인터넷과 사이버공간의 구축은 마찰 없는 운동을 위한 야심을 실현하는 것에 자본주의가 매우 많이 가까워졌음을 보여주는 사례다. 모든 종류의 정보와 그것에 대한 권리는 사이버공간을 자유롭게 이동할 수 있지만 불행히도 물적 재화와 사람들은 그럴 수 없다. 우리는 이베이(eBay)에 접속해 즉시 쇼핑할 수 있지만, 택배회사인 UPS가 그 제품을 당신의 집까지 배달하는 데는 며칠이 걸릴 것이다.

이 마지막 사례는 공간적 장벽이 없는 세계를 창조하기 위한 노력 내부에 존재하는 모순의 영역을 보여준다. 현재의 위기도 부분적으로 시간-공간 구성의 극단적 분열이 드러난 것으로 볼 수 있다. 투자은행의 사장들은 그들의 트레이더, 가장 유명하게는 베어링스은행의 니콜라스 리슨이 실제로 무엇을 하고 있는지 알 수 없었다. 그결과 감독과 통제에서 실패했고 그로 인해 우리가 앞서 지적했던 모든 결과가 나타났던 것이다.

사회적 질서는 이런 종류의 문제로 가득 차 있다. 도시에서 아이를 키우는 것은 현재의 금융활동에 의해 규정되는 시간-공간과는 전혀 다른 시간-공간에서 이루어진다. 사람들은 합리적으로 그들의 일상생활을 영위할 안전한 개인적 공간, 즉 집을 찾고 그들의 재생산활동을, 이를테면 20년의 시계(time horizon, 증권 및 투자의 가치를 결정하는 데 기준이 되는 시간—옮긴이)를 갖고 추구한다. 그러나 그러기 위해서 사람들은 전혀 다른 시간-공간 논리에 따라 조직된 금융시장에서 담보대출을 받아 주택소유자가 되어야만 한다. 그 논리가 붕괴했기 때문에 이제 그들 중 몇몇은 천막에서 살고 있는 것이다.

이는 자본축적 내부에서 그리고 그것을 둘러싸고 구성되는 서로 다른 시간-공간 구성 사이의 모순을 잘 보여준다. 그 모순은 장기적으로 존재하지만 깊고 변함없는 것이다. 자본이 — 화폐의 비물질적인 흐름부터 상품, 사람, 써비스 등 유형(有形)의 물적인 흐름까지 — 어떤 형태로든 공간들 사이를 자유롭게 이동하는 것은 땅 위의 고정된 공간의 생산을 통해서만 가능하다. 그러나 토지에 투자된 자본은 파괴되지 않고는 이동할 수 없다. 여기서 나타나는 정지와 운동 사이의 긴장은 독특하게 꼬인 형태를 띤다. 그것은 이중의 운동을 유도한다. 한편으로, 만약 지리적 경관이 이동하는 자본(mobile capital)의 요구를 더이상 만족시키지 못한다면, 그것은 파괴되어 완전히 다른 형태로 새로 건설되어야만 한다. 지리적 경관이든 아니면 자본의 흐름이든 토지에 투자된 자본의 보상을 위한 요구에 순응해야 한다. 비행기가 뜨지 않는 공항은 수익성도 없고 존립 가능하지도 않다.

토지에 투하된 고정자본은 이동하는 자본의 운동을 한편으로 더욱 촉진할 수 있다. 그러나 이동하는 자본이 그 고정자본의 투자가 지시하는 지리적 경로를 따르지 않으면 그것은 가치를 잃는다. 게다가 토지에 투하된 자본은 보통 장기적인 특징을 지닌다(공항이나 오피스 빌딩을 건설하고 그로 인한 부채를 상환하는 데는 오랜 시간이 걸린다). 자본주의는 무자비하게 속도와 공간적 장벽의 축소를 추구하기 때문에 공간에 고정되고 순환이 느린 자본으로의 흐름을 억제해야만 한다. 위기는 이러한 갈등으로부터 쉽게 발생할 수 있다.

철도에 대한 과잉투자로 발생한 19세기의 극적인 금융위기는 이후에 일어날 사건들의 전조였다. 엄청난 비용을 들여 철도가 건설되었지만 교통량이 사시사철 충분한 것은 아니었다. 따라서 철도에 투하된 자본은 가치를 잃었고 투자자들은 큰 손해를 보았다. 플로리다와 뉴욕의 비어 있는 콘도미니엄, 캘리포니아의 버려진 쇼핑몰, 그리고 카리브해의 텅 빈 고급호텔 등은 모두가 똑같은 사연을 지닌다. 맑스가 날카롭게 지적했듯이, 여기서 자본은 그 스스로의 본질적 장애에 직면한다. 초이동성(hypermobility)에 대한 추구와 점점 더 고정되는 건축환경(토오꾜오나 뉴욕에 투하된 엄청난 액수의 고정자본을 생각해보라) 사이에서 점점 더 극적인 분열이 나타나게 된다.

＊　＊　＊

사회조직의 영토적 형태의 창조, 즉 장소의 건설은 역사 내내 인간활동에 근본적인 것이었다. 그렇다면 자본의 순환과 축적은 어떻게 이전 시대로부터 물려받은 영토적 형태에 적응하고 이를 전환시켰을까. 그리고 어떻게 특정한 장소들을 만들어내고 영속적이고 지속적인 성장의 추구에 순응하는 세계적 정치권력의 지도를 새로이 그렸을까? 예를 들어, 근대국가의 등장은 자본주의의 등장과 함께 나타났다. 특히 1870년에서 1925년 사이에 지구상의 많은 부분을 식민지로 복속시키고 제국주의의 관리하에 분할한 것도 주요 자본주의 열강들이었다. 그들은 지금도 계속 세계의 조직된 정치권력의 영토적 기초를 형성한다. 우리가 보았듯이, 자본축적은 런던, 로마, 에도(토오꾜오) 같은 오래된 장소들을 재구성했을 뿐 아니라, 시카고, 로스앤젤레스, 부에노스아이레스 그리고 선전 같은 광대한 새로운 도시들을 만들어내는 데 중요한 역할을 했다. 한편, 식민지 지배는 생산수단, 시장, 새로운 생산활동 그리고 탈취에 의한 무자비한 축적 등에 대한, 자본축적의 중심부의 끊임없이 확장되는 수요를 충족하기 위해 요하네스버그, 킨샤샤(Kinshasa), 뭄바이, 자카르타, 싱가포르 그리고 홍콩 등을 개발했다.

오직 자본만이 오늘날 디트로이트, 체나이, 혹은 포들랜디아 같은 장소들을 만들어내는 데 관여하는 것은 아니다. 독립적인 개인의 역할도 여전하며 또한 광범위하다. 뉴저지 교외나 옥스퍼드셔(Oxfordshire)의 DIY 상점에 가보라. 많은 이들이 집과 정원이라 부르는 공간을 그들만의 특별한 장소로 만드는 데 사용될 상품을 장만하고 있을 것이다. 비록 재료는 버려진 상품이고 점유한 공간은 불법적이며 (이것들을 제공하기 위해 그 지역의 정부나 세계은행의 프로그램이 몇몇 기초적인 노력을 한 경우가 아니라면) 기본시설도 없지만, 판자촌의 거주자들도 이와 비슷한 일을 한다. 우리가 도시라 부르는 장소들 중 몇군데는, 자본주의적 개발업자들이 자본축적이 그곳에서 이루어지는 데 꼭 필요한 물적 인프라를 제공하려고 노력하기 때문에 격렬한 투쟁의 대상이 되기도 한다. 그럼에도 불구하고 장소 만들기, 특히 우리가 '집'이라 부르는 장소를 만드는 일은 자본이 아니라 주로 사람들의 몫이다. 사람들이 토지에 대한 그들의 관계, 장소, 그리고 주거활동에 깊은 의미를 부여하는 것은 토지와 부동산시장의 무신경한 상업주의와는 영원히 배치되는 것이다.

그렇다면, 우리의 도시들은 사람들을 위해 설계되는가 아니면 이윤을 위해 설계되는가? 흔히 제기되는 이러한 질문에 대답하기 위해 우리는 장소의 형성을 둘러싼 계급투쟁과 사회적 투쟁의 방대한 영역을 직접 살펴보아야 한다. 우리의 도시는 일상생활이 영위되고 감정적인 관계와 사회적 연대가 확립되며 정치적 주관과 상징적 의미가 구성되는 경관이다. 자본가계급과 개발업자의 이해관계는 이러한 차원을 매우 잘 파악하고 있으므로, 지역과 도시를 선전하고 공동체와 지역 정체성을 의도적으로 고취하면서 그것을 동원하려 한다. 이들은 때때로 토지와 장소에 대해 맺고 있는 끈끈한 관계에서 기인하는 대중적 감수성을 이용하는 데 성공하기도 한다. 이 새로운 교외의 개발이 좀더 건전한 자연과의 관계, 더욱 만족스러운 모습의 사교와 일상생활, 생활의 새로운 기술 그리고 미래의 개발을 위한 훌륭한 입지 등을 약속해줄 것이라고 사람들을 설득하는 광고업자의 달콤한 선전이 동원되기도 한다. 물론 이러한 설득이 실패하면, 자본주의적 개발업자들은 그들의 계획을 위해 토지에서 사람들을 몰아내려고 정치적 억압과 법적인 소송에서 폭력에 이르기까지 그 어떤 수단도 동원하는 것으로 악명이 높다.

이와 반대로, 사람들 사이의 사회적 연대는 완전히 다른 가치들—역사, 문화, 기억, 종교 그리고 언어 등의 가치—을 둘러싸고 형성되고, 그것들은 개발업자와 선전업자의 모든 노력에도 불구하고 흔히 자본축적과 시장 평가의 절대적인 메커니즘에 반항하고 저항한다. 이러한 현격한 차이를 메우기 위해서 흥미롭게도 '도시 이미지니어링'(urban imagineering)이라 불리는 완전히 새로운 컨설팅 분야가 발명되었다.

사람들과 조직들은 단체행동을 위해 한데 모여, 그것의 후원 아래 공간과 장소를 관리하고 이를 통해 그들의 장소에 뚜렷한 특징을 부여하기 위해 노력하는 영토적인 조직을 만들어낸다. 그들은 스스로의 물질적 필요, 욕구와 욕망뿐 아니라 그들만의 고유한 문화사와 믿음 등에 따라 그렇게 한다. 이러한 인간조직의 (상대적) 자치성 그리고 적어도 그들이 통솔하는 영역 내의 몇몇 활동에 대한 독점적 통제를 선언하는 제도적 장치들이 고안되기도 한다. 그것들은 국가나 국가와 유사한 단체를 형성한다. 이러한 조직은 이웃, 도시, 도시 지역, (프랑스나 폴란드 같은) 소위 '국민국가', (미국과 영국 같은) 연방국가 혹은 (북미자유무역지대NAFTA 같이) 느슨하게 규정되거나 (EU 같이) 긴밀하게 규정된 국가의 연합일 수도 있다. 세계의 행정지도는 다양한 지리적 수준(도시 지역에서 세계적 권력블록까지)에서 존재하는 영토적 단위들의 위계를 보여준다. 그리고 사회적으로 구성된 이들 단위는 지정학적·지경학적 행동과 갈등의 틀을 제공한다. 국경이 세워지고 그것은 흔히 이동의 장벽을 만들어낸다. 국가들은 자본 흐름의 지리적 운동을 촉진하기도 하지만 동시에 이를 자주 제한하기도 한다.

이러한 영토적 조직 내에서 개인과 단체 사이의 사회적 통합과 연대의 정도는 매우 다양하다. 경우에 따라 감정적인 연대 — 국지적·지역적·국가적 충성심 — 가 (강력한 민족주의처럼) 강할 수도 있고 약할 수도 있다. 이러한 연대의 강도는 종교, 인종, 언어 혹은 단순히 역사와 전통의 공유성을 반영할 수 있으며, 공동의 이익이라는 명확한 특징을 국가 혹은 지역정부에 부여한다. 이러한 영토적 조직은 각각 독립적이어서 자주 경쟁한다. 이러한 경쟁은 흔히 배제와 차이를 강화하는 것만큼 영토 내에 사는 사람들 사이의 감정적 충성심을 고취하고 목표를 공유하게끔 한다.

이 모든 것은 자본의 재생산과 무슨 관계가 있을까? 내가 여기서 묘사하는 영토에 기초한 사람들의 조직형태는 자본주의의 등장보다 앞서서 나타난 것이었다. 애초에 지적했듯이, 그것들은 태초부터 인간사회의 특징이었다. 제도는 언제나 인구와 권력관계를 조직하기 위해 영토와 장소를 이용해왔다. 예를 들면, 가톨릭교회는 오래전부터 바띠깐을 정점으로 하는 위계적 권력형태 내에서 소교구, 교구, 그리고 주교의 관할권 등을 통해 공간을 조직했다. 로마제국은 한동안 이와 똑같은 정책을 시도했고, 중국의 청왕조와 오스만제국도 마찬가지였다. 이와 같은 영토적 조직은, 자본주의가 살아남고 번성하기 위해 순응하거나 혹은 바꾸어내야 했던 자본주의의 초기 조건을 규정했다. 그렇다면 자본주의와 함께 등장했던 제도적·행정적 구조의 독특한 역사와 관련된, 영토화의 독특한 형태가 있을까?

* * *

앞서 살펴보았듯이, 자본가들은 흔히 먼저 영토적 조직형태 없이 특정한 장소에서 활동의 집적을 만들어낸다. 경쟁적이기보다는 보완적인 자본가의 활동의 이러한 측면은 협력적인 방식으로 조직된다. 그 결과 어떤 지리구(geographical region, 자연적 기초와 인문사회적 현상이 표시되어 구분된 지역─옮긴이) 안에 비공식적인 '구조화된 순응성'(structured coherence)이 나타나는 경향이 생긴다. 공동의 집단적 이익을 표현하고 추구하기 위해, 다양한 사업을 하는 자본가들이 특정한 지역에 함께 모여든다. 기업단체와 상공회의소가 세워지기도 하지만, 다른 경우에는 (디트로이트의 자동차산업처럼) 강력한 기업이나 (마약 카르텔과 마피아 두목을 포함한) 하나의 지역 내의 강력한 보스가 공동의 목표를 둘러싸고 지역의 이해관계들을 통합하는 데 핵심적 역할을 하기도 한다. 지역적 노동분업과 영토분할이 적극적으로 만들어진다. 디트로이트는 자동차를 의미하고(또는 의미했고) 씰리콘밸리는 컴퓨터와 전자, 씨애틀과 뱅걸로는 소프트웨어 개발, 바이에른은 자동차 엔지니어링, '제3의 이딸리아'는 소규모 기술제품과 디자이너 패션, 타이뻬이는 컴퓨터 칩과 가전기술을 의미한다.

이들 각각의 지역 내에 공진화의 동학이 독특한 방식으로 작동한다. 공급된 노동의 질, 생산수단 접근성, 연구개발활동(이는 흔히 지역의 대학에 기반한다. 예를 들어, 한때 철강생산의 주요 중심지이던 피츠버그의 카네기멜론 대학이 야금학과 기술을 특성화한 것처럼 말이다), 그리고 적절한 교통통신의 일상적 필요, 효율적이고 저렴한 인프라 시설들(상하수도 등), 또한 (노동자 교육, 건강 그리고 환경의 질 같은) 사회적 필요에 복무하는 도시행정 등에 관해 광범위한 공동의 이해관계가 조성된다. 이 모든 요소가 서로 도움이 되는 방식으로 하나의 지리구 내에서 함께 결합된다. 이것들이 서로 들어맞지 않으면 지역 내의 경제발전이 둔화된다. 이 요소들을 좀더 잘 개발하는 지역은 자본가의 활동을 더 많이 유치하게 된다. 이와 같은 방식으로, 스웨덴의 경제학자 군나르 뮈르달(Gunnar Myrdal)이 말한 "순환적이고 누적적인 인과관계"(circular and cumulative causation)가 작동하여 부유하고 성공한 지역은 더욱 번영하고 가난한 지역은 더욱 정체하고 쇠락하게 된다.

간단히 말하면, 노동분업과 생산씨스템의 지역적인 배치는 소위 자연적 우위에 따라 결정되는 것이 아니라 경제적·정치적 힘의 결합에 의해 이루어진다. 이것은 필연적으로 기술과 조직형태, 사회적 관계, 자연과의 관계, 생산씨스템, 생활방식 그리고 세계에 관한 정신적 개념(흔히 그 지역의 문화적 태도가 중요하다)의 지역적 공진화와 관련이 있다. 각 활동영역 사이에서 나타나는 관계의 특정한 패턴은, 독특한 제도적이고 행정적인 영토적 장치의 등장을 통해 고정되고 고착될 수 있다. 국가는 지리적인 용기(容器, container)로서 그리고 어느정도 이러한 장치들의 수호자로서 등장한다. 그러나 이렇게 등장한 국가는, 독특한 지역적 형태로 끊임없이 진화하는 자본가 활동의 발효작용 위에 던져진 고정된 행정적인 그물처럼 작동한다. 진화하는 뉴욕 대도시 지역의 경제는 여러 주의 경계를 넘어 퍼져나가 주정부에 행정적·기술적 골칫거리들을 만들어내기도 한다. 런던의 영토적 조직은 지난 50년간 결코 쉽게 설명하기 어려운 복잡한 역사 속에서 일부는 정치적으로 일부는 경제적으로 유발된 모든 종류의 변화를 겪어왔다.

* * *

국가의 형성은 자본주의 발전에 필수적이었다. 그러나 이 과정을 상세하게 분석하는 것은 결코 쉽지 않다. 우선, 영토화된 제도적·행정적 장치들의 구조는 다른 모든 활동영역과 그것이 맺는 관계에 의해 미리 결정되는(predetermined) 것이 아니다. 그것은 활동영역들과 자본의 순환과 축적 모두에 대해 상대적인 자율성을 보여준다. 그러나 국가는 사회적 관계들로부터, 그리고 지배의 기술을 통해 만들어진다. 예를 들어 국가가 정신적 개념의 물화(reification)인 정도만큼, 국가형성에 관한 이론은 사람들이 국가가 활동영역들과 어떤 관계를 맺어야 한다고 생각했고 생각하는지에 면밀히 주의를 기울여야 한다. 정신적 개념이 변화하면 국가도 그 기능의 변화를 추동하는 다양한 압력에 직면한다. 예를 들어, 1970년대에 시작된 신자유주의 운동은 국가가 어떤 것이어야만 하는지에 관해 근본적인 이데올로기적 공격을 개시했다. 그것이 성공적이었던 만큼(그렇지 않은 적도 많다) 자본축적의 동학에서뿐 아니라 일상생활에서도 국가가 후원하는 광범위한 변화(국가의 공공써비스 제공 축소를 배경으로 나타난 개인주의와 개인책임이라는 윤리의 조장)가 나타났다. 마거릿 새처는 1986년 런던 시의회가 그녀의 신자유주의 프로젝트에 반대하자 그것을 해산했다. 그리하여 그녀는 영국 남동부 전역을 휩쓴 부동산시장과 금융써비스의 호황에 대응하기 위해 필요한 조정기관을 런던지역에서 없애버렸다. 결국 블레어정부는 이 상황을 해결하기 위해 런던 시정부와 유사한 몇몇 기관을 복원해야만 했다.

특정 국가(국가의 정부이든 지역정부이든)의 '성공'은, 흔히 국가가 자본의 흐름을 유치하고 그 영토 내에서 자본축적에 이로운 조건을 만들며 거주자들의 높은 생활의 질을 달성하는 정도에 의해 평가된다. 국가들은 필연적으로 공진화과정 내의 다른 모든 영역이 어떻게 운동하는 전체로 결합되는지를 둘러싸고 서로 경쟁한다. 영토 내에서 더 많은 자본축적이 이루어질수록 국가는 더욱 부유해진다. 이 공진화과정을 관리하는 것이 거버넌스의 목표가 된다.

이러한 관리의 실행을 관장하는 정신적 개념은 흔히 몇몇 규범적 원칙들에 대한 믿음에 달려 있다. 예를 들어, 1945년 이후 등장한 국제체제는 달러의 고정환율제와 자본과 화폐의 국경을 넘는 이동에 대한 국가의 강력한 통제권에 의존했다. 1950년대 말 내가 처음 영국에서 해외여행을 갔을 때는 1년에 40파운드 이상 들고나갈 수 없었고, 그 원칙을 지키는가 확인하기 위해 내가 갖고 간 금액이 모두 여권에 기록되었다. 수업중에 이런 이야기를 들려주면 학생들은 무척 놀란다. 이 시기에는 대규모 다국적기업, 수출지향적 기업, 금융기관을 제외하면, 이와 같은 규제의 장벽이 자본가의 대부분의 활동을 국민국가의 국경 내로 제한했다. 1960년대 말 고정환율제가 붕괴하자 자본에 대한 통제도 점진적으로 사라졌다. 1981년 사회주의자 미떼랑(François Mitterrand)이 프랑스에서 권력을 잡았을 때가 주요 국가가 자본을 통제하려 했던 마지막 사례였다. 그는 프랑스 은행들을 국유화하고 자본유출을 강력하게 통제하여 자본도피를 막고자 했다. 그러나 프랑스인들이 자신의 신용카드를 해외에서 사용할 수 없게 되자 거의 혁명적 상황이 연출되었고, 자본통제는 즉시 철폐되었다. 하지만 말레이시아는 1997~98년 금융위기에 대응하여, 통념을 깨뜨리고 성공적으로 자본통제를 실시했다.

현재 위기에 대한 국가들의 다양한 대응은, 위기에 대한 서로 다른 해석과 이론들이 어떻게 위기 대응의 불균등발전뿐 아니라 잠재적으로 위기의 영향의 불균등발전에도 기초를 제공하는지 잘 보여준다. 국가의 관리자들과 정치가들은 가장 좋은 시기에도 결코 전능하지 않고 최악의 시기에는 극단적으로 완고해질 수 있다. 다시 한번, 지리적 차별화에 따른 우연성과 자의성은 그러한 동학에 의해 약화되는 것이 아니라 강화된다.

그럼에도 불구하고 자본주의는 주권을 지닌 영토적 실체로 하여금 자본주의의 작동을 떠받치는 (재산권과 시장법 같은) 제도적·행정적 장치들이 서로 조화를 이루도록(필요하면 폭력적으로) 요구한다. 그러나 자본주의는 또한, 자본주의를 매우 영속적으로 만들고 자본의 축적을 끊임없이 이루어지도록 만드는 투기적이고 혁신적인 기업가활동에 자유로이 참여하는 주권적 개인의 존재를 필요로 한다. 이는 정치조직에 중요하고도 풀기 어려운 문제를 제기한다. 그것은 자주적 권력을 지닌 주권국가, 그리고 공간적 장벽에 구애받지 않고 이윤(혹은 미국 독립선언이 제시하는 '삶, 자유, 그리고 행복' 같은 다른 목표들)을 추구할 자주적 권리를 부여받은 주권적 개인들—자본가들뿐 아니라 모든 종류의 다양한 성향을 지닌 시민—사이의 관계라는 문제다.

국가와 개인 사이의 이러한 관계는 언제나 불안정하고 불확실하며 심각한 문제를 안고 있다. 정치조직, 공공의 삶의 구성방식, 거버넌스와 민주주의 그리고 정치권력의 문제들이 특정한 방식을 통해 해결되는 것은 바로 이 영토적 공간 내부에서다. 각각의 국가는 고유하고 독특한 성격, 스스로의 제도적·법적·행정적인 틀을 발전시킨다. 그러나 여기서도 이동하는 자본과 부와 권력의 축적을 향한 국가 간의 경쟁이 몇몇 형태를 더욱 유리하게 만든다. 경제적으로 성공한 한국, 싱가포르 그리고 최근 일당지배하에서 급속히 성장하고 있는 중국 등에서 권위적인 국가권력과 제한된 민주적 권리 그리고 상당한 자유시장 개인주의가 결합되어 나타난 것은, 특히 발전의 초기단계에서는 급속한 자본축적과 개인의 민주적 권리 사이에 필연적 관계가 없다는 것을 의미한다.

정치체제, 그리고 자신의 국가나 장소에 대한 사람들의 충성과 애국심은 단순히 자본축적과정의 부산물이 아니다. 사람들의 의지는 언제나, 정치사와 전통에 부속되는 정신적 개념이 그런 것처럼 특별한 역할을 지닌다. 예를 들어 미국의 특징인 급진적 반권위주의와 그 결과인 반국가주의 전통은, 경제와 사회생활의 규제에 국가의 개입을 훨씬 더 많이 허용하는 독일과 프랑스 같은 국가들의 그것과는 상이하다. 인도의 민주주의는 중국의 공산당지배와 근본적으로 다르며 이 두 나라는 짐바브웨나 핀란드와 정치적으로 유사한 점이 거의 없다. 예를 들어, 여론조사가 보여주듯 대부분의 미국인들은 급진적 평등주의와, 이와 똑같이 급진적인 반국가주의에 깊이 경도되어, 전국민을 위한 의료보험을 분명히 바라면서도 정부가 그것을 제공하는 것에 대해서는 격렬하게 반대한다. 보험회사들과 공화당 지지자들도 결코 보편적 의료보험 자체에 반대하지는 않는다. 그들은 보험을 제공할 수도 있는 과도한 국가권력을 비판하는 데 온 힘을 쏟는다. 지금까지 그들은 전국민에게 적절한 의료보험을 제공한다는 평등주의적 이상을 가로막기 위해 이러한 감정을 잘 이용해왔다. 그렇다면 보편적 의료보험을 누가 왜 반대하려고 하는지는 수수께끼처럼 보인다. 사실은 그것이 월스트리트가 아끼는 민간 의료보험 회사들의 엄청난 이윤기회에 위협이 되기 때문이며, 바로 이것이 문제의 근원이다. 결국 '월스트리트당'이 무엇을 원하는지는 명백하다.

자본주의의 역사지리 내에서 진화해온 국가체제는 위계적 형태를 띤다. 징세와 공공재 공급에 제한적인 권력을 지닌 지역과 지방 정부들은, 그들의 주권 일부를 초국가적 기관에 넘겨버린 주권국가들 속에 묻혀들어가(embedded) 있다. 예를 들어 IMF, WTO, 세계은행, 국제결제은행 그리고 주요 강대국 간의 협의체(G8, 지금은 G20로 확대)가 자본의 흐름을 관리하고 자본축적을 보호하는 데 점점더 중요한 역할을 하게 되었다. 주로 경제적 목적을 위해 국민국가를 넘어서는 영토적 단위를 규정하는 이러한 경향은, EU 같은 초국가적 권력블록, 북미자유무역지대(NAFTA), 중미자유무역지대(CAFTA), 남미공동시장(MERCOSUR), 혹은 동남아시아국가연합(ASEAN)처럼 지역적 협의를 위한 좀더 느슨한 형태가 만들어지면서 더욱 강화된다. 이는 그 속에서 자본이 전세계를 이동하는 (화폐 혹은 상품 형태의) 규제환경이 혼란에 빠지지 않기 위해서는 제도화된 관리가 필요하기 때문이다.

이렇게 서로 다른 행정단계들에 존재하는 권력들은 거버넌스의 도구와 형태와 마찬가지로 상당한 수준으로 분화된다. 자본축적과, 거버넌스의 상이한 단계와 층위 사이의 관계는 잘 알려진 것과 같이 불안정하다. 그러나 여기에도 인식 가능한 몇몇 패턴들이 존재한다. 몇몇 지역과 지방 정부들은 직접적인 부패, 혹은 좀더 교묘하게, 선거에 나선 친기업적 후보들을 위한 재정지원을 통해, 그리고 예를 들어 부동산이나 경제발전을 담당하는 지역정부의 핵심부처들과 자본가의 이해 간의 긴밀한 협력을 통해 자본가들의 이해관계에 포획된다.

1970년대 중반 이후 국가의 성격에 나타난 주요한 변화 가운데 하나는 지역정부로 권력을 위임하는 것이었다. 통제된 탈집중화는 집중화된 통제를 행사하고 이를 강화하는 최선의 수단 가운데 하나로 판명되었다. 이는 특히 1979년 이후 중국에서 도입한 개혁에서 뚜렷이 나타난다. 중국에서는 권력이 지역과 대도시 정부 그리고 경제특구 내의 다른 행정기관들에 위임되었을 뿐 아니라, 기업의 설립을 촉진했던 소읍과 마을에까지 이전되었다. 그 결과는 놀라운 총계적인 경제성장과 베이징으로의 더 많은 권력의 집중이었다. 그러나 많은 자본주의 국가들에서도 이와 유사한 권력의 이전이 나타났다. 예를 들어, 미국에서는 1975년경 이후 연방정부에 대하여 개별 주정부의 권한과 대도시의 권한이 훨씬 더 강조되었다. 프랑스도 1980년대 이후 탈집중화 개혁을 도입했고, 영국에서는 스코틀랜드 의회로, 그리고 에스빠냐에서는 까딸루냐 의회로 권력이 이전되었다.

* * *

자본주의의 역사지리 내에서 국가 간의 전쟁은 창조적 파괴의 대격변들이었다. 전쟁과정에서는 물적 인프라뿐 아니라 노동력도 파괴되고 환경도 파괴되었다. 제도가 재편되고 사회적 관계가 파열되었으며 (핵폭탄, 레이더, 방사성치료에서 운송씨스템과 의사결정의 지휘와 집행 모델까지) 모든 종류의 새로운 기술과 조직형태가 고안되었다. 전후 재건은 잉여자본과 노동을 흡수했다(2009년 현재 레바논에서 나타나고 있는 것처럼, 그리고 1945년 일본과 유럽 경제의 재건에서 대규모로 나타났던 것처럼 말이다). 물론 자본이 이런 목적을 위해 의도적으로 전쟁을 계획하는 것은 아니지만, 자본은 분명히 전쟁으로부터 엄청난 이득을 얻었다.

국가의 형성과 영토 간 경쟁은 모든 종류의 갈등을 야기하고 결국에는 전쟁으로 이어진다. 소위 자본은 근대적 형태의 전쟁을 위한 몇몇 필요조건들을 창출하지만, 충분조건들은 국가기구 내부에 그리고 (갈등 자체는 아니라도 주로 갈등의 공포를 조장함으로써 살아가는 '군산복합체'를 물론 포함하여) 그들의 협소한 이득을 위해 국가권력을 사용하고자 하는 이해관계들에 놓여 있다.

그러나 영토 간 경쟁의 강제법칙은 서로 다른 지리적 규모에 서로 다른 영향을 미치며 작동한다. (유럽, 북아메리카, 동아시아 같은) 권력블록들 간에, 국가 간에, (미국의 주정부 또는 유럽의 까딸루냐 혹은 스코틀랜드 등의 지역정부 같은) 지역정부 간에, 그리고 대도시 지역, 도시 그리고 지방의 읍과 이웃 간에도 말이다. 이제 세계경제 내에서 지역과 국가를 더욱 '경쟁적'으로 만드는 것이 공공정책 형성의 기본이 되는데, 이는 보통 이웃을 더욱 살기 좋은 곳으로 만들고 더 나은 종류의 사람들을 유치하는 것이 그 지역 시민조직의 핵심목표가 되는 것(이는 지역의 수많은 '님비'정치를 만들어낸다)과 비슷한 것이다. 이로써 지역의 정부들이 서로 경쟁하기 시작한다. 이제 계급적 차이를 넘어서는 지역의 단결이, 이동하는 자본을 마을로 끌어들이는 노력에서 중요해진다. 자본의 투자와 고용의 기회를 모두 가져올 지역개발 프로젝트에 관해서라면, 지역의 상공회의소와 노조는 서로 싸우기보다는 협력하게 된다.

장소의 판매와 브랜드화 그리고 (국가를 포함한) 어떤 장소의 이미지를 포장하는 것이 자본주의적 경쟁이 작동하는 데 불가결해진다. 역사, 문화 그리고 소위 자연적 우위에 의해 주어진 요소들을 토대로 한 지리적 차이의 생산이 자본주의의 재생산 속에 내부화된다. 마을에 대표적인 건축가를 유치하고 에스빠냐 빌바오(Bilbao)에 있는 프랭크 게리의 구겐하임 미술관 같은 건물을 만들어내는 것이, 이동하는 자본을 유치하는 데 있어 마을을 더욱 매력적인 곳으로 만든다. 만약 영토들과 국가들 간의 지리적 차이가 존재하지 않는다면, 그것은 상이한 투자전략과, 고유한 입지와 환경 그리고 문화적 특징이 부여하는 공간적 독점의 추구에 의해 창조될 것이다. 자본주의가 지리적 동질성을 만들어낸다는 생각은 완전히 틀린 것이다. 물론 언제나 한계가 있지만(자본주의는 꾸바나 아옌데의 칠레 그리고 1970년대 이딸리아의 공산주의의 전망을 허용하지 않는다), 자본주의는 이질성과 차이에 기초하여 번성한다.

그러나 영토 내의 제도적·행정적 장치들은, 적어도 이론적으로는 사람들의 주권적 의지에 복속한다. 이는 그 장치들이 정치적 투쟁의 산물임을 의미한다. 이것은 지리적 조직이 자본주의의 재생산과 관련되는 방식들에 다른 차원을 새로이 만들어낸다. 그러한 구조 내에서는 시장주도적 자본주의에 저항하는 사회운동뿐 아니라 과도한 상업주의와 조야한 자본주의적 발전에 대한 반대가 매우 쉽게 나타날 수 있다. 이러한 반대는 좌파로부터도(공산주의자가 주도하는 반란) 혹은 우파로부터도(종교적 근본주의나 파시즘) 나올 수 있다. 누구든 폭력수단을 통제하는 이 ─ 전통적으로는 국가이지만 이제는 테러리스트나 마피아 같은 조직을 통해 분산된, 또는 NATO 같은 상위조직 ─ 가 일반적으로 이러한 투쟁에서 우위를 점하며, 이는 현재의 발전된 감시기술과 군사기술 하에서 더욱더 그러하다.

＊　＊　＊

제국주의, 식민지 정복, 자본주의 국가 간의 전쟁 그리고 인종차별은 자본주의의 역사지리에 극적인 역할을 맡아왔다. 자본주의의 기원에 대한 어떠한 설명도 이러한 현상의 중요성에 눈감을 수 없다. 그러나 이것이, 자본주의의 생존에 그러한 현상이 필요하다는 것을 의미할까? 자본주의가 반인종차별주의, 비군사주의, 비제국주의 그리고 비식민주의적 진행방향을 따라 진화할 수는 없을까? 조반니 아리기가 『장기 20세기』(1994)에서 제시했듯이, 우리가 전통적인 제국주의와 식민지 지배의 이론을 헤게모니 개념으로 대체하고, 헤게모니는 제국주의와 식민지 지배와는 매우 다른 세계적인 권력관계의 구조라고 주장하면 어떨까?

자본주의의 등장은 자본주의에 고유한 국가권력 형태의 등장과 관련되어 있었다 ─ 18세기를 연구하는 경제사가들은 '재정군사국가'(fiscal military state)라는 이름으로 이를 설명하고자 한다. 다양한 국가-금융 연관, 국가-기업 연관이, 확장하는 자본주의 발전의 전세계적 공간 내에서 나타났다. 때로 격렬했고 결국 전쟁으로 파괴되었던 그들 사이의 경쟁은 당시 등장했던 국가체제를 가로질러 보편화되었다. 국가권력들과 영토화된 조직형태들도 시간에 걸쳐 진화했다. 이러한 진화는 자율적이면서도 앞서 설명한 공진화과정 내에 배태되어 나타난다.

따라서 한편으로 영토적 필요와 정치적 이익에 의해 추동되는 장소의 형성과 공공영역에서의 대중적 의지의 표현(민족주의 등)과 관련있는 모든 복잡성에 종속되는 권력의 논리, 그리고 다른 한편으로 이윤창출을 통한 끊임없는 성장을 추구하는 사적이고 기업적인 화폐권력의 축적에 기인하는 자본주의적 권력의 논리 사이에 어긋남이 발생한다.

여기서 영토적 논리는 국가기구가 스스로의 이익을 위해 도입하는 정치적·외교적·경제적·군사적 전략을 의미한다. 이 전략들의 첫 목표는 영토 내 인구의 활동을 통제하고 관리하며 경계 내에서 권력과 부를 축적하는 것이다. 이 권력과 부는 사람들의 편익을 위해 (혹은 더 협소하게 자본과 자본가계급에게 좋은 기업환경을 창출하기 위해) 내부적으로 사용될 수도 있고 다른 국가들에 영향력이나 권력을 행사하기 위해 외부적으로 사용될 수도 있다. 예를 들어, 식민지 또는 어떤 지배적 국가의 영향력이 행사되는 영역 내부의 약한 국가들로부터 공물을 수취할 수 있다. 그것에 실패하는 경우에는, 축적을 위한 자국의 여건이 좋지 않을 때 잉여자본이 이동할 수 있도록 다른 국가에 존재하는 자원, 시장, 노동력 그리고 생산설비에 대한 접근성을 확보할 수 있다. 이러한 개방은 (18세기 이후 영국이 인도에 대해 그랬던 것처럼) 폭력적인 정복과 식민지 지배를 수반할 수 있다. 그러나 이는 또한 영국이 1812년 미국의 독립 이후 구 식민지였던 미국에 대해 그랬던 것처럼, 협상에 기초한 접근, 무역협정, 그리고 상업과 시장의 통합 등을 통해 좀더 평화적으로 이루어질 수도 있다.

반면, 자본주의의 논리는 끊임없는 축적을 위해 화폐권력이 공간을 가로지르고 경계를 넘어 움직이는 방식에 초점을 맞춘다. 이 논리는 영토적 논리에 비해 더욱 절차적이며 분자적이다. 이 두 논리는 각각 서로 다른 논리로 환원될 수 없지만 서로 긴밀하게 얽혀 있다. 또한 앞에서 언급했듯이, 그것들이 합쳐져서 국가-금융 연관(현재는 세계의 중앙은행들로 대표된다)을 형성하는 융합의 지점이 존재한다. 그러나 이에 관여하는 이들—기업인 대 정치인—의 동기들은, 그것들이 복잡하게 얽혀 있을 때조차도 서로 다르고 때때로 심각하게 갈등을 빚는다. 화폐를 보유한 자본가들은 화폐를 이윤이 존재하는 어느 곳에나 투자하기를 바라며, 그것이 그들의 가장 중요한 동기다. 따라서 자본가들은 이동할 수 있는 열린 공간을 필요로 하지만 국경은 그것에 장애가 된다. 정치인들과 국가 관료들은 보통 그들 국가의 부와 권력을 국내외적으로 증진하고자 노력한다. 현재 상황에서 이를 실현하기 위해 그들은 그들의 영토 내에서 자본축적을 촉진하거나 다른 곳의 부를 뽑아내는 방법을 찾아야 한다. 화폐는 결국 사회적 권력의 주된 형태이고 국가는 다른 누구만큼이나 화폐를 좇으며 화폐에 의해 규율된다. 역사적으로 볼 때, 이러한 사고를 따르는 분명한 전략의 가장 뚜렷한 형태는 바로 '중상주의'(mercantilism)라 불리는 사상이다. 17, 18세기에 정치경제학자들이 제시한 국가의 사명은, 다른 국가들을 희생하여 화폐권력(금과 은)을 축적하는 것이었다. 미국의 정치평론가 케빈 필립스(Kevin Phillips)는 최근 그의 저작에서 현재의 정치상황을 '신중상주의'(new mercantilism)로 표현했다.

예를 들어, 1997년 동아시아와 동남아시아를 휩쓴 금융위기에 대한 하나의 대응은 '중상주의의 추구'였다. 현금부족(유동성 위기)은 이 지역의 경제를 외부 금융권력에 취약하게 만들었다. 생존 가능한 사업이 유동성 부족으로 파산하자 외국자본이 이를 헐값에 인수했다. 상황이 호전되자 외국 금융업자들은 엄청난 이윤을 남기며 이러한 사업들을 다시 매각할 수 있었다. 한국, 타이완, 싱가포르, 그리고 말레이시아는 그들 나름의 방식대로 (호황인 미국 소비자시장에 대한 수출을 늘이며) 위기로부터 탈출했고, 이런 종류의 약탈적 행위로부터 스스로를 보호하기 위해 필요한 외환보유고를 의도적으로 축적했다. 중국의 외환보유고는 더욱 더 커져, 그렇지 않은 경우에 비해 중국이 위기상황에 대처하는 데 더 큰 유연성을 부여했다. 이에 따라 동아시아와 동남아시아에 잉여자본이 의도적으로 집적되었다. 그러나 잉여자본은 유휴상태에 머무를 수는 없었다. 그것은 다른 어딘가에 투자되어야만 했다. 그 대부분은 미국의 재무부채권에 투자되어 미국의 부채를 증가시켰다. 그 결과 동쪽에서 서쪽으로라는 부의 역사적 유출방향이 역전되었다. 그렇다고 이것이 중국과 동아시아의 주요 국가들이 미국을 대신하여 제국주의적인 역할을 담당하고 있음을 의미하는 것일까? 제1장에서 지적했듯이, 헤게모니의 변화가 진행되고 있는 것은 분명해 보인다. 그러나 비록 중국과 몇몇 아프리카 국가들 사이에 신식민주의적인 관계의 우려할 만한 조짐이 나타나고 있지만, 이를 제국주의 혹은 신식민주의라 부르는 것은 잘못된 일일 것이다.

앞서 우리가 주장했듯이, 공간에 대한 통제는 언제나 사회적 권력의 핵심적인 형태다. 그것은 다른 사람에 대한 한 사람의 권력처럼, 다른 집단이나 계급에 대해 한 집단이나 사회적 계급에 의해 행사될 수도 있고 제국주의적으로 행사될 수도 있다. 이 권력은 확장적이고 (뭔가를 수행하고 창조하는 권력) 동시에 강제적이다(뭔가를 부정하고 방지하고 필요하면 파괴하는 권력). 그러나 그 결과는 부를 재분배하고 다른 모든 이를 희생하여 제국주의적 혹은 헤게모니적 권력을 위해 자본 흐름을 새로운 방향으로 돌리는 것이다.

그렇다면, 국가 내에서 생겨나는 정치적·군사적 권력은 또한 자본축적을 통해 사적으로 축적되는 화폐권력의 사용을 촉진하거나 견제하거나 혹은 억누르기 위해서도 사용될 수 있다. 1917년 이후 사회주의와 공산주의 국가들의 역사는 비자본주의적 논리에 따라 세계 공간을 조직하는, 국가기구 내에 위치한 이러한 대항권력의 중요성을(그 본질적인 한계뿐 아니라) 잘 보여준다. 그러나 앞에서 주장했듯이, 단순히 국가권력 장악이 진정한 사회주의 혹은 공산주의 혁명을 만들어내는 것은 아니다. 공진화적 씨스템 내의 다른 모든 활동영역이 조화롭게 변화할 때에만, 우리는 자본주의적 지배로부터 벗어난 완전히 혁명적인 전환에 대해 이야기할 수 있다. 그렇다고 몇몇이 주장하듯이, 이것이 국가권력과 무관하고 혁명적인 정치의 중심 장소가 전적으로 시민사회와 일상생활로 이동되어야 함을 의미하는 것은 아니다.

현재의 많은 반자본주의적 사고들은, 자본의 권력에 대한 적절한 대항권력의 형태로서 국가에 집중하는 어떠한 시도에 대해서도 회의적이거나 적대적이다. 하지만 새로운 사회질서를 만들어내는 데에는 (멕시코 치아빠스 주의 사빠띠스따 혁명운동에 의해 조직된 것 같은) 일종의 영토적 조직이 필수적이다. 그러므로 문제는 국가가 인간의 사회적 조직형태로서 타당한지가 아니라, 어떤 종류의 권력이 지닌 영토적 조직이 다른 생산형태로의 이행에 적절할 수 있는가 하는 것이다. 17세기 이후 전(前) 자본주의적 국가형태가 특히 부르주아적이며 자본주의적인 국가형태로 이행한 것과 마찬가지로, 사회적 삶의 재생산을 조직하는 지배적 방식으로서 자본축적으로부터의 어떠한 이행도 영토적 권력의 근본적 전환과 재건설을 각오해야만 한다. 어떤 영토 내에서 작동하는, 새로운 제도적·행정적 기구들이 고안되어야만 한다. 이것은 어려운 주문처럼 들릴지도 모른다. 하지만 이러한 기구들이 지난 30여년 동안의 신자유주의적 전환과정에서 어떻게 변화했는지를 생각해보면, 이들의 광범위한 전환이 가능할 뿐 아니라 계속되는 자본주의의 공진화 속에서 불가피함을 알 수 있다.

국가 형태는 결코 정적이지 않다. 예를 들어, 19세기 중반 이후 전 세계의 대부분은 주요 제국주의 국가들의 명령에 의해 그리고 이들이 강제한 논리에 따라 영토화되었다. 세계의 영토적 경계선의 대부분은 1870년과 1925년 사이에 그어졌고, 그 대부분은 영국과 프랑스 등 제국주의 국가에 의해 그어졌다. 1945년 이후의 탈식민지화는 이 국경의 대부분을 (인도 분할 같은 몇몇 극적인 분할을 제외하고) 공고하게 만들었고, 더 많은 명목상의 독립적이고 자율적인 국가를 만들어내었다. 내가 '명목상'(nominally)이라는 단어를 사용하는 이유는, 대부분의 경우 제국주의적으로 강제된 식민지 제도들과 보이지 않게 맺고 있는 연관은 그대로였기 때문이다. 예를 들어, 아프리카의 신식민주의는 지금까지도 그대로이며 이는 아프리카 대륙 전체의 지리적 불균등발전에 엄청난 함의를 지닌다.

일단 탈식민지화가 완성되자, 1945년 이후 이루어진 국가권력의 지리적 배치는 상당히 안정적으로 유지되었다. 그러나 최근에는 세계지도가 바뀌었다. UN은 본래 51개국으로 구성되어 있었지만 이제 192개국이 참여한다. 소련의 붕괴 그리고 그후 유고슬라비아의 해체와 함께 1989년 이후 일련의 재영토화 과정이 시작되었던 것이다. 다른 차원의 거버넌스에서도 변화가 발생했다. 영토화는 쉽게 변화하지 않는 것으로 보일지도 모르지만, 이처럼 역사를 살펴보면 그것도 결코 완전히 고정된 것은 아님을 알 수 있다.

이것은 진화하는 국가 간 체제 내의 권력관계 변화와 그로 인한 국가들 혹은 권력블록들 사이의 정치적 갈등이라는 커다란 문제를 제기한다. 이는 단지 국가 간의 경쟁을 살펴보고 승자와 패자의 관점에서 그 결과를 고려하는 문제만이 아니다. 그것은 또한 다른 국가들에 대해 권력을 행사하는 몇몇 국가의 능력, 그리고 국가기구들을 통제하는 정치적·군사적 지도자들이 국가 간 체제 내에서 그들의 지위를 이해하는 정신적인 틀과 관련이 있다. 안보와 위협이라는 관념, 흡수통합에 대한 두려움, 실제적 혹은 가상적인 외부 위협을 빌미로 영토 내에서 내부 갈등을 관리할 필요 등 모든 것이 역할을 한다. 정신적인 개념이 중요해지는 것이다.

* * *

잠재적으로 치명적인 영향을 지닌 조야한 지정학적 사고의 어두운 면이 너무 쉽게 번성할 수 있는 것이 바로 이런 세계에서다. 예를 들어, 만약에 국가가 생명을 유지해야 하는 특별한 유기체로 여겨지게 되면(국제적 협조의 틀 내부의 개방된 정치적 조직형태가 아니라), 그의 지리연구소가 나치 팽창주의 계획을 입안한 독일의 지리학자 카를 하우스호퍼(Karl Haushofer)가 주장한 것처럼 국가는 그미래를 보장하기 위해 필요한 영토적 지배를 추구할 정당한 권리를 가진다. 그의 주장에 따르면 국가는 적자만이 생존하는 다원주의 세계에 존재하는 유기체다. 국가는 세계무대에서 생존투쟁을 하는 것외에는 다른 수가 없다. 이러한 사고방식이 현재 부활하고 있는 것은 걱정스러우며 우려해야 할 일이다. 중국정부는 산업화의 진전에 필요한 천연자원 확보를 위해 중동, 아프리카 그리고 남미와, 아직초기이지만 급속하게 진화하는 지경학적 관계를 보호하기 위해, 지정학적 전략의 일부로서 함대를 건조하고 있을까? 실제로 중국정부가 마한(A. T. Mahan)의 역사적인 저작 『1660~1783년 역사에서 본해양권력의 영향력』(*The Influence of Sea Power upon History, 1660~1783*, 1890)에 큰 영향을 받았다는 이야기도 들린다. 그리고 중국이 파키스탄에 건설한 엄청난 규모의 새로운 항구시설과 중앙아시아에서 추진하고 있는 그 모든 사업은 무엇일까? 그것은 세계적 지배를 위한 지정학적 계획과 관련이 있을까? 그들은 또한, 중앙아시아의 '중심지역'을 지배하는 자가 유라시아라는 '세계 섬'(the world island)과 세계를 지배한다는 지리학자 할포드 매킨더(Halford Mackinder)경의 오래된 지정학 이론(『역사의 지리적 축』*The Geographical Pivot of History*으로 1904년 출판되었다)에 끌렸을까? 그렇다면, 미국은 이러한 위협에 어떻게 대응해야 할까?

이라크와 아프가니스탄에 대한 미국의 개입은 (그리고 아프가니스탄 전쟁을 계속하겠다는 오바마의 놀라운 약속은) 정말 어느 정도나 지정학적 고려가 깔린 것일까? 1945년 이후 미국은 중요한 유전지역이라는 이유로 중동지역을 지배하고자 했다. 세계의 유전지역을 지배하는 자는 세계를 지배했다. 미국의 목표는 이 지역에 독립적이고 강력한 정치권력의 형성을 방지하고 달러로 표시되는 단일한 세계 석유시장을 보호하는 것이었다. 이는 달러의 세계적 헤게모니를 지지하고, 곤경에 처했을 경우 세계적 화폐를 찍어낼 수 있는 화폐주조권(seigniorage)이라는 권력을 미국에 부여하는 것이다. 미국은 두차례 걸프전을 수행했고 그 지배력을 아프가니스탄과 파키스탄까지 확장했다. 미국은 이란을 끊임없이 위협한다. 이란은 미국의 헤게모니를 수용하기를 거부하고, 1980년대 미국의 지원하에서 사담 후세인의 이라크와 장기전을 수행했음에도 불구하고 독립적 정치권력으로서의 지위를 유지하려 했던 유일한 국가다. 미국의 지배권이 핵심 산유국들로부터 아프가니스탄으로 그리고 중앙아시아의 중심지역들까지 확장되고 있는 것은, 러시아와 중국의 야심에 대항하는 지정학적 선점전략의 특징을 잘 보여준다.

아무리 잘못되고 부적절하다 해도, 일단 이러한 지정학적 사고가 주요 국가들의 대외정책 입안에서 중요한 역할을 하게 되면, 실제로 그런 정책이 도입되어 실행될 가능성도 높아질 것이다. 1914년 이후 일본, 독일, 영국, 프랑스 그리고 미국의 지정학적 비전과 야심이 충돌했고, 이는 전쟁과 정치적·경제적·군사적 우위에 대한 투쟁을 통해 새로운 세계지리가 형성되는 엄청난 결과를 낳았다. 흥미롭게도, 지리학─우리가 보았듯, 사회이론에서 흔히 무시되어온─이 세계에 대한 사회과학적 해석에 복귀하는 것은 지정학을 통해서다. 국가 혹은 권력블록이 서로 경쟁한다는 다원주의적·맬서스주의적으로 여겨지는 정치적 세계에서, 지리학이 지리적 결정론이라는 해로운 모습으로 사회과학에 복귀하는 것은 비극적 결과를 낳을 수 있고, 실제로 그러했다. 지금 같은 위기의 시기에는 이러한 관점에서 생각하게 될 유혹이 커진다. 1929년 대공황 이후에는 분명히 그랬고 그 결과는 끔찍했다.

국가권력의 확장은 분명히 세계적 수준의 자본축적을 특징짓는 확대되고 심화되는 공간적 흐름으로부터 가능한 한 많은 부와 화폐권력을 일정한 영토 내에 가두는 것을 필요로 한다. 이는 자본주의 역사의 대부분을 특징짓는 격렬한 공황, 불황 그리고 경제적 격변으로부터 스스로를 방어하려는 정치를 필연적으로 촉진한다. 모든 종류의 가능한 경제적 불행에서 스스로를 보호하려는 의도는 이해할 만하다. 그러나 이는 또한, (군사적 수단을 포함하여) 어떤 수단을 통해서라도 다른 국가들의 야심을 방해하고 자신의 야심을 추구하는 것을 통해 자본주의의 지리적 불균등발전을 관리하려는, 필사적이며 때때로 공격적인 시도로 이어질 수 있다. 리먼브라더스의 파산으로 위기는 미국에서 전세계로 파급되었다. 그것은 의도적인 것이었을까? 현재로서는 알 수 없는 일이다.

이러한 변화가 결합된 총계적 결과로서 지리적 불균등발전이 심화되고 확대되며 세계지리는 더욱 불안정해진다. 이 과정의 상당부분은 각국이 실행하는 정책들에 달려 있다. 높은 관세장벽, 유치산업의 보호, 국산품의 외국수입품 대체, 그리고 연구개발에 대한 국가의 지원 등은 현재 세계무역의 전반적인 패턴 내에서 나타나는 보호주의적 대안의 특징이다. 세계 모든 곳에서 장애물이 나타나고, 이는 자본가들이 보통 선호하는 개방된 공간전략을 방해한다. 보호주의는 대체로 보복을 낳고 국가 간 경쟁을 심화시킨다. 국가 간의 무역전쟁은 결코 드문 일이 아니며, 그 결과는 언제나 우연적이고 불확실하다.

물론 역사적으로 유럽 열강이 건설한 제국과 그들 특유의 식민지 체제는 이 모든 문제를 해결했다. 이는 세계적 대도시(마드리드, 런던, 빠리, 브뤼셀, 암스테르담, 베를린, 모스끄바, 그리고 로마)의 지배하에서 고정된 영토들을 가로질러, 현실적인 전세계의 지리적 행정구조, 제도의 형성, 그리고 무역과 경제 발전을 창출하는 것을 통해 이룩되었다. 대도시들이 광범위하게 관리하는 지리적 불균등발전은, 세계의 자본 대부분이 당시 선진자본주의 국가들에 살고 있는 이들의 손에 축적되도록 자본의 흐름을 규정했다. 탈식민지화는 이 모든 것을 바꾸기 시작했다. 역사적으로 아메리카와 오세아니아 대륙에서 먼저 시작된 탈식민지화는 으레 민족해방을 위한 수년간의 힘든 투쟁을 거쳐야 했지만, 결국 1945년 이후에는 (미국으로부터 많은 압력을 받으며) 모든 지역에서 받아들여졌다. 탈식민지화의 우여곡절은 신생국가들에 매우 다양한 함의를 지녔다. 그러나 탈식민지화는 분명히 제국주의의 헤게모니나 지배를 끝장내지 못했고, 기존의 자본축적의 중심지에 이득이 되는 방식으로 전개된 지리적 불균등발전의 조직화를 막지도 못했다.

처음부터 (몇몇 잘못된 시도들 뒤에) 미국은 영토의 점유에 기초한 고전적인 유럽식(나중에는 일본식이었던) 제국주의 형태와 식민주의 대신 세계적 헤게모니를 추구했다. 미국은 영토적 통제라는 목표를 완전히 포기하지는 않았다. 그러나 미국은 명목상 독립을 유지했지만 비공식적으로 혹은 몇몇 경우 공식적으로 세계정세에서 미국의 헤게모니를 수용한 (한국과 타이완의 경우처럼) 지역적인 거버넌스라는 형태를 통해 그러한 통제를 추구했다. 이는 때때로 미국이 만들어낸 감추어진 폭력의 형태를 띠었고, 미국의 지배하에 작동하는, 약하고 보통 작은 국가들과의 신식민주의적 관계의 네트워크를 분명히 만들어냈다.

그러나 지난 30년간 이루어진 금융적 활동의 폭발적 증가와 생산활동의 전세계적인 변화로 인한 영향 가운데 하나는, 그것이 제국주의와 식민주의라는 용어 대신 헤게모니를 위한 투쟁이라는 용어를 더 적절하게 만들었다는 것이다. 신제국주의는 영토를 직접적으로 통제하려는 투쟁이라기보다는 헤게모니를—비록 군사적 차원

이 여전히 매우 중요하지만, 특히 금융적 헤게모니를—위한 투쟁
에 관한 것이다.

＊　＊　＊

　지리적 불균등발전은 자본주의의 작동방식에서 단지 부수적인
것이 아니라 자본주의의 재생산에 근본적으로 중요하다. 그 동학을
완전히 이해하는 것은 매우 어려운 일이다. 그것은 많은 국지적 간
극들을 만들어내는데, 그 속에서 취약한 점이 명백해지고 이에 반대
하는 힘들이 결집할 수 있다. 이는 지리적 불균등발전을 자본주의의
재생을 위한 풍부한 원천으로 만든다. 만약 중국이 이해하기 어려
운 여러 이유들로 인해 1979년 이후 개방되지 않았다면, 세계자본주
의는 그 전반적인 발전에서 훨씬 더 제한되었을 것이고 자본축적이
언제나 직면하는 여러 장애들로 인해 좌초했을 가능성이 크다. 이제
동아시아뿐 아니라 전세계에 미치는 영향력이 점점 커지고 있는 중
국은, 현재의 위기로부터 등장할 자본주의의 종류를 결정하는 데 중
요한 역할을 맡는다. 헤게모니가 지리적으로 바뀌고 있지만—북미
와 유럽이 정체하는 반면 중국은 꾸준히 성장하고 있다—이 과정
은 지정학적 위험을 제기한다. 지리적 불균등발전이 지경학적으로
(주로 기업의 이익이 주도하지만 국가권력이 공인하는 무역관계를
통해) 그리고 지정학적으로(국가의 외교와 전쟁에 의해, 이를테면
19세기 독일의 군사전략가 카를 폰 클라우제비츠Carl von Clausewitz
는 전쟁을 '다른 수단의 외교'diplomacy by other means라고 부르기도

했다) 어떻게 전개될 것인가가, 인류의 미래에 거대한 의미를 지닐 것이다.

이 모든 것의 이면에 지리적 결정의 복잡성이 자리잡고 있다. 한편으로 자본가들은 어떤 종류의 지리적 장벽도——공간적이거나 환경적이거나——받아들일 수 없고 그것을 우회하거나 극복하기 위해 끊임없이 투쟁한다. 반면에 자본가들은 물적인 건축환경이라는 형태로 새로운 지리와 지리적 장벽을 적극적으로 건설한다. 이는 그 가치를 잃지 않으려면 완전히 사용되어야만 하는 대규모의 고정된 이동 불가능한 자본이 구체화된 것이다. 그들은 또한, 자본축적에 도움이 되는 모든 종류의 기능을 그들 주변에 집결시키는 지역적 노동분업을 만들어내는데, 이는 자본과 노동 모두의 지리적 이동을 제한한다. 영토화된 행정적 장치와 국가기구는 흔히 이동을 제한하는 국경과 경계를 붙박는다. 이 모든 것에 추가되어야 할 것들이 있다. 바로 자연과의 적절한 관계와 사회성의 적절한 형태에 관한 독특한 관점, 그리고 무엇이 만족스럽고 물적으로 가치있고 의미있는 일상생활의 형태를 구성하는가에 관한 정신적 개념을 고려하여 사람들이 스스로의 독특한 생활공간을 만들어내는 다양한 방식들이다.

지리의 형성은 자본축적의 어떠한 일반이론에도 통합하기가 매우 어렵다. 그 이유는 그 과정이 매우 모순적일 뿐 아니라 우연성, 뜻하지 않은 사건 그리고 혼란 등으로 가득 차 있기 때문이라는 것이 이제 명백하다. 동질성을 만들어내는 것이 아니라 이질성을 유지하는 것이 중요한 것이다. 그러나 이러한 어려움이 어디에 존재하고 어떤 영향을 미치는지 파악하는 것은 여전히 가능하다. 지구라는 행성이 직면한, 이른바 경제적 날씨의 세부사항은 변화무쌍하고 예측불가능하다. 소용돌이치는 모든 표면 내부의 장기적인 경제적 변화는 더욱 파악하기 어렵다. 하지만 그것들은 분명 거기에 존재한다. 자본주의의 재생산이 새로운 지리를 만들어내고, 낡은 지리의 창조적 파괴를 통한 새로운 지리의 창조가, 자본잉여의 처분이라는 영원히 존재하는 문제를 해결하는 데 매우 좋은 하나의 수단이라는 것도 충분히 명백하다. 그러나 이렇게 잉여흡수의 문제에 대해 지리적인 '해결'을 추구하는 것은 또한 상존하는 위험을 만들어낸다. 1930년대의 위기와 현재의 위기 사이에 많은 유사점이 있다고 지적되지만, 하나의 잠재적 유사점은 거의 완전히 무시되고 있다. 그것은 국제적 협조의 붕괴, 지정학적 갈등의 심화, 그리고 인류역사상 나타난 모든 창조적 파괴의 사례 가운데 최대의 규모였던 엄청난 비극, 즉 2차 대전이다.

제 8 장

무엇을 할 것인가?

그리고 누가 할 것인가?

위기의 시기에는 자본주의의 비합리성이 명약관화해진다. 잉여 자본과 잉여노동이 동시에 존재하고 사람들의 크나큰 고통과 충족되지 않는 필요가 존재하지만, 잉여자본과 잉여노동을 한데 모아 생산에 사용할 수 있는 길은 거의 없어 보인다. 2009년 여름, 미국의 자본설비 중 3분의 1은 유휴상태였고 약 17퍼센트의 노동력이 실업상태, 비자발적인 파트타임 상태 혹은 '실망실업자' 상태였다. 이보다 더 비합리적인 것이 어디 있을까?

자본축적이 3퍼센트의 지속적 성장으로 회복되려면 이윤창출과 잉여흡수의 새로운 기반이 필요할 것이다. 과거에 이를 수행했던 비합리적인 방식은 이전 시기의 성취를 전쟁, 자산의 감가, 생산설비의 가치하락, 유기(遺棄) 그리고 다른 형태의 '창조적 파괴' 등의 형태를 통해 파괴하는 것이었다. 그 영향은 상품생산과 교환의 세계에 국한되지 않았다. 인간의 삶이 고통받고 물리적으로 파괴되기도 하며, 모든 업적과 일생의 성취가 위험에 빠지고 뿌리깊은 믿음이 타격을 받으며 정신이 상처를 입고 인간의 존엄성에 대한 존중이 내팽개쳐진다. 선하고 아름다운, 그리고 악하고 추한 모든 종류의 창조적 파괴가 시도된다. 결론짓자면, 위기는 비합리적인 씨스템을 비합리적으로 합리화한다.

자본주의가 현재의 충격을 극복하고 살아남을 수 있을까? 물론이다. 그러나 무엇을 댓가로? 이 질문은 다른 질문으로 이어진다. 자본가계급이 수많은 경제적·사회적·정치적·지정학적·환경적 난관에 직면하여 그 권력을 재생산할 수 있을까? 다시 한번, 그 대답은 분명히 '할 수 있다'이다. 그러나 이를 위해서는 수많은 사람들이 그들의 노동의 열매를 권력을 지닌 이들에게 관대하게 건네주어야 하고, 그들의 많은 권리와 힘겹게 얻은 자산가치(주택에서 연금기금까지)를 포기해야 하며 막대한 환경의 악화를 겪어야만 한다. 생활수준의 끊임없는 저하는 말할 것도 없는데, 이는 이미 사회의 최하층에서 살아남기 위해 고군분투하는 많은 이들에게 굶주림을 의미할 것이다. 그로 인한 불안을 억누르기 위해서는 상당한 정치적 억압, 경찰의 폭력 그리고 국가의 군사적 통제가 필요할 것이다. 그러나 자본가계급 권력의 지리적·부문적 중심지에도 힘겹고 고통스러운 변화가 나타날 것이다. 만약 역사에서 무언가 배울 수 있다면, 자본가계급은 그 자체의 성격을 바꿔내고 자본축적을 상이한 궤적으로 그리고 (동아시아 같은) 새로운 공간으로 이동시켜야만 그 권력을 유지할 수 있다.

이 가운데 많은 부분이 예측 불가능하고 세계경제의 공간들은 무척 가변적이기 때문에, 위기의 시기에는 그 결과의 불확실성이 매우 높아진다. 새로운 공간에서 낡은 계급과 영토적 헤게모니에 도전할 기회를 잡는 신생 자본가들(1970년대 중반 이후 미국에서 씰리콘밸리가 디트로이트를 대체했을 때를 상기해보라) 혹은 이미 불안정해짐에 따라 약화된 계급권력의 재생산에 도전하는 혁명적 운동들에, 모든 종류의 국지화된 가능성들이 등장한다. 자본가계급과 자본주의가 살아남을 수 있다고 말한다고 해서, 그것들이 그럴 운명이거나 그것들의 미래의 성격이 정해진 것이라고 말하는 것은 아니다. 위기는, 사회주의적인 그리고 반자본주의적인 것들을 포함하여 그것으로부터 모든 종류의 대안이 등장하는 역설과 가능성의 순간이다.

그렇다면 이번 위기에서는 어떤 일이 일어날 것인가? 우리가 3퍼센트의 성장을 회복한다는 것은 이를 위해 2010년에는 1.6조달러, 그리고 2030년에는 약 3조달러에 달하는, 수익성 있는 새로운 세계적 투자기회를 찾아야 함을 의미한다. 이는 1950년에는 0.15조달러였고 1973년에는 0.42조달러였다(이 금액은 인플레이션이 조정된 금액이다). 중국의 개방과 소련의 붕괴에도 불구하고, 잉여자본의 적절한 투자처를 찾는 문제가 1980년 이후 현실에서 나타나기 시작했다. 이 문제는 어떠한 규제기관의 제한도 받지 않고 자산가치에 대한 투기가 유행할 수 있었던 가공의 시장을 창조하는 것에 의해 부분적으로 해결되었다. 이제 이 모든 투자는 어디로 갈 것인가?

논쟁의 여지가 없는 자연과의 관계의 한계는 차치하고(명백하게 가장 중요한 지구온난화 문제와 함께), 시장의 유효수요, 기술, 그리고 지리적·지정학적 배치 등 다른 잠재적 장애들이 심각해질 가능성이 높다. 이는—비현실적으로 보이지만—끊임없는 자본축적과 계급권력의 추가적인 강화에 대해 어떤 적극적인 반대도 현실화되지 않을 것이라고 가정해도 그렇다. 자본잉여의 흡수를 위한 새로운 공간적 해결책으로 세계경제에 이제 어떤 공간이 남아 있는가? 중국과 구소련은 이미 세계경제에 통합되었다. 남아시아와 동남아시아는 급속하게 통합되고 있다. 아프리카는 아직 완전히 통합되지 않았지만, 이 모든 잉여자본을 흡수할 능력이 있는 지역은 존재하지 않는다. 성장을 흡수하기 위해 어떤 새로운 생산라인이 만들어질 수 있을까? 자본주의의 이번 위기를 해결하기 위한 효과적이고 장기적인 자본주의적 해결책은 (가공의 자본조작으로 다시 회귀하는 것 말고는) 존재하지 않을지도 모른다. 어느 순간 양적인 변화가 질적인 전환으로 이어지며, 정확하게 지금의 우리가 자본주의 역사에서 그런 변곡점에 서 있을지도 모른다는 생각을 진지하게 해보아야 한다. 따라서 적절한 사회씨스템으로서 자본주의 자체의 미래에 대한 질문이 현재 논쟁의 중심에 놓여야만 한다.

아쉽게도 이러한 근본적 논의에 대한 욕구는 거의 존재하지 않는 것으로 보인다. 자유시장과 자유무역, 사적 소유와 개인의 책임 그리고 낮은 세금과 사회보장에 관한 최소한의 국가개입 등의 도움으로 인류가 완전해질 수 있다는 전통적인 주문이 점점 공허하게 들리고 있지만 말이다. 정당성의 위기는 나타나고 있다. 그러나 정당성의 위기는 보통 주식시장의 위기와는 다른 속도와 리듬으로 전개된다. 예를 들어, 1929년의 주식시장 붕괴 이후 3, 4년이 지난 1932년경이 되어서야 대중적인 (진보적이고 파시스트적인) 사회운동이 나타났다. 현재의 위기를 탈출하기 위해 정치권력이 얼마나 노력하고 있는지가 정당성 상실에 대한 정치적인 우려를 보여준다.

이데올로기적 체계에 균열이 나타났다고 해서 그 이데올로기가 완전히 붕괴했음을 의미하는 것은 아니다. 또한 어떤 주장이 명백히 공허하다고 해서 사람들이 그것을 즉시 인식하는 것도 아니다. 현재는 자유시장 이데올로기를 지지하는 가정들에 대한 믿음이 크게 약화된 상황은 아니다. 비록 많은 이들이 여기저기서 더 절약하고 저축해야 한다는 것을 인식하고 있지만, 선진자본주의 국가의 사람들이 (흔히 있는 사회비판세력을 차치하고는) 생활방식의 근본적인 변화를 추구하고 있다는 징후는 보이지 않는다. 미국의 파산자들은 주택보유의 개인적 책임을 다하지 못한 (하지만 때때로 불운 때문인) 그들의 실패에 대해 자책한다(예비적인 설문조사가 이런 결과를 보여준다). 은행가들의 이중성과 그들의 보너스에 대한 대중적 격분이 나타나고 있지만, 북미나 유럽에서 근본적이고 광범위한 변화를 추구하는 운동은 아직까지 보이지 않는다(이 책은 2011년 9월 월가 점령시위가 대중적으로 나타나기 이전에 출판되었다—옮긴이). 세계의 남반구 지역, 특히 남미의 현실은 이와 다르다. 성장이 계속되고 정치적 기초가 다른 중국과 아시아 등 다른 지역의 정치가 어떻게 변화할지는 명확하지 않다. 그 지역의 문제는 경제성장이 그 속도는 이전보다 낮더라도 여전히 지속되고 있다는 점이다.

위기의 근원이 자본주의 체제에 있다는 주장은, 주류언론에서는 거의 언급되지 않는다. 현재까지 북미와 유럽 정부의 대부분의 정책은 기업활동을 평소처럼 유지하게끔 하는 것이며, 이는 결국 자본가계급에 대한 지원을 의미한다. 금융위기를 촉발했던 '도덕적 해이'는 은행을 구제하는 과정에서 더욱 심각해졌다. 현실에서 신자유주의의 관행은 (그 이상적인 이론과는 달리) 언제나 금융자본과 자본가 엘리뜨에 대한 뻔뻔한 지원을 수반했다(이런 지원은 으레, 금융기관들은 무슨 수를 써서라도 보호되어야만 하며 확실한 이윤창출을 위해 기업하기 좋은 환경을 만드는 것이 국가권력의 의무라는 주장에 기초한다). 이는 근본적으로 변하지 않았다. 그런 관행은 자본가들의 노력에 의한 '수위(水位) 상승'이 '모든 배들을 띄울 것'이라는, 즉 지속적 성장이 마술처럼 '그 혜택을 모두에게 퍼뜨릴 것'(trickle down, 이는 부자들의 식탁에서 떨어진 몇몇 부스러기의 형태외에는 결코 이루어지지 않는다)이라는 의심스런 주장에 의해 정당화된다.

많은 자본주의 국가들에서 우리는 정치가 탈정치화되고 상품화된 놀라운 시기를 경험해왔다. 국가가 금융업자들을 구제하기 위해 개입한 지금은, 국가와 자본이 그 언제보다도 제도적으로나 개인적으로 더 긴밀하게 결합되어 있음이 모두에게 분명해졌다. 지배계급의 대리인으로 행동하는 정치적 계급이 아니라, 이제 지배계급 스스로가 실제로 지배하고 있는 것처럼 보인다.

그러면 자본가계급은 어떻게, 그리고 얼마나 빨리 현재의 위기로부터 탈출할 것인가. 세계 모든 곳에서 실업이 계속 증가하고 있음에도 불구하고 상하이, 토오꾜오, 프랑크푸르트, 런던 그리고 뉴욕의 주식시장의 반등은 좋은 징후라고 언급된다. 그러나 그 지표의 계급편향성을 주목해야 한다. 많은 이들은 자본가를 위한 주식가치의 반등이 노동자의 일자리와 소득이 창출되는 '실물경제'의 회복에 선행하기 때문에, 우리는 이에 대해 기뻐해야 한다고 말한다. 2002년 이후 미국 주식시장의 반등이 결국 '일자리 없는 회복'으로 나타났다는 사실은 이미 잊혀져버린 것이다. 특히 앵글로색슨 지역의 대중은 심각한 건망증을 겪고 있는 듯하다. 그들은 또한 너무 쉽게 자본가들의 잘못과 그 행동이 촉발하는 주기적인 위기들을 잊어버리고 용서한다. 자본주의 언론은 기꺼이 그러한 건망증을 만들어낸다.

한편, 젊은 금융사기꾼들은 작년(2008)에 보너스를 받았고, 이익이 큰 분야를 장악하고 사업을 재개하기 위해 지난날의 거대금융기업의 잔해를 가려내어 월스트리트와 런던 씨티를 우회하는 부띠끄 금융기관들을 집단적으로 만들어내었다. 미국에 남아 있는 투자은행들—골드먼삭스와 JP모건—은 은행지주회사로 재편되었지만 (연준 덕택에) 규제조치들을 면제받았고, 규제받지 않고 여전히 호황인 파생상품시장에서 납세자들의 자금을 이용한 위험한 투기를 통해 어마어마한 이윤을 벌고 있다(그리고 이에 상응하는 막대한 보너스를 위해 자금을 비축하고 있다). 위기를 일으켰던 레버리징은 마치 아무일도 없었던 것처럼 대규모로 재개되었다. 가공자본의 부채를 패키지로 만들고 매각하는 새로운 방식들이 개발되고 그것들이 잉여자본 투자처를 애타게 찾고 있는 연금기금 같은 기관들에 제시됨에 따라, 금융혁신은 더욱 진전되고 있다. 가공자본 만들기가 다시 시작된 것이다!

컨소시엄들은 시장이 다시 회복되어 거액을 벌기를 기다리거나 미래의 적극적인 재개발을 위해 가치가 높은 토지를 모아두며, 차압된 주택들을 매입하고 있다. 부유한 개인들, 기업들 그리고 국가가 지원하는 기관들(중국의 경우)은 그들의 권력을 강화하고 미래의 안전을 보장하기 위해 노력하며, 아프리카와 남미에서 방대한 토지를 사들이고 있다. 이것 또한 조만간 파산하고 말 또다른 투기의 최전선일까? 보통의 은행들은, 그 대부분이 정부가 지원한 자금인 현금을 이전의 생활방식에 맞는 보너스 지불을 재개하기 위해 비축해놓고 있다. 이와 동시에 수많은 기업가들은 대규모 공적 자금이 지원하는 이 창조적 파괴의 순간을 쟁취하기 위해 기다리면서 배회하고 있다.

한편, 소수가 행사하는 노골적인 화폐권력은 민주적 거버넌스의 모든 특징을 약화시킨다. 예를 들어, 제약업계, 의료보험, 그리고 병원의 로비는 미국의 의료보험 개혁을 자신들의 뜻대로 만들기 위해 2009년 1/4분기 1억 3300만달러 이상을 지출했다. 의료보험 법안을 만든 핵심인 상원 재무위원회(Senate Finance Committee)의 위원장 맥스 보커스(Max Baucus)는 기업의 무자비한 착취와 이윤추구에 대한 어떤 보호도 없이 수많은 새로운 고객들을 보험회사에 넘겨주는 법안(이에 월스트리트는 환호했다)의 댓가로 150만달러를 받았다. 어마어마한 화폐권력에 의해 합법적으로 부패한 또다른 선거들이 곧 우리 앞에 펼쳐질 것이다. 미국의 노동자들이 지배계급이 만들어낸 위기로부터 벗어나기 위해 열심히 일해야 한다고 훈계를 들을 때, '케이 스트리트'(워싱턴의 로비산업을 은유적으로 일컫는 용어. 워싱턴 D.C.의 노던케이가Northern K Street에 주요한 로비회사들이 몰려 있다——옮긴이) 와 월스트리트당들은 적법한 절차에 따라 다시 선출될 것이다. 우리 는 이전에도 그러한 곤경에 처한 적이 있었고, 그때마다 노동자들은 소매를 걷어붙이고 허리띠를 졸라매며, 지배계급이 그들의 모든 책 임을 부정하는 불가사의한 자동붕괴의 메커니즘에서 체제를 구해 냈던 기억이 있다. 개인의 책임은 결국 자본가들이 아니라 노동자들 에게만 지워진다.

자본가계급은 자본주의가 그들에게뿐 아니라 우리 모두에게 이 롭다는 것을 납득시켜야 한다. 그들은 (때때로 지금 같은 창조적 파 괴의 순간들과 더불어) 250년 동안의 끊임없는 경제성장을 지적하 고, 그 모두가 끝장나야 할 이유는 없다고 강조할 것이다. 결국, 자 본주의의 끊임없는 혁신이 인류 모두에게 혜택을 준 벨크로(Velcro, 일종의 접착천)와 매클라렌(Maclaren) 유모차 같은 놀라운 신기술의 기초를 제공했고, 자본주의의 지속적 확장을 위해 꼭 필요한 신제 품 생산라인과 새로운 시장의 창출을 가능하도록 하는 연구분야들 이 남아 있다는 것이다. 녹색기술과 공해배출권의 새로운 '배출권 거래제'(cap and trade) 시장은 지구를 구하는 데 도움을 줄 것이다. 이보다 더욱 가능성이 높은 차세대 혁신물결의 후보는, 생물의공학 (biomedical engineering)과 유전공학이다. 이는 우리에게 영원한 생명 과 화학적·생물학적으로 지원되는 삶의 형태를 약속하는 윤리적인 (그러나 의심스러운) 분야인데, (만약 현재 나타나고 있는 미국 모 델이 계속된다면) 국가가 의료, 제약, 의료보험 산업복합체에 엄청난 이윤을 보장하는 분야다. 이것은 조지 쏘로스 재단처럼 가장 부유한 재단들이 기부를 통해 꾸준하게 지원하고 있는 분야이기도 하다. 이 분야의 지적 재산권과 특허에 대한 지대는 그것을 보유한 이들에게 미래의 장기적 수익을 보장해줄 것이다(생명 자체가 특허의 대상이 되면 무슨 일이 일어날지 상상해보라!).

국경을 넘어서는 (국가와 기업 모두의) 독점화의 진전은 '파괴적인 경쟁'으로부터 경제씨스템을 덜 취약하도록 만들 것이다. 국방, 경찰 그리고 감옥 등 전통적 분야가 아닌 유효수요문제도 국가가 보증하는 시장들과 화폐발행에 의해 지원을 받으며 더욱 적절히 통제될 수 있을 것이다(그렇게 될 것으로 기대된다). 의료보장, 주택 그리고 교육 같은 분야에서 민간써비스 제공에 대한 공적인 지원의 확충 또한, 민간기업들의 금고를 채워줌에도 불구하고, 대다수 사람들의 시민적·민주적 권리의 활성화라는 이름으로 편리하게 포장될 수 있다.

여기서도 문제가 생기면, 그것들이 당신에게 다시 수출되는 일은 어떻게든 피할 수 있기를 바라면서 (위기를 다른 지역으로 이전하는 것처럼) 이 문제들을 수출해버리면 된다. 혹은 위기의 경향을 어느 장애에서 다른 장애로 교묘하게 이동시키면 된다. 지금 우리가 유효수요문제에 직면해 있다면 막대한 화폐발행을 통해 그것을 해결하고 5년 뒤에(편리하게도 선거주기가 지난 뒤에) 인플레이션 문제에 직면하면 되지 않겠는가? 인플레이션 위기에 대한 대응은 바로, 은행가들과 금융업자들이 여전히 호강하도록 하면서, 방만한 적자재정 시기 동안 노동자들이 달성한 어느정도의 이득을 모두 빼앗

아버리는 것이다. 그것은 마치 자본가들이 매우 신기할 정도로 우아하고 쉽게 장애물을 차례차례 연속하여 뛰어넘는 장애물경주와 같다. 이는, 우리가 언제나 영원한 자본축적이 약속된 땅에 살고 있다는(혹은 곧 그럴 것이라는) 환상을 가져다준다. 만약 이것이 출구전략의 줄거리라면 우리는 거의 확실히 5년 내에 또다른 문제에 직면할 것이다. 실제로 위기가 아직 완전히 전개되지 않았다는 징후들이 존재한다. 2009년 11월 두바이월드가 디폴트를 선언하자, 석유 부자인 아부다비정부가 지원을 제공하겠다고 개입할 때까지 전세계의 주식시장이 하락했다. 그 직후 그리스의 재정위기가 (과거에 라트비아에서 발생했던 것처럼) 다시 문제가 되었으며, 몇몇 애널리스트들은 아일랜드, 에스빠냐 그리고 영국까지도 재정위기를 겪을 수 있다고 우려하기 시작했다. EU 국가들이 힘을 합쳐 이들을 도울 것인가, 아니면 EU가 정말로 금융위기하에서 붕괴할 것인가? 한편 중국경제는 대규모의 인프라 투자프로그램과 기존 설비가 어떻게 될 것인가에 대해 고려하지 않는 새로운 생산설비의 창출에 기초하여 8퍼센트라는 높은 성장률을 기록하고 있다. 그러나 이런 종류의 호황이 언제나 그렇듯이, 잉여생산 설비 창출의 악영향은 훨씬 나중에야 뚜렷이 나타날 것이다. 중국의 경우 그것은 중앙정부의 지시로 이루어진 은행들의 대규모 투기적 대출 증가에 의한 것이다. 하지만 이 어마어마한 유휴 잉여노동을 갖고 중국인들이 그밖에 무엇을 할 수 있을까? 한편, 그 결과 나타난 중국 국내시장의 급속한 회복은 수출시장의 상실을 어느정도 극복할 수 있도록 국내수요를 크게 늘리고 있다. 중국과 비슷하게 인도 또한 거대한 국내시장과, 다른 부문들보다 위기에 영향을 덜 받은 써비스부문 외에는 해외의존도가 낮다는 점을 배경으로 성장을 회복하고 있다. 그러나 성장의 이득은 불균등하게 분배되고 있다. (『포브스』에 따르면) 인도의 억만장자 수는 2008년 위기 당시에도 27명에서 52명으로 늘어났다. 이것은 위기중에 정당하다고 여겨지는 소유자에게 자산이 돌아가는 또다른 경우의 하나일까? 분명히, 위기와 경제회복 모두의 지리적 불균등 발전이 급속하게 진행되고 있다.

위기로부터 더 빨리 탈출하고 현재의 과잉자본이 더 적게 파괴될수록, 경제성장이 장기적으로 활발해질 여지는 더욱 줄어들 것이다. 이 책을 쓰고 있는 현재(2009년 중반), IMF는 자산가치의 손실이 적어도 55조달러, 즉 1년 동안 전세계의 상품과 써비스 생산액과 거의 맞먹는 액수일 것이라 전망한다. 위기가 끝날 때까지 손실액은 400조달러나 그 이상이 될 수도 있을 것이다. 사실, 최근의 놀라운 계산에 따르면 미국정부가 보증한 자산가치만도 200조달러에 달한다. 이 모든 자산이 부실해질 가능성은 매우 낮지만, 상당수가 그럴 수 있다는 생각은 정신을 번쩍 들도록 만든다. 한가지 구체적인 예를 들어보자. 이제 미국정부가 인수한 패니메이와 프레디맥은 5조달러 이상의 주택대출을 보유하거나 보증하고 있는데, 그 대출 가운데 상당수가 심각한 어려움에 처해 있다(2008년 한해의 손실액만도 1500억달러가 넘었다). 그렇다면 과연 대안은 무엇일까?

＊　＊　＊

자본주의의 (비)합리성에 대한 대안이 명확하게 제시될 수 있고, 그것이 모든 이의 더 나은 삶을 찾기 위한 집단적 노력 속에서 인간의 열정을 집결시켜 합리적으로 실현될 수 있다는 생각은 많은 이의 꿈이었다. 이러한 대안들—역사적으로 사회주의 혹은 공산주의라 불린—이 다양한 시간과 장소에서 시도되기도 했다. 1930년대에는 이들 중 하나에 대한 비전이 희망의 등불 역할을 했다. 그러나 최근 그것들은 영광을 잃었고 또한 잊혀져버렸다. 이는 그 약속을 지키는 데 실패한 공산주의의 역사적 실험과 자신들의 실수를 억압적으로 덮으려는 공산주의 체제의 편향뿐 아니라, 인간의 본성 그리고 인간의 개인성과 제도의 잠재적인 완벽함에 관한 아마도 잘못된 그들의 가정 때문이었다.

사회주의와 공산주의 간의 차이점은 지적할 필요가 있다. 사회주의는 자본주의의 과잉을 진정시키고 그 혜택을 공동선을 위해 재분배하는 방식으로 자본주의를 민주적으로 관리하고 조절하는 것을 목표로 한다. 그것은 진보적인 세금제도를 통해 부를 모두에게 분배하고 시장의 힘에서 벗어난 국가가 교육, 의료, 그리고 주택까지 포함하는 기본적 필요를 제공한다. 1945년 이후 분배적 사회주의가 유럽 등지에서 이룩한 주요한 업적 중 많은 것들은 그 사회에 매우 강하게 아로새겨져 신자유주의의 공격에도 사라지지 않았다. 미국에서조차도 사회보장과 메디케어는 매우 인기있는 정부 프로그램으로 우익 정치세력도 폐지하기가 거의 불가능하다고 생각한다. 영국의 새처주의자들도 일부를 제외하고는 국가의 의료보장제도를 건드리지 못했다. 스칸디나비아와 서유럽 대부분 지역의 사회보장제도는 사회질서의 튼튼한 기초원리로 보인다.

사회주의하에서 잉여의 생산은, 보통 시장에 대한 국가의 적극적인 개입이나 소위 '관제고지'(commanding heights)라 불리는 부문들(에너지, 교통, 철강, 그리고 자동차 등)의 국유화에 의해 관리된다. 국제무역은 무역협정들을 통해 안정적으로 번성하는 데 반해 자본흐름의 지리적 이동은 국가의 개입에 의해 통제된다. 시장뿐 아니라 작업장에서의 노동권이 강화된다. 사회주의의 이러한 요소들은 1980년대 이후 거의 모든 곳에서 후퇴하였다. 사실상 신자유주의 혁명이 잉여생산의 사유화에 성공했던 것이다. 그것은 자본주의적 생산자들을 제한들로부터—지리적 제한을 포함하여—해방시키고, 이 과정에서 국가기능의 진보적이고 재분배적인 특징을 약화시켰다. 이로 인해 사회적 불평등은 빠르게 증대했다.

이에 반해, 공산주의는 자본주의와는 완전히 다른 상품과 써비스의 생산과 분배 양식을 만들어내 자본주의를 대체하려고 한다. 현존 공산주의의 역사에서 생산·교환·분배에 대한 사회적 통제는 국가의 통제와 체계적 계획을 의미했다. 여기서는 상술할 수 없는 여러 이유들로 인해 결국 공산주의는 성공하지 못했을지라도, 중국에서 공산주의의 전환(그리고 과거 나타났던 싱가포르 같은 국가들의 공산주의 도입)은 성장 창출이라는 측면에서, 순수한 신자유주의적 모델에 비해 훨씬 더 성공적이었다. 공산주의 가설을 부활시키려는 현재의 시도들은 보통, 국가의 통제를 포기하고 생산과 분배를 조직하는 기초로서 시장의 힘과 자본축적을 대체하는 집단적인 사회적 조직화의 다른 형태들에 주목한다. 수직적 명령에 기초한 것이 아닌, 자율적으로 조직되고 운영되는 생산자와 소비자의 집단공동체들 간의 수평적 네트워크로 연결된 조정씨스템들이 새로운 형태의 공산주의의 핵심에 자리잡고 있는 것으로 그려진다. 오늘날 커뮤니케이션 기술들이 이런 씨스템을 가능하게 만드는 것처럼 보인다. 그러한 경제적·정치적 형태가 구성되는 모든 종류의 소규모 실험들이 전세계에서 발견된다. 여기서는 맑스주의와 무정부주의 전통 사이에 일종의 수렴이 존재한다. 이는 이들이 전반적으로 협조했던 1860년대의 상황을 상기시키는데, 그것은 1871년 빠리꼬뮌 이후 이들이 분열하여 다투고 1872년 맑스와 당시 급진파 지도자 중 하나였던 무정부주의자 미하일 바꾸닌(Mikhail Bakunin)의 갈등이 폭발하기 이전이었다.

아직 아무것도 확실하지는 않지만, 우리가 처한 현재의 상황은 거대하고 광범위한 대안에 관한 질문이 세계의 여러 지역에 수면의 거품처럼 서서히 떠오르는 장기적 변동기의 시작일 뿐인지도 모른다. 불확실과 불행이 더욱 길어질수록 현 방식의 정당성이 의문에 직면하고 새로운 방식에 대한 요구가 더욱 거세질 것이다. 금융씨스템의 문제를 땜질만 하는 개혁이 아니라 진정으로 근본적인 변화가 더욱 필요해 보인다.

예를 들어, 현재 우리가 한때 억압되었던 '케인즈주의 시기'가 다시 도래하는 것을 목도하고 있지만 만약 그 목표가 상층계급들을 구제해주는 것이라면, 그 대상을 케인즈가 본래 목표로 했던(물론 케인즈의 경우 그것은 정치적 필요가 아니라 경제적 필요에 의한 것이었음을 기억해야만 한다) 노동계급으로 바꾸는 것은 어떨까? 역설적이게도, 그러한 정치적 변화가 더 많이 나타날수록 경제는 적어도 겉보기에는 일시적인 안정을 되찾을 가능성이 높다. 그러나 자본가들이 두려워하는 것은, 이 방향으로의 어떠한 변화도 빼앗기고 불만에 차고 탈취당한 이들(the deprived, the discontented, and the dispossessed)의 권력 강화를 촉발하여 (1960년대 후반에 그랬던 것처럼) 이들이 더 많은 변화를 밀어붙이도록 부추길 수 있다는 점이다. 흔히 이야기되듯, 한발 양보하면 더 크게 잃을 수 있다는 것이다. 어쨌든 필요한 것은 자본주의를, 그 자체부터 구하기 위해 자본가들이 기꺼이 그들의 개인적 부와 권력의 일부를 포기하는 것이다. 역사적으로 그들은 언제나 이에 대해 격렬하게 저항해왔다.

전세계에 걸친 자본주의 실행의 불균등한 발전은 모든 곳에서 반자본주의 운동을 만들어냈다. 동아시아 대부분 지역의 국가중심적 경제는 남미의 많은 지역에서 나타나는 격렬한 반신자유주의 투쟁과는 다른 불만을 만들어낸다. 남미에서는 대중의 권력에 기초한 볼리바르(Bolivar) 혁명운동이 있는데, 이는 아직까지 진정으로 저항에 직면하지 않은 자본가계급의 이해와 독특한 관계를 맺고 있다. 유럽에서는 통일된 EU 헌법을 만들어내려는 두번째 시도가 진행되고 있지만, EU 회원국들 간의 위기에 대응하는 전술과 정책 들에 관한 차이는 커지고 있다. 그 모두가 진보적인 것은 아니지만, 혁명적이고 단호한 반자본주의 운동이 자본주의의 많은 변두리 지역들에서도 발견된다. 지배적인 사회적 관계, 생활방식, 생산능력 그리고 세계에 관한 정신적 개념 등의 측면에서 본질적으로 다른 무언가가 발전할 수 있는 공간들이 열려왔다. 목표, 전략과 전술 등에서 매우 상이하지만, 이는 치아빠스의 사빠띠스따와 볼리비아의 토착민운동 혹은 인도 농촌의 마오주의 운동만큼 탈레반이나 네팔의 공산주의 지배에도 마찬가지로 적용된다.

중요한 문제는, 전체적으로 볼 때 전세계적 차원에서 자본가계급의 재생산과 그 권력의 영속화에 적절하게 도전할 수 있는 단호하고 충분히 통일된 반자본주의 운동이 존재하지 않는다는 것이다. 자본가 엘리뜨를 위한 특권의 요새를 공격하거나 그들의 과도한 화폐권력과 군사적 힘을 억제할 뚜렷한 수단도 존재하지 않는다. 그러나 다른 세상은 가능할 뿐 아니라—1990년대에 대안적 세계화운동이 주장하기 시작한 것처럼(1999년 WTO 회의가 거리시위로 완전히 중단된, 씨애틀전투로 알려진 사건 이후에 그 목소리는 더욱 높아졌다)—소련 제국의 붕괴와 함께 또다른 공산주의가 가능할 수도 있다는 막연한 생각이 존재한다. 어떤 대안적 사회질서로의 통로가 존재한다 해도, 그것이 어디에 있고 어떤 것인지는 아무도 모른다. 그러나 그런 프로그램을 시작하기는커녕 고안해낼 수 있는 정치적 힘이 존재하지 않는다고 해서, 대안을 구상해보지 않을 이유는 없다.

"무엇을 할 것인가"(What is to be done)라는 레닌의 유명한 질문은, 누가 어디에서 그것을 할 것인가에 관한 생각 없이는 대답할 수 없는 것이 분명하다. 그러나 무엇을 할 것이고 왜 해야 하는지에 대한 어떤 활기찬 비전 없이는 전세계적 반자본주의 운동은 등장하지 않을 가능성이 높다. 따라서 이중의 장애가 존재한다. 대안적 비전의 부재는 저항운동의 형성을 가로막고, 그런 운동의 부재는 대안의 형성을 가로막는다. 이러한 장애는 어떻게 극복될 수 있을까? 무엇을 할 것인가 그리고 왜 해야 하는가라는, 비전과 특정한 장소들을 가로질러 그것을 수행하는 정치운동의 형성 사이의 관계는 나선형이 되어야 한다. 무언가를 실현하기 위해서는 각각이 서로를 강화해야만 한다. 그렇지 않으면, 잠재적 저항은 건설적 변화의 모든 전망들을 좌절시키는 닫힌 고리 속에 영원히 갇혀버릴 것이며, 자본주의 미래의 끊임없는 위기들은 점점 더 끔찍한 결과를 초래하며 우리를 덮칠 것이다.

* * *

우리가 해결해야 하는 핵심 문제는 매우 분명하다. 영원히 지속되는 성장은 가능하지 않으며, 지난 30년간 세계를 덮친 문제들은 지속될 수 없는 가공자본을 만들어내는 것 이외에는 어떤 방식으로도 극복될 수 없는, 연속적인 자본축적의 한계가 등장하고 있다. 뿐만 아니라, 부자들이 더욱더 많은 부를 축적하는 와중에도 세계의 수많은 사람들이 비참한 가난에 빠져 있고, 환경파괴가 통제 불가능할 정도로 심각해지고 있으며, 거의 모든 곳에서 인간의 존엄이 경시되고 있다. 게다가 정치적·제도적·사법적·군사적 권력과 언론 등의 수단은 매우 강력하고 독단적인 정치적 통제하에서 현상유지 이상을 하기가 쉽지 않다.

영원히 지속되는 자본축적에 대항하여 용감히 싸우고 결국 인간

역사의 주요한 동력으로서 그것을 정지시킬 수 있는 혁명적 정치는, 사회변화가 어떻게 일어나는지에 관한 정교한 이해를 필요로 한다. 사회주의와 공산주의를 건설하기 위한 과거 노력들의 실패는 되풀이되어서는 안 되고, 무척이나 복잡한 그 역사의 교훈들을 숨김없이 배워야만 한다. 그러나 일관된 반자본주의 혁명운동의 절대적인 필요성도 인식되어야만 한다. 그 운동의 근본적인 목표는 잉여의 생산과 분배 모두를 사회적으로 통제하는 것이어야 한다.

제5장에서 제시한 공진화이론에 대해 다시 살펴보자. 이것이 공혁명(co-revolutionary)이론의 기초를 형성할 수 있을까? 정치운동은 어디에서든(노동과정에서, 정신적 개념에서, 자연과의 관계에서, 사회적 관계에서, 혁명적 기술과 조직형태에서, 일상생활로부터 혹은 국가권력의 재구성을 포함한 제도적·행정적 구조를 개혁하는 시도들을 통해서) 시작될 수 있다. 성공의 비결은 정치운동을 하나의 활동영역에서 다른 영역으로, 서로를 강화하는 방식으로 끊임없이 움직이도록 만드는 것이다. 이것이 자본주의가 봉건주의로부터 등장했던 방식이며, 자본주의로부터 뭔가 급진적으로 다른 체제도—공산주의든 사회주의든, 뭐라고 부르든 간에—분명 이런 식으로 등장해야만 한다. 공산주의 혹은 사회주의 식의 대안을 만들려고 했던 이전의 시도들은 운동중인 서로 다른 활동영역 간의 변증법을 유지하는 데 치명적으로 실패했고, 영역 간의 변증법적 운동의 예측불가능성과 불확실성을 끌어안는 데에도 실패했다. 자본주의는 정확하게 그 변증법적 운동을 지속하는 것을 통해, 그리고 그 결과로 나타나는 위기를 포함한 필연적인 긴장들을 이해하고 활용하는 것을 통

해 살아남아왔다.

이제, 어떤 지역에서 사람들이 영속적인 자본축적이 가능하지도 바람직하지도 않다는 것을 깨닫고 따라서 다른 세상이 존재할 뿐 아니라 분명히 가능하다는 것을 집단적으로 믿게 되었다고 상상해보라. 그런 집단은 대안을 구성하기 위한 모색을 어떻게 시작해야 할까?

변화는 현 상황으로부터 발생하므로 우리는 현 상황 내에 존재하는 가능성들을 이용해야만 한다. 현재의 상황은 네팔에서부터 볼리비아의 태평양 연안, 미시간의 탈산업화된 도시들, 그리고 뭄바이와 상하이처럼 성장하고 있는 도시들, 또한 타격을 받았지만 결코 파괴되지는 않은 뉴욕과 런던 같은 금융센터들까지 서로 판이하다. 그러므로 서로 다른 장소와 지리적 범위에서 나타나는 모든 종류의 사회적 변화의 실험은 새로운 세상을 가능하게 만드는(혹은 그렇지 않은) 수단으로서 현실적·잠재적으로 시사하는 바가 크다. 그리고 각각의 경우, 현 상황의 어떤 특징이 다른 정치적 미래의 열쇠를 쥐고 있는 것처럼 보인다. 그러나 반자본주의 운동의 첫번째 원칙은, 다른 모든 동학들과의 관계들이 어떻게 적응하고 반향하는지 정확하게 살펴보지 않은 채, 전개되는 한순간의 동학에 의존하면 안 된다는 것이다.

실현 가능한 미래의 가능성은 서로 다른 영역 간의 관계들의 현상태로부터 생겨난다. 영역들 내부의, 그것들을 가로지르는 전략적인 정치적 개입은 사회질서를 차차 다른 발전경로로 이동시킬 수 있다. 이는 특정 지역의 상황에서 현명한 지도자들과 진보적 제도들이 언제나 행하는 것이므로, 이런 식의 행동이 특별히 환상적이거나 유토피아적이라고 여길 이유는 없다.

첫째, 발전(development)이 성장(growth)과 같은 것이 아님을 명확하게 인식해야만 한다. 예를 들어, 사회적 관계, 일상생활 그리고 자연과의 관계 등의 영역에서 꼭 자본에 도움이 되거나 성장을 회복하는 것과는 다른 방식의 발전이 가능하다. 성장이 빈곤과 불평등의 감소를 위한 전제조건이라 주장하거나, 유기농음식 같이 환경을 좀더 존중하는 것이 부자들의 사치일 뿐이라 주장하는 것은 옳지 않다.

둘째, 각각의 영역 내부의 전환을 위해서는, 예를 들어 제도적 장치들의 내적 동학과 다른 모든 활동영역과 관련된 기술변화 모두를 깊이있게 이해해야 할 것이다. 특정 영역들에서 작동하는 동학들 사이에서, 그리고 그것들을 가로질러 연대가 이루어져야만 한다. 이는 반자본주의 운동이 사회적 관계를 둘러싸고 혹은 일상생활의 문제들 그 자체에 관해 집결하는 집단들보다 훨씬 더 광범위해야 함을 의미한다. 예를 들어, 기술, 과학 그리고 행정의 전문지식을 지닌 이들과 현장에서 사회운동을 추동하는 이들 사이에 놓인 전통적인 적대가 해결되고 극복되어야만 한다.

셋째, 세계경제의 다른 공간들로부터 초래되는 영향과 (정치적 적대를 포함한) 피드백에 대응할 필요가 있다. 서로 다른 지역들은 주어진 역사, 문화, 장소 그리고 정치경제적 상황에 따라 서로 다른 방식으로 발전할 수 있다. 다른 지역에서 나타나는 어떤 발전이 도움이 되거나 보완적일 수 있는 반면, 또다른 발전은 해롭고 적대적일 수도 있다. 몇몇 영토 간의 경쟁은 불가피하지만 꼭 나쁜 것은 아니다. 이는 그 경쟁이 무엇에 관한 것인가에 달려 있다——경제성장에 관한 것인가 아니면 일상생활의 윤택함에 관한 것인가? 예를 들어, 베를린은 매우 살기 좋은 도시지만, 모든 자본주의의 평균적인 경제적 성공지표들은 이 도시를 후진적인 곳으로 평가한다. 베를린의 토지가치와 부동산가격은 매우 낮은데, 이는 별로 부유하지 않은 사람들도 그다지 나쁘지 않은 생활공간을 쉽게 구할 수 있음을 의미한다. 개발업자들에게는 운이 좋지 못한 곳이다. 이런 면에서 뉴욕과 런던이 베를린과 같다면 얼마나 좋을까!

마지막으로, 느슨하게나마 합의된 어떤 공동의 목표들이 있어야 한다. 우선 몇몇 일반적 지도규범을 설정할 수 있다. 이것들은 자연에 대한 존경, 사회적 관계에서 급진적인 평등주의, 공동의 이익이라는 인식에 기초한 제도적 장치들, (돈으로 움직이는, 현존하는 허위의 절차와 반대되는) 민주적 행정절차, 생산자가 직접 조직하는 노동과정, 새로운 종류의 사회적 관계와 일상의 제도에 대한 자유로운 탐구로서의 삶, 다른 이들을 위한 자기실현에 초점을 맞추는 정신적 개념, 그리고 군사화된 권력과 기업의 탐욕을 위한 것이 아니라 공동선의 추구를 지향하는 기술과 조직의 혁신 등을 포함할 수 있다. 이것들은 사회적 실천이 이를 중심으로 집중하고 또 돌고 돌 수 있는 공혁명적인 지점들일 것이다. 물론 이는 이상적이다! 하지만 그게 어때서! 우리는 그렇지 않을 여유가 없다.

개인 간 그리고 자기규정적 사회집단 간의 급진적 평등주의가 이상적인 사회적 관계라고 생각해보자. 이러한 생각은, 바스띠유에서 톈안먼광장까지 평등의 원칙이 정치적 행동과 혁명운동을 추동했던 수백년간의 정치적 투쟁에서 주장되어왔다. 급진적 평등주의 는 또한 방대한 저작의 기초가 되었고, 이 사상은 수많은 지역적· 문화적 차이를 넘어서는 것처럼 보인다. 미국의 여론조사에서도 개인 간, 사회집단 간의 사회적 관계들을 조직하는 근본원리로서 평등의 원칙이 매우 중요함을 알 수 있다. 노예, 여성, 동성애자와 장애인의 시민권과 정치적 권리의 확장에 200년이나 걸리기는 했지만, 이러한 전선들에서 나타난 진보를 향한 외침은 부정할 수 없다. 그리고 개인뿐 아니라 사회집단 간의 평등도 여전히 추구되고 있다. 역으로, 미국의 엘리뜨들에 대한 비난이 정치적으로 집결되는(때때로 왜곡되는) 방식도 이러한 평등주의에서 유래한다.

급진적 평등주의 원칙은 그 자체로는 논쟁의 여지가 없는 것처럼 보이지만, 그것이 다른 활동영역과 맞물리는 방식에서 문제가 발생한다. 예를 들어, 사회집단을 정의하는 데는 언제나 이론의 여지가 있다. 다문화주의는 대부분의 자기규정적인 사회집단 간의 평등이라는 이상을 수용할 수 있지만, 가장 큰 어려움을 만들어내는 지속적인 분할은 계급간의 분할이다. 이는 계급이 자본주의의 재생산에 필요한 근본적 불평등이기 때문이다. 따라서 이에 대한 현재 정치권력의 대답은 계급의 존재를 부정하거나 계급이라는 범주는 무척 혼란스럽고 복잡해서(마치 인종이나 성별 같은 다른 범주는 그렇지 않다는 듯이) 분석적으로 쓸모가 없다고 이야기하는 것이다. 이런 식으로 계급이라는 문제는 세계에 관한 주류의 (예를 들어, 경제학의) 지적인 설명이나 현실정치에서 회피되고, 부정되거나 혹은 무시된다. 계급의식은, 인종, 성, 민족, 종교, 성적 취향, 연령, 소비자

선택 그리고 사회적 기호 등에 의한 정치적 주관과는 달리 가장 드물게 논의되고 가장 적극적으로 부정된다. ('구' 유럽 같은) 과거의 정치적 시간과 장소의 예스러운 유산으로 언급되는 경우 말고는 말이다.

분명한 것은, 계급정체성이 인종의식처럼 복합적이고 중층적이라는 점이다. 나는 노동자로서 일하지만 주식시장에 투자를 한 연금기금에 가입해 있고, 노동제공형 가옥소유제도(sweat equity, 슬럼화한 주택을 공공융자와 입주자의 노동으로 재개발하여 입주자에게 소유권을 제공하는 제도—옮긴이)를 통해 스스로 리모델링한 집을 갖고 있으며 그것을 투기적 이익을 얻기 위해 매각하려고 한다. 이러한 현실이 계급이라는 개념을 앞뒤가 맞지 않게 만드는가? 계급은 사람들에게 붙는 딱지가 아니라 역할이다. 우리는 언제나 여러 역할을 한다. 그러나 우리 대부분이 운전자와 보행자 역할 모두를 수행한다고 해서, 운전자와 보행자 사이의 관계에 대한 분석에 기초하여 더 나은 도시를 계획하는 것이 불가능한 것은 아니다. 자본가의 역할은 화폐를 사용하여 노동과 다른 이들의 자산을 통제하고, 그 통제를 이용하여 이윤을 얻고 자본을 축적하며 따라서 부와 권력에 대한 개인적 지배를 강화하는 것이다. 자본주의 내에서조차, 자본과 노동의 역할 간의 관계는 서로 대결하고 규제되어야만 한다. 혁명적 의제는 이 관계를 숨기고 모호하게 하는 것이 아니라 이 관계가 진정으로 쓸모없도록 만드는 것을 필요로 한다. 자본축적 없는 사회를 설계하는 것은 원칙적으로 자동차 없는 도시를 설계하는 것과 다르지 않다. 어떤 계급 구분도 없이 우리가 그저 서로 함께 노동하지 못할 이유는 없다.

따라서 급진적 평등주의가 공진화과정에서 다른 영역들과 결합되는 방식은, 자본주의가 어떻게 작동하는지를 명확하게 하는 동시에 문제를 더욱 복잡하게 만든다. 자본주의가 약속하는 개인적 해방과 자유가 자유주의적 이론과 현실에서 그런 것처럼 사유재산과 시장이라는 제도적 장치들을 통해 조정되면 엄청난 불평등이 나타난다. 맑스가 오래전에 지적했듯이, 17세기의 사상가 존 로크가 주창했던 개인의 권리에 관한 자유주의 이론은, 생존을 위해 노동력을 팔 수밖에 없는 이들로 구성되는 계급과 신흥자본가 계급 사이에 심화된 급격한 불평등을 정당화한다. 1940년대의 오스트리아 철학자이자 경제학자인 프리드리히 하이에크(Friedrich Hayek)의 신자유주의 이론은 이러한 관계성을 더욱 뚜렷이 보여준다. 그의 주장에 따르면 국가의 폭력(즉, 파시즘과 공산주의)에 대항하여 급진적 평등주의와 개인의 권리를 지키는 유일한 방법은, 신성불가침의 사유재산권을 사회질서의 핵심에 새겨넣는 것이다. 자본축적과 계급권력의 재생산에 효과적으로 맞서려면 이 뿌리깊고 굳건한 견해에 도전해야만 한다. 그러므로 급진적 평등주의가 진정으로 작동하기 위해서는 제도적 장치들의 영역에 소유권에 관한 완전히 새로운 개념—사적 소유권이 아닌 공동의 소유권—이 필요할 것이다. 그렇다면 제도적 장치들을 둘러싼 투쟁이 정치적 관심사의 중심이 되어야만 한다.

왜냐하면 자본주의가 시장 공간에서 약속한 급진적 평등주의는, 맑스가 생산의 '숨겨진 장소'라 부른 영역의 내부로 들어가면 무의미해지기 때문이다. 급진적 평등주의는 공사 현장, 탄광의 내부, 농장과 공장, 사무실 그리고 상점에서는 사라져버린다. 그러므로 자율주의 운동이 노동과정 내부에서 급진적 평등주의를 달성하는 것이 어떤 반자본주의적 대안의 건설에나 무척 중요하다는 주장은 매우 올바른 것이다. 이와 관련해서는 노동자 자주관리와 노동자 자율경영 계획이, 특히 민주적 방식으로 다른 영역들과 서로 엮이는 것이 가장 적절한 방안이다. 급진적 평등주의라는 원칙을 일상생활의 운영과 결부하려 할 때도 마찬가지다. 사적 소유와 시장의 장치들에 의해 조정되면, 급진적 평등주의는 가난한 이들은 홈리스로 만들고 부자들에게는 맥맨션의 게이티드 커뮤니티를 가져다준다. 그것은 분명 일상생활에서 급진적 평등주의가 의미하는 바가 아니다.

노동과정과 일상생활에 대한 비판은, 자본주의하에서 급진적 평등주의라는 고귀한 원칙이 자본주의와 조응하는 제도적 장치들에 의해 어떻게 쇠퇴하고 약화되는지를 보여준다. 이러한 발견은 놀라운 일이 아니다. 자본주의는 생존을 위해 급진적인 경영자 평등주의(entrepreneurial egalitarianism)에 기초하지만, 자본주의 생존의 핵심 기둥은 사적 소유와 그 제도적 형태를 유지하고 보호하는 데 헌신하는 국가다. 정작 유엔 인권헌장은 불평등한 결과에 대해 인권을 보호하지 않으며, 권리라는 것을 한편으로 시민권과 정치적 권리 그리고 다른 한편으로 경제적 권리로 구분하여 여러 주장들이 대립하도록 만들었다. 맑스의 유명한 표현대로 "동등한 권리들 사이에서는 (어느 것이 중요한지는) 권력이 결정한다". 좋든 싫든, 계급투쟁이 급진적 평등주의의 정치에 핵심사안이 된다.

급진적 평등주의와 사적 소유 사이의 연관을 끊어내는 방법을 찾아내야만 한다. 예를 들어 공동의 소유권과 민주적 거버넌스의 발전에 기초한 제도들과 급진적 평등주의의 연관이 확립되어야 한다. 여기서 강조점은 급진적 평등주의로부터 제도적 영역으로 옮겨져야 한다. 일례를 들자면, 도시에 대한 권리 운동의 목표 중 하나는, 도시의 대부분 지역을 대부분의 시간 동안 대부분의 사람이 접근하지 못하도록 만드는 과도한 사유화와 배제(exclusion, 이는 사적 소유만큼이나 국가소유와 관련이 있다)를 대신할 새로운 도시 공유지를 만들어내는 것이다.

이와 비슷하게, 급진적 평등주의와 생산조직과 노동과정의 기능 사이의 연관성도 노동자공동체, 자율주의 조직, 협동조합, 그리고 사회적 써비스를 제공하는 여러 다양한 집단적 형태들이 옹호하는 방식으로 재고되어야만 한다. 급진적 평등주의를 위한 투쟁은 또한 자연과의 관계의 재개념화를 필요로 한다. 이는 독일 철학자 마르틴 하이데거(Martin Heidegger)가 1950년대에 비판했듯이, 자연을 더이상 '하나의 거대한 주유소'가 아니라 보전되고 양육되고 존중받고 또 본래대로 인정받아야 하는 생명체들의 조화로운 원천으로 생각하자는 것이다. 자연과 우리의 관계는, 자연을 다른 상품으로 만드는 원칙에 의해, 원자재·광석·물·오염배출권 등의 선물시장에 의해, 그리고 토지와 자원의 가치나 임대가치의 극대화에 의해 인도되어서는 안 된다. 자연은 우리 모두가 동등한 권리를 갖지만 동시에 우리 모두가 동등하게 엄중한 책임을 지는 거대한 공공재라는 인식에 의해 이끌어져야 한다.

우리의 정신적 개념과 제도적·행정적 장치들이 변혁적인 정치적 가능성에 개방된다면, 지금은 그림의 떡처럼 보이는 것이 완전히 다른 의미를 지닐 수 있다. 그렇다면 정신적 개념의 변화가 세계를 바꾸어낼 수 있을까?

*　*　*

　2008년 11월 영국 여왕은 런던정경대학을 방문하여 경제학자들이 어떻게 금융위기가 다가오고 있다는 것을 예측하지 못했는지 질문했다. 6개월 후, 영국학사원의 경제학자들은 여왕에게 조금은 사과하는 내용의 편지를 보냈다. 그 편지는 이렇게 결론지었다. "여왕 폐하, 많은 이유들이 있지만, 요약하자면, 이번 위기의 시기·범위·심도를 예측하는 데 그리고 그것을 피하는 데 실패했던 주요한 이유는, 영국과 외국의 많은 현명한 이들이 체제의 위기를 전반적으로 이해하는 데 집단적으로 실패했기 때문입니다." 그들은 금융업자들과 관련하여 "오만과 결합된 자기 편할 대로의 생각(wishful thinking)이 이번만큼 큰 사태를 일으킨 경우를 찾아보기란 어렵습니다"라고 썼지만, 또한—아마도 그들 스스로를 포함한—모든 이들이 '부정의 심리'(psychology of denial)에 사로잡혀 있었다는 것을 시인했다. 대서양 반대편에서는, 『워싱턴포스트』의 칼럼니스트 로버트 쌔뮤얼슨(Robert Samuelson)이 이와 비슷한 내용을 기고했다. "우리는 지금 수십년 만에 가장 엄청난 경제적·금융적 위기를 맞고 있다. (…) 그리고 경제를 분석하는 데 깨어 있는 대부분의 시간을 보내는 집단은 그것을 예측하지 못했다." 그럼에도 미국의 약 1만

3000명이나 되는 경제학자들은 "그들의 잘못을 설명하기 위해 엄격한 자기비판"을 수행하는 데는 이례적으로 관심이 없는 것처럼 보인다. 쌔뮤얼슨 스스로의 결론은, 경제이론이 복잡한 형태의 수학적 모델 구축에만 너무 많은 관심을 기울이면서 혼란스런 역사는 분석하려 하지 않았고 결국 이 혼란에 사로잡혀버렸다는 것이다. 노벨경제학상 수상자이자 『뉴욕타임즈』칼럼니스트인 폴 크루그먼(Paul Krugman)도 이에 (어느정도!) 동의했다. 그는 "경제학자들은 집단적으로, 멋지게 보이는 수학으로 치장된 아름다움을 진리라고 오해했기 때문에, 길을 잃고 말았다"라고 썼다. 영국 출신의 경제학자 토머스 팰리(Thomas Palley)는 여왕에게 보낸 공개편지에서 더욱 비판적이었다. 그에 따르면, 경제학자 집단은 "점점 더 오만해지고 편협해지고 폐쇄적이 되었다. 그리고 그들은 커다란 사회적 비용을 초래한 어마어마한 지적 태만을 낳은 사회학적 실패에 대해" 전혀 "이해할" 수 없었다.

특별히 경제학자들을 비판하기 위해 이 사례들을 열거하는 것은 아니다. 먼저, 모든 경제학자가 위기를 예측하는 데 실패했던 것은 아니다. 현재(2009) 백악관 국가경제위원회(National Economic Council) 의장 래리 써머스(Larry Summers)는, 1987년 주식시장 붕괴 당시 정부의 구제금융이 금융행위에 미친 영향을 밝힌 분석에서 도덕적 해이 문제가 어떤 결과를 낳을 것인지에 대해 명확히 인식했다. 하지만 정부가 금융기관을 지원하지 않는다면 그 결과는 이들을 언제나 구제해주는 결과에 비해 더욱 나쁠 것이라고 결론지었다. 정책의 과제는 도덕적 해이를 회피하는 것이 아니라 그것을 제한하는 것이었다. 불행히도 그는 1990년대 말 재무부장관이었을 때에는 스스로의 분석을 잊어버리고, 정확하게 이전에 그가 스스로 경제를 망칠 수 있다고 설명했던 종류의 무제한적인 도덕적 해이를 부추겼다(이는 명백한 부정의 사례였다). 과거 연준 의장이었던 폴 볼커는 2004년, 5년 이내에 금융위기가 올 것이라 경고했다. 그러나 대부분의 사람들은 벤 버냉키(Ben Bernanke)의 의견을 지지했다. 버냉키는 연준 의장이 되기 전인 2004년 "통화정책 개선이 가계와 기업이 직면하는 경제적 불확실성의 정도를" 낮추었고 따라서 불황은 "덜 빈발하고 그 심도도 약해졌다"라고 말했다. 이것이 바로 월스트리트당(정말로 대단한 정당이다!)의 견해다. 그러나 인도네시아나 아르헨띠나 사람들에게 이렇게 말해보라. 사람들은 최악의 위기가 2009년 8월 끝났다는 버냉키의 예측이, 이전의 예측보다는 정확하기를 신실하게 기원하고 있다.

사상은 영향력이 있고 잘못된 사상은 파괴적인 영향을 미친다. 잘못된 경제적 사고에 기초한 정책의 실패는 1930년대의 붕괴에 이른 과정과 적절한 타개책을 마련하지 못한 표면상의 무능력 모두에서 중요한 역할을 했다. 당시에 정확하게 어떤 정책이 문제였는지에 관해서는 역사가들과 경제학자들 사이에 합의된 견해가 없지만, 위기를 이해하는 지식구조가 혁명적으로 변화해야만 했다는 것에 대해서는 많은 이들이 동의한다. 케인즈와 그의 동료들이 바로 그 임무를 완수했다. 그러나 1970년대 중반이 되자, 케인즈주의적 정책수단이 적어도 당시에 적용되던 방식으로는 더이상 작동하지 않는다는 것이 뚜렷해졌다. 이러한 상황에서 통화주의, 공급측 이론(supply-side theory), 그리고 미시경제적 시장행태에 대한 (아름다운) 수학적 모델링이, 광범위하고 대략적이고 거시경제적인 케인즈주의적 사고를 대체했다. 이제는 1980년대 이후 지배적이던 통화주의 그리고 좀더 협소한 신자유주의적인 이론틀이 의문시되고 있다.

세계를 이해하기 위한 새로운 정신적 개념들이 필요하다. 지식생산에 대해 사회학적·지적 거부감이 전반적으로 만연한 상황에서, 이러한 개념들은 무엇이며 누가 그것들을 생산해낼 것인가? 신자유주의 이론과 대학의 신자유주의화·기업화와 연관을 맺은 깊이 새겨진 정신적 개념은 현재의 위기를 만들어내는 데 상당한 역할을 했다. 예를 들어, 금융씨스템, 은행부문, 국가-금융 연관 그리고 사적 소유권의 권력에 관해 무엇을 할 것인가라는 질문은 모두 전통적 사고의 틀을 깨야만 논쟁의 대상이 될 수 있다. 이를 위해서는 금융기관 내부뿐 아니라 대학, 언론, 정부 등 다양한 영역에서 사고혁명이 필요할 것이다.

맑스는 철학적 이상주의에는 전혀 끌리지 않았지만, 사상이 역사에서 물적인 힘이라는 생각을 줄곧 견지했다. 결국 정신적 개념이 그의 공혁명적 변화의 일반이론에서 7개의 영역 중 하나를 구성한다. 따라서 어떤 정신적 개념이 헤게모니를 쥘 것인가를 둘러싸고 벌어지는 자율적 발전과 내부적 갈등이 역사적으로 중요한 역할을 지닌다. 이것이 맑스가 (엥겔스와 함께) 『공산주의 선언』『자본』그리고 수많은 다른 저작들을 집필한 이유다. 이 저작들은 비록 불완전하지만 자본주의와 그 위기 경향에 대한 체계적인 비판을 제시한다. 그러나 맑스도 주장했듯, 세계가 진정으로 변화하는 것은 이러한 비판적인 사상들이 제도적 장치, 조직형태, 생산씨스템, 사회적 관계, 기술 그리고 자연과의 관계의 영역들에 적용될 때만이다.

맑스의 목표는 세계를 단지 이해하는 것이 아니라 변화시키는 것이었기 때문에, 그의 사상은 특정한 혁명적 의도를 나타내야만 했다. 이는 지배계급에 더욱 우호적이고 유용한 사고방식들과의 불가피한 갈등을 의미했다. 맑스의 저항적 사고가, 특히 최근에 반복되는 억압과 배제의(많은 삭제와 오해는 말할 것도 없고) 대상이었다는 사실은, 그것이 지배계급이 허용하기에는 여전히 위험할 수도 있음을 의미한다. 케인즈는 결코 맑스를 읽지 않았다고 여러번 말했지만, 1930년대에 그는 맑스를 공부한 동료 경제학자 조앤 로빈슨(Joan Robinson) 같은 많은 이들에 둘러싸여 있었고 그들로부터 영향을 받았다. 그들 중 많은 이들은 맑스의 기초적 개념과 변증법적 추론방식에 대해 소리 높여 반대했지만, 맑스의 통찰력 있는 결론들 중 일부를 날카롭게 인식했고 사실 그로부터 깊은 영향을 받았다. 자신의 차례를 기다리며 숨어 있는(lurking in the wings) 맑스라는 전복적인 존재가 없었다면 케인즈주의 이론의 혁명이 완수되지 못했을 것이라 말할 수 있을 것이다.

현재의 문제는, 대부분의 사람들이 맑스를 이해하지 못하며, 또한 케인즈가 누구였고 그가 진정으로 주장한 것이 무엇이었는지 모른다는 것이다. 비판적이고 급진적인 사상의 조류에 대한 억압—혹은 더 정확하게 말해서, 급진주의를 다문화주의와 문화적 선택의 경계 속에 가두는 것—으로 인해, 학계의 내외부에서 개탄할 만한 상황이 나타나고 있다. 이는 원칙적으로, 위기를 일으킨 은행가들에게 그들이 사태를 일으키는 데 사용한 것과 정확하게 똑같은 수단으로 문제를 해결하라고 부탁해야만 하는 것과 다르지 않다. 큰 그림을 보지 못하고 특수성만을 찬양하는 포스트모더니즘과 후기구조주의 사상을 고수하는 것은 도움이 되지 않는다. 분명히, 지역적이고 특수한 것은 매우 중요하며, (앞에서 내가 이를 강조하기 위해 노력했듯이) 예를 들어 지리적인 차이들을 분석하지 못하는 이론들은 쓸모없는 것보다 더 나쁘다. 그러나 이 사실이 지역의 협소한 정치(parish politics)보다 더 광범위한 무언가를 배제하는 데 사용된다면, 지식인들은 완전히 우리를 배신한 것이며 그들의 전통적 역할도 끝나버리는 것이다. 영국 여왕은 분명히, 모두가 이해할 수 있을 만큼 충분히 풍부한 일종의 이론적 틀로 전체적 상황을 설명하기 위한 노력이 진행되고 있다는 이야기를 듣고 싶어할 것이다.

그러나 현재의 사회과학과 인문학 학자, 지식인 그리고 전문가 집단은 전체적으로 이런 공동작업을 수행할 준비가 되어 있지 않다. 로버트 쌔뮤얼슨이 이들에게 촉구했던 자기비판적 성찰을 수행할 수 있는 이들은 거의 없는 것으로 보인다. 대학들은 아무 일도 일어나지 않은 것처럼, 쓸모없는 신고전파 경제학 혹은 합리적 선택 정치이론 과목들을 여전히 가르치고 있다. 그리고 자랑스러운 경영대학원들은 기업윤리 또는 다른 이의 파산을 통해 돈 벌기에 관한 과목을 한두개 추가할 뿐이다. 결국, 이번 위기는 인간의 탐욕으로부터 발생했고 그것에 관해 할 수 있는 일은 아무것도 없다!

현재의 지식구조는 제대로 작동하지 않으며 정당하지도 않다는 것이 분명하다. 유일한 희망은 새로운 세대의 지각있는 학생들(넓은 의미로, 세계를 이해하고자 하는 모든 이들)이 앞으로 이러한 문제를 명확히 인식하고 변화를 요구하는 것이다. 비슷한 일이 1960년대에 일어났다. 역사상의 여러 다른 결정적 순간에도 학생들이 주도한 운동들은 세계에서 실제로 일어나는 사건들과 그들이 배우고 언론에 의해 주입되는 것들 사이의 괴리를 인식하고 무언가를 할 준비가 되어 있었다. 테헤란에서 아테네까지 그리고 많은 유럽의 대학 캠퍼스에 이러한 운동의 징후들이 존재한다. 중국의 새로운 학생세대가 어떻게 행동할 것인가는, 틀림없이 베이징 정치권력의 핵심부에 심각한 우려를 제기할 것이다.

그 모든 명백한 불확실성과 문제에도 불구하고, 젊은 학생 주도의 혁명운동은, 영속적 성장과 관련된 현재의 문제들에 대해 좀더 합리적인 해결책을 가져다줄 수 있는 정신적 개념의 혁명을 만들어내는 필요조건이다. 그러나 충분조건은 아니다. 그 운동이 배워야만 하는 첫번째 교훈은, 모두에게 이득을 주는 윤리적이고, 착취적이지 않으며, 사회적으로 정의로운 자본주의는 불가능하다는 점이다. 이는 자본의 본질 그 자체와 모순된다.

＊　＊　＊

만약 반자본주의 운동이, 불만에 차고 소외되고 빼앗기고 탈취당한 이들의 광범위한 연대로 구성된다면 어떻게 될까? 어느 곳에나 존재하는 이 모든 이들이 들고 일어나 경제적·사회적·정치적 삶에서 그들의 적절한 지위를 요구하고 그것을 실현한다는 상상은 정말로 감동적이다. 그것은 또한 그들이 원하는 것이 무엇이고 무엇을 해야 할 것인지에 관한 질문에 집중할 수 있도록 도와준다.

불만에 차고 소외된 이들은, 어떤 이유로든 현재의 자본주의 발전 경로가 인류에게 재앙은 아닐지라도 막다른 골목이라고 생각하는 사람들로 구성된다. 그들이 그렇게 생각하는 이유는 그 각각이 설득력 있을 정도로 매우 다양하다. 다수의 과학자를 포함한 어떤 이들은 심각해지는 환경문제를 극복 불가능한 것이라고 여긴다. 이들에게는 세계경제와 세계인구의 정체가 장기적 목표가 될 것이다. 새로운 자연의 정치경제가 구성되어야만 하는데, 이는 지배적인 사회적 관계, 생산씨스템, 그리고 제도적 장치뿐 아니라 일상생활과 도시화의 급진적인 재구성을 의미한다. 그것은 우리가 지리적 차이들에 매우 민감해질 것을 요구할 것이다. 낡은 것들을 대체하기 위해 새로운 환경과 지리가 생산되어야만 할 것이다. 이와 마찬가지로 기술발전의 궤적도 거대하고 군사적인 것 대신 점점 더 '작은 것이 아름답'고 '적은 것이 더 많은'(less is more) 소비주의로 전환되어야만 할 것이다. 이 모든 것은 자본주의의 지속적 성장과는 심각하게 대립되는 것이다.

극심한 빈곤과 심화되는 불평등에 대해 정치적으로 혹은 도덕적으로 반대하는 다른 이들은, 거의 모든 곳에 만연한 권위주의적이고 반민주주의적이며 돈에 매수되고 감옥 같은(carcareal, 원문의 carcareal은 '감옥의'라는 뜻의 carceral이란 단어의 변형된 형태다—옮긴이) 자본주의 국가 정책의 경향에 반대하는 이들과 연대할 수 있을 것이다. 또한 인종주의화, 성과 젠더의 차별, 그리고 단지 우리와 생활방식, 문화적 가치, 믿음 그리고 일상의 습관이 다른 이들에 대한 폭력을 철폐하기 위해 사회적 관계의 영역에 매우 많은 노력을 기울여야 한다. 그러나 일상생활, 노동시장 그리고 노동과정에서 나타나는 사회적 불평등을 해결하지 않고서는 이러한 폭력의 형태들을 없애기 어렵다. 자본축적의 기초가 되는 계급불평등은 흔히 인종, 젠더, 민족, 종교, 그리고 지리적 소속의 정체성들에 의해 규정된다.

이와 마찬가지로 많은 소외된 지식인들과 문화노동자들은 언론과 교육제도 그리고 문화적 생산 내에서 계급관계의 중요성이 약화되는 것에 저항한다. 이 문제는 시민적 담론의 언어를 약화시키고, 지식을 끊임없는 선전으로, 정치를 고작해야 큰 거짓말들의 경쟁으로, 담화를 특별한 변명과 편견과 분노를 퍼뜨리는 수단으로, 그리고 사람들을 보호해야 할 사회적 제도를 부패의 소굴로 전락시킨다. 이러한 조건들은 먼저 전문적 지식인들이 스스로를 개혁하지 않으면 변화할 수 없다. 지식인들이 빼앗기고 탈취당한 이들과 연대를 이룰 수 있으려면, 먼저 1980년대 이후 신자유주의 정치와 깊이 공모했던 그들의 거대한 배신이 역전되어야만 한다.

소외되고 불만에 찬 이들 가운데 공혁명적인 정치이론으로 무장한 지식인 집단은, 인류의 발전경로를 어떻게 바꾸어낼 것인지에 관한 지속적인 논쟁을 심화할 수 있는 결정적으로 중요한 지위에 있다. 이들은 혁명적인 정치적 변화의 방법과 원인이 틀림없이 나타나는 상황에 대해 폭넓은 그림을 제시할 수 있다. 이러한 입장에 서면, 자본주의의 동학과 지속적 성장이 초래하는 체계적 문제들을 어떻게 이해하는가가 얼마나 중요한지를 명확하게 이해할 수 있다. 자본의 수수께끼를 푸는 것, 즉 정치권력이 언제나 불투명하게 감추려 하는 것을 투명하게 만드는 것이 어떠한 혁명전략에서도 핵심적이다.

그러나 이것이 정치적으로 의미를 지니려면, 소외되고 불만에 찬 이들은 탈취당한 이들과 함께해야 한다. 그들은 자본의 축적과 순환에 편입되어 노동과 생활의 조건들이 가장 즉각적으로 영향을 받고, 결국 노동뿐 아니라 자기 존재의 물적·문화적·자연적 관계들에 대한 통제권을 빼앗기고 탈취당한 사람들이다.

빼앗기고 탈취당한 이들에게 그들이 무엇을 해야 하고 하지 말아야 하는지 지도하는 것이 소외되고 불만에 찬 이들의 역할은 아니다. 소외되고 불만에 찬 이들에 속하는 우리가 할 수 있고 해야만 하는 일은, 우리 모두가 직면한 문제들의 근본 원인을 규정하는 일이다. 정치운동들은 끊임없이 뭔가 겉보기엔 다른 것이 일어나는 대안적 공간들을 구성해왔지만, 결국 그 대안은 자본주의적 재생산의 지배적 관행 속으로 빠르게 다시 흡수되어버리곤 했다(노동자 협동조합, 참여예산 등의 역사를 살펴보라). 그렇다면 결론은 분명히, 지배적 관행 그 자체를 겨냥해야 한다는 것이다. 이 지배적 관행들이 어떻게 작동하는지를 명확히 폭로하는 것이 급진적 이론의 초점이 되어야만 한다.

빼앗기고 탈취당한 이들에는 크게 두 집단이 존재한다. 먼저 자본 혹은 자본주의 국가가 통제하는 노동과정에서 그들의 창조적인 능력의 과실을 빼앗긴 이들이 있다. 그리고 (때로는 글자 그대로) 자본축적의 공간을 만든다는 명목으로 그들의 자산, 삶의 수단에 대한 접근, 그리고 역사·문화·공동체의 형태들을 빼앗긴 이들이 있다.

첫번째 범주는, 속박에서 스스로를 해방하기 위해 강력히 투쟁하고 사회주의 혹은 공산주의를 만들어내기 위한 투쟁에서 스스로 전위부대가 되는, 맑스주의의 인물상인 프롤레타리아적 주체를 떠올리게끔 한다. 산업자본주의하에서 공장과 광산에서 일했던 노동자들은 진정 중요한 이들이었다. 이는 그들이 공장의 문 안으로 혹은 광산 속으로 들어가면 그들의 착취조건이 다른 이들뿐 아니라 그들 스스로에게도 너무나 극적으로 명확해졌기 때문이었다. 게다가 이들은 공동의 공간에 모여 있었기 때문에 계급의식의 고양과 단체행동의 조직화가 촉진되었다. 그들은 또한 노동을 철수하여 자본주의를 멈추게 할 수 있는 집단적 힘이 있었다.

공장노동자를 이와 같이 '진정한' 계급의식과 혁명적 계급투쟁의 중심에 고정하는 것은, 비록 잘못된 것은 아니지만 언제나 한계가 있었다(좌파도 잘못된 사상을 갖고 있다!). 숲과 농장에서, 뒷골목 착취공장의 임시적 노동인 '비공식부문'에서, 가정의 써비스 혹은 더욱 일반적인 써비스부문에서 일하는 이들과, 공간의 생산과 건축환경 혹은 도시화의 참호(때때로 글자 그대로 도랑)에 고용된 수많은 노동자들도 부차적인 행위자로만 다뤄질 수는 없다. 그들은 서로 다른 조건에서 노동을 한다(건설과 도시화의 경우 흔히 저임금이고, 일시적이고 불안정한 노동이 그 특징이다). 그들의 이동성, 공간적 분산, 그리고 개별화된 고용조건 등은 계급연대성을 구성하거나 단체적 조직형태를 확립하는 것을 어렵게 만든다. 그들의 정치적 존재는 지속적 조직보다는 흔히 자생적 폭동과 자발적 소요(최근 〔2005〕 빠리의 방리유banlieues 지역에서 발생했던 사건 혹은 2001년 금융위기 이후 아르헨띠나에서 폭동을 일으킨 **삐께떼로스** 시위대the piqueteros의 경우를 보라)가 그 특징이다. 그러나 그들은 착취의 조건을 완전히 이해하고 있고, 그들의 불안정한 생활로 인해 심각하게 소외되어 있으며, 일상생활에 대한 국가권력의 대개 잔인한 통제에 반대한다.

이제는 흔히 '프레카리아트'(precariat, 그들의 고용과 생활방식의 유동적이고 불안정한 특징을 강조하는 단어)라 불리는 이 노동자들은 언제나 전체 노동력의 상당부분을 차지해왔다. 선진자본주의 세계에서 그들의 존재는, 신자유주의적 기업 구조조정과 탈산업화가 강제한 노동관계의 변화 때문에 지난 30년 동안 더욱더 두드러지게 되었다.

이 모든 다른 노동자들의 투쟁들을 무시하는 것은 잘못된 일이다. 자본주의 역사에서 많은 혁명운동들은 협소하게 공장에 기초하기보다 광범위한 도시지역을 기반으로 하여 발생했다(1848년 유럽 전역, 1871년 빠리꼬뮌, 1917년 레닌그라드, 1919년 씨애틀 총파업, 1967년 상하이꼬뮌, 1968년 빠리, 멕시코시티와 방콕 그리고 1969년 아르헨띠나의 뚜꾸만Tucuman 폭동, 1989년 프라하 그리고 2001~2년 부에노스아이레스 등 그 예는 아주 많다). 공장에서 주요한 운동이 나타났을 때도(1930년대 미시간주 플린트시 파업 혹은 1920년대 이딸리아 또리노 노동자평의회) 이웃의 조직된 지원이, 정치적 행동에서 보통 잘 알려지지는 않았지만 핵심적인 역할을 했다(플린트에는 여성과 실업자 지원단체들 그리고 또리노에는 공동체 '민중의 집'casa del popolo이 있었다).

전통적 좌파가 공장과 광산 바깥에서 발생하는 사회운동을 무시한 것은 완전히 잘못된 것이었다. 계급의식은 공장에서만큼이나, 거리, 바, 술집, 식당, 교회, 지역공동체센터, 그리고 노동계급 이웃의 뒷마당 등에서도 만들어진다. 1871년 빠리꼬뮌의 처음 두가지 강령은 흥미롭게도 빵집의 야간노동 중지(노동과정문제) 그리고 집세의 지급정지(도시의 일상생활의 문제)였다. 도시는 공장만큼이나 계급운동에 중요한 장소다. 혁명적 변화를 위해 원대한 연대를 구성하려면, 우리는 다양한 범위의 농촌운동과 농민운동과 연대하여, 적어도 정치조직과 정치적 실천의 이러한 수준과 규모에 우리의 눈높이를 맞출 필요가 있다.

이제 두번째 주요한 범주인 탈취당한 이들을 살펴봐야 하는데, 이들은 그 구성과 계급적 성격에서 훨씬 더 복잡한 범주다. 이 집단은 내가 '탈취에 의한 축적'이라 부르는 사건에 의해 주로 만들어진다. 보통 이 집단은 서로 다른 장소와 시기에 겉보기에 무한하게 다양한 형태를 띠고 나타난다. 빼앗긴 이들과 탈취당한 이들의 목록은 길고 또 인상적이다. 여기에는 불법적 혹은 합법적인(즉 국가가 승인한), 식민주의·신식민주의 혹은 제국주의적인 수단에 의해 토지에서 추방당하고, 천연자원과 생활수단에 대한 접근을 박탈당하고, 강제적인 화폐화와 세금을 통해 억압적으로 (물물교환이나 다른 통상적인 교환형태에 반대되는) 시장교환에 통합된, 모든 농민과 토착민이 포함된다. 토지 공동사용권의 사적 소유권으로의 전환이 이 과정을 완성한다. 즉 토지 자체가 상품이 되는 것이다. 지금도 존재하지만 자본주의 발전의 초기 단계에 가장 흔하게 나타났던 이러한 탈취의 형태는 현대에도 많은 경우 유사하게 나타난다. 예를 들어 자본가들은 최대한 낮은 비용을 들여 가난한 사람들을 가치가 높은 공간으로부터 몰아냄으로써, 도시재개발을 위한 공간을 개발한다. 중국이나 아시아·남미의 무단점유지처럼 안정적인 사적 소유권이 존재하지 않는 곳에서는, 얼마 되지 않는 보상 혹은 그것도 없이 진행되는 국가권력의 가난한 이들에 대한 폭력적 퇴거가 흔히 이 과정을 앞장서서 이끈다. 사적 소유권이 공고하게 확립된 국가들에서는, 사적 자본을 위해 국가가 수용권을 통한 토지의 강탈과정을 조정할 수 있다. 합법적 혹은 불법적 수단을 통해, 취약한 사람들을 짓누르기 위한 금융의 압박(즉, 토지세와 지대의 인상)이 동원된다. 때로는 마치 지구 표면에서 가난하고 원치 않는 이들을 쫓아내는 체계적인 계획이 존재하는 것처럼 보인다.

이제는 신용씨스템이, 금융자본이 다른 사람들로부터 부를 뽑아내는 주요한 현대적 수단이 되었다. 이미 부와 권력을 쥔 이들에게 이득이 되는 탈취의 책략을 진행시키기 위해 합법적인 방법들(신용카드에 매기는 고리대금업자 같은 높은 금리, 주요한 순간에 신용을 거절하여 기업을 파산시키는 것 등)뿐 아니라 모든 종류의 약탈적 관행들이 사용될 수 있다. 1970년대 중반 이후 나타난 금융화의 물결은 그 약탈적 방식을 극적으로 보여주었다. 주식부양과 시장조작. 폰지사기와 기업부정. 인수합병을 통한 자산강탈. 선진국에서조차도 모든 사람을 빚의 노예로 전락시킨 적정부채 수준의 상향. 자산탈취(연금기금의 급속한 확산, 주식폭락과 기업파산으로 인한 그들의 몰락). 이 모든 것들이 현재의 자본주의의 핵심적 특징이다.

탈취에 의한 축적의 완전히 새로운 메커니즘이 또한 등장했다. WTO 무역협상에서 나타나는 지적 재산권에 대한 강조(소위 무역 관련 지적 재산권에 관한 협정TRIPs 협의)는 유전적 재료, 종자 원형질, 그리고 모든 다른 상품에 대한 특허와 라이센스가, 이 원료들의 개선에 핵심적 역할을 했던 전체 인구의 이익에 반하여 어떻게 사용될 수 있는지 잘 보여준다. 제약회사들에 이득이 되는 생물해적 행위(biopiracy, 생명공학산업에서 제약회사 등의 기업이 다른 국가, 주로 개도국의 생명자원에 대해 특허를 부여받아 독점적 권리를 인정받는 행위—옮긴이)가 만연하여 전세계의 유전적 자원에 대한 강탈이 진행되고 있다. 문화, 역사 그리고 지적인 창조성을 판매를 위한 상품으로 전환시키는 것은, 과거와 현재 모두에서 인간의 창조성의 수탈을 수반한다. 대중음악은 풀뿌리문화와 창조성의 불법도용과 약탈로 악명이 높다. 불행히도, 이를 만들어낸 이들이 받는 금전적 손실만이 결코 전부가 아니다. 사회적 네트워크 파괴와 사회적 연대의 파괴가 이와 마찬가지로 심각할 수 있다. 사회적 관계의 붕괴는 금전의 지불로 보상될 수 없는 것이다.

마지막으로 우리는 위기의 역할에 대해 주목해야 한다. 결국 위기는 자산이(유형자산뿐 아니라 문화적 자산도) 탈취당하는 하나의 거대한 국면에 지나지 않는다. 주택차압 사례와 버니 메이도프의 정신 나간 폰지사기가 야기한 투자손실이 보여주듯, 분명히 가난한 이들뿐 아니라 부자들도 고통을 겪는다. 그러나 이것이 부와 권력이 계급 내부 그리고 계급 사이에서 재분배되는 방식이다. 파산과 붕괴에서 남은 감가된 자산은, 유동성을 지닌 운 좋은 이들에게 헐값에 팔리고 큰 수익을 남기며 다시 순환에 환류될 수 있다. 이로써 잉여자본은 축적의 재개를 위해 새롭고 비옥한 영역을 찾게 되는 것이다.

위기는, 이러한 이유로 인해, 비합리적인 자본주의 체제를 합리화하기 위해 조정·관리·통제될 수 있다. 국가가 흔히 금리와 신용씨스템의 장치들을 이용하여 주도하는 긴축 프로그램의 본질이 바로 그것이다. 외부적 힘에 의해 어떤 부문이나 영역에 제한적인 위기가 강요되기도 한다. IMF가 매우 전문적으로 수행하는 일이 바로 그것이다. 많은 경우, 그 결과는 세계의 일부 지역에 감가되거나 저평가된 자산들을 주기적으로 만들어내는 것인데, 이것들은 다른 곳에 투자기회가 없는 잉여자본들에 의해 매입되어 수익성 높게 사용될 수 있다. 1997년 동아시아와 동남아시아, 1998년 러시아, 그리고 2001년 아르헨띠나에서 발생했던 위기가 바로 이런 것이다. 그리고 이는 2008년 위기에서도 마찬가지다.

국가의 정책과 기업의 집단적 행동이 의도적으로 위기를 조장하는 것은 위험한 게임이다. 적극적이고 면밀한 음모가 그러한 위기를 만들어냈다는 증거는 없지만, 모든 종류의 기업가적 기회주의자들을 비롯하여 영향력이 큰 '시카고학파'의 거시경제학자들과 경제정책 결정자들은 자본주의가 생존하고 자본가들이 재구성되기 위해 상당한 창조적 파괴가 계속되어야 한다고 믿는다. 그들은 경기진작정책 같은 수단들을 통해 위기를 모면하려는 정부의 시도가 심각하게 잘못된 것이라고 생각한다. 그들은 시장이 주도하는 (흔히 IMF가 강제하는 것과 같은) '구조조정' 과정에 경제를 맡기는 편이 훨씬 더 낫다고 주장한다. 그런 약(藥)은 자본주의를 경제적으로 건강하게 유지하는 데 필수적이다. 자본주의가 그 죽음의 문턱에 가까워질수록 그 치료약은 더욱 고통스러워진다. 물론 요령은 환자를 죽게 내버려두지 않는 것이다.

* * *

노동운동 내부의 그리고 정치적·경제적 자산뿐 아니라 문화적 자산을 빼앗긴 이들 사이의 다양한 투쟁을 정치적으로 통합하는 일은, 인간 역사의 과정을 변화시키는 어떤 운동에도 결정적인 것으로 보인다. 빼앗기고 탈취당한 모든 이들의 원대한 연대가 모든 곳에서 나타나는 것이 가장 이상적일 것이다. 그 목표는 모든 이의 장기적 이익을 위해 잉여생산물의 조직, 생산, 그리고 분배를 통제하는 것이 될 것이다.

이러한 구상이 틀림없이 직면하게 될, 미리 알아둬야 할 두가지 어려움이 있다. 많은 탈취들은 자본축적과 직접적인 연관이 거의 없다. 그리고 그것들이 꼭 반자본주의적 정치로 이어지는 것은 아니다. 구 유고슬라비아의 인종청소, 북아일랜드의 비상사태 시기나 1990년대 초 뭄바이의 반이슬람 폭동 시기의 종교청소, 그리고 이스라엘이 벌인 팔레스타인 지역의 토지와 식수 장악 등이 모두 이러한 사례들이다. 이민자, 레즈비언, 게이 혹은 피부색이 다른 사람들이 도시의 인근지역에 집단이주하여, 발생할지 모르는 약탈에 저항해 싸우는 과거의 거주자들을 내쫓기도 한다. 시장의 힘과 부동산가치의 변동이 그 과정에서 보조적이거나 부차적인 역할을 할 수도 있지만, 그 결과 발생하는 정치적 투쟁은 누가 누구를 좋아하거나 싫어할 권리, 또한 점점 혼잡해지는 지구의 어느 곳에 살 권리를 갖고 있는가에 관한 것이다. 안전에 관한 문제, 다른 이에 대한 두려움, 사회적 선호와 편견, 이 모든 것들이 공간에 대한 통제와 가치 있는 자산에 대한 접근을 둘러싼 사회집단 간의 유동적 갈등에서 어떤 역할을 한다. 사회집단과 개인은 특정한 공간을 사적으로 소유한다는 의미의 소유권과 그것에 대한 소속감을 확립한다. 그 결과로 탈취에 대한 광범위한 두려움이 나타난다.

탈취에 대항하는 모든 운동이 반자본주의적인 것은 아니다. 예를 들어, 미국에서 주로 백인 남성노동자로 구성된 나이 든 세대는 소수민족, 이민자, 게이와 여성주의자 등의 힘이 강해지고 있다는 생각에 분노한다. 이들은 그 소수자들을 지원하고 부추긴 것이 다름아닌, (동서부 연안의) 오만한 지식인 엘리뜨들과 일반적으로 유태인이라 오해되는 탐욕스럽고 신앙심 없는 월스트리트 은행가들이라고 생각한다. 오바마의 당선 이후 급진적 우익과, 악명높은 오클라호마 폭파사건을 일으킨 티모시 맥베이(Timothy McVeigh)를 길러낸 것과 같은 종류의 무장군사운동이 부활했다. 그들은 분명히 일종의 거대한 반자본주의 투쟁에는 참여하지 않을 것이다(비록 그들이 은행가, 기업, 엘리뜨에 대해 적대감을 표현하고 연준에 대해 분노를 표출하지만 말이다). 이것들은, 어떻게든 그들이 사랑하는 국가를 되찾기 위한, 소외되고 탈취당했다고 느끼는 이들의 투쟁을 잘 보여준다.

이러한 사회적 긴장은 자본주의적 착취를 위한 가능성을 제공한다. 1960년대의 미국 도시들에서는 이웃을 블록버스팅(blockbusting, 흑인의 전입을 우려하는 기존 백인거주자가 부동산을 싸게 팔도록 만드는 투기꾼의 수법—옮긴이)하는 관행이 광범위하게 나타났다(그것은 지금도 지속되고 있다). 그것은 백인들만 사는 동네에 흑인가족을 이사시켜, 백인들의 두려움을 조장하고 결국 이사를 가도록 만드는 수법이었다. 이로 인해 부동산가격이 하락하면 투기꾼들은 주택을 싼값에 구입하고 나중에 소수민족에게 비싸게 되팔았다. 위협을 느낀 백인들의 대응은 폭력적인 방해(이사 오려는 흑인가족들의 집에 폭탄을 터뜨려 불을 지르는 등)에서 이들을 가능한 한 평화적으로 통합하기 위한 더 온건한 수단들(때때로 인권법civil rights law에 의해 강제된 수단)까지 다양했다.

두번째 큰 문제는, 몇몇 탈취가 필수적이거나 혹은 진보적이라는 점이다. 어떤 혁명적 운동도 자본가들의 재산, 부 그리고 권력을 자본가들로부터 빼앗는 수단을 제시해야만 한다. 자본주의하에서 나타난 탈취의 모든 역사지리는 이중적 경향과 모순들로 가득 차 있다. 자본주의의 등장과 연관되어 나타난 계급폭력은 혐오할 만도 하다. 그러나 자본주의 혁명의 긍정적인 면은 그것이 (군주와 교회 같은) 전제적 봉건제로부터 권력을 빼앗았고, 창조적 에너지를 해방시켰으며, 새로운 공간을 열어젖혔고, 교환관계를 통해 세계를 더욱 긴밀하게 엮었으며, 사회를 기술과 조직적 변화의 강력한 흐름에 개방했다는 것이다. 그리고 미신과 무지에 기초한 세계를 극복하고, 그것을 물질적 필요와 요구로부터 모든 인류를 해방할 잠재력을 지닌 계몽된 과학에 기초한 세계로 대체했다는 것이다. 누군가가 어딘가에서 빼앗기지 않았다면 이 가운데 어떤 것도 일어나지 않았을 것이다.

자본주의는 막대한 사회적·환경적 비용을(이는 최근 비평가들이 많이 지적했다) 댓가로 이 모두를 성취했다. 그러나 탈취에 의한 축적(혹은 맑스가 '시초축적'이라 부른 것)을, 사회적 질서가 자본주의와 사회주의 혹은 공산주의라 불리는 대안 모두를 가능하게 만드는 단계에 도달하기 위해 꼭 거쳐야 할, 꺼려지지만 필수적인 단계로 생각할 수도 있다. 맑스는 우선 최초의 축적(original accumulation)에 의해 파괴된 사회적 형태에 별다른 가치를 두지 않았고, 몇몇 이들이 지금 그러는 것과는 달리 전 자본주의적 사회적 관계 혹은 전 자본주의적 생산형태의 어떠한 복원도 주장하지 않았다. 그것은 자본주의 발전의 진보적 측면 위에 사회주의와 공산주의가 건설되도록 하기 위한 것이었다. 이러한 진보적 측면들은 토지개혁을 위한 운동, (언제나 화폐권력의 역할에 의해 손상되지만) 민주적 형태의 정부의 등장, (언제나 조건적이지만 그럼에도 핵심적인) 정보의 자유, 표현의 자유, 그리고 시민적·법적 권리의 창출 등을 포함했다.

탈취에 저항하는 투쟁이 저항운동을 위한 불만의 온상을 만들어낼 수도 있다. 그러나 혁명적 정치의 핵심은, 낡은 질서를 보호하는 것이 아니라 계급관계와 자본주의적인 국가권력 형태를 직접 공격하는 것이다.

혁명적 전환은, 우리가 아주 조금이라도 우리의 생각을 바꾸고, 품고 있던 믿음과 편견을 포기하며, 다양한 일상의 안락과 권리를 버리고, 새로운 일상의 생활방식을 따르며, 우리의 사회적·정치적 역할을 변화시키고, 우리의 권리·의무·책임을 새로이 평가하며, 우리의 행동을 집단적 필요와 공동의 의지에 더욱 잘 일치하도록 바꾸는 등의 노력 없이는 성취될 수 없다. 우리를 둘러싼 세계——우리의 지리——는 급진적으로 재구성되어야 한다. 우리의 사회적 관계, 자연과의 관계 그리고 모든 다른 영역들이 공진화과정에서 그래야만 하는 것과 마찬가지다. 많은 이들이 이 모든 것에 적극적으로 대면하는 정치보다 부정의 정치를 선호하는 것을 어느정도 이해할 만하다.

이 모든 것이 평화적이고 자발적으로 성취될 수 있고, 사회적으로 더욱 정의롭고 안정적인 사회질서를 만드는 데 방해가 되는, 현재 우리가 소유한 모든 것들을 우리 스스로 없애고 버릴 것이라 생각하는 것도 위안이 된다. 그러나 이것이 정말 가능하며 어느정도의 폭력을 포함하는 적극적인 투쟁이 필요하지 않을 것이라 상상한다면, 우리는 솔직하지 않은 것이다. 맑스가 표현했듯이, 자본주의는 피와 불을 뒤집어쓰고 세상에 등장했다. 자본주의의 지배하에 들어가는 것보다도 자본주의의 지배로부터 탈출하는 것을 잘 해낼 수 있을지 모르지만, 약속된 땅으로 가는 길이 평화롭기만 할 가능성은 매우 낮다.

탈취가 좀더 긍정적인 변화들을 위한 하나의 선결조건일 수 있다는 인식은 사회주의와 공산주의하의 탈취의 정치에 관해 전반적인 의문을 제기한다. 맑스주의·공산주의 혁명전통 내에서는, 자본주의 발전을 개시하지 못한 국가들에서 현대화 프로그램을 실행하기 위해 탈취를 조직하는 것이 필요하다고 흔히 생각되었다. 이는 때때로, 소련에서 나타난 스딸린의 강제적인 농업집산화(제정 러시아 시대 부농의 제거) 같은 무서운 폭력을 수반했다. 이러한 정책들은 결코 성공하지 못했고, 마오 쩌둥의 대약진운동으로 인해 발생한 대기근 같은 어마어마한 비극(이는 중국 평균수명의 급속한 연장을 일시적으로 멈추게 했다)을 야기했다. 그리고 몇몇 경우 가혹하게 탄압되었던 정치적 저항을 불러일으켰다.

따라서 노동과정이 아닌 분야에서 나타나는 탈취에 대한 최근의 저항운동은 보통 반공산주의적 경로를 택해왔다. 이는 때때로 이데올로기적인 것이었지만, 다른 경우 과거와 현재의 그 투쟁들의 본질에서 기인하는, 명백히 실천적이고 조직적인 이유 때문이었다. 자본주의적 탈취의 형태에 저항하는 투쟁의 다양성은 정말로 놀라울 정도다. 이들 사이의 연관성을 상상하는 것조차 쉽지 않다. 정유회사 쉘에 의한 토지오염에 저항하는 니제르강 삼각주의 오고니(Ogoni) 부족의 투쟁. 생물해적행위와 토지강탈에 저항하는 농민운동. 유전자조작식품에 반대하고 믿음이 가는 지역 생산씨스템을 지지하는 투쟁. 숲에 대한 토착민들의 접근을 보호하고 목재회사의 벌채를 제한하는 투쟁. 사유화에 반대하는 정치적 투쟁. 개발도상국에서 노동권이나 여성의 권리를 지키기 위한 운동. 생물다양성을 보호하고 서식지의 파괴를 막기 위한 운동. IMF가 강제한 긴축정책에 반대하는 수많은 시위 그리고 세계은행이 지원하는 인도와 남미의 댐 건설 프로젝트에 반대하는 장기적 투쟁. 이 모든 투쟁은 1980년대 이후 전 세계를 휩쓸고 언론의 헤드라인을 차지했던 격렬한 시위운동의 일부였다. 이 운동과 폭동 들은 흔히 잔인한 폭력으로 진압되었는데, 그 대부분은 '안정과 질서'라는 이름하에 국가권력에 의해 이루어졌다. 군사적으로 지원을 받거나 또는 몇몇 경우 주요 군사조직(미국과 영국이 주도하고 프랑스가 좀더 작은 역할을 맡는다)에 의해 훈련된 특수부대의 지원을 받는 속국들이, 탈취에 의한 축적에 저항하는 운동을 가혹하게 억압하는 탄압과 숙청 씨스템을 주도했다.

* * *

두가지 종류의 탈취 모두에 저항하는 운동들은 광범위하지만, 지리적으로 그리고 조직원칙과 정치적 목표에서 모두 아직 불완전하다. 그것들은 흔히 내부 모순을 드러내는데, 예를 들어 환경단체가 생물다양성을 보호하는 데 필수적이라 생각하는 영역에 대해 토착민들이 자신의 권리를 주장하는 경우가 그러하다. 그리고 부분적으로 이러한 운동들을 초래한 특별한 지리적 조건 때문에, 그것들의 정치적 지향과 조직적 양식도 현저하게 서로 다르다. 그들의 토지와 지역적 자원에 대한 통제의 상실 그리고 문화적 역사의 무시에 대한 반발로 발생했던 멕시코의 사빠띠스따 반란은 국가권력을 탈취하거나 정치적 혁명을 완수하려고 하지 않았다. 대신에 그들은 문화적으로 형성된 그들의 특정한 요구들을 잘 들어주고 스스로의 존엄과 자존감을 회복해줄 것으로 보이는 대안들을 좀더 공개적이고 유동적으로 찾는 과정에서 시민사회 전체와 협력을 추구했다. 이 운동은 전위주의를 배격하고 정치적 정당의 역할을 수행하는 것도 반대했다. 따라서 이 운동은 토착민의 문화가 정치권력의 장치들에 주변적이 아니라 중심적이 되는 정치적 권력블록을 형성하기 위해 노력하며, 국가 내부의 운동으로 남아 있고자 했다. 이를 통해 멕시코 국가가 통제하는 권력의 영토적 논리 내부에서 수동혁명(passive revolution)과 유사한 것을 성취하고자 했다.

이러한 운동들의 일반적인 결과는, 정치적 조직의 지형을 전통적 정당들과 공장 내의 노동조직(물론 이들은 여전히 계속 운영된다)으로부터 전체적으로 덜 집중된, 시민사회 전체를 가로지르는 사회적 행동의 정치적 동학으로 생각되던 영역으로 이동시켰다는 것이다. 이로부터 전통적으로 노동운동을 구성해온 조직모델과는 매우 다른 모델이 등장한다. 따라서 탈취의 두 형태는 서로 갈등하는 목표와 조직적 형태를 만들어낸다. 시민사회를 가로지르는 더욱 광범위한 운동은 집중성이 약화되는 대신 연관성이 강화된다. 이는 정확하게 그것이 특정한 지리적 상황에서 일상생활의 정치에 매우 직접적으로 연결되기 때문이다.

우리가 직면한 문제들을 어떻게 해결할 것인지에 관해 좌파 내부에는 다양하고 폭넓은 서로 대립하는 사상의 흐름이 존재한다. 우선 첫번째로, 급진적 운동의 역사와 좌파 정치이론의 분절화에서 기인하는 흔한 분파주의다. 흥미롭게도 기억상실증이 별로 만연하지 않은 곳 중 하나는 좌파 스스로의 내부다(1870년대 무정부주의자와 맑스주의자의 분열, 뜨로쯔끼주의자, 마오주의자 그리고 정통파 공산주의자의 분열, 그리고 국가의 통제를 바라는 중앙집중주의자와 반국가주의 자율주의자와 무정부주의의 분열 등을 보라). 당시의 논쟁들은 너무 격렬하고 대립적이어서 때로는 잊어버리는 것이 좋다고 여겨질 정도다. 그러나 이러한 전통적인 혁명적 분파와 정치적

당파들을 넘어서서, 1970년대 중반 이후에는 정치적 행동의 전체 영역이 근본적인 전환을 겪었다. 정치투쟁과 정치적 가능성의 지형이 지리적·조직적으로 모두 변화했던 것이다.

1970년대 중반 이전에는 찾아보기 어려웠던 정치적 역할을 수행하는 수많은 NGO가 이제 존재한다. 국가와 사적인 이해집단들로부터 재원을 조달받고, 흔히 이상주의적 사상가와 조직가가 참여하며(그것들은 방대한 고용 프로그램이 된다) 대부분 단일한 문제(환경, 빈곤, 여성의 권리, 노예와 인신매매 반대 등)에 전념하는 이들은, 진보적 사상과 주장을 제시하는 경우에도 직접적인 반자본주의적 정치는 자제한다. 그러나 몇몇 경우, 그들은 적극적으로 신자유주의적이다. 그들은 국가 복지기능의 민영화에 관여하거나, 소외된 사람들의 시장통합을 촉진하는 제도적 개혁(이것의 전형적 사례는 가난한 이들을 위한 마이크로크레디트 혹은 마이크로파이낸스 계획이다)을 지지한다.

많은 급진적이고 헌신적인 운동가들이 이 NGO 분야에서 활동하고 있지만, 그들의 일은 고작해야 개량적이다. 그들은 여성의 권리, 의료, 그리고 환경보호 등 몇몇 영역에서는 인류의 삶의 개선에 주요한 기여를 했다고 주장할 수 있지만, 전체적으로 그들의 진보적 성취는 고르지 않은 결과를 보여준다. 그러나 NGO에 의한 혁명적 변화는 불가능하다. 그들은 후원자들의 정치적·정책적 입장에 따라 너무 많은 제약을 받는다. 그러므로 지역의 권한강화를 지원하는 과정에서, 그들은 반자본주의적 대안이 가능해지는 공간들을 열어젖히는 데 도움을 주고 그러한 대안들의 실험을 지원하기도 하지만,

이 대안들이 지배적인 자본주의적 관행으로 재흡수되는 것을 막지 못한다. 오히려 이를 촉진하기도 한다. 최근 NGO들의 집단적 권력은 세계사회포럼에서 그들이 차지하는 지배적 역할에서 잘 드러난다. 이 포럼은 지난 10년간 신자유주의에 반대하는 전세계적 대안으로서 전세계적 정의운동을 만들어내기 위한 노력들이 집중되었던 장이다.

두번째 저항의 흐름은 무정부주의, 자율주의 그리고 풀뿌리조직들(GRO, Grassroots Organization)로부터 나온다. 이 조직들은, 몇몇은 대안적인 제도적 기반(남미에서 '기초공동체'comunidades de base 운동을 추구하거나 미국 도시 내부에서 정치적 집결을 더 광범위하게 후원하는 가톨릭교회 등)에 의존하지만 기본적으로는 외부의 지원을 거부한다. 이 집단은 전혀 동질적이지 않다(사실 그들 사이에는 심각한 갈등이 존재하는데, 예를 들어 사회적 무정부주의자들은 그들을 단순히 '생활방식' 무정부주의자들이라고 비판하는 이들과 대립한다). 그러나 그들 모두는 국가권력과의 협상을 공동으로 반대하며 변화가 이루어질 수 있는 영역으로서 시민사회를 강조한다. 그들에 따르면, 일상의 상황에서 사람들의 자기조직적인 권력이 어떤 반자본주의적 대안에도 기초가 되어야만 한다. 그들이 선호하는 조직모델은 수평적인 네트워킹이고, 그들이 선호하는 정치경제적 형태는 물물교환, 집단공동체, 그리고 지역적 생산씨스템에 기초한 소위 '연대경제'다. 그들은 보통 어떤 중심적인 방향이 필요하다는 생각에 반대하며 전통적 정당들을 따라 만들어진 위계적인 사회적 관계 혹은 위계적인 정치권력 구조를 거부한다. 이런 종류의 조직들은 어디에서나 찾아볼 수 있고, 몇몇 곳에서는 높은 수준의 정치적 입지를 확보했다. 그들 가운데 일부는 반자본주의적인 입장에서 급진적으로 혁명적 목표를 지지하며, 몇몇 경우에는 기꺼이 싸보따주나 다른 형태의 파국을 지지한다(예를 들어 이딸리아의 붉은 여단(Brigate Rosse, 1970년대 극좌파 테러조직—옮긴이), 독일의 바더-마인호프 갱(Baader-Meinhof Gang, 1970년대 반자본주의 테러단체—옮긴이), 그리고 1970년대 미국의 웨더 언더그라운드(Weather Underground, 베트남전쟁에 반대하며 폭탄테러를 행했던 혁명적 좌익단체—옮긴이) 등의 유산처럼). 그러나 폭력적인 극렬분자들을 차치하면, 이 모든 운동들의 효과는 제한적이다. 이는 적극적 실천을, 세계의 문제들을 해결할 수 있는 조직적 형태로 발전시키는 것에 대한 그들의 거부와 무능 때문이다. 현장의 행동이 의미있는 변화의 유일한 단계이며 위계의 냄새가 나는 어떤 것도 반혁명적이라는 생각은, 더 큰 문제들에 관해서는 자기파괴적이다. 그러나 이러한 운동들은 분명히 반자본주의 정치의 실험을 위한 폭넓은 기초를 제공한다.

세번째의 광범위한 경향은 전통적인 노동의 조직화 과정의 내부와 다양한 좌파 정당들 내부에서 일어나고 있는 전환이 가져다주는 것이다. 그 정당들은 사회민주주의 전통에서 더욱 급진적인 뜨로쯔끼주의와 공산주의 형태의 정당조직까지를 포함한다. 이 흐름은 국가권력의 장악 혹은 위계적 조직형태에 적대적이지 않다. 사실 이 흐름은 위계적 조직형태를 다양한 정치적 층위를 가로지르는 정치조직의 통합에 필요하다고 생각한다. 사회민주주의가 유럽에서 헤게모니를 쥐고 미국에서도 영향력이 컸던 시기에는 잉여의 분배에 관한 국가의 통제가 불평등을 줄이는 매우 중요한 수단이 되었다. 잉여의 생산을 사회적으로 통제하고 이에 기초하여 자본가계급의 권력에 진정으로 도전하는 데 실패했던 것이, 이 정치체제의 아킬레스건이었다. 그러나 사회복지주의와 케인즈주의 경제학에 기초한 그러한 정치모델로 돌아가는 것으로는 불충분하다는 것이 이제는 분명하다 해도, 우리는 그것이 이룩해낸 진보를 잊어서는 안 된다.

선진국의 조직된 노동과 좌파 정치정당 모두는 지난 30년간 상당한 타격을 입었다. 둘 모두, 비록 조금 더 인간의 얼굴을 한 것이긴 했지만, 신자유주의화를 광범위하게 지지하도록 설득당하거나 강요당했다. 앞서 지적했듯이, 신자유주의를 파악하는 하나의 방식은, 잉여를 사유화하거나 적어도 잉여의 사회화의 진전을 가로막는 거대하고 매우 혁명적인 운동(스스로 혁명적 인물이라 주장한 마거릿 새처 같은 이들이 이를 주도했다)으로 그것을 이해하는 것이다.

세계 여러 지역에서 더욱 급진적인 정당들이 출현하고 있다는 징후와 함께, 노동의 조직화와 좌파정치(토니 블레어의 영국 노동당이 찬양하고 불행히도 유럽의 많은 사회민주당들이 베꼈던 '제3의 길'에 반대되는 정치) 모두의 회복을 보여주는 약간의 징후들이 있다. 그렇다고 노동자 전위대에 전적으로 의존하는 것은 이제 의문시된다. 자본주의 발전에 상당한 영향을 미치고, 위기의 경향이 있는 자본축적의 불안정한 동학에 대응하는 어느정도 정치권력을 획득한 좌파정당들의 능력에 의존하는 것도 마찬가지다. 권력을 잡은 독일 녹색당의 성과는 권력을 잡지 못했던 시기와 비교해서 전혀 훌륭하지 않았고, 유럽의 사회민주당들은 진정한 정치적 힘으로서의 자신의 길을 완전히 잃었다. 그러나 좌파 정당들과 노조들은 여전히 중요하고, 브라질의 노동자당이나 베네수엘라의 볼리바르 운동처럼, 그들이 국가권력의 일부를 획득하는 것은 남미뿐 아니라 전세계 좌파의 사고에 뚜렷한 영향을 미쳤다. 중국 공산당의 역할을 어떻게 해석할 것인가, 그리고 미래에 중국 공산당의 정책이 어떻게 될 것인가에 관한 복잡한 문제도 쉽게 해결되지는 않을 것이다.

앞서 제시한 공혁명이론에 따르면, 국가권력을 획득하고 그것을 급진적으로 전환시키며 현재 사적 소유권, 시장씨스템 그리고 자본의 영속적인 축적을 떠받치는 헌법적·제도적 틀을 새로 만들지 않고서는 결코 반자본주의적 사회질서를 건설할 수 없다. 또한 무역과 화폐에서부터 헤게모니 문제에 이르는 모든 것에 관한 국가 간 경쟁과 지경학적 갈등도, 지역 사회운동들이 떠맡거나 또는 고려하기에 너무 큰 문제라며 제쳐놓기에는 너무나도 중요하다. 화폐로 측정되는 가치의 일반적 척도에 관한 긴급한 문제와 함께 국가-금융 연관의 구조가 어떻게 재구성되어야 하는가라는 문제는 자본주의적 정치경제의 대안을 건설하는 과정에서 무시될 수 없다. 따라서 국가와 국가 간 체제의 동학을 무시하는 것은 어떤 반자본주의적 혁명운동도 받아들이기에 어리석은 생각이다.

네번째 흐름은, 특별한 정치철학 혹은 경향이 아니라 강제퇴거와 (도시재개발, 산업개발, 댐 건설, 수도 민영화 그리고 사회적 써비스와 공적인 교육기회의 박탈 등을 통한) 탈취에 저항하는 실천적 필요가 이끄는 모든 사회운동에 의해 구성된다. 이 경우, 도시, 읍면, 마을 그리고 어디에서든 일상생활에 대한 강조가 정치적 조직화의

물적 기초를 제공한다. 이들은 국가의 정책과 자본가의 이해가 취약
계층에 언제나 제기하는 위협들에 반대한다.

　다시 강조하건대 이런 종류의 사회운동은 매우 다양하게 존재하
며, 그중 몇몇은 그들의 문제가 독특하거나 지역적 사안이 아니라
체제의 문제라는 것을 점점 더 깨닫게 되어 시간이 지남에 따라 더
욱 급진화할 수 있다. 이러한 사회운동들이 결합하여 토지에 대한
연대(브라질의 무토지농민운동〔MST, 1984년 조직되어 농민들이 토지를 점
거하고 경작하는 브라질 최대의 사회운동조직─옮긴이〕이나 인도의 자본주
의 기업의 토지와 자원 강탈에 저항하는 농민운동) 혹은 도시를 배
경으로 하는 연대(브라질 그리고 최근 미국에서 일어나는 '도시에
대한 권리' 운동)로 발전하기도 한다. 이는 여러 도시재개발 사업들,
댐 건설, 민영화 등을 지지하는 체계적인 힘에 관해 토론하고 그것
에 저항하는 폭넓은 연대를 만들어내는 길이 열려 있을지도 모른다
는 것을 의미한다. 그럼에도 불구하고, 이데올로기적 지향이 아니
라 실용주의에 의해 추동되는 이 운동들은 그들 스스로의 경험으로
부터 체계적인 이해에 도달하지는 못한다. 이런 많은 운동들이 대도
시 내부 같은 동일한 공간에 존재하는 정도만큼 그것들은 공통의 동
기를 만들어낼 수 있고, 스스로의 경험에 기초하여 자본주의가 어떻
게 작동하는지 그리고 집단적으로 무엇을 할 수 있을지에 관한 의식
을 만들어낼 수 있다(산업혁명 초기단계의 공장노동자들에게도 이
와 같은 일이 발생했다고 짐작할 수 있다). 이것이 '유기적 지식인'
(organic intellectual)인 지도자의 역할이 매우 중요해지는 영역이다.
이는 20세기 맑스주의 사상가 안또니오 그람시(Antonio Gramsci)가

제시한 개념으로, 자신의 모진 경험을 통해 세계를 직접적으로 이해하면서 나아가 자본주의를 좀더 전반적으로 이해하게 되는 독학자를 뜻한다. 브라질 무토지농민운동의 농민지도자들이나 인도의 기업의 토지강탈에 반대하는 운동 지도자들의 이야기를 듣는 것은 특별한 교육이다. 이 경우, 교육받고 불만에 찬 이들의 임무는 착취와 억압의 상황 그리고 반자본주의적 프로그램으로 구체화될 수 있는 해답들이 주목을 받을 수 있도록, 하위층의 목소리를 증폭하는 것이다.

사회변화의 다섯번째 중심은 정체성—여성, 아동, 동성애자, 인종, 그리고 종교적 소수자 등 동등한 지위를 요구하는 모든 이들의 문제—을 둘러싼 해방운동들이다. 이들 각각의 쟁점에 관해 해방을 주장하는 운동들은 지리적으로 불균등하고, 그 요구와 열망의 면에서 흔히 지리적으로 분할되어 있다. 그러나 여성의 권리에 관한 세계회의(1985년 나이로비에서 개최되었고 1995년 베이징선언으로 이어졌다)와 반인종주의 세계회의(2009년 더반에서 열린 매우 논쟁적인 회의)는 서로 공통의 기반을 찾으려 노력한다. 적어도 세계의 일부 지역에서, 이 모든 차원들에서 사회적 관계가 변화하고 있다는 것에는 의문의 여지가 없다. 편협한 근본주의적 관점에서 보면 이 운동들은 계급투쟁에 적대적으로 보일 수 있다. 여러 학계 내부에서 이들은 확실히 계급분석과 정치경제를 대신하여 더욱 중심적인 위치를 차지했다. 그러나 전세계적 노동력의 여성화, 거의 모든 곳에서의 빈곤의 여성화 그리고 노동통제의 수단으로서 젠더 분리의 사용은, 억압으로부터 여성의 궁극적인 해방을 계급투쟁이 더욱 격렬해지기 위한 필요조건으로 만든다. 차별이나 노골적인 억압이 발견되는 다른 모든 정체성의 형태들에서도 이와 마찬가지다. 인종주의와 여성과 아동에 대한 억압은 자본주의의 등장에서 근본적인 역할을 했다. 그러나 현재의 자본주의는 원칙적으로 이러한 차별과 억압의 형태들 없이도 살아남을 수 있다. 비록 그렇게 할 수 있는 정치적 능력이 더욱 통일된 계급의 힘에 직면하여, 치명적으로 타격받는 건 아니더라도 심각하게 제한될 것이지만 말이다. 특히 미국에서 다문화주의와 여성의 권리를 기업계가 어느정도 포용하는 것은 이런 차원의 사회적 변화를 자본주의가 수용할 수 있다는 증거를 제시한다. 비록 그것은 정치적 행동의 주요한 차원으로서 계급분할이라는 특징을 다시 강조하는 것이긴 하지만 말이다.

이 광범위한 다섯가지 경향은 정치적 행동을 위한 조직의 얼개로서 상호 배타적이거나 완전한 것은 아니다. 몇몇 조직들은 이 다섯 경향의 모든 측면을 훌륭하게 결합할 수 있다. 그러나 다음의 근본적인 질문을 둘러싸고 이 다양한 경향들을 결합하기 위해서는 많은 노력이 필요하다. 수많은 지역의 사회적·자연적 관계의 비참한 상태뿐 아니라 끝없이 지속되는 성장의 영속화에 대항하여, 세계가 물적·사회적·의식적·정치적으로 변화할 수 있을까? 이것은 불만에 찬 이들이, 고통을 직접 경험한 이들로부터 그리고 현실의 지속적 성장의 끔찍한 영향에 대한 저항을 조직하는 데 매우 능숙한 이들로부터 배울 때조차도, 끊임없이 던져야만 하는 질문이다.

* * *

맑스와 엥겔스가 『공산주의 선언』에서 그들의 독창적인 개념으로 내세운 공산주의자들은, 정당을 갖지 않는다. 공산주의자들은 단지 언제 어디서나, 자본가들과 그 변호인들이 (특히 언론에서) 그들의 유일한 계급권력을 영속화하기 위해 만들어내는 수많은 이데올로기적 속임수와 거짓된 정당화들뿐 아니라 자본주의의 한계와 실패 그리고 파괴적인 경향들을 이해하는 사람들로 스스로를 파악한다. 공산주의자는 자본주의가 예고하는 것과는 다른 미래를 만들어내기 위해 끊임없이 노력하는 모든 이들이다. 이는 흥미로운 정의다. 전통적인 제도화된 공산주의는 거의 사망하여 묻혀버렸지만, 이 정의에 따르면 우리들 중에 수백만명에 이르는 사실상의 공산주의자들이 존재한다. 이들은 스스로의 이해에 기초하여 기꺼이 행동하고자 하고 반자본주의적 임무를 창조적으로 추구할 준비가 되어 있다. 1990년대 후반의 대안적 세계화운동이 선언했던 것처럼 만약 '다른 세계가 가능하다'면, '다른 공산주의가 가능하다'라고 말할 수도 있지 않을까? 근본적 변화를 이루기 위해서, 자본주의 발전의 현재 상황에서는 바로 이런 종류의 노력이 요구된다.

현재 몇몇 이들은 그렇게 하기를 바라지만, 불행히도 공산주의는 정치 담론에 다시 도입되기에는 너무 무거운 용어다. 프랑스, 이딸리아, 브라질 혹은 중부유럽보다 미국에서는 훨씬 더 어려울 것이다. 그러나 어떻게 보면 이름이 중요한 것은 아니다. 아마도 우리는 이 운동, 우리의 운동을 단지 반자본주의라고 정의하거나, 스스로를 월스트리트당과 어디에나 있는 그 부하들과 변호인들에 대항해 싸워 이기고자 하는 '분노의 당'(party of indignation)이라고 불러야 할 것이다. 그것으로 충분하다. 정의로운 생존을 위한 투쟁은 단지 계속되는 것만이 아니다. 그것은 새로 시작된다. 겉으로는 전능해 보이는 자본가계급의 이익에 크게 도움이 되는 탈취의 경제에 대해 분노와 도덕적 노여움이 쌓여가면서, 필연적으로 서로 다른 정치적 운동들이 시공간의 장벽을 뛰어넘으며 결합되기 시작한다.

이것의 정치적인 필연성을 이해하기 위해서는 먼저 자본의 수수께끼가 해명되어야 한다. 자본의 가면이 찢기고 그 미스터리가 풀리면, 무엇을 해야 할 것인지, 왜 그래야 하는지 그리고 어떻게 그것을 시작할 것인지 더 쉽게 알 수 있다. 자본주의는 결코 저절로 무너지지 않을 것이다. 그렇게 되도록 강제되어야 할 것이다. 자본의 축적은 결코 저절로 멈추지 않을 것이다. 그것은 정지되어야만 할 것이다. 자본가계급은 결코 기꺼이 권력을 내주지 않을 것이다. 그것은 탈취되어야만 할 것이다.

이 임무를 완수하기 위해서는, 착취적인 지속적 성장이 인간 그리고 지구상의 모든 생명에게 자행하는 일들에 대한 도덕적 분노에서 출발하는 열정적인 정치적 참여와 함께, 끈기와 결심, 인내 그리고 교묘함이 필요할 것이다. 이 임무에 걸맞은 정치적인 집결은 과거에 나타난 바 있다. 그것은 가능하고, 분명히 다시 나타날 것이다. 내가 생각하기에, 우리는 벌써 그랬어야 했다.

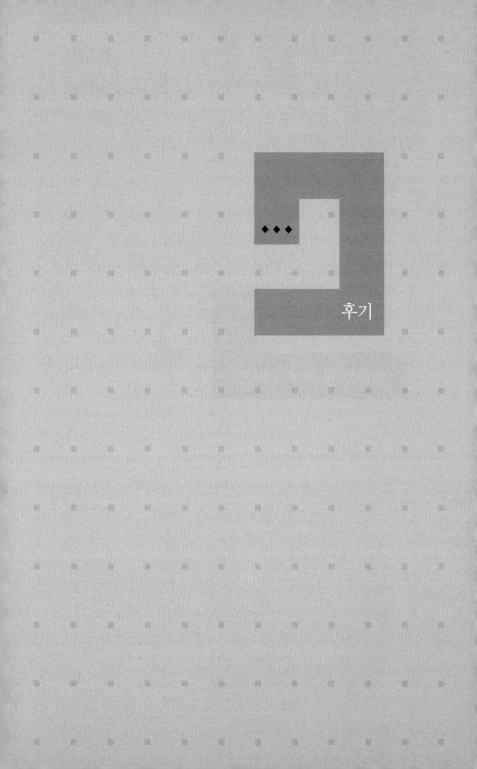

후기

맞아요, 계급전쟁이 존재하죠. 그러나 전쟁을 일으키고 있는 것은 나의 계급인 부자계급이며, 우리가 승리하고 있잖아요.*

— '오마하의 현인' 워렌 버핏

정책결정자들과 경제학자들은 매우 한심하게도 위기의 경향이 있는 자본주의의 성격에 대해 잘 모르는 것처럼 보인다. 또한 그들은 자신들 주변에 누적되던 경고 신호들을 그렇게 별일 아닌 양 무

---

*『뉴욕타임즈』 2008년 11월 26일 벤 스타인Ben Stein 칼럼의 일부다. 버핏은 자신의 소득 대비 세금의 비율이 훨씬 가난한 자신의 사무실 직원들에 비해서도 더 낮다는 것은 말도 안 된다며 부자들에 대한 세금인상을 주장했다. 이에 대해 벤 스타인이 그런 주장은 계급투쟁을 유발한다고 말하자 이렇게 대답했다—옮긴이.

시하고 1990년대 이후의 불안정과 격동의 시기를 '위대한 완화'(the great moderation)라고 부른다. 사정이 이러하니, 위기가 발생할 때 메인스트리트(Main Street, 금융경제가 아닌 실물경제를 가리키는 용어—옮긴이)의 대중들이 어떤 일이 그들을 덮쳤는지에 관해 전혀 이해하지 못하고 전문가들의 설명을 신뢰하지 못하는 것이 당연한 일이다. 이제 경제학자들은 자유시장 자본주의에 내재한 '체계적 위험'을 이해하지 못했다는 것을 인정했지만, 여전히 그것이 무엇인지 그리고 어떻게 해야 하는지 모르는 것 같다. IMF의 전 수석경제학자는 "우리는 체계적 위험이 무엇인지, 어떤 요소들이 그것과 관련이 있을 수 있는지 어렴풋이 알고 있다. 그러나 현재 그것이 충분히 발전된 과학이라고 주장한다면 이는 사실을 과장하는 것이다"라고 말했다. 2010년 여름 발표된 공식 논문에서 IMF는 체계적 위험에 대한 연구가 '초기 단계'라고 지적했다. 맑스주의 이론에서 (근시안적인 신고전파 혹은 금융경제이론과는 반대로) '체계적 위험'은 자본축적의 근본적 모순을 의미한다. IMF가 맑스주의를 연구한다면 어려움을 상당부분 해결할 수 있을 것이다. 이 책에서 나는 가능한 한 명확하게, 자본주의에 위기의 경향이 있는 이유, 자본주의 재생산에서 위기(우리가 지금 겪고 있는 것과 같은)의 역할 그리고 자본이 지구상의 생명체에 제기하는 장기적인 체계적 위험 등을 밝히고자 했다.

결론적으로 말하면, 자본은 결코 위기의 경향을 해결할 수 없으며 단지 그것을 이전시킬 뿐이다. 자본은 두가지 의미에서, 즉 한편으로는 세계의 한 지역에서 다른 지역으로 그리고 다른 한편으로는 한 종류의 문제에서 다른 종류의 문제로, 이를 이전시킨다. 따라서 미

국 남부와 남서부의 주택시장에서 (영국, 아일랜드와 에스빠냐 등
과 더불어) 처음 발발한 위기는 뉴욕과 런던의 금융시장에 타격을
미쳤고, 이후에는 '세계화되어' (아이슬란드의 은행, 두바이월드, 라
트비아의 파산, 캘리포니아의 예산위기, 그리고 그리스와 아일랜드
의 부채위기 등을 거쳐) 거의 모든 곳의 세계무역을 위협했다. 위기
이전의 가상의 부동산시장 호황이 남긴 유독성자산의 규모를 고려
하면 아일랜드, 뽀르뚜갈, 그리고 에스빠냐 등 몇몇 국가의 은행씨
스템은 더 많은 구제가 필요할 것이고, 실제로 그럴지도 모른다. 그
러나 현재 세계의 금융씨스템은 정부의 임시변통적 개입들 덕택에
안정을 되찾은 것으로 보인다. 그 결과는 위기의 주된 타격을 은행
에서 국가부채로 이전한 것이었다. 늘어나는 국가부채에 대한 북미
와 유럽의 대응은, 국가써비스를 축소하고 대중의 행복을 억압함으
로써 부채를 감축하는 엄격한 긴축정책을 제시하고 집행하는 것이
었다.

　세계의 몇몇 지역에서는 위기가 오래전 일이 되었다. 미국에서조
차도 2009년 6월 통계적으로 경기침체는 끝났다고 선언되었다. 브
라질, 아르헨띠나, 인도 혹은 오스트레일리아에서 '경제위기'에 관
해 물어보면, 대답은 아마도 '무슨 위기? 그건 당신들 문제지 우리
의 문제는 아니다'일 것이다. 물론 지리적 근시안성은 충분히 공통
적이다. 서유럽과 북미의 많은 사람들이 2004년 겨울 인도양에서
발생한 쓰나미 희생자들을 위해 관대하게 기부를 했지만, 1997~98
년의 경제위기로 일자리를 잃은 1500만의 인도네시아인들이나
2001~2년 위기로 아르헨띠나에서 급등한 실업에는 신경을 쓰지 않

왔다. 그것은 그들의 경제위기이고 그들의 잘못이었지 우리의 잘못은 아니었다는 것이다.

이 후기를 쓰고 있는 현재(2010년 12월), 미국과 대부분의 유럽이 여전히 위기상황이라는 수많은 증거와 심각한 인식이 존재한다. 실업이 큰 문제다. 2010년 9월 IMF와 국제노동기구(ILO)가 함께 발표한 공동연구는 2007~9년의 불황기 동안 전세계적으로 일자리를 잃은 사람들을 3000만명으로 추정했다. 공식통계로 확인되는 2000만명 가운데 4분의 3은 선진국에 있었는데, 미국이 750만명, 에스빠냐가 270만명 그리고 영국이 90만명이었다. 신흥국가들의 실업은 훨씬 덜 뚜렷했다. 중국이 300만명으로 그 노동시장의 압도적 규모를 고려하면 심각하지만 끔찍한 것은 아니었다. 흥미롭게도 몇몇 저소득 국가들에서는 약간의 일자리 증가가 보고되기도 했다(이는 부분적으로 일자리가 중국으로부터 더 값싼 노동력이 있는 남아시아나 동남아시아로 이동했기 때문이다).

2007년에 시작된 금융위기는 세계의 여러 지역에 장기적으로 지속되는 영향을 별로 남기지는 않았다. (성장률이 2009년 상반기 6퍼센트로 하락했다가 2010년 10퍼센트 이상으로 높아진) 중국과 (그 성장률이 곧 중국을 넘어설 것으로 보이는) 인도의 경제성장의 회복은, 중국과 무역을 주로 하는 모든 다른 지역의 굳건한 성장으로 이어졌다. 오스트레일리아와 칠레 같이 중국에 원자재를 공급하는 국가들은 위기의 영향을 거의 받지 않고 곧 회복되었다. 다른 국가들의 경우 무역패턴에 큰 변화가 생겼는데, 2000년 이후 브라질과 아르헨띠나는 중국과의 무역이 10배나 증가했다. 그 결과로 남미의 여러 지역에서는 환경에 악영향을 미치며 많은 토지가 콩 플랜테이션 경작지로 변모되긴 했지만, (아르헨띠나와 브라질 모두 8퍼센트에 가까운) 활력있는 경제성장이 다시 나타났다. 중국에 첨단설비를 수출하는 국가들, 특히 독일은 탁월한 경제적 성과를 보였다.

실업과 일자리 부족은 미국에 집중되어 있고 유럽 전역에 불균등하게 나타나고 있다. 에스빠냐의 공식 실업률은 11퍼센트포인트 더 높아졌고 아일랜드는 9포인트, 미국은 5포인트, 그리스, 뽀르뚜갈, 에스빠냐, 영국, 스웨덴 그리고 이딸리아에서는 3~4포인트 높아졌다. 그러나 네덜란드의 실업률은 여전히 낮고 독일의 실업률은 (부분적으로 불황에 대응하여 노동자를 해고하는 대신 노동시간을 줄인 정책에 힘입어) 하락했으며 한국과 중국의 경우 거의 변화가 없었다(비록 2008년 중국에서는 300만개의 일자리 상실이 보고되었지만 말이다).

미국의 일자리 부족이 지속되는 것은 과거 미국의 두 불황(1990~92년과 2001~2년) 이후 소위 '일자리 없는 회복'이 나타난 것과 유사하다—이번 불황이 '실업을 창출하는 회복'과 더 비슷해 보이는 것을 제외하면 말이다. 게다가 '장기적으로' 추정되는 실업자(6개월 이상 실직한 이들)의 비중이 과거에는 결코 4분의 1을 넘지 않았지만, 이제 실직자의 절반 이상을 차지한다. 실망실업자들과 불만족스러운 단기고용 상태의 노동자들을 10퍼센트에 이르는 공식적 실업자들에 추가하면 미국 인구의 거의 5분의 1이 적당한 일자리를 갖고 있지 않은 셈이다. 이러한 방대한 노동예비군의 존재가 취업자들의 임금과 노동조건을 억압해왔다. GM의 협의된 파산은, 새로이 노동력에 참여하게 될 사람들이 기존의 취업자들에 비해 더 낮은 임금에 동의하는 이중적 노동씨스템을 만들어냈다. 이 이중적 씨스템은 미국의 많은 기업들에 확대되고 있다. 이에 따라 기업의 이윤은 2008년말 저점에서부터 경제지들이 '무시무시한 속도'라 쓸 만큼 빠른 속도로 회복되었고, 이는 주식시장의 회복 그리고 다시금 월스트리트 금융가들의 사치스런 생활로 이어졌다. 그러나 이 모든 것은 1970년대 후반에 시작된 임금억압의 심화를 댓가로 한 것이다. 이윤몫은 이제 위기 이전의 수준까지 높아졌지만 국민소득에서 임금몫은 줄곧 하락해왔다. 실업에 따른 부수적 영향으로 인해 2007년 위기를 촉발했던 주택차압이 진정되지 않고 있으며 자산 포트폴리오의 부실이 악화되고 있다. 월간 주택 차압건수는 2009년 4월 14만 2000건에서 2010년 8월 약 10만건으로 하락했지만, 같은 달 실제 주택회수(repossession, 주택회수는 주택차압의 마지막 단계로 채권을 지닌 은행으로 소유권이 넘어가는 단계를 의미한다. 채무불이행 통지 이후 3개월 이내에 채무자가 채무와 비용을 지불하지 못하면 부동산은 경매에 부쳐진다. 최종경매액이 채권자가 제시한 최초입찰금액을 넘지 못하면 그 부동산은 채권자 소유가 된다—옮긴이) 건수는 사상 최대인 9만 5000건을 기록했다. 2010년 현재 금융기관들이 100만채가 넘는 주택을 법적으로 보유하고 있다. 소비심리가 매우 느리게 회복되고 있고 소비시장이 여전히 정체상태인 것이 당연하다.

이러한 미국의 상황은 (유럽의 많은 지역도 마찬가지로) 경제적으로 불가피한 것일까, 아니면 정치적 선택의 결과일까? 그 해답은 부분적으로 양자 모두다. 그러나 이제 정치적 측면이 작년보다 더욱 뚜렷하게 보인다. 위기 직후 많은 선진자본주의 국가들에서 케인즈주의 부활이라는 흐름이 나타나고 있지만, 이제 국가부채 위기가 자본가계급이 긴축정책의 정치를 통해 남은 복지국가적 요소들을 허물어버리는 구실이 되었다. 자본은 언제나 사회적 재생산 비용(청년, 환자, 장애인, 노인층에 대한 돌봄, 사회보장, 교육, 그리고 의료보호의 비용)을 내부화하는 데 어려움을 겪어왔다. 1950, 60년대에는 이 사회적 비용의 많은 부분이 직접적으로(기업의 의료보장제도와 연금) 혹은 간접적으로(세금에 기초한 전체 국민에 대한 써비스) 내부화되었다. 그러나 1970년대 중반 이후 신자유주의적 자본주의의 전기간은, 자본이 그러한 부담을 떨쳐내버리고 이 써비스들을 사람들이 스스로 조달·지불하는 방법을 찾도록 만든 투쟁으로 특징지어진다. 우리가 스스로를 재생산하는 방식이 국가의 의무가 아니라 개인 책임의 문제라는 우파의 주장이 정치와 언론에서 득세했다.

몇몇 주요 영역들은—사회보장 그리고 국가의 노인연금 같은—아직 민영화되지 않았다(이미 칠레는 이 둘 모두를 오래전에 민영화했지만). 그러므로 현재 나타나는 긴축에 대한 강조는 사회적 재생산 비용을 한층 더 개인화하는 것이다. 대중의 행복에 대한 공격은 많은 국가들에서 국가를, 노조권력의 최종 보루인 공공부문 노조뿐 아니라 국가의 써비스 제공에 가장 직접적으로 의존하는 사람들(예를 들어 아테네에서부터 빠리, 런던, 버클리에 이르는 지역의 학생들)과도 충돌하도록 만든다. IMF조차도 이러한 공격이 심각한 사회불안을 유발할 위험이 있다고 강경한 우파정부에 경고하려고 노력했을 정도로, 이는 격렬한 저항을 불러일으켰다. 2010년 가을 유럽에서 시작된 혼란의 징후는 IMF의 경고가 옳을 수도 있음을 보여준다.

긴축에 대한 경제적 근거는 기껏해야 불확실하며 최악의 경우 분명히 반(反)생산적이다. 믿을 만한 분석가들은, 2010년 10월 새로 집권한 보수당 주도의 영국정부가 발표한 정책이 향후 3년간 약 160만명의 노동자들을—공공부문에서 약 50만명 그리고 주로 정부계약에 공급하는 민간부문에서 나머지 약 100만명—실직하도록 만들 것이라고 추정한다. 민간부문이 정부지원 없이 이 실업자들을 고용할 것이라는 생각은, 영국에서 최선의 경우 민간부문이 연간 약 30만개의 일자리를 창출했다는 점을 고려할 때, 조심스럽게 말해도 너무 희망에 찬 생각이다. 미국에서는 최근 하원의원 선거에서 공화당이 승리하여, 소위 '재정적자 강경반대파'(debt hawk)가 재정적자를 급등시키는 모든 조치를 제한할 것이 확실하다. 물론 적자를 폭등시킨 최상위 부유층에 대한 대규모 세금감면 조치의 갱신은 제외하고 말이다. 그러나 민주당이 권력의 모든 영역을 장악한다 해도, 그들은 국민을 돕기 위해 이 재정적자 반대파를 부정할 용기가 없을 것이다. 그러기에는 민주당과 공화당 모두의 선거자금을 조달하는 소위 '월스트리트당'이 너무 강력하다. 시간이 지날수록, 슬프게도 오바마 대통령도 이 정당 소속임이 매우 분명해지고 있다.

오늘날 미국에서 일어나는 사건은 사실 1980년대 이후 국내외에서 줄곧 일어났던 사건들과 다를 바 없다. 예를 들어 1982년 뉴욕의 투자은행들로부터 너무 많이 차입하는 실수를 저질렀던 멕시코를 필두로 많은 개도국들에서 부채위기가 발생했다. 그 부채가 지불정지되었다면 뉴욕의 은행가들이 파산했을 것이므로 미국 재무부와 IMF는 은행들에 부채를 지불할 수 있도록 멕시코를 구제해주었다. 그러나 그 과정에서 멕시코에서 시행된 엄격한 긴축정책은 멕시코 국민의 생활수준을 25퍼센트나 하락시켰다. 은행을 구제하고 그 부담을 국민들에게 전가하는 것은 그후부터 일반적인 대응책이 되었다. 이것이 2010년 초 그리스와 그해 가을 아일랜드에서 일어났던 일이다. 그리스의 경우 독일과 프랑스 은행들이 위험에 처했고, 아일랜드에서는 주로 영국계 은행들이 위험에 직면했다. 그리스 국민의 생활수준은 눈에 띄게 하락했고 아일랜드도 이와 비슷했다. 미국에서는 작년에 은행들이 구제되었기 때문에 이제 연방정부가 그 부담을 국민들에게 전가할 시간이다. 이는 이미 캘리포니아에서 이루어지고 있는 것보다 더욱 큰 규모일 것이다. 캘리포니아는 세계에서 아홉번째로 많은 공적 예산을 가진 정부로서 주정부의 막대한 예산 축소 그리고 사회보장, 메디케어 등에 대한 연방정부의 세금지원에 기초하여 겨우 그리스와 아일랜드 같은 사태를 피할 수 있었다. 그러나 2010년 12월 투자자들은 지역정부와 주정부를 위한 면세 채권 시장에서 급속도로 자금을 회수하여, 이것이 미국의 차기 금융위기의 진앙이 될지도 모른다는 우려가 제기되고 있다. 지역정부와 주정부의 대규모 파산이 일어날 것인가 아닌가는 연방정부와 연준의 대응에 달려 있다. 그러나 이런 종류의 위기는 부분적으로는 그 심도와 규모로 인해, 또 부분적으로는 정치적 이유들로 인해 은행부문의 위기보다 훨씬 더 해결하기가 어려울 것이다.

그리스와 아일랜드는 디폴트를 선언하는 편이 분명히 더 나았을 것이다. 그러면 은행과 채권보유자 들은 국민과 고통을 나누었을 것이다. 채권보유자들은 금융가에서 쓰는 용어에 따르면 '헤어컷(헤어컷hair cut은 흔히 채권자가 부실채권의 가치를 감가하여 손실을 부담하는 정도, 즉 채권의 상각비율을 의미한다—옮긴이)을 부담했을 것'이다. 2004년 아르헨띠나는 실질적으로 디폴트를 선언했다. 당시 아르헨띠나는 디폴트의 결과가 끔찍할 것이라고—'다시는 국제투자자들이 돌아오지 않을 것이다'라는—위협을 받았다. 그러나 몇년 내에 잉여자본을 수익성 높게 투자할 시장을 찾는 데 혈안이 된 외국 투자자들은 아르헨띠나에 대한 투자를 늘려 아르헨띠나에 지속적인 경제호황을 가져다주었고, 이 호황은 2007~9년의 불안한 시기에도 조금밖에 타격을 받지 않았다. 그리스와 아일랜드 양국의 긴축정책은 이들 국가의 경제회복을 가로막고 부채상황을 악화시켰으며 끝없는 긴축의 악순환을 낳았다. 그러한 사례와 관련하여, 이제 주류언론의 영향력 있는 주장도(『뉴욕타임즈』 사설을 포함하여) 결국 디폴트('구조조정restructuring'이라 점잖게 표현된다)가 더 나은 방안이 아니라는 주장에 의문을 제기한다. 독일 총리 앙겔라 메르켈(Angela Merkel)조차 2013년 이후 유럽 구제기금의 역할이 줄어들면 채권보유자들이 '헤어컷'을 부담해야 할 것이라고 전망했다. 그 결과는 적어도 위기의 부담을 부분적으로 은행들이 지는 것인데, 사실 많은 사람들은 막대한 보너스를 스스로에게 지불하는 은행가들을 보며 위기의 책임이 그들에게 있다고 믿고 있다. 그리스의 경우, 이는 또한 위기의 부담을 지리적으로 프랑스와 독일의 은행씨스템에 전가하는 것인데, 많은 그리스인들은 위기의 책임이 이들에게 있다고 생각한다.

거대자본을 위해서 국민들에게 희생을 강요하는 것은 언제나 우파와 자본가계급의 목표였다. 1980년대 레이건 대통령은 소련과의 군비경쟁 과정에서 어마어마한 재정적자를 기록했다. 그는 또한 미국의 최상위 부유층에 대한 세율을 72퍼센트에서 30퍼센트로 인하했다. 나중에 그의 예산 보좌관 데이비드 스톡먼(David Stockman)이 고백했듯이 그 계획은 부채를 증가시키고 그것을 사회보호와 사회보장 프로그램을 축소하거나 없애버리는 구실로 쓰려는 것이었다. 부시 대통령은 공화당이 다수인 의회의 지지를 받으며 레이건의 본보기를 철저히 따랐다. 그는 1990년대 후반 흑자였던 미국의 재정수지를 2001년에서 2009년 사이에, 필요가 아닌 선택에 따른 두가지 전쟁의 수행(이라크전쟁과 테러와의 전쟁을 뜻한다—옮긴이), 거대제약회사들을 위한 선물이었던 메디케어 약품패키지 법안의 통과, 그리고 부유층에 대한 대규모 감세를 통해 막대한 재정적자로 바꾸어버렸다. 부시정부는 감세가 투자를 촉진하여 경제에 도움을 줄 것이라고 주장했다. 그러나 결과는 그렇지 않았다(감세는 주로 투기를 촉진했을 뿐이다). 두 전쟁도 이라크의 석유 확보라는 이득을 줄 것이라 주장되었다. 2003년 당시 이라크전쟁이 약 2000억달러의 손실을 가져다줄 것이라 추정했던 연구자들은 애국심 없는 부정론자라며 극심하게 공격받았다. 현재까지 이 두 전쟁은 약 2조달러의 손실을 가져다주었지만, 부통령 딕 체니(Dick Cheney)가 흔히 말하듯 "레이건이 적자는 문제가 안 된다고 가르쳐주었기" 때문에 부시 대통령 시절에는 아무도 이를 신경쓰지 않았다.

적자는 물론 문제다. 하지만 그것을 줄이는 최선의 방법은 성장을 촉진하는 것이다. 현재 재정적자의 많은 부분은 불황과 실업으로 인한 세수의 감소 때문이다. 이와 비교하여 구제금융의 순비용은 그렇게 크지 않았다. 몇몇 경우 구제금융을 위한 자금은 이자와 함께 회수된다. 경제를 활성화하고 경제성장문제를 해결하면, (1990년대 클린턴정부하의 호황기가 증명했듯이) 세금수입 증가를 통해 적자문제를 잘 해결할 수 있을 것이다. 앞서 주장했듯이, 긴축의 정치는 경제를 오히려 불황으로 이끈다. 미국과 영국 그리고 유럽 등이 겪고 있는 현재의 경제적 어려움은 본질적으로는 경제적 필요보다는 정치적 이유로 인해 더욱 악화되고 있다. 그 정치적 이유란, 사회적 재생산 비용을 부담하는 책임을 가능한 한 지지 않으려는 자본의 바람이다.

대중의 사회적 행복에 대한 공격은, 이미 부자가 된 사람들의 부를 보존하고 더욱 늘리려는 끊임없는 충동에서 기인한 것이다. 이것이 바로 워렌 버핏이 분명히 알고 있는 점이다. 미국의 소득불평등은 1970년대 이후 점점 악화되어, 하층 90퍼센트의 미국인이 전체 부의 29퍼센트만을 보유하고 상층 10퍼센트가 나머지 모두를, 특히 최상위층 1퍼센트가 전체 부의 34퍼센트와 소득의 24퍼센트를 (1970년에 비해 3배나 높아졌다) 차지하고 있다. 또한 몇몇 예외를 제외하면, 모든 증거는 최상위층 부자들이 최근의 위기에 의해 별로 큰 타격을 받지 않았음을 보여준다. 일류 헤지펀드 매니저들은 오히려 그들의 권력을 더욱 크게 키웠다(예를 들어 2008년 조지 쏘로스와 존 폴슨은 각각 30억달러를 벌었다). 긴축정책과 예산삭감을 부르짖는 와중에 공화당은 부시의 감세정책을 연장하는 데 성공했다.

이는 미국 납세자 중 최상위층 0.1퍼센트에게 각각 매년 37만달러의 이득을 가져다줄 것이고 향후 10년간 적자를 7000억달러까지 늘릴 것이다. 한편, 몇몇 지역정부는 자금 부족으로 인해 경찰서와 소방서를 폐쇄했고 어떤 경우에는 가로등조차 켜지 못했다. 만약 이미 불만에 찬 사람들이 살고 있는 대도시에서 이렇게 엄혹한 예산삭감 정책이 시행된다면 어떤 사태가 발생할 것인지 상상해보라. 이는 금권정치의 최악의 경우일 것이다.

기득권층을 보호하는 정치는 국가 간의 관계에도 똑같이 나타난다. 수출잉여에 기초하여 최근의 위기를 모면한 국가들—특히 독일과 중국—은 그들의 경쟁우위를 약화할 수 있는 어떠한 정책들에도 격렬히 반대한다. 그들은 세계 다른 지역의 소비주의를 이용하여 끊임없이 부를 빨아들인다. 현재의 문제에 대해 G20이 전세계적으로 조정된 대응을 내놓는 데 실패한 것은, 거의 전적으로 무역 적자와 흑자, 환율 등의 적절한 수준에 대한 견해 차이 때문이다. 독일의 메르켈 총리는 긴축이 독일의 수출경쟁력을 지키는 데 도움이 되기 때문에 보편적 원칙으로서 경기진작 대신 긴축의 정치를 추구한다. 그녀의 재무장관은 경제활동을 진작하고 실업을 줄이기 위한 최근 미국 연방준비위원회의 시도를 어리석은 일이라고 표현했다. 독일과 미국 공화당은 모두 미국경제가 다음 선거 때까지 침체에 빠져 있기를 원한다. 미국 상원의 공화당 원내대표 미치 매코넬(Mitch McConnel)은 그들의 최우선 목표가 오바마의 재선을 막는 것이라고 말한다. 이를 위한 최선의 수단은 재정건전화라는 명목으로 경제회복을 가로막는 엄격한 긴축정책을 추진하는 것이었다. 그러나 최상위 부유층을 위한 감세를 유지하는 전투에서 승리한 월스트리트당은 곧 깨닫게 되었다. 2년 동안의 철저한 긴축은 악영향이 너무 크다고 판단하게 된 것이다. 그들은 기업의 이윤회복을 유지하기 위해 선거(2010년 11월 미국 중간선거)에서 승리한 공화당을 설득하여 적자재정에 기초한 몇몇 광범위한 경제진작 정책에 재원을 조달하도록 했다.

그러나 긴축이라는 주문이 모든 곳에서 수용되고 실행되는 것은 아니다. 세계경제는 재정적자에 대해 편집증을 보이는 북미·유럽과 케인즈주의 팽창정책을 도입한, 중국으로 대표되는 동아시아 두 가지로 갈라져 있다. 서구와 비교할 때 동아시아의 정치는 판이하며 그 결과는 더욱 놀랍게도 다르다. 인도, 남미와 함께 중국을 중심으로 한 지역은 경제회복 속도가 매우 빨랐다. 브라질의 전 대통령이나시우 룰라(Inácio Lula), 아르헨띠나의 끄리스띠나 끼르치네르(Cristina Kirchner) 대통령 그리고 중국의 후 진타오(胡錦濤) 주석, 그 누구도 긴축을 이야기하지 않는다. 비록 후 진타오는 단순히 현실의 지정학적 문제로서 미국의 자기파괴적 정책을 기꺼이 지지하고 있지만 말이다.

엄청난 국제수지 흑자와 중앙정부에 의해 쉽게 통제되는, 위기를 겪지 않은 은행씨스템을 지닌 중국은 더욱 강력한 케인즈주의 정책을 쓸 수 있는 수단을 갖고 있었다. 수출지향적 산업들의 파산과 대량실업의 위험(중국의 순 일자리 상실이 300만개였음을 기억하라) 그리고 2009년 초의 사회불안이 정부의 적극적인 행동을 이끌었다. 중국의 경기진작 정책은 두 갈래로 이루어졌다. 먼저 약 6000억달러가 인프라 프로젝트—1960년대 미국의 주간(州間) 고속도로 씨스템보다 더 큰 규모의 고속도로 건설, 새로운 공항, 대규모 상수도 프로젝트, 초고속열차 그리고 완전히 새로운 도시의 건설 등—에 지출되었다. 둘째로, 중앙정부는 은행들이 지역정부와 민간기업 프로젝트들에 대한 대출을 늘리도록 강제했다(중국의 은행들은 중앙정부에 거역할 수 없다).

중대한 문제는 이러한 투자가 경제 전체의 생산성을 높일 것인가 하는 것이다. 중국경제의 공간적 통합(특히 내륙지역과 연안지역 사이의 관계)이 결코 완전히 이루어지지 않았음을 고려하면, 이러한 투자가 생산성을 높일 것이라 믿을 만한 이유가 있다. 그러나 만기가 되었을 때 부채가 상환될 수 있을지 혹은 중국이 또다른 세계적 위기의 진앙이 될 것인지는 두고 볼 일이다. 부정적인 영향들도 존재하는데, 인플레이션(케인즈주의 정책의 집행에서 흔히 나타나는 아킬레스건)과 주택 등의 자산시장에서의 투기 증가가 그 예다. 이미 2009년 상하이의 부동산가격은 2배로 뛰었고 같은 해 전국적인 부동산가치는 10퍼센트 상승했다. 제조업과 인프라에도 과잉설비의 징후가 나타나고 있으며—중국 중부에는 완전히 새로운 도시가 건설되었지만 아직 주민이 살지 않는다—많은 은행들은 과다한 대출을 안고 있다는 소문이 들린다. 중국 내륙에 새로 건설된 도시들은 외국 투자자들을 유치하기 위해 필사적으로 노력하고 있다. 이는 세계적 자본주의의 이 유토피아적인 개척지로 투자자들을 유혹하기 위해 미국 언론에 실리는 번쩍이는 광고들을 보면 잘 알 수 있다(호화로운 부동산개발이 과도하게 진행되어 결국 파산하고 말았던 두바이월드의 경험이 드리운 그림자와 함께).

중국에서도 규제받지 않는 '그림자금융씨스템' 그리고 자산과 대출의 점두거래가 나타나고 있다는 증거도 있다. 이는 1990년대 이후 미국 은행씨스템에서 발생했던 몇몇 실패들을 답습하는 것이다. 그러나 중국은 1990년대 후반에 자산의 40퍼센트나 되던 부실채권문제를 처리한 바 있다. 당시 그들은 부실채권 처리를 위해 외환보유고를 사용했다. 부시 대통령 시기 2008년 의회에서 겨우 통과되어 대중의 공분을 불러일으켰던 미국의 부실자산 구제프로그램(Troubled Asset Relief Program)과는 달리, 중국정부는 은행씨스템의 자본확충을 위해 즉각적인 행동을 취할 수 있다. 그들이 그림자금융씨스템을 엄격히 규제하고 통제할 수 있을지는 두고 보아야 할 것이다. 최근 몇달간 중국에는 인플레이션 우려가 급속히 높아졌다. 따라서 인플레이션 억제를 위해 대출증가율을 10퍼센트 이하로 규제하는, 은행대출 제한 같은 심각한 조치들이 도입될 것으로 보인다. 이런 규제정책들은 전세계 주식시장에 큰 충격을 줄 것이다.

중국은 결국 케인즈주의 프로그램의 다른 특징들도 도입했다. 바로 노동의 권리강화와 사회적 불평등 해소를 통한 국내시장 수요의 진작이다. 중국 중앙정부는 2010년 초여름 갑자기 토요따, 혼다 그리고 폭스콘(Foxconn, 많은 노동자들의 자살로 임금과 노동조건에 대한 추문이 터져나온 곳이다) 등의 대규모 사업장에서 공식 노조가 조직하지 않은 자발적 파업들을 허용하게 되었다(또는 이를 가로막지 못하게 되었다). 이 파업들로 인해 상당한 임금상승이 이루어졌다(약 20~30퍼센트 정도). 인플레이션을 고려하면 임금상승의 이득이 그리 크지는 않았지만, 임금억압의 정치가 드디어 역전되었던 것이다. 그러나 중국에서 임금이 상승하자, 자본은 임금이 더욱 낮은 방글라데시, 캄보디아 그리고 동남아의 다른 지역들로 이동하고 있다.

중국정부는 의료보장과 사회적 써비스에 대한 투자를 (사회적 임금을 상승시키며) 증대했고, 환경기술의 발전을 촉진하며 현재 이 부문에서 세계를 주도하고 있다. 미국에서는 사회주의 혹은 공산주의로 불릴 수 있다는 우려가 정치적 행동을 매우 어렵게 만들지만, 중국에서는 전혀 그렇지 않다. 한국·타이완·싱가포르뿐 아니라 중국에서도 국가관리하에 놀라운 성장이 이뤄진 것을 볼 때, 오직 개인의 기업가정신만이 경제적으로 성공적일 수 있다는 미국의 신조는, 말도 안 되는 것은 아닐지라도 별 근거가 없는 이야기로 들린다.

중국은 다른 어느 지역보다도 빠르고 성공적으로 위기로부터 뚜렷하게 회복되었다. 중국 국내의 유효수요 증가는 중국뿐 아니라, 특히 그 주변 국가들(싱가포르에서 한국까지)과 원자재 생산국들(예를 들어 오스트레일리아)의 경제도 회복시켰다. GM은 이제 다른 어떤 지역보다도 중국에서 더 많은 자동차와 이윤을 만들어내고 있다. 중국은 국제무역과 자국 수출품에 대한 수요의 부분적인 회복을 촉진할 수 있었다. 남미뿐 아니라 동아시아와 동남아시아의 대부분을 포함하는 수출지향적 경제 지역들은 다른 지역들에 비해 전반적으로 더욱 빠르게 회복되었다. 중국이 외환보유고 운용을 점진적으로 다변화하려는 움직임도 있지만, 미국 국채에 대한 중국의 투자는 중국의 저가제품에 대한 미국의 유효수요를 떠받치는 데 도움이 되었다. 그 결과, 세계경제 내에서 서구에서 동아시아로의 헤게모니 이동이 시작되었다. 미국은 명백하게도 여전히 중요한 강대국이지만 이제 세계를 지배할 수는 없다. 이는 오바마가 고립되고 상대적으로 무력해 보였던 2010년 11월 서울의 G20 회의에서 뚜렷이 드러났다.

원자재에 대한 중국의 엄청난 수요는 교역조건을 원자재 생산국들에게 유리하도록 바꾸었을 뿐 아니라(1990년 이전에는 교역조건이 그 반대였다), 토지, 자연자원 그리고 임대수입의 원천이 되는 (지적 재산권 같은) 다른 핵심적 요소들에 대한 국가, 기업 그리고 부유한 개인들 간의 장기적 경쟁을 더욱 심화했다. 중국은 남미, 중앙아시아뿐 아니라 아프리카 대륙 그리고 동남아시아의 비어 있는 지역을 집어삼킨 광대한 전세계적 토지수탈과 관련있는 탈취의 정치를 분명히 주도하고 있다. 중국이 강대국들과 기업들이 경쟁해온 이 전통적 장소에 새롭게 등장한 것이다. 그러나 광물자원이 풍부한 인도 중부와 북동부 지역에서 그랬던 것처럼 국가들 내부에서도, 토착민들의 격렬한 저항에도 불구하고 전체 인구의 추방이 빠르게 진전되어왔다. 언뜻 보기에 미래의 어떤 경제적 붕괴의 위협에 대항하여 스스로를 보호하기 위해 보물상자를 지키고자 하는 여러 이해관계들이 존재한다.

흥미롭게도 수출지향적 경제의 부활은 독일의 경우에도 마찬가지다. 그러나 이는 EU 각국의 위기에 대한 대응이 서로 갈등을 빚게 되는 문제를 야기한다. 위기 직후의 갑작스런 경기진작정책 이후 독일은 내키지 않아 하는 프랑스의 등을 떠밀어, 유로존 전체가 인플레이션을 우려하여 적자를 감축하는 통화정책을 시행하도록 주도했다. 이러한 정책은 이제 영국의 보수당 주도의 연정에서도 도입되었다. 이러한 변화는 다른 국가들의 공공재정의 급작스런 악화와 함께 나타났다. 소위 PIGS(뽀르뚜갈, 이딸리아, 그리스, 에스빠냐) 국가들은 부분적으로는 스스로의 경제관리 실패로 인해, 그리고 더욱 중요하게는 그들의 경제가 신용붕괴와 부동산시장과 관광산업(그 상당부분은 투기적인 북유럽자본이 투자한 것이었다)의 갑작스런 침체에 특히 취약했기 때문에 심각한 금융적 어려움에 빠졌다. 독일 같은 산업기반이 없었던 탓에 그들은 닥쳐온 재정위기에 적절히 대응할 수 없었다.

현재 등장하고 있는 정치적 전략에는 분명히 거대한 분열이 존재한다. 대부분의 서구 국가들은 긴축을 통한 적자의 감축이라는 (생활수준의 저하로 이어지는) 성배를 추구하는 반면, 아시아 국가들은 남반구의 신흥시장 국가들과 함께 확장적인 케인즈주의 정책을 따른다. 만약 세계경제의 성장이 회복된다면 그것은 동방의 케인즈주의적인 확장정책의 성공때문일 것이다.

여기에도 문제가 존재한다. 이 책에서 주장했듯, 실증적·관습적으로 자본주의의 성공적 작동에 필요하다고 받아들여지는 최소 3퍼센트의 영원한 지속적인 성장은 점점 더 유지하기가 어려워진다는 점이다. 중국이 고속도로와 자동차로 뒤덮이고 급속하게 교외화와 새로운 도시의 건설을 추진하는 방식은 우리에게 별로 위안이 되지 못한다. 또한 특히 아프리카 전역에서 그리고 남미처럼 거점이 될 수 있는 다른 지역에서 자원을 위해 방대한 전세계적 토지수탈에 참여하여 그 영향력을 멀고 넓게 미치는 방식도 마찬가지다. 중국의 등장이 환경에 미치는 영향은 무지막지하며 그것은 중국만의 문제가 아니다. 석유, 석탄, 시멘트, 콩 등에 대한 중국의 급증하는 수요는, 오스트레일리아 같은 국가와 함께 아프리카, 남미 그리고 중앙아시아의 많은 지역들을 토지의 황폐화와 자원의 고갈에 신경 쓰지 않는 위성생산자로 만들고 있다. 물론 이 과정에서 동아시아인들은 부와 권력으로 향하는 문제 많고 야만적인 서구의 길을 따르고 있을 뿐이다. 그러나 서구의 우리가 그런 식으로 발전해왔다면, 특히 환경적 우려에도 불구하고 우리가 자신의 생활방식을 거의 바꾸려 하지 않는 상황에서, 우리는 그들에게 이것을 멈추고 그만두어야 한다고 말할 자격이 없다.

케인즈주의 경기진작 프로그램의 목표는 영원히 그것을 시행하는 것이 아니라, 상황이 개선되면 적자를 메우기 위해 단기적인 불황에 대응하는 것이다. 연준의 전 의장 윌리엄 맥체스니 마틴(William McChesney Martin)은 정치권력의 임무가 '파티가 계속될 때 펀치볼(punch bowl)을 치워버리는 것이다'(중앙은행이 할 일은 무리하게 호황을 지속하려 하지 않고 경제의 과열을 방지하는 것이라는 뜻의 비유—옮긴이)라고 말했는데, 1960년대의 문제는 적자를 메우거나 정치권력의 그 임무를 인식하는 것이 정치적으로 무척 어려웠다는 점이다. 그리고 우리는 이제 바로 그것에 실패한 그린스펀의 유산으로 인해 고통받고 있다. 그는 1990년대와 2000년대 초 경제가 잘나가던 시기에 신처럼 추앙되던 연준의 의장이었다. 지금 중국인들이 파티의 펀치볼을 적절한 순간에 치워버릴 수 있을지는 두고 볼 일이다.

냉정하게 살펴보면, 스스로의 이익을 추구하는 개별 자본가들이 집단적으로는 자본주의를 더 깊은 위기로 빠져들도록 행동하는 경향이 있다는 것이 분명하다. 정치적·경제적 권력을 주기적으로 지배하는 다양한 분파적 이해집단들도 이와 똑같이 행동한다. 현재 워싱턴과 런던의 정책을 대부분 좌우하는 보너스에 목마른 은행가들과 금융업자들, 토지·부동산·자원에 대한 통제뿐 아니라 지적 재산권에서 점점 더 많은 지대를 수취하는 반동적 지대수취자 계급, 그리고 그들의 경쟁적 게임에서 단순히 볼모로 전락할 정도로 생산자들을 그들의 일정과 주문대장에 속박시킨 월마트와 이케아 같은 상인자본가들. 스스로의 이익을 추구하는 개개인과 분파들은 거의 언제나, 병든 자본주의 체제를 부활시키기는커녕 그것을 안정화하기 위한 적절하고 일관된 정치적 의제를 만들어내는 데 크게 실패했다. 이번에도 마찬가지라는 징후들이 모든 곳에서 자명하다. 그렇지 않다면, 미국의 티파티운동(TPM)이라는 앞뒤 맞지 않는 정치운동에 어떻게 가장 부유한 개인들과 강력한 금융의 분파들 그리고 대중매체가 엄청난 재정적 지원을 한 것을 설명할 수 있을까?

더 큰 문제는 경쟁적인 권력블록의 형성뿐 아니라 부와 권력에 대한 국가 간의 경쟁이다. 이 문제가 각국이 여전히 폭력적 수단에 대해 어떤 독점력을 주장하고 있기 때문—그리고 어느정도는 개별적으로 혹은 집단적으로(NATO 같은 연합을 통해) 그것을 유지하고 있기 때문—이라면 다행이다. 정치-군사적 세계는, 가장 부유하고 권력이 강한 이들을 제외한 모두에게 손해를 가져오는 자본축적의 내부모순을 완화하기보다는 흔히 더 심화시킨다. 이러한 위험은 오랫동안 충분히 파악되어왔다. 영국의 정치철학자 윌리엄 톰슨 (William Thompson)은 1824년 이렇게 말했다. "이 현실의 (부의) 분배의 보존과 비교할 때, 전체 인류에게 끊임없이 발생하는 비극 혹은 행복은 고려할 만한 가치가 없다고 여겨져왔다. 힘, 사기 그리고 우연의 결과를 영속화하는 것이 안전이라 불려왔다. 그리고 이 거짓 안전을 떠받치기 위해 인류의 모든 생산능력은 가차없이 희생되어 왔다." 이 말은 정확하게, 무한히 지속되는 성장이라는 거짓 안전뿐 아니라 긴축이라는 거짓 안전이 전하는 말이다.

과거에 이렇게 앞뒤가 맞지 않는 자본주의 정치를 저지해온 것은 방대하고 아름다운 투쟁들이었다. 예를 들어, 조금 모호하지만 여전히 중요한 정의, 인권, 그리고 더욱 올바르고 민주적인 사회질서를 위한 투쟁들을 비롯하여 피착취자들과 탈취당한 자들의 투쟁, 자본가에 대항하는 노동자들의 투쟁, 지대수취자들과 약탈적 상인들에 대한 시민의 투쟁, 그리고 폭력적 식민주의와 제국주의의 약탈에 대항하는 전국민의 투쟁 등이 그것이었다. 그러나 지난 40여년간, 자본주의의 야만적인 사명에 대항하는 그러한 저항의 조직화된 제도적 틀이 부서졌고, 내가 이 책의 마지막 장에서 묘사했던 것과 같은 낡은 제도와 새로운 제도의 낯선 혼합체가 등장했다. 이 제도적 틀은 통일된 저항이나 일관된 대안적 프로그램을 만들어내는 데 어려움을 겪고 있다. 이런 상황은 사람들에게뿐 아니라 자본에도 나쁜 징조가 된다. 이는, 다른 사람들은 홍수에 직면해도 부자들은 튼튼하고 잘 대비된 방주를 타고 안전하게 대피할 수 있다고(이것이 바로 전세계적인 토지강탈이 의미하는 것일까?) 공상하는, "내가 죽은 뒤에 무슨 일이 일어나건 알 바 없다"라고 외치는 무책임한 정치를 낳는다. 그러나 말 그대로 숨을 곳이 없기 때문에 부자들은 결코 자본이 만들어낸 세계로부터 대피하기를 기대할 수 없다.

우리 시대에 자본을 그 자체부터 구해내고 톰슨이 묘사했던 결과를 방지하기 위해, 새로운 조합으로 제도들이 봉합될 수 있을지는 두고 볼 일이다. 그러나 그런 정치, 그리고 그와 관련된 제도가 만들어진다 해도 그것들이 과거의 그것과 매우 달라 보일 필요는 없을 것이다. 그것들은 좀더 문명적인 자본주의를 실현하기 위한 투쟁을 넘어 훨씬 더 많은 일을 해야 할 것이다. 도덕적이고 정의로울 수 있는 자본주의를 건설하겠다는 비현실적인 노력은 포기되어야만 한다. 그것은 결국에는 전혀 무의미해질 것이다. 이는 시장의 보이지 않는 손의 힘을 인식하며 애덤 스미스가 지적한 것과 비슷하다. 그것은 우리가 좋은 의도를 품고 도덕적이건 너무 이기적으로 탐욕스럽고 경쟁적으로 파괴적이건 간에 상관없이, 인간의 행동을 규제하는 영속적인 자본축적과 영속적인 성장의 논리는 언제나 우리 곁에 있다. 그것은 숨겨진 명령을 내부화하는데, 시장의 보이지 않는 손은 그중 하나일 뿐이다. 그리고 우리는 도덕적 지향에 상관없이, 의도적으로 혹은 무의식적으로 그것에 복종한다. 우리가 세상을 근본적으로 바꾸고자 한다면, 우리는 교묘하게 심어진 모든 정치적 주관성들과 함께 이 지배적인 프락시스(praxis, 자연이나 사회에 작용하여 그것을 변혁하고자 하는 인간의 의식적·능동적 활동, 즉 실천을 뜻하는 철학적 개념이다―옮긴이)에 건설적으로 저항해야 한다. 우리는 영속적인 자본축적을 통한 영속적으로 지속되는 성장이라는 문제에 맞서고 그것을 극복해야 한다. 그것이 우리 시대의 정치적 요구다.

이러한 장기적 관점에서 볼 때, 부유한 걸프만 국가들 같은 지역 뿐 아니라 동아시아와 남아시아에서 과도한 미국식 생활방식을 만들어내어 ('살아 있기 위해 운전하고 죽을 때까지 쇼핑하는') 자본주의적 성장을 다시 북돋는 것은 매우 잘못된 일이다. 현재 진행 중인 전세계적 토지강탈이 이러한 실수가 나타나고 있음을 보여주는 확실한 증거다. 장기적 책무라는 관점에서 볼 때에는, 북미와 유럽에 저성장과 끊임없는 긴축을 강제하는 것이 역설적이게도 적절하게 보일지도 모른다. 하지만 그것은 금권정치의 특권을 보호한다는 명목으로 이루어질 뿐이고, 무한히 지속되는 성장이라는 불가능성을 인간의 능력과 힘의 발전을 위한 무한한 가능성으로 대체하는 것에서는 아무 성과가 없을 것이다. 동아시아에서 남아시아 그리고 남미에 이르는 신흥 시장경제의 자본주의적 성장의 단기적 분출은 전세계적인 부와 권력의 분배를 다시 균형잡히도록 하고, 따라서 좀더 합리적으로 조직되는 세계경제를 달성하기 위해 더욱 건전하고 더욱 평등주의적인 기반을 만들어낼 수 있을 것이다. 문제가 심화되는 대신에 성장이 단기적으로 회복되면, 우리는 또한 이행을 위한 더욱 장기적인 해결책을 만들어내는 데 필요한 시간을 벌 수도 있다. 그러나 이렇게 확보된 시간은 유용하게 사용되어야만 쓸모가 있는 것이다.

우리는 대안을 찾아내야만 한다. 그리고 바로 이 지점에서 전세계적인 공혁명적 운동의 등장이, 자기파괴적인 자본주의적 행위들의 물결을 억제할 뿐 아니라(그것은 그 자체로 상당한 성취일 것이다),

새로운 제도적 장치들, 새로운 형태의 사회적·자연적 관계 그리고 점점 더 도시화되는 일상생활의 새로운 구성을 실험하면서 우리가 스스로를 재조직하고 새로운 집단적인 조직형태, 새로운 지식의 저장소와 새로운 정신적 개념, 그리고 새로운 생산과 소비의 기술과 씨스템을 만들어내는 데 결정적으로 된다.

자본은 우리에게 반자본주의적 이행이라는 임무에 접근하는 수많은 수단을 제공했지만, 자본가들과 그 측근들은 아무리 상황이 불가피하다 해도 그러한 이행을 가로막기 위해 그들의 모든 권력을 사용할 것이다. 그러나 이행의 임무는 부자들이 아니라 우리의 몫이다. 셰익스피어(William Shakespeare)는 이렇게 말했다. "우리가 아랫사람인 것은 운명의 잘못이 아니라 우리 자신의 잘못이다."(셰익스피어의 희곡 『줄리어스 시저』 1막 2장에 나오는 카시우스의 대사다—옮긴이) 워렌 버핏의 말대로 지금 당장은 그의 계급이 승리하고 있다. 당면한 우리의 임무는 그가 틀렸음을 증명하는 것이다.

2011년 1월 뉴욕에서

데이비드 하비

2008년 가을 미국의 금융씨스템이 붕괴했다. 리먼브라더스 등 거대한 금융기관들이 파산했고 전세계 금융시장이 충격에 빠졌으며, 이후 세계경제는 끔찍한 불황을 겪었다. 각국 정부의 시장개입으로 최악의 상황은 넘겼지만 경제회복의 전망은 그리 밝지 않다. 최근에는 유로존의 구조적 문제를 지닌 채 금융위기의 타격을 받은 일부 유럽국가들의 국가부채위기 가능성이 높아져 그 영향이 다시 세계경제를 뒤흔들고 있다. 위기 이후 불평등과 긴축에 분노한 군중들의 시위가 전세계에서 일어났고, 작년 10월에는 시위대들이 "우리는 99퍼센트다"라고 외치며 세계자본주의의 심장부 월스트리트를 점령했다. 이들의 외침은 "손실은 사회화되고 이득은 사유화되는" 현 자본주의 체제에 대한 저항을 상징했다. 글로벌 금융위기로 대공황 이후 최대의 위기를 겪은 세계경제는 여전히 불안하며, 금융이 주도하는 신자유주의 체제는 이제 시민들의 반대에 직면해 있다.

자본주의의 모순은 어떻게 위기를 낳았고, 자본주의는 앞으로 어디로 갈 것인가. 최고의 맑스주의 이론가 중 한 사람이며 수십년 동안『자본』을 강의해온 데이비드 하비의 이 책은 맑스주의의 관점에서 이에 관한 답변을 제시한다. 하비는 경제위기에 이르는 자본주의의 경향을 상세히 분석하고 이에 기초하여 글로벌 금융위기에 관해 논의하며, 나아가 자본주의를 극복하기 위한 적극적인 행동을 촉구한다. 그는 또한 금융의 새롭고도 중요한 역할, 그리고 자연과 환경, 지리와 공간 등 폭넓은 주제에 관해 통찰력 있는 논의를 제시한다.

그에 따르면 자본의 흐름은 기술과 자원, 노동과 시장 등 어느 요인에 의해서나 장애에 직면할 수 있으며 그 장애가 극복되지 않으면 위기가 발생할 수 있다. 자본주의는 역사적으로 끊임없이 이 장애들을 우회해왔지만 그 해결책 자체가 운명처럼 또다른 장애를 만들어냈다. 즉, 자본주의는 끊임없이 위기를 이전하는 방식으로 발전해온 것이다. 예를 들어, 자본주의는 1970년대의 구조적 위기를 노동을 억압하는 신자유주의를 통해 우회했지만 이는 다시 임금억압과 수요부족이라는 문제를 야기했다. 자본주의는 이를 금융의 팽창을 통해 일시적으로 우회했지만 그것은 지속 불가능했고, 결국 현재의 글로벌 금융위기를 낳고 만 것이다.

하비의 위기이론은, 생산영역을 강조하며 이윤율저하가 위기의 근본 원인이라고 주장하는 입장과 1980년대 이후 금융화가 위기의 원인이라고 주장하는 입장이 대립하는 현재 진보 경제학계의 위기

논쟁에서 독특한 위치를 차지한다. 먼저 그의 분석은 위기에 관한 하나의 지배적인 설명을 제시하는 대신, 자본주의의 과잉축적위기가 유기적 구성의 고도화뿐 아니라 여러 다양한 요인에 의해 발생할 수 있음을 주장하여 전통적인 이윤율저하 이론과 차이를 보여준다. 이와 동시에 그는 금융부문의 성장이 산업자본의 축적위기 그리고 금융혁신과 관련있다고 지적하며, 주택의 건설과 판매에서 핵심적이었으면서도 동시에 바로 그것을 통해 자본주의를 불안정하게 만든 금융의 역할을 강조한다. 금융을 자본축적의 동학이라는 관점에서 이해하고자 하는 이러한 분석은 흔히 이윤율저하를 부정하면서 실물과 분리된 금융부문의 팽창에서 위기의 원인을 찾는 금융화론자들의 분석과도 구별된다. 한 인터뷰에서 그가 말했듯이 이러한 관점은 자본의 흐름을 총체적 관점에서 이해하고 실물과 금융 부문의 이분법을 뛰어넘으려는 노력이라 할 수 있다.

위기이론이 자본주의의 현재에 대한 논의라면, 변화의 주체와 방향에 관해 논의하는 이 책의 마지막 장은 자본주의의 미래에 관한 것이다. 그도 지적하듯이, 위기에도 불구하고 결코 자본주의가 저절로 붕괴하거나 지배계급이 권력을 쉽게 포기하지는 않을 것이다. 우리의 미래는 결국 곳곳에서 일어날 정치적 권력투쟁의 결과에 달려있는 것이다. 그는 마치 월스트리트 점령시위를 예측한 듯이(이 책의 원서는 2010년 초에 출간되었다), 전통적인 노동자뿐 아니라, 빼앗긴 이들과 특히 지식인을 포함한 다양한 비판세력이 한데 힘을 모아 자본주의를 극복하기 위해 노력해야 한다고 주장한다. 그에 따르면 이러한 변화가 성공하기 위해서는 7개의 활동영역들 가운데 어느 하나만이 아니라 서로가 서로를 추동하며 함께 변화해야 하는데, 이는 자본주의의 공진화이론에 상응하는 공혁명이론으로 제시된다. 그는 특히 이러한 실천이 자본주의가 처한 현재의 위기를 해명하는 비판적 이론과 유기적으로 결합되어야 한다고 지적하고 지식인의 역할과 세계관의 변화를 강조한다.

하비가 말하는 자본의 수수께끼란 자본주의가 어떻게 여러 장애들을 우회하며 성장해왔는지, 그리고 어떤 내부 모순으로 인해 위기에 이르게 되는지에 관한 질문이며, 나아가 자본주의의 지속성장이 왜 불가능한지에 관한 질문이다. 이 수수께끼를 제대로 풀 때에만 진정한 자본주의 극복을 위한 노력이 가능하다는 것이다. 맑스주의적 위기분석에 기초하여 체제 자체의 변화를 주장하는 그의 급진적인 관점은, 소득분배 개선이나 금융규제 강화 등 케인즈주의적 대안과 체제 내 개혁을 요구하는 대다수 진보적 학자들의 주장과 대비된다.

글로벌 금융위기 이후 혼란이 계속되고 있는 현 상황에서 하비의 이 책은 맑스주의의 핵심적 통찰을 견지하면서도 그것을 더욱 발전시켜 구체적 현실을 분석하는 흥미로운 논의를 제시한다는 점에서 커다란 의의가 있다. 물론 그의 위기이론은 논쟁의 여지가 크며 이윤율저하 경향에 관한 실증적 연구를 포함한 좀더 정교한 분석을 통해 더욱 다듬어져야 할 것이다. 그의 관점에 기초하여 역사적으로 나타난 여러 위기를 일관되게 설명하는 노력과 함께, 자본주의가 이번 위기를 과연 효과적으로 우회할 수 있을지 그리고 앞으로 자본이 수익성 있는 투자기회를 발견할 수 있을 것인지에 관해 더 많은 논의가 필요하다. 또한 그가 새로이 제시하는 자본의 순환과 관련된 7개의 활동영역, 그리고 탈취에 의한 축적 등의 개념들도 생산적 논쟁으로 이어져야 할 것이다.

하비가 이 책에서 논의하는 반자본주의 운동의 전망과 가능성은 이상주의적으로 들릴 수 있고, 이 책이 또다른 세계의 모습에 관해 상세하게 다루는 것도 아니다. 하지만 구체적인 대안은 언제나 그렇듯 치열한 실천과 함께 모색되는 법이 아니던가. 이런 점에서 이 책은 보다 정의롭고 평등한 체제를 만들어가려는 모든 이에게 깊은 고민과 적극적인 행동을 함께 촉구하고 있다.

방대한 내용을 다루는 책이고 시간에 쫓기느라 쉽지 않은 번역이었다. 하지만 자본주의의 모순을 꿰뚫는 하비의 분석은 한국의 현실에도 시사하는 바가 클 것이라는 점으로 위안을 삼는다. 잘못된 이해와 오역은 전적으로 역자의 몫이다. 마지막으로 창비의 편집자들에게 깊은 감사의 마음을 전한다.

2012년 6월
이강국

부록 1
주요 부채위기와 구제금융, 1973~2009

1973~75 미국과 영국의 부동산시장 붕괴. 미국 연방정부, 주정부 그리고 지역정부의 재정위기(뉴욕시 정부의 파산에 가까운 사건). 유가 급등과 불황.

1979~82 인플레이션 급등과 볼커(Paul Volcker)의 금리쇼크가 레이건 불황(Reagan Recession)으로 이어졌고, 이로 인해 미국의 실업률이 10퍼센트 넘게 상승했으며 다른 지역에 심각한 타격을 미침.

1982~90 금리를 인상한 '볼커쇼크'로 인해 촉발된 개도국(멕시코, 브라질, 칠레, 아르헨띠나, 폴란드 등)의 부채위기. (케인즈주의를 추방하고 '구조조정' 프로그램으로 무장한) 미국 재무부와 새로 강화된 IMF가 부채를 진 국가들에게 지원을 제공하여 미국의 투자은행가들을 구제.

1984 연준, 재무부 그리고 예금보험공사(FDIC)에 의한 컨티넨털일리노이은행(Continental Illinois Bank) 구제.

1984~92 부동산에 투자했던 미국의 저축대부조합(savings and loan institution) 파산. 3260개의 금융기관 폐쇄와 예금보험공사의 구제. 1987년 이후 영국 부동산시장의 불황.

1987 10월 주식시장의 붕괴가 연준과 영란은행의 대규모 유동성 투입으로 이어짐.

1990~92 부동산시장 붕괴로 인한 북유럽과 일본의 위기. 미국의 씨티은행과 뱅크오브뉴잉글랜드(Bank of New England) 구제.

1994~95 멕시코 위기 당시 고위험의 멕시코 부채를 보유한 미국 투자자들을 보호하기 위한 멕시코 뻬소에 대한 구제. 오렌지 카운티를 파산시킨 파생상품의 대규모 손실 그리고 그와 유사한 고위험 투자를 했던 지역정부의 심각한 손실.

1997~98 아시아 통화위기(부분적으로 부동산시장에 기인). 유동성 부족으로 인한 대규모 파산과 실업, 이는 약탈적 금융기관들이 IMF의 가혹한 구제금융(한국, 인도네시아, 타이 등) 이후 손쉽게 이윤을 얻을 수 있는 기회를 제공.

1998 미국 연준의 롱텀캐피털매니지먼트에 대한 구제금융.

1998~2001 러시아(1998년 러시아의 파산으로 이어짐), 브라질(1999)의 자본도피위기. 이는 아르헨띠나 뻬소의 폭락과 부채위기(2000~2), 이후의 대규모 실업과 정치적 불안으로 이어짐.

2001~2 닷컴버블과 주식시장 붕괴, 엔론과 월드콤의 붕괴, 자산가치를 떠받치기 위한 연준의 금리인하(부동산 버블 시작).

2007~10 미국, 영국, 아일랜드, 에스빠냐 등의 부동산시장 붕괴로 인한 위기. 이후 금융기관들의 강제합병, 파산, 그리고 국유화가 나타남. CDO (Collateralised Debt Obligations, 부채담보부증권)에 투자한 금융기관, 헤지

펀드 등에 대한 전세계적인 구제금융. 이후 나타난 불황, 실업 그리고 해외 무역의 붕괴에 대응하여 다양한 케인즈주의 경기진작정책과 중앙은행들의 유동성 투입이 이루어짐.

1970 모기지담보부증권(mortgage-backed securities) 도입.

1972 시카고 통화선물시장 개장.

1973 시카고 옵션거래소(Chicago Board Option Exchange) 개장. 주식선물 거래 개시.

1975 단기 재무부채권(Treasury Bill)과 모기지기반채권선물 거래.

1977 장기 재무부채권(Treasurey Bond)선물 거래.

1979 특히 통화선물의 점두거래와 규제받지 않는 거래가 일반화됨. '그림자 금융씨스템'의 등장.

1980 통화스와프(currency swap) 개시.

1981 포트폴리오 보험(portfolio insurance) 도입. 금리스와프(interest rate swap). 유로달러, 양도성예금증서(Certificates of Deposit), 그리고 재무부채

권의 선물시장.

1983 통화, 주식, 재무부채권의 옵션 시장. CMO(Collateralised Mortgage Obligations, 다단계채권) 도입.

1985 옵션시장과 선물시장의 심화와 확대. 컴퓨터화된 거래와 시장모델이 본격화. 통계적 재정거래(arbitrage) 전략 도입.

1986 전세계적인 주식, 옵션, 선물 거래시장의 빅뱅식 통합.

1987~88 CBO(Collateralised Bond Obligations, 채권담보부증권)와 CMOs와 함께 CDO 도입.

1989 금리스와프 선물.

1990 주가지수스와프(equity index swap)와 신용부도스와프(credit default swap) 도입.

1991 특수목적기관 혹은 구조화투자기관이라 불리는 '장부외'(off balance sheet) 기관 인가(認可).

1992~2009 이 모든 금융상품들에 대한 거래액의 급속한 증가. 1990년 미미했던 액수가 2008년에는 연간 600조달러 이상으로 급등.

참고문헌

나는 이 책에서 인용한 다수의 자세한 정보에 관해서는 언론보도를 참조했다. 『뉴욕타임즈』『가디언』『파이낸셜타임즈』 등이 주요 자료였다. 또한, 이론적 통찰과 구조적 이해 모두를 위해 특히 2008년 여름의 붕괴 이전에 저술된, 위기에 대한 또다른 설명들을 토대로 삼았다. 불만에 찬 이들과 수탈된 자들 사이의 연대는 마르쿠제(Peter Marcuse)의 생각에서 착안했고 이점에 대해 그에게 고마움을 전한다. 또한 나는 뉴욕시립대학 대학원센터와 베를린자유대학에서 열린 대학원 세미나에 참석한 마짓 메이어(Margit Mayer)와 다른 참석자들에게 감사한다. 이들은 이 책의 초고에 대해 논평을 해주었다. 다음의 연구들은 이론적 안내와 자세한 정보 양면에서 특히 도움이 되었다.

Arrighi, G., 1994, *The Long Twentieth Century: Money, Power, and the Origins of Our Times*, London and New York, Verso.

Arrighi, G. and Silver, B., 1999, *Chaos and Governance in the Modern World System*, Minneapolis, University of Minnesota Press.

Bellamy Foster, J. and Magdoff, F., 2009, *The Great Financial Crisis: Causes and Consequences*, New York, Monthly Review Press.

Bookstaber, R., 2007, *A Demon of Our Own Design: Markets, Hedge Funds*, and the Perils of Financial Innovation, Hoboken, NJ, John Wiley.

Brenner, R., 2002, *The Boom and the Bubble: The US in the World Economy*, New York, Verso.

Cohan, W., 2007, *The Last Tycoons: The Secret History of Lazard Frères & Co.*, New York, Doubleday.

Dicken, P., 2007, *Global Shift: Reshaping the Global Economic Map in the 21st Century*, fifth edition, New York, The Guilford Press. 지난 수십년간 세계경제에 발생 했던 거대한 지리적인 변동을 이해하기 위해서는 1986년에 출판된 판을 읽기 바란다.

Duménil, G. and Lévy, D., trans. D. Jeffers, 2004, *Capital Resurgent: Roots of the Neoliberal Revolution*, Cambridge, MA, Harvard University Press.

Eichengreen, B., Yung Chul Park and Wyplosz, C. (eds.), 2008, *China, Asia and the New World Economy*, Oxford and New York, Oxford University Press.

Galbraith, J. K., 1975, *Money: Whence it Came, Where it Went*, Boston, Houghton.

Galbraith, J. K., 1993, *A Short History of Financial Euphoria*, Knoxville, TN, Whittle Direct Books.

Galbraith, J. K., 2008, *The Predator State: How Conservatives Abandoned the Free Market and Why Liberals Should Too*, New York, Free Press.

Gautney, H., 2009, *Protest and Organization in the Alternative Globalization Era: NGOs, Social Movements, and Political Parties*, New York, Palgrave Macmillan.

Greider, W., 1989, *Secrets of the Temple: How the Federal Reserve Runs the Country*, New York, Simon and Schuster.

Harvey, D., 2005, *A Brief History of Neoliberalism*, Oxford, Oxford University Press.

Harvey, D., 2007 edition, *The Limits to Capital*, London, Verso.

Helleiner, E., 1994, *States and the Reemergence of Global Finance: From Bretton Woods to the 1990s*, Ithaca, NY, Cornell University Press.

Klein, N., 2007, *The Shock Doctrine: the Rise of Disaster Capitalism*, New York, Metropolitan Books.

Maddison, A., 1982, *Phases of Capitalist Development*, Oxford, Oxford University Press.

Maddison, A., 2007, *Contours of the World Economy, 1-2030 AD: Essays in Macro-Economic History*, Oxford, Oxford University Press.

Mertes, T. (ed.), 2004, *A Movement of Movements: Is Another World Really Possible?*, London, Verso.

Milanovic, B., 2005, *Worlds Apart: Measuring International and Global Inequality*, Princeton, NJ, Princeton University Press.

Panitch, L. and Konings, M. (eds.), 2008, *American Empire and the Political Economy of Global Finance*, New York, Palgrave Macmillan.

Partnoy, F., 2003, *Infectious Greed: How Deceit and Risk Corrupted Financial Markets*,

New York, Henry Holt.

Peet, R. and Watts, M. (eds.), 2004 edition, *Liberation Ecologies*, New York, Routledge.

Phillips, K., 2006, *American Theocracy: The Peril and Politics of Radical Religion, Oil and Borrowed Money in the 21st Century*, New York, Viking.

Phillips, K., 2009, *Bad Money: Reckless Finance, Failed Politics, and the Global Crisis of American Capitalism*, New York, Viking.

Pollin, R., 2003, *Contours of Descent: US Economic Fractures and the Landscape of Global Austerity*, London, Verso.

Porter, P., Sheppard, E. et al., 2009 2nd edition, *A World of Difference: Encountering and Contesting Development*, New York, The Guilford Press.

Santos, B. de Sousa, 2006, *The Rise of Global Left: The World Social Forum and Beyond*, London, Zed Books.

Santos, B. de Sousa (ed.), 2006, *Another Production is Possible: Beyond the Capitalist Canon*, London, Verso.

Silver, B., 2003, *Forces of Labor: Workers' Movements and Globalization since 1870*, Cambridge, Cambridge University Press.

Smith, N., 2008 3rd edition, *Uneven Development: Nature, Capital, and the Production of Space*, Athens, GA, University of Georgia Press.

Turner, G., 2008, *The Credit Crunch: Housing Bubbles, Globalisation and the Worldwide Economic Crisis*, London, Pluto.

United Nations Development Program, 1989-2009, *Human Development Report* (annual issues), New York, Palgrave Macmillan.

Walker, R. and Storper, M., 1989, *The Capitalist Imperative: Territory, Technology and Industrial Growth*, Oxford, Wiley-Blackwell.

Wang Hui, 2003, *China's New Order: Society, Politics and Economy in Transition*, Cambridge, MA, Harvard University Press.

Wolf, M., 2008, *Fixing Global Finance*, Baltimore, MD, Johns Hopkins University Press.

Wolf, R., 2009, *Capitalism Hits the Fan: The Global Economic Meltdown and What to Do about It*, New York, Olive Branch Press.

The Worldwatch Institute, *State of the World 2009*, New York, Norton. 이전 25년간 의 보고서들을 비교해서 읽으면 흥미롭다.

참고 웹싸이트

미국의 소득과 부의 불평등의 변화에 관한 토마스 피케티(Thomas Piketty)와 이매뉴얼 싸에즈(Emmanuel Saez)의 싸이트.

http://elsa.berkeley.edu/~saez/

리얼티트랙(Realtytrac)은 미국 전역의 차압에 관한 데이터를 보여준다.

http://www.realtytrac.com/

모기지은행연합(Mortgage Bankers Association)은 미국 모기지의 신청과 채무 불이행 데이터를 보여준다.

http://www.mbaa.org/

필자의 맑스 『자본』 강의와 위기의 도시적 기원에 관한 싸이트.

http://DavidHarvey.org/

IMF의 세계경제 보고서와 데이터.

http://www.imf.org/

지리적으로 상이한 위기의 영향에 관한 국제결제은행(Bank for International Settlements)의 워킹페이퍼와 보고서.

http://www.bis.org/

세계은행의 비교 가능한 전세계의 데이터와 보고서.

http://worldbank.org/

아시아개발은행(Asian Development Bank) 싸이트에서는 이 지역에 일어나고 있는 일들에 대한 많은 정보와 보고서를 볼 수 있다.

http://www.adb.org/Economics/

브래드 들롱(Brad DeLong)의 웹싸이트는, 그가 주장하듯 전혀 공정하고 균형 잡히지 않았지만, 전통적 경제학자의 시각에서 위기에 대한 활발한 논쟁을 보여준다.

http://delong.typepad.com/main/

『뉴욕타임즈』기사 모음.

http://www.nytimes.com/ref/membercenter/nytarchive.html

『르몽드디쁠로마띠끄』(Le Monde Diplomatique)는 다양한 분야의 사회적·정치적·환경적·경제적 쟁점들에 대한 비판적인 논의와 함께 대안적 세계화운동이 어떻게 진행되고 있는지에 관해 전세계적 상황을 보도한다.

http://www.monde.diplomatique.fr/

『쏘셜리스트레지스터』(Socialist Register)는 이 책에서 다룬 주제들을 오랫동안 주제별로 분석해왔다.

http://socialistregister.com/index.php/srv/issue/archive/

『먼슬리리뷰』(Monthly Review)는 비판적인 논평과 현재의 정보를 활발하게 전하고 있다.

http://www.monthlyreview.org/mrzine/

일본의 토지가격에 대한 자료는 다음의 책에서 가져왔다. G. Turner, 2008, *The Credit Crunch: Housing Bubbles, Globalisation and the Worldwide Economic Crisis*, London, Pluto Press. 이 책 38면의 세계와 주요 지역의 GDP 성장에 대한 자료는 A. Maddison, 2007, *Contours of the World Economy, 1-2030 AD: Essays in Macro-Economic History*, Oxford, Oxford University Press를 참고했다.

자본이라는 수수께끼
자본주의 세계경제의 위기들

초판 1쇄 발행 / 2012년 7월 6일

지은이 / 데이비드 하비
옮긴이 / 이강국
펴낸이 / 강일우
책임편집 / 박대우
펴낸곳 / (주)창비
등록 / 1986년 8월 5일 제85호
주소 / 413-120 경기도 파주시 회동길 184
전화 / 031-955-3333
팩시밀리 / 영업 031-955-3399 편집 031-955-3400
홈페이지 / www.changbi.com
전자우편 / human@changbi.com
인쇄 / 한교원색

한국어판 ⓒ (주)창비 2012
ISBN 978-89-364-8574-0 03300